美术馆东街22号

三联书店改革发展亲历记（2005–2014）

樊希安 著

上海三联书店

美术馆东街22号
三联书店改革发展亲历记（2005–2014）

作者简介

樊希安，1955年3月生。河南温县人。毕业于吉林大学中文系。文学硕士。编审。国务院参事。中国作家协会会员。曾任吉林人民出版社总编辑、吉林省新闻出版局副局长、生活·读书·新知三联书店总经理、中国出版传媒股份有限公司副总经理。长期从事图书出版工作，先后获第十一届韬奋出版奖、第三届中国出版政府奖优秀人物奖、全国五一劳动奖章等多项奖励。创办北京首家24小时书店，被评为2014年度全国十大文化产业人物。

1973年6月开始在报刊发表作品。四十余年笔耕不辍，先后出版《信仰的力量——双枪老太婆传奇》《公木评传》《社会与人生》《事业与追求》《笔端流痕》《愧对芦荟》《有话直说》《五松居新咏》《五松居杂笔》《五松居论稿》《总编辑手记》《灯下虫草鸣》《樊希安新古体诗》《美丽三沙行组诗百首》《我们的队伍向太阳》《军歌的诞生》等多部作品。

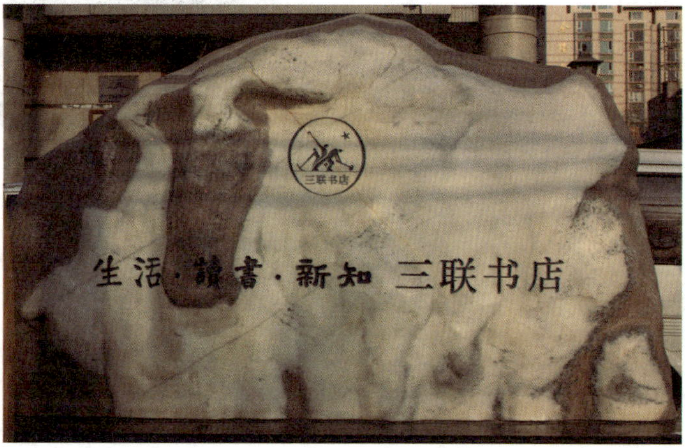

生活·读书·新知三联书店

三联书店八十周年庆祝大会

邹家华同志参加三联韬奋图书馆落成仪式

第一届京沪港三联书店高层年会

三联时空国际文化传播公司挂牌成立

三联韬奋 24 小时书店开业仪式

三联书店在江西余江韬奋故里沙塘村设立韬奋书屋

荣获第十一届韬奋出版奖

向新闻出版总署领导汇报《三联经典文库》出版情况

与王蒙、李昕先生合影

陪同马识途先生参观恢复设立的生活书店

目　录

三联有你

陈启甸

误闯书界十余载，结识了不少业内“大咖”。其中，樊希安兄可谓是名气甚大、过从较多、了解颇深的一位。

老樊是个诗人。我读过他写的不少诗作，他的诗集《五松居新咏》曾获得全国新古诗评选一等奖。好多人不明白，为何老樊身上总像揣了个马达，“突突突”不停地推着他“整”个没完？殊不知，“激越派”诗人就是有那么一种特质——说话嘴边带锣，走起路来脚下生风。然而毕竟是诗人，别看他们书战中高举高打，骁勇无比，生活中他们也是“不畏浮云遮望眼”，尽显豪迈。但凡认定的事，他们一准儿“满血推进”，决不含糊；只要看准的人，他们也一定会坦怀相待，丹成相许。我不知道，当今诗坛是否真有“激越派”之存在，如果有，我敢说，我们的老樊堪称其代表。

我和老樊初识于2010年的盛夏。记得那天，是东方出版中心总经理祝君波先生给我打来电话，说北京三联的樊希安总经理来沪，想约我在锦沧文华大酒店的咖啡厅见上一面。我欣然赴约。那时候，虽说我“跨界”入职上海三联已有六年多，却不知怎的，一直没有与北京三联的同志“接上线”。

身材敦实，脊背挺直，笑容可掬，一脸佛相……乍一看，我眼前站着的这位北京三联的“掌门人”还生就一副“大哥”的模样。后来，接触多了，我发现，这位“樊大哥”其实长得还是略带“欺骗性”的。只是当时在那么短的时间内、在那么一种彼此都在竭力示好的气氛下，你要透过他温和且圆融的外表，看到其曾经沧海、阅尽世相，看到其英华内敛、静水流深……还真不是一件容易的事情。

在双方都作了一番“真不该迟至今日才见”的深刻检讨后，我们的谈话进入了正题。老樊讲话清楚明了，“我就是为三联抱团而来的。”他对三联的历史很熟悉，对上海三联、香港三联的情况也很了解，在谈到京沪港三家三联如今各自封闭发展，未能如三联前辈们所愿，实现跨区域“强强联合”时，老樊明显动了感情，他拉起我的手对我说：“三联品牌，同宗同源，三联兄弟，同气连枝，我有意牵个头，将三家三联重新聚合起来，把三联的事业做大，你意下如何?”

我本来就对“大三联”有过憧憬，然自识人微言轻，遂不敢与人妄议。今日听老樊言辞切切，道出自己夙愿，自然心头一热，矜持全无。我对老樊说，我从心底里赞同樊大哥“三联是一家”的断言。今天我们三联人重提“在一起”，就是渴望能像当年创办者那样爱护好、培育好、发扬光大好三联这个品牌，是渴望像当年追求进步那样，不断提升三联书店的品质。世上本无家，渴望与渴望相遇了，便有了家。我还当即向老樊表示，有你樊大哥“登高而招”，三联做强在即，抱团有望。以上忆述，便是日后老樊撰文所言“申城会晤，我与启匋一拍即合”之由来。

“一拍即合”后不到两周，老樊来电，说已经与港三联方面取得联系，他们对三方抱团也是“早有此意”，看来三联人盼了多年的“大团圆”将会在我们这拨人身上实现。又过了两周，老樊再次来电，说经过三方多次沟通，决定以“京沪港三联书店高层年会”的形式搭建一个三方长期交流合作的平台。首次年会将在北京举行，目前北京三联已组成班子，专事年会的筹备工作。前后可能也就一个多月的时间吧，老樊就把我们展望“将来某一天”要做的事情神速般地办到了眼前，这种激情，这种效率，简直让我目瞪口呆。

2010 年 10 月 26 日，是三联人值得牢记的日子。北京、上海、香港三家三联有史以来的首次高层聚会——“2010 京沪港三联书店高层年会”在北京召开了，国家新闻出版总署的领导、中国出版协会的负责人，以及出版界众多前辈和同行的代表纷纷与会祝贺，他们在讲话中都谈到，三联是全中国乃至世界驰名的弥足珍贵的品牌，是整个出版业界的宝贵财富。他们为今天有幸看到京沪港三地的三联联袂结盟，深度合作，光大三联文化传统，拓展三联出版事业，感到由衷的高兴，他们相信三地互助互补，共识共荣，心心相系，一定会创造出三联事业更加辉煌的明天。

首次年会为期两天。会上除三家三联的主要领导分别做了各自发展情况的介绍外，还有一项重要成果，那就是樊希安在会上宣读了由他起草的经三方共同改定并由大会讨论通过的《京沪港三联书店关于弘扬三联品牌坚守文化使命的共同宣言》。《共同宣言》昭告全社会，三地三联的高层已在弘扬三联品牌、竭诚为读者服务、勇于文化担当、保持格调和品位、努力拓展海内外市场、同气连枝紧密团结等六个方面形成共识，它表达了三联同仁不负众望，用实际行动回报社会和读者的坚强决心，它标志着居三地而心相系的三联人从此携起手来，合力创造三联书店新的时代。

年会结束，老樊邀我们共登香山，欣赏秋景。一路上大家交谈甚欢，尤其是来自上海、香港的朋友，无不对北京三联“无与伦比”的办会工作赞不绝口。此时再看我们老樊，却是一言不发，两眼紧盯着窗外，双手环抱，若有所思……

峰似香炉雾似烟，欲上极顶九盘旋。
严霜始降绿尚劲，时令渐近红半丹。
坡里向阳好取暖，山上风冷宜抱团。
宣言拟就心气足，兄弟携手攀峰巅。

日后读到老樊的这首《七律》后方知，那一刻，敢情是诗人才情喷涌前的“蓄势待发”呀！

如果说举办三地三联首次年会还只是搭建了一个平台，就已经把老樊折腾得够呛，那么，接下来在平台上接连上演的好戏，就真的是逼老樊穿上了“红舞鞋”，从此他就在台上转呀转的，再也停不下来了。

首出即是“重头戏”——三联书店80周年店庆。都说这是老樊在三联干的最光鲜的一件事，而我则认为，它应成为三联发展史上浓墨重彩的一笔

2012年对三联书店来说是一个特殊的年份。这一年，三联书店自邹韬奋等前辈1932年7月1日创办生活书店发端，已经走过八十年历程。八十载发展进步，三联书店已由幼苗长成大树。从当年的“红色出版中心”到今天的“学术文化出版重镇”，三联一路走来，得到了党和国家、社会各界及广大作者、读者的扶持和厚爱。中国共产党的几代领导人都对三联书店的创始人韬奋先生和他开创的事业予以高度关注和极高评价，用各种方式对三联事业的发展给以指导和支持。三联的事业和党的事业、国家利益、社会进步紧密相连，三联的进步同时代的进步、社会的进步、人民的进步同行。因此，三联的事业是大家共同的事业，三联书店的店庆也是大家共同的节日。

基于这样的认识，共同举办三联书店80周年店庆活动，遂成为“2011京港沪三联书店高层年会”的中心话题，成为2012年三联人极具挑战的一项重要工作。

说来惭愧，说是共同举办，然太多的工作主要还是由北京三联的同事承担，尤其是老樊，无论是活动规划的制定，还是活动内容的逐项落实，均可谓立意甚高，构思精巧，锲而不舍，独领风骚。

1月5日，中国出版集团、上海解放日报报业集团和香港联合出版集团的领导在上海三联书店会议室，就有关三联书店八十周年店庆事宜召开三方协调会，并就店庆的主要内容、重要活动、运作方式等达成共识。会后，老樊专门召集我们上海三联、香港三联的同事，就协调会确定的一些重点活动项目，如在上海祭扫韬奋墓拉开80周年店庆序幕、在全国各地开展京沪港三联书店精品图书联展联销、在北京举行韬奋图书馆开馆仪式、在北京人民大会堂召开三联书店成立八十周年庆祝大会等，都一一作了具体部署。

2012年7月26日下午，三联书店创建80周年庆祝大会在北京人民大会堂隆重举行。大会的第一项议程是刘延东同志宣读中央领导同志的贺信和题词，这当中，有时任总书记胡锦涛的，有时任委员长吴邦国的，也有温家宝、李长春、习近平、李克强等领导同志的。她依次宣读，光宣读贺信、题词就占去了不少时间。那么多中央领导为三联发来贺信和题词，我一是没想到，二是从心底里升腾起一种荣耀。

刘云山同志在会上作了重要讲话。他说，党和国家一直十分关心三联书店的建设，十分重视出版业的发展，采取了一系列的重要举措，为我国出版业繁荣发展提供了有力保证。他希望三联的同志"要按照胡锦涛总书记在贺信中提出的要求，弘扬优良传统，坚持特色品位，不懈开拓创新，自觉肩负起传播社会主义先进文化的责任使命，努力推动出版业实现新的发展、新的跨越。

三联书店80周年店庆大会有两位现任政治局委员到会，一位宣读贺信、一位做重要讲话，可见其分量之重。在一片掌声响过之后，樊希安代表三联书店作了发言。兴许是连日为店庆大会操劳，没有休息好，嗓子都有点沙哑了，可不管怎样，我见过的老樊，从没有像今天这般神采飞扬。“京沪港三家三联书店同根同源，是三联事业的共同继承者，多年来形成了发挥各自优势，在不同区域竭诚为读者服务、共同弘扬三联品牌的基本格局。我们决心按照胡锦涛总书记的嘱托，以创建八十周年为契机，创新体制机制，发挥特色优势，不断推出思想性、知识性、可读性有机统一的精品出版物，为建设社会主义文化强国贡献新的力量。”铿锵有力的话语，誓言一般，说出了在场三联人的心声，大家频频鼓掌为老樊叫好，惊喜的目光中有赞许，更有骄傲。

我们是在庆祝大会结束后，在当晚于哇哈哈大酒店举行的联欢大会上看到当晚的“新闻联播”的。整整七分钟啊，先是全文播送总书记的贺词，接着播报庆祝大会盛况，最后还回放了三联书店的光荣历史以及在各个时期发挥的重大作用。看到央视如此重视三联店庆，在场的不少三联的同事喜极而泣。我深知这店庆辉煌之背后，我们的老樊，我们北京三联的同事们是付出了何等巨大的辛劳……此刻，我唯有拉着老樊，以及北京三联的李总、潘总等哥几个，端起酒杯一连“走了好几个”……那天晚上为我们主持联欢晚会的是央视著名的播音员海霞，她好像也被我们一会儿抱一会儿跳的欢快劲儿给打动了，妙语连珠赢得满堂喝彩。在海霞的串联下，我们三家三联自编自演的节目也是精彩纷呈。最后，当三联的众多老前辈和三家三联的负责人共同登台合唱《团结就是力量》的时候，许多人的眼中都闪烁着晶莹的泪光。

2012年的三联高层年会正好轮到上海三联做东。年底，我把老樊以及北京三联的其他负责人、香港三联的老总等都请到了上海，在城市剧院欣赏了一台由我们组织策划、上海交响乐团献演的“三联之夜”交响音乐会。开演前，“上交”青年女指挥家张洁敏说的一番话，让现场观众颇为感动。她说：“今年是三联书店的80周年大庆。我们这辈人都是看三联的书长大的，对三联都有着特别深的感情。今天晚上，我们要用一组经典名曲，来为我们三联的80周年大庆贺寿。”这场被第二天出版的《解放日报》誉为“经典出版与经典旋律相融”的文化盛宴，为贯穿2012年全年的三联书店80周年店庆画上了一个比较圆满的句号。那一晚，很难忘；那一晚，樊大哥兴许真被感动了，临别送给小弟一句话：“启甸，你可以的！”

还有值得一提的好戏便是组建三联时空文化传播有限公司了。

“2011京沪港三联书店高层年会”是在香港举行的。这次会议除了上述的共同筹办80周年店庆活动外，还有一个收获，就是提出了“在全球图书市场打造‘大三联’品牌”的战略目标。会议决定采纳樊希安总经理的提议，由北京三联牵头，筹建三家三联共同投资的“三联时空国际文化传播有限公司”。

筹建工作很辛苦，大概进行了足有一年多，老樊率领北京三联的一拨同事克服了涉及跨地区、跨不同主管单位、香港资本到内地投资等因素所带来的种种困难，终于在2012年11月宣布大功告成。三联国际公司的揭牌仪式办得很热闹，严隽琪副委员长来了，邬书林副署长也来了，还有中宣部出版局、中国版协、中国出版集团以及在京一些著名出版社的负责人，加上三联书店的员工代表，足有100多人出席了揭牌仪式。与会者纷纷表示，由京沪港三家三联联合成立的、面向更宽阔空间的国际传播公司，将进一步扩大三联书店经营范围，提升三联书店发展空间，增强三联书店的品牌影响，特别是面向海外的号召力、影响力，增强三联书店传播先进文化、服务广大读者的能力。北京三联总经理樊希安、香港三联总经理李济平和我也分别在揭牌仪式上表示了"精诚团结、规模经营、坚决走出去"的决心和信心。三联国际公司的成立标志着京沪港三家三联实施战略合作跨出了坚实的第一步。

以后几年，因为"接上线"了，北京三联的消息也在我们出版社渐渐多了起来，尤其是老樊长袖善舞、北京三联风生水起的故事不断。2013年7月，经国家新闻出版广电总局批准，生活书店，这个自1948年并入三联，有着光荣历史的出版老字号，在老樊多年的努力促成下终于重张开业了。2014年1月，在国务院召开的座谈会上，老樊"将倡导全民阅读写入政府工作报告"的建议受到了总理的重视和采纳，此事很快在业界被传为佳话。2014年4月8日，老樊又干成了他自己都觉得是"这辈子办得最正确的一件事”，北京首家夜间不打烊书店开张了。三联 24 小时书店一问世便成了“社会文化热点”，受到了媒体和广大民众的普遍关注，当年书店的“两个效益”都十分显著，被称作是“城市的精神地标”，更被誉作是“照亮城市的一盏明灯”。老樊主推的《邓小平时代》出版营销所获得的巨大成功，更是把京三联的出版业绩带到了前所未有的巅峰……

每每传来老樊不同凡响的“大手笔”，我都打心眼里为他感到高兴，为三联有这么一位洞若观火、雷厉风行的“帅才”而感到庆幸。可有一天，也就是没过多久吧，老樊突然千里迢迢来到上海，来到我的办公室，告诉我他就要被调走了，不再在三联干了，要和我喝一杯告别的酒了，我的心不由得一下子就抽紧了，难受极了。我知道，那是一种藏在心底的不舍。

今年年初，我在北京图书订货会上偶遇老樊，他告诉我，他已退出中国出版集团领导岗位，专职担任国务院参事，我向他道喜。他说他很想把在北京三联的那段难忘的工作经历写下来，并希望能由上海三联帮助出版。我当即一口应允，并表示盼着能早日拜读大作。不想还没过半年呢，一部足有 30 余万字、名为《美术馆东街 22 号——三联书店改革发展亲历记》的书稿已摆放至我的案前。老樊嘱我写序，辞不获命，转念与老哥相处多年，“文谈”机会不多，遂勉为破例，应承下来。

三联老前辈蓝真先生在世时曾对我们说过这样一句话：“一入三联门，一生三联人。”从老樊对往昔峥嵘岁月的激越回想中可以看出，他这一辈子是很难再与三联脱离干系了。其实，这些年三联人也牵挂着他。老樊可能不知道，打他从三联离开的那天起，这老兄就已开始被三联人给惦记上了。如今，上海三联的同事谈起老樊，不管老的新的，那叫一个“买账”。我以为，更确切地说，那是一种认同，发自内心的；那又是一种情感流露，非常真实的。它好像就是在说：三联有你，三联人很骄傲。

写在前面的话

今年是中国改革开放40周年。从1978年改革开放始，中国走上了一条充满生机和活力的道路，创造了中华民族新的辉煌，踏上了伟大民族复兴的新征程。

生活·读书·新知三联书店是改革大潮中的一朵浪花，是改革开放40年来我国不断发展进步的一个缩影。它的命运反映了中华民族的命运，其成长进步也反映了社会成长进步。作为一朵浪花，它随潮流涌动，同时也以一己之力，推动着改革大潮的发展壮大。这一切都是由历史发展决定的。

三联书店是我国著名出版品牌，是中国近现代史上进步出版机构的一个代表。1932年7月1日，邹韬奋、徐伯昕、胡愈之等在上海创办生活书店。同一时期，共产党人和进步人士先后创立新知书店和读书出版社。这三家红色出版机构在民族民主革命时期发挥了重要的独特的作用。1948年10月26日，按照党的指示，三家出版机构在香港合并成立生活·读书·新知三联书店。全国解放后，三联书店总管理处迁到北京，继续从事进步出版事业。1951年，按照党的决定，三联书店并入新成立的人民出版社，作为人民出版社的一个副牌存在，不复有独立建制，完成了自己的历史使命。

1978年我国实行改革开放之后，不仅解放了农业、工业等方面的生产力，也给文化事业带来了生机和活力。80年代初，人们的思想空前活跃，打破思想禁锢，眼界进一步开阔。在这种新的形势下，胡绳、徐伯昕、钱俊瑞、徐雪寒、周巍峙、沈粹缜（韬奋先生的夫人）等三联老前辈致信文化部和中共中央宣传部，要求为三联书店恢复独立建制。在此之前，以三联书店名义办的《读书》杂志已经创刊，它成为改革开放先声和思想解放的一面旗帜，在社会上和读者中产生广泛影响。

1984年3月19日，中共中央宣传部作了同意三联书店成立独立出版社的批复。经过一段时间筹备，1986年1月，三联书店正式恢复独立建制。同年，上海三联书店创立。经过长期发展和改革开放洗礼，三联事业长足进步，形成生活·读书·新知三联书店、上海三联书店有限公司、三联书店（香港）有限公司共同继承三联衣钵，三足鼎立，在不同区域竭诚为读者服务，弘扬三联品牌，发挥各自优势，不断推出精品力作，在中国人的读书生活中有着不可替代的地位。

我2005年8月进入生活·读书·新知三联书店工作，2009年1月担任总经理、党委书记，见证了三联书店深化改革发展历程。党和国家持续推进改革开放，三联书店完成事业单位向企业转制，按照现代企业要求建立的体制机制，更加焕发生机和活力。

三联书店全体员工不负党和人民期望，继续为改革开放“摇旗呐喊”、助推出力，以实际行动“竭诚为读者服务”，多出好书好刊，为推动我国文化发展繁荣和社会文明进步贡献一己力量，奋力续写三联事业发展进步的新篇章。

2014 年 7 月，我调离三联书店到中国出版集团工作。几年过去了，对在三联时和全体员工共同奋斗拼搏的场景依然难以忘怀，时不时在脑海中“回放”。今年正值改革开放 40 周年，三联书店能恢复独立建制，焕发青春活力，完全是借助改革开放的春风，而她的成长进步也印证了改革开放道路选择的正确。我愿意将这本书作为一朵小小的浪花，献给前进中的三联书店，也献给改革开放 40 年作为纪念。特别致谢上海三联书店有限公司总经理陈启甸、总编辑黄韬两位老朋友，在他们的鼓励支持下，我才得以完成这部书稿，并以完美的形式与读者见面。

樊希安

2018 年 3 月 1 日于北京

走进美术馆东街 22 号

我是从吉林省新闻出版局副局长任上调生活·读书·新知三联书店的。在此之前，我是吉林人民出版社总编辑。再在此之前，我曾任过吉林人民出版社政治编辑室主任、时代文艺出版社代理社长、吉林省新闻出版局图书管理处处长。

美术馆东街 22 号，是三联书店所在地点的楼牌号。这座编辑业务综合办公楼坐落在美术馆东街的显著位置上。美术馆东街，顾名思义，是美术馆东侧的一条街道，它紧邻新中国十大建筑之一美术馆，街不长，大约和美术馆南北占地一样长短，约 300 米。三联书店和美术馆隔街相邻，南面是中国民航信息业务楼，北面是隆福医院，东面则是北京赫赫有名的隆福寺——清朝时是京城颇有名气的寺庙，后因失火废弃，成了北京赶庙会的场所，改革开放后建有称为“隆福广场”的建筑。隆福广场建设之前，这里建有一座商店，我曾到这里来过，当时是京城购物的一大场所，我在这里购买过一件绛红色的皮夹克。后来也是一场大火烧毁了商店。但不知什么原因，这个隆福广场自打建成，经营什么业务都没有红火过，从来都是一副萎靡不振的样子。个中原因，人们有许多猜测，有人说是寺庙旧地阴气过重，有人说是这座建筑从上到下没有一个窗户，把财气挡在了外面。坐落在这里的庞大建筑，总是冷冷清清，开办什么业务都不兴盛。倒是它南侧两面延伸的隆福寺小吃一条街红红火火，有闻名京城的“白魁老号”“馄饨侯”等店名吃吸引不少外地来京的旅客。在“隆福寺广场”之南西侧所建的一栋建筑被极有实力的国内名企哇哈哈集团租赁，开了“哇哈哈大酒店”，生意异常火爆，后移至南侧临街的建筑中继续经营，同样是火爆异常。看来事在人为，同是一块地方，理念不同，经营方式不同，经营效果也会不同。

美术馆东街22号——三联书店编辑业务综合办公楼就坐落在这样一个地理环境中，可谓风水宝地。从大环境说，往西是美术馆，东皇城根遗址公园，北大红楼、沙滩、北海、景山，往南是王府井北大街，文化单位有人民艺术剧院、中国社会科学院历史研究所、商务印书馆，向东是东四，东四再往东是人民文学出版社、人民出版社、世界图书出版公司等。向北是北京有名的钱粮胡同等历史遗存，张学良在北京的故居也离此不远。这一区域文化单位众多，文化氛围浓厚，三联书店在这里受到文化滋养，同样也扎根于兹，成为其中的一个文化品牌，在这个文化区域中发挥独特的作用。

三联书店编辑业务综合办公楼主体建筑六层，地下两层，地上四层（五层还有部分建筑），总计7500平方米，保留着三联书店

“前店后厂”的基本格局。所谓前店，就是一层、二层一部分和地下一层为三联韬奋书店，作为服务广大读者的文化场所。二至四层为社领导、编辑部、发行部、行政部等部门办公的地方。整个建筑当时三家共有，除三联书店之外，还有中国版协、中国印刷总公司下属的原字模厂，“三家分晋”，三联书店占绝对大头。

听三联前任总经理沈昌文讲，这栋楼是在当时新闻出版总署的领导关心下，向国务院有关领导申请，以办韬奋纪念馆的名义建起的。三联书店 1951 年奉命和人民出版社合并(发行部分并入新华书店)，长期作为人民出版社的副牌社存在，在人民社内设一个“三联书店编辑部”从事业务活动。粉碎“四人帮”之后，三联书店老前辈为恢复三联书店强烈呼吁、积极奔走，请求党中央批准恢复独立建制。

和恢复独立建制相关联的还有一件事，就是确认三联书店革命历史定位、落实三联书店员工革命工龄问题。“四人帮”垮台之后，出版战线开始拨乱反正，批判“四人帮”在“文革”中炮制的“三十年代黑店论”，为三联书店平反。生活书店、读书出版社、新知书店，以及后合并成立的生活·读书·新知三联书店，是在中国共产党领导下成立的专门从事新闻出版工作的进步出版机构，在中国社会进步和民族解放事业中发挥过重要作用。但对上述员工工龄计算革命工龄时，未像对新华书店那样，入店即是参加革命工作，计算革命工龄。对此，三联书店员工颇感不公，意见很大。三联老同志徐伯昕、张仲实、胡绳、黄洛峰、钱俊瑞、华应申、邵公文等曾上书中共中央书记处，当时的新闻出版署署长宋木文也积极向上反映说明情况。中组部部务委员、老干部局局长郑伯克20世纪30年代在上海做过地下工作，知道生活书店许多情况，他对三联书店老同志的要求予以支持。在各方面的努力下，1983年5月26日，中组部发出《关于确定党的外围组织进步团体及三联书店成员参加革命工作时间的通知》明确规定："凡是三家书店的正式工作人员，拥护党的主张，服从组织安排(需经当时分店以上负责人证明)，一直坚持革命工作的，1937年8月以前进店的，其参加革命工作时间从1937年8月三家书店受党的直接领导时算起；1938年以后进店的，从进店之日算起。"这样，三店及其他的三联书店分布在全国约1600人中的大多数，都满意地解决了革命工龄问题，退休后都享受了离休干部待遇。这件在全国有广泛影响的拨乱反正的大事，对三联书店具有深远意义，它既充分肯定了三联书店的革命历史地位，也为日后三联书店恢复独立建制奠定了基础。所有这些，我都是入店后才了解到的。

1986年1月，三联书店恢复独立建制。沈昌文任恢复独立建制后的首任总经理。当时只有人民出版社分给的几间办公用房，以后又四处"打游击"，一直没有自有办公用房，不利于工作和事业发展。问题反映到新闻出版署之后，署领导高度重视，经多方协调，将署管的北京新华字模厂无偿划拨给三联书店建楼，并妥善地解决了相关事宜。在新闻出版署有关部门领导和沈昌文的共同努力下，建楼资金得到了解决。沈昌文回忆当时要钱的情景时，有一件事至今还很后悔：当他拿着国务院有关领导的批示去找国家计委主管领导签批时，主管领导问他得需要多少资金？沈昌文咬咬牙说了一个大数：三千万。主管领导笑了，说到我这里审批的款项都在一个亿以上。你要的不多，我就给批了吧。沈昌文那个后悔啊，但话已既出，不好改口，只好抱很大遗憾去办了相关手续。不过，用3000万盖的这个楼在当时还是很气派的，它极大地改善了三联书店的办公条件，“美术馆东街22号”成为显著的文化地标。

走进美术馆东街22号，来生活·读书·新知三联书店工作，是我的荣幸，也是我人生的一个新的乐章。我到三联书店工作有很大的“偶然性”，我不是自己要求来的，是组织上派我来的。三联书店在归属中国出版集团之前，一直归出版总署直接管辖。2002年4月，中国出版集团成立，商务印书馆、中华书局、三联书店、人民文学出版社、中国大百科全书出版社等一批品牌出版社划归中国出版集团。集团成立，因事业发展的需要，陆续从京外选调一批干部。我当时在吉林省新闻出版局任副局长，主管图书出版工作，分管工作和中国出版集团业务对口，有一些接触，我也熟悉新闻出版总署到集团工作的杨牧之副署长等领导同志。在一次进京公干之后，向集团领导谈了想法。领导同志问我有什么考虑，我答：能到中国出版集团工作就成，没有什么挑选。只是希望能在相应的级别上安排一个职务。其实，我对职务不是看得很重，既然当初我从吉林省委宣传部出来到出版系统，就不是想当官，而是奔业务而来。之所以提出“级别”问题，是害怕被别人误解，以为我在吉林那边犯了错误被“降级”使用。如果这样，我脸面上有点下不来。除了提出“相应级别”安排工作之外，我没有提其他条件。去哪里，干什么，悉听组织安排。我是军人出身，一切听从组织安排已成习惯。让我干什么，我就干什么。况且中国出版集团是个品牌云集的地方，能到中国出版集团工作已是我的荣幸，我还有什么好挑拣的？

就这样，我调北京到中国出版集团工作的事很快提上了议程，在集团方面表示了明确的调人意向之后，我在吉林省那边也和相关领导做了沟通。当时吉林省委宣传部长是省委常委邓凯同志，我们比较熟悉。我说了情况，邓凯部长说：这是好事，符合你个人愿望，我支持你。没多久，中国出版集团经中宣部有关领导同意，来了商调函。省委常委、组织部长王松鹤找我谈话。王部长也很平易近人，他说：我刚从北京调来任职不久，最近省里调去北京一些人。说你也要调走，我了解一下，你是出版方面的人才，在省里也可以很好发挥作用啊。不走可以不可以啊，是职务方面有想法吗？是住房方面有问题吗？说出来可以商量。我发自内心地感谢王部长代表组织对我的挽留之意，但我决心已定。我说谢谢部长，职务方面没有问题，住房方面也没有困难，我就想到北京闯一闯，到我国的最高出版机构中国出版集团去学习、提高。我说，我在吉林出版界，从业务方面来说，我做过编辑、做过编辑室主任，当过时代文艺出版社代理社长、吉林人民出版社总编辑；从出版行政管理方面说，我做过图书管理处处长、吉林省新闻出版局主管图书出版的副局长，我有志终生从事出版工作，而且取得了一定的成绩，现在发展遭遇“天花板”，已经难以进步。而北京中国出版集团会给我提供一个全新的天地，也许我在那里可以大有作为。本来王部长是要说服我留在吉林的，他却被我说服了。我曾在吉林省工作多年，深受有关领导的指导、帮助和爱护。在调北京中国出版集团工作这件事上，我又一次感受到来自领导的关爱和温暖。

2005 年 6 月 2 日，中组部印发了调我进京到中国出版集团工作的调令，妻子和儿子随调进京。7 月 26 日，吉林省新闻出版局时任局长朱彤送我到中国出版集团报到。时任中国出版集团总裁杨牧之、副总裁王俊国接待我们，安排我住在宾馆等待组织分配。

那段时间，我一边等待组织分配，一边也想法打探消息，想早些知道分到哪个单位，好有个思想准备。很快我得到一个消息，说可能让我去大百科全书出版社工作。大百科全书出版社位于西二环边，在阜成门以北，我特意去那里一趟看了看“地形”，觉得这里不错，有独立办公大楼。底楼有个书店，买书方便。旁边还有个“东北菜馆”，做的东北菜味道不错，我“试吃”一次非常满意。时间一天天过去，在我还做“百科梦”的时候，集团领导授权人事部门通知我，集团领导班子决定，派我到三联书店任副总经理、副总编辑，让我准备到三联书店工作。说实话，听到这个消息，我一是“惊喜”：能到品牌出版单位三联书店工作，那是想也没敢想的事情啊！二是“心理负担沉重”，虽然我对三联书店了解不多，但我也知道它是由邹韬奋先生等前辈创办的，是具有重要影响的出版机构，这里大家辈出、高手林立，让人生敬畏之感；而这里上一年刚发生过在全国有影响的人事调整事件，矛盾突出，呈现一个较为复杂的局面。我到这里工作，一定会遇到一些困难。不过上述这一切，都是我的心理活动，没有说出来。我在心里对自己说：能因为惧怕困难就打退堂鼓吗？这符合一个军人的性格吗？这里有困难，哪个单位没有困难呢?！我进一步安慰自己：我是从京外调来的，到中国出版集团哪个单位都一样，都有一个熟悉情况的过程。困难与机遇并存，有困难就有机遇，只要谦虚谨慎，就能处理好各方面的关系；只要拼搏奋斗，就能开辟一个新天地。

我就是在上述情况、上述心态下走进三联书店这个出版殿堂的。2005 年 8 月 31 日，集团领导到三联书店宣布我任职的决定：经中宣部同意，决定任命樊希安同志为生活·读书·新知三联书店副总经理、副总编辑，列张伟民之后……以后我又被任命为三联书店总经理、党委书记。从此开始了我在三联书店和全体员工拼搏奋斗九年多的工作历程。

站在转企改制的风口上

我初到三联书店工作时，三联刚刚经历了一场风波，2004 年 9 月原任总经理调整。2005 年 5 月党委书记张伟民任代总经理、法人代表主持日常工作。伟民戏称自己是“主持”，工作却依然是尽职尽责的。班子成员有我、汪家明、潘振平、李昕，还有总经理助理杨进。按照领导班子分工，我分管人事、《读书》杂志编辑部、图书馆，以后又担任店工会主席，分管工会工作。这些工作大都很平稳，惟有在我分管人事工作期间，在中国出版集团统一安排下，三联书店转企改制提上日程并深入推进，我负责这项工作，付出了较多心血，也遇到许多困难和麻烦，最终还是按照集团的要求较好地完成了转企改制工作。我自己也在这项工作中受到锻炼，提高了处理复杂事务的能力。

业内同志都知道，出版企业转制在出版行业是一件大事。所谓出版社“转企改制”，就是把原有的事业单位改为企业，事业单位职工身份改为企业员工身份。这在当时被视为是“一场革命”，难度可想而知。首先难在观念上。过去出版社是国家确认的事业单位，享受事业单位政策和一系列保障措施，一下子变成“面向市场自负盈亏”的企业，许多人想不通，有失落感。其次是对必要性缺乏认识。实现“转企改制”前，多数出版社(包括三联书店)已实行“事业单位、企业化管理”这样一种管理模式，实践证明，这样做效果还不错，出版社已显现生机和活力，员工更喜欢这样“两头靠”的管理模式。三是“转企改制”涉及利益调整、人员进退，关乎每位职工切身利益，得失犹未可知。故此对“转企改制”，反对的有之，犹豫观望的有之，随大流的也有之。说实在话，当时我对“转企改制”的积极性也不很高，从内心认为“事业单位、企业化管理”也不错，再就是负责转企改制这块工作难度不小，思想上有所顾虑。但有一点我看得清楚，就是出版社由事业单位转为企业是市场经济发展的一种大的潮流，代表着一种前进的方向，它可以使出版社摆脱计划经济时代对体制的依附，以全新的身份去市场中拼博，更加充满生机和活力。因此，因为管人事而顺理成章地负责转企改制这一块工作时，我没有犹豫，也没有退却，和人事部门的同志一道，较好地完成了这项工作任务。

在整个“转企改制”过程中，我们坚持以《中共中央国务院关于深化文化体制改革的若干意见》为依据，在中国出版集团统一安排下进行，同时又结合三联书店实际，分步骤分阶段实施，兼顾每一位员工利益，照顾实际情况，以增加企业活力提高企业效率为目标，争取达到最佳效果。

我们首先从人事制度改革入手。

一是根据文件对转制企业的要求，结合日常管理过程中遇到的新情况、新问题，从转制的大背景、大视野着眼，重新修订了职工聘用制度，包括《三联书店职工实行聘用合同制暂行办法》《三联书店中层干部聘任制暂行办法》《三联书店未聘用职工管理暂行办法》。从事业转为企业后，单位的性质发生了变化，将开始实行企业财务、税收、社会保障、劳动人事制度，同时也考虑转制有一个过渡的过程，应做好劳动人事、社会保障的政策衔接。三联书店就是基于上述思考来修订职工聘用制度的。《三联书店职工实行聘用合同制暂行办法》更多地按企业要求确定了职工的聘用、解聘条件，《三联书店中层干部聘任制暂行办法》也是按企业要求确定了中层干部的任职条件，对中层干部的任职条件要求更高、更严格。《三联书店未聘用职工管理暂行办法》则为转制后未聘用职工或不适岗者下岗做了“制度”上的准备。

二是对新聘用职工完全实行新的企业用人制度。按照“新人新办法，老人老办法”的原则，对用工制度进行了力度更大更彻底的改革。反复讨论制定了《三联书店新聘用职工管理办法》，明确规定除以国家机关公务员和事业单位正式职工身份调入，或者军队转业干部分配到本店工作外，2006 年 1 月 1 日以后新聘用的职工，完全按照企业用工方式进行管理：每年一签劳动合同、到期考核不合格即予解聘，同工同酬、上养老保险和政府要求的其他各项社会统筹、缴纳住房公积金、人事档案单独管理、解决进京户口者规定服务期限。由于给新职工上养老保险，不仅免除了他们的后顾之忧，而且顺利实现了向社会流动的对接，打开进出两道闸口，解决了以往进易出难用人沉淀的问题，让职工一上岗就有紧迫感、危机感，促使他们努力提高素质，兢兢业业地为企业服务。

三是规范了辅助岗位用工，制定了《三联书店辅助岗位用工管理暂行办法》。三联书店因岗位需要，长期使用临时工，多时达20名左右，他们有的已在店内工作十多年，为三联书店的发展流汗出力做出了贡献。为了进一步稳定这支队伍，提高这部分职工的积极性，店里在深入调查研究的基础上，确定了新的辅助岗位用工管理办法。首先是取消了“临时工”的称谓，一律界定为“辅助岗位用工”，使职工产生企业归属感；其次是确定了辅助岗位类别、聘用条件、使用程序，确保用人质量；再次是严格定岗定薪，做到一岗一薪，干什么活拿什么报酬。多劳多得，奖勤罚懒。然后就是关心辅助岗位用工人员的工作和生活，提高他们的待遇。不仅为每人每月上调了一百元至二百元不等的工资，增发过节费，而且按照国家规定为其办理社会保险，定期配发劳保用品，保证他们享受应有的福利待遇。辅助岗位用工人员反映，店里实行规范管理后，他们心定气顺，积极性比以前更高了。

四是按照公开公平公正的原则面向社会招聘职工，一批德才兼备的应届毕业生和业务骨干被择优录用，充实到编辑、发行、营销等众多岗位。

以上各项人事制度改革的积极推行，在职工中产生了良好的反响，促进了两个效益的提高和事业的发展。主要体现为：

（一）经过修订、增补、新出台管理办法，使店内的人事管理制度更加系统、完整和规范，使职工的聘用、解聘、奖励、惩罚等等均有章可循，增强了职工的责任感和制度的约束激励作用。（二）所有规定和办法都突出了企业特色，体现了鲜明的企业用工制度，淡化了所谓的干部“身份”，强化了岗位意识，对职工心理产生积极影响，为下步转制工作的顺利进行做了良好的铺垫。（三）严格执行上述各项制度，真正做到能进能出。2006 年店里正式解聘一名不适合在三联工作的职工，于六月底停发工资和一切待遇由其自行调出。（四）从店内实际出发，既对职工一视同仁，又分类进行管理，与老职工、新职工、辅助岗位用工签订不同的合同，提出不同的要求，从而激发了大家的积极性，促进了各项工作任务的顺利完成。

同时，我们适应集团整体转制的需要，从制度建设入手，全面加强企业管理：

（一）以“转企改制”为契机，以现代出版企业为目标，研究制定全面的企业管理方案，实现由事业单位向企业管理的转变。

（二）按照企业的要求，健全和完善各项管理制度。对原有的制度进行一次认真的清理，对不适应企业需要的，重新制定；对不够健全的，通过修改加以完善；对空白而又需要的，要抓紧制定。制度建设的内容包括如下大的方面：图书（期刊）编辑管理、图书（期刊）印制管理、图书（期刊）发行管理、图书（期刊）储运管理、版权管理、生产流程管理、人事管理、财务管理、预算管理、资产管理、行政管理等等。根据轻重缓急，把最重要、最急需的制度健全起来，汇编成《职工手册》，人手一册。接着继续把一个现代出版企业所必须的管理制度体系完善起来。

（三）重视制度的执行。各项制度公布后，人人都要遵守，不能例外。对制度的执行实行严格的监督检查，彻底改变无章可循、有章不循、违章不究、制度形同虚设等现象。建立各项责任追究制度，对工作失误、玩忽职守、造成生产事故和经济损失的责任人，一律给予行政或经济的处罚。

我还利用担任店工会主席的便利，通过职工代表大会对职工做深入细致的思想工作。三联书店职工代表会议制度始建于2000年8月，它是实行民主管理的基本形式。三联书店历来有民主管理的优良传统，我当三联书店工会主席之后，注意把这一传统发扬光大。提出继续发扬这种民主精神和民主管理传统，保障和落实职工当家作主的民主权利，包括知情权、审议权、评议监督权，开辟多种形式的民主渠道，做到下情上达、上情下达，形成既有民主又有集中、既有统一意志又有个人心情舒畅这样一种生动活泼局面，共图三联发展大计。组织职工代表参与民主管理，以主人公的姿态，提出合理化建议，对重大事项进行民主评议，依法实施民主管理；努力提高民主管理的意识和能力，正确行使民主权利，为三联书店的发展做出更大贡献。在“转企改制”中，我们尊重每一位代表的意见和建议，所采取的决策和规章全部在职代会上通过后才实施，这就增加了正能量，减少了负能量。职工代表既注重现实利益，又注重长远利益，注重企业的长远发展，在“转企改制”扫除障碍方面给我们有力的支持。

2008年，“转企改制”进入实质性阶段，三联书店的转企改制工作也取得实质性进展。这一年，我店做了大量富有成效的工作，在集团各单位中走在前列。一是进行广泛的宣传动员，做深入细致的思想工作，使职工拥护和自觉投入到转企改制工作中来。店领导和相关部门人员两次参加集团组织的培训，认真学习和参加讨论，领会精神实质，掌握文件精神和各项规定，在此基础上，于九月份在天津盘山召开转制动员大会，宣讲《中国出版集团公司转制宣讲提纲》，由店主要负责同志做转制动员报告。在此之后还多次召开各种类型的职工座谈会，听取大家的建议，做各种问题解答，进一步统一了思想，形成加快转制的舆论氛围。二是重点研究转制所涉及的职工权益保障工作，把我店转企改制职工权益保障落到实处。经过近一年时间数易其稿，经职代会通过了《三联书店转企改制职工权益保障方案》，对保障的范围、条件、方法、资金的来源都做了规定。店里成立了职工权益保障委员会，具体处理职工权益保障方面的事宜。还向集团为职工申领职工转制保障资金，使我店职工的权益保障有了资金保证。三是围绕转企改制、建立现代企业制度和新的劳动关系制订了《三联书店劳动合同管理暂行办法》《三联书店职工岗位聘用管理暂行办法》，修订了《三联书店中层干部聘任暂行办法》，经店领导班子研究后，由职代会通过，于2009年1月起实行，并据此制定了全店职工劳动合同文本，供全店签订劳动关系时使用。这一系列文件，使转制后劳动关系的建立、解除、变更有章可循，保护了企业和职工双方的利益。四是围绕用工机制创新进行积极探索，初步建立职工能进能出能上能下的用工机制。有 2 名职工按新的劳动关系管理办法解除了劳动合同离店。年中根据考核结果，对一些完不成任务的职工做了降级处理。同时探索合同期内未聘用职工管理办法，制定未聘职工待遇标准和上岗及解聘办法，彻底打开“能进不能出”的瓶颈。不是在形式上而是在实质上真正实现转企改制，从事业体制下蜕化出来，变成真正的市场主体。实现劳动关系、职工身份的转变，在新的一年按照有关规定全员签订劳动合同；按照三联书店劳动合同管理暂行办法、职工岗位聘用办法，进行严格的劳动关系管理，建立“职工能进能出，干部能上能下”的用人机制；建立和绩效挂钩的分配机制，奖勤罚懒，效率优先，兼顾公平，不搞平均主义，充分调动职工的积极性和创造力；继续健全各项规章制度并加大对规章制度的执行力度，使遵纪者自安，违纪者受罚。修订、完善用工制度、财务制度、考勤制度、培训制度等，并把这些制度汇总为《职工手册》，作为签订合同的附件和遵守规章制度的依据。

在“转企改制”过程中，我们特别注意以下几点：

一是维护员工的合法权益。一次改革成功与否，就是要看员工得不得到好处，享没享受到改革红利。当然，员工的权益又分为近期利益、长远利益，决策者要两相兼顾。前面已经讲到，在改革中，在政策允许的范围内，我们要做到职工利益最大化，即把“政策享受到极致”。只要政策允许的，我们就尽力去办；在限定时间范围内的，我们就抓紧去办，使职工都享受到了“转企改制”的优惠政策和必要保障。在国家允许的范围内，我们解决了部分职工尚未享受到的住房补贴，让人人满意。

二是对困难职工和特殊困难群体予以特殊关照。三联书店有一名员工，人很老实、厚道，只是精神健康方面似乎受过创伤，在小书库工作。我到三联工作后，见到次数最多的就是他。因为我分管人事工资工作，他经常为工资的事找我。每个月发工资，他都要到我办公室，提醒说：樊总，该发工资了。久而久之，我对他的情况有所了解，他父亲是三联书店老员工，也常给我打电话，讲儿子的一些情况，让我多关照他。借转企改制之际，我们按照政策提高了他的工资待遇，请他回家休养，做到了单位、个人和家里父母三方满意。三联书店库房长期雇用“临时工”，这些临时工来自四川、河北、河南等地，工资待遇低，工作任务重，家里困难多。我们通过“转企改制”使他们享受到一般员工的正常待遇，按规定上了养老保险，解决后顾之忧。

三是坚持原则，明辨是非，以实事求是态度处理遗留问题。“转企改制”面临许多遗留问题，而这些遗留问题又必须在转企改制中得到妥善解决，不能“留尾巴”，这是最伤脑筋的事情。我们对人事档案一一清理，对已调走人员分别不同情况进行甄别，反复做工作，让调走人员取走档案；对借调出去人员进行“了断”，要么回来上班，要么“走人”，该享受的待遇一次了断。对关系已经转走，不属于这次“转企改制”范围内的人，我们“一刀两断”，严格按照政策办事，不让这些人占国家便宜。为此也得罪了一些人，被某些人视为“恶人”“不通情理”，那也没有办法，只能按原则办事。

因为落实上级精神比较到位，工作较细，我们在2008年就完成了“转企改制”的各项任务。因为后来集团把最后转制时点统一定在2010年，从理论上说，我们是在这一年完成转企改制的。这期间我继续分管转企改制工作，紧紧依靠有关部门，把工作做细、做实，衔接到位。我们着手制订《生活·读书·新知三联书店员工手册》（下称《员工手册》），经过多次修改、丰富和完善，于2009年12月28日经店职工代表会议审议通过，2010年1月1日正式颁行。《员工手册》集中反映三联书店转企改制成果，按照现代企业管理制度对员工提出新的要求。我主持这项工作，并专门著文对员工说明和解释：《员工手册》的颁行，是我店由事业单位转制为企业，建立现代企业管理制度的必然要求。目前我店已随中国出版集团公司转制为企业，从事业体制下蜕化出来，变成真正的市场主体。转企之后，我们要按照现代企业制度建立新的企业管理机制和运营模式。企业与事业单位最大的不同，就在于它必须面向市场去参与优胜劣汰的激烈竞争，因此必须全面提高竞争能力，必须建立能调动员工积极性的激励机制，必须按照《劳动合同法》的要求，与职工建立不同于事业单位的劳动关系。从

2010年开始，我店将与所有员工签订劳动合同，要按照国家有关法规进行严格的劳动关系管理，要建立“职工能进能出，干部能上能下”的用人机制，建立与绩效挂钩的分配机制，建立奖勤罚懒、效率优先、兼顾公平的激励机制等，这些都要靠制度来保障。这本《员工手册》，既是店内各种制度的汇集，也作为签订劳动合同和建立劳动关系的必要附件，供与我店签订劳动合同者阅知备存。

《员工手册》的颁行，是建立企业规章制度、严格企业管理的需要。俗话说：家有家规，国有国法。一个企业必然有企业的规章制度，这些规章制度是维系企业生存、发展的必备条件。《员工手册》主要部分是我店店务管理、人事管理、财务管理、日常管理制度汇编，涉及用工、考勤、培训、财务等方方面面。规章制度是用来遵照执行的，而遵照执行的前提是让员工了解、知晓这些规章制度，知道哪些是企业鼓励的，哪些是企业禁止的，从而中规中矩，做到令行禁止。当然，规章制度的执行需要监督，需要落到实处，只有这样，才能建立秩序井然的良好秩序。

《员工手册》继承了三联书店优良传统，是对以往管理经验的结晶。三联书店创建近80年来，在企业管理方面有良好的传统，积累了丰富的管理经验。新中国成立前书店创立时本身就是企业，是按当时条件下市场规律运行的，前辈们通过创办《店务通讯》等，对企业运营、店务管理进行积极探索，在从事进步出版事业、为社会做出贡献的同时，维系了自己的生存和发展。新中国成立后不断扩大经营规模，在并入人民出版社之前，已有相当规模和强大经济实力，在新中国出版业中具有重要地位。1986 年书店恢复独立建制之后，实行事业单位企业化管理的运营模式，一些规章制度是过去已形成的行之有效的规章制度的补充和完善；一些新制订的规章制度，也注重体现三联书店以员工为本、依靠员工进行管理等优良传统。现行《员工手册》有厚重的根基，是建立在长期以来书店形成的传统和管理经验基础之上的，同时也注入了新的内容，体现了新的时代特征。

鉴于《员工手册》在现代企业制度建立中的重要性，以及在企业管理中的重要作用，店领导班子高度重视《员工手册》的制订工作，认识到它不仅是一本企业管理“白皮书”，还是一项事关我店发展的极其重要的基础性工作。为此对它进行很长一段时间的研讨、修订和丰富，反复研究框架和内容的取舍，并多方征求意见，店人力资源部为此做了大量准备工作。在修订、完善的最后定稿过程中，我们努力做到四个“注意”：一是注意依法办事，依法建立企业规章，依据《劳动法》《劳动合同法》及其相关法律条例等建立企业的规章制度，把企业规章制度建立在国家法律允许的范围内；二是注意和三联书店已有的规章制度进行对接，体现连续性、延续性、具有三联书店企业管理的特点和现实可行性；三是在强调加大企业管理力度、维护企业利益的同时，坚持以人为本，保障员工的合法权益，满足员工的合理需要，为其创造优良的工作和生活条件；四是注意吸纳企业创立近 80 年来的优良传统和管理经验，把规章制度建立在坚实的基础上，具有三联书店的企业文化色彩和鲜明个性。

《员工手册》是具有约束效力的实用性文本，我们将其下发至店里每位员工，做到人手一册，供大家学习、使用。要求全体员工做到下列三点：一是了解它、掌握它，熟知它的全部内容；二是运用它、执行它，用企业共同价值观和规章制度来规范自己的言行，做一名遵章守纪的模范员工；三是维护它、完善它，注意发现执行中遇到的矛盾和问题，提出修改完善的合理化建议，供领导班子和店职工代表大会在修订《员工手册》时参考。

由于工作做得实、做得细，三联书店整个“转企改制”工作平稳有序进行，不仅圆满完成集团下达的目标任务，而且为建立现代企业管理制度奠定了坚实基础。

《读书》创办30周年聚谈会引发的思考

2009年1月，我被任命为三联书店总经理、党委书记。宣布任命时，集团总裁聂震宁、党组书记李朋义、分管人事工作的副总经理林弋全都来了，可见集团领导对三联书店领导班子建设的重视。在调整领导班子的任命会上，我做了题为“不负重托不辱使命”的发言。我在发言中说：

> 我理解，任命是一种信任，同时也意味着更高更严的要求，更殷切的期盼。做为一名党员领导干部，做为一个在三联领导班子中负主要责任的班长，我会更加严格要求自己。在政治上同党中央保持高度一致，认真学习实践科学发展观，认真执行党的路线、方针、政策，遵守国家的法律法规、集团的规定和店内的规章制度。我会树立高度的责任感和事业心，勤奋敬业，恪尽职守，一心一意谋发展，竭尽全力地将三联书店推上发展之路；我会从三联的实际出发，继续发扬三联书店的优良传统，保持三联的出版特色、文脉学统、品格品位，尊重知识，尊重作者，注重对社会对人类的文化积累文

化贡献，同时正确处理好事业性与商业性的关系，在保证社会效益的前提下获得良好的经济效益，争取两个效益双丰收。我会勇于开拓，大胆探索，事不避难，敢于担当，去创造新的机制和发展经验。我会坚持以人为本，紧紧依靠职工去开拓，注意提高职工的生活福利待遇，努力调动职工的积极性和创造性，建设文化三联、和谐三联、活力三联。我会模范执行党组织关于领导干部廉政建设的规定，廉洁奉公，绝不以权谋私，自觉接受职工监督。我会努力做到堂堂正正做人，干干净净做事，用广泛团结和包容的实际行动去凝聚人心集聚人气鼓舞士气，创造三联书店团结和谐、各美其美、美人之美、成人之美、美美与共的美好局面。我会紧紧依靠班子其他成员共同开展工作，增强团结与互信，发挥每个人优长，齐心协力，同舟共济。请集团公司领导和三联同仁多方面监督我、鞭策我、激励我，我会把大家的监督和鞭策当成前进的动力。

我今年 53 岁了，离退休还有六七年，其心犹壮，其血犹热，虽无宏才大略，尚有余勇可贾。面对集团公司和店内员工对我的期望和重托，不敢稍有懈怠，会“不用扬鞭自奋蹄”，更加努力地带领店领导班子和全体员工踏上新的征程，去创造三联书店新的业绩新的辉煌，为我国文化大发展大繁荣做出更大贡献，向组织上和广大员工交一份令人比较满意的答卷。

坦率地说，在宣布任总经理之前，我并没全面考虑三联的工作布局，俗话说“不在其位，不谋其政”，而且我也不知道自己能否当上，何必操那份心！但一旦重任在肩，就容不得半点懈怠。任总经理之后，我一面推进工作，一面深入调研，以便确定工作的总思路和总战略，2009 年上半年大体若此。其间的一项重点工作是筹备召开《读书》创刊 30 周年聚谈会。

《读书》杂志是我国著名期刊品牌，是思想解放的一面旗帜，在社会上、在文化界知识界广有影响。我上任伊始，适逢其创刊 30 周年，范用等三联老前辈和编辑部的同仁们，希望好好纪念一下。我综合各方面想法之后，认识到这件事很重要，便亲力亲为抓这件事。这时我已将分管的《读书》交潘振平负责，时任执行主编是贾宝兰。我们一起研究活动方案，由我执笔，代中国出版集团向中宣部写了报告。报告全文如下：

关于召开《读书》创刊 30 年聚谈会的请示

中共中央宣传部：

今年 4 月是《读书》杂志创刊三十周年，为了回顾过去，策励未来，扩大《读书》的影响力和品牌效应，推动全民阅读活动，三联书店拟召开《读书》创刊 30 年聚谈会。

会议拟在 4 月下旬召开，现送上会议议程、方案，请予以具体指导。同时请求中宣部领导致一贺信予以鼓励，请中共中央宣传部有关领导同志和出版局局长出席会议指导。

此请示，妥否，请指示。

中国出版集团公司

2009 年 3 月 26 日

附：(1)《读书》创刊 30 年聚谈会议程

(2)《读书》创刊 30 年聚谈会方案

拟举行的会议，不叫座谈会、纪念会，而叫“聚谈会”，这也是反复考虑拟定的。主要是考虑《读书》“不官不商有书香”的特点，突出刊物和作者、读者的密切关系，觉得这样更接“地气”，更能“聚拢人气”。

经中央宣传部批准后，在中国出版集团指导协调下，《读书》创办 30 周年聚谈会于当年 4 月 21 日在北京金台饭店举行。

出版界的老前辈与现任领导、读书界新老作者与不同年龄层的读者代表，还有历年参与过《读书》编辑工作的编辑，旧雨新朋、老少咸集，大家欢聚一堂，共庆《读书》三十岁生日。

由我主持了这次聚谈会。我说，三十年前的春天，在改革开放浩荡春风的吹拂下，陈翰伯、陈原、范用、倪子明、史枚、冯亦代、丁聪等著名的老一代出版家和文化人创办了《读书》杂志。三十年来，《读书》坚持面向知识界、服务知识界，以其高雅格调和品位，赢得了知识界的普遍喜爱。她既是思想文化界改革开放的标志，也成为我国期刊之林的一个著名品牌，同时也型塑了三联书店图书出版的风格，在读书界产生了广泛影响，享有良好声誉。

在《读书》创刊三十周年之际，我们诚邀读书界的新老朋友于此雅聚，既是缅怀过去，也是前瞻将来，意在为营造和谐社会增添几缕书香。

《读书》杂志执行主编贾宝兰在致辞中说，三十年的《读书》至少有五个方面值得回顾与总结。这五个方面是：一，积极参与拨乱反正。第一期李洪林的《读书无禁区》，是《读书》在新时期冲破思想禁锢，拨乱反正的一个标志性事件。文章发表后，引起思想界的普遍共鸣和社会关注，它为《读书》以后的发展奠定了坚实的社会地位和影响。二，注重思想启蒙。改革伊始，《读书》以自己的资源优势，组织评介 20 世纪的西方学术名著和新思潮。这些评介，不仅开阔了读者的视野，影响了一代知识人，而且延续成三联的风格。三，彰显人文精神。《读书》以思想、人文类文章为主，侧重对人、对国家及民族的人文关怀。从创刊号上的《读书无禁区》，到 80 年代的思想解放与启蒙，再到 90 年代延续至今的对改革问题的反思，无不体现着这种精神。正是这种精神，使《读书》区别于其他的刊物，这是《读书》的生命力所在。四，追求深入浅出、通俗易懂的文风。"反对穿靴戴帽，反对空话，反对八股腔调，提倡实事求是，言之有物。"五，本着邹韬奋先生"竭诚为读者服务"的至理名言，创办了"读书服务日"这种服务形式。最初的"读书服务日"主要是作者之间的交流，服务日上展览各社新书，为作者提供最新出版信息。到后来发展成为编者与作者、作者与作者之间的自由聚会。"读书服务日"这种形式一方面奠定了《读书》

的文化根基，另一方面，使《读书》拥有一个庞大的作者网络和群体。最后她表示，今后仍将继续秉承《读书》的办刊宗旨，提倡“百花齐放、百家争鸣”的方针，倡导流利畅达之文，注重思想启蒙和弘扬人文精神。

读书、编书、出书，中国出版工作者协会主席于友先一生与书结下了不解之缘。他说他作为《读书》杂志的老读者，以读书人、编书人、出书人的三重身份，说几句个人感言。中国出版集团公司副总裁刘伯根代为宣读了这一书面发言。发言说，《读书》杂志的成就，是中国改革开放在思想领域的一个成果。说《读书》的历史是改革开放的历史，是我国社会转型期的学术史、思想史和当代中国知识分子的心灵史，一点不过分。三十年来，《读书》一直在解读好书，引领阅读。让读书人在这里选择、吟味和使用书籍；让写书人在这里拓展思想、开拓思路；让出书人在这里确立追求，提高质量。它所提供的思想营养、文化视野以及人文关怀的精神，整整影响了一代知识分子。他特别称道《读书》常年举办的“读书服务日”活动，认为这个名称是取自韬奋先生“竭诚为读者服务”的宗旨，向作者、编者展示新书，相聚一堂进行交流，一杯清茶，畅所欲言，相互交流，发表见解，领受选题。吕叔湘先生到八十多岁还参加这个活动。老一代的创业精神、渊博学识和严谨品格，已经铭刻在史册，是我们继承和学习的楷模。他在发言的结束语中说，《读书》既有鲜明的办刊宗旨和编辑风格，也有自己强大的作者队伍和稳定的读者群，相信她将会越办越好。

“莫道三十是年少，百分三分已一分。”中国出版集团公司党组书记、副总裁李朋义，是作为《读书》上级主管单位的负责人来参加聚会的。他援引唐代大诗人白居易的名句，认为三十年对于一个人来说并不算短暂，但对一个期刊而言，却还依然是年轻的。他说，《读书》杂志的创刊号上曾经发表了一篇开风气之先的《读书无禁区》宏文，不仅表达了改革开放之初人们冲破思想的藩篱、渴望读书的时代心声，也开辟一条追求知识、追求进步、追求真理的光荣道路。三十年来，《读书》杂志积极引导文化消费的新潮流，大力推动社会阅读的新风尚，热切关注知识群体的新生活，努力满足广大读者的新期待，受到学术界、文化界和出版界的广泛赞誉，逐步成长为一代代读书人的精神家园，成长为一个著名的学术文化品牌。三十年来，《读书》创榛辟莽，筚路蓝缕，艰苦创业，奋斗以成，扶植和团结了一大批有理想、有才华、有操守的知识分子，为繁荣思想学术百花园，为营造尊重知识、尊重人才的社会文化氛围做出了重要贡献。我国古代文艺理论家刘勰说：“文变染乎世情，兴废系乎时序。”《读书》杂志作为改革开放的历史产物，又与改革开放一路同行，它不仅见证了时代的进步和经济社会的发展，也见证了伟大祖国不断繁荣昌盛的历史进程。《读书》杂志的发展与成功得益于政府管理部门的正确指导，得益于学术界和文化界的大力支持，得益于三联书店和《读书》编辑部全体职工的辛勤耕耘和默默奉献。对于《读书》杂志今后的发展，他提出了四点殷切的希望：首先，坚持正确的出版导向。要善于回答改革进程中突出的理论问题和热点问题，稳妥处理不同学术观点之间的辩论与争鸣，要不断增强大局意识、政治意识和责任意识，深入贯彻落实科学发展观。第二，加强作者资源建设。作者资源是最为宝贵的出版资源，是出版精品涌现的源头活水，是维护品牌影响力、扩大文化竞争力的核心力量。希望《读书》编辑部团结更为广泛的学术界、文化界的朋友，凝聚并发挥多方智慧和力量，努力实现文化建设上的“各美其美，美人之美，美美与共，天下大同”（费孝通语）。第三，树立“竭诚为读者服务”的意识。第四，努力形成具有中国气派的期刊文化风格。在上个世纪初叶，《新青年》《语丝》《东方》等著名刊物以其独特的文化风格，在中国期刊史上留下了不可磨灭的印记。希望《读书》杂志在现有的基础上，进一步加强编辑队伍建设，继续保持高雅的文化品格，形成具有中国气派的期刊文化风格。

《读书》杂志创刊三十年来，她的读者遍布于各个社会阶层之中，既有普通的知识人，也不乏身居高位的官员。文化部副部长、中国艺术研究院院长王文章在发言中特别强调说，他是作为《读书》杂志的一名读者来参加这一雅聚的。他说，《读书》杂志是在解放思想、拨乱反正的一九七九年创刊的。三十年来从《读书》杂志可以看出我们国家改革开放三十年思想、文化变革历程的影像。我们读《读书》的时候，感受到它对时代思潮的评介不是说教，而是用谈心的方式和平实的语言来交流的。《读书》杂志看起来薄薄的，也很朴素，但有文化格调，内容非常有味道。所以很多人喜欢《读书》杂志，很多人愿意读。现在的书非常多，但我拿到《读书》还是要翻看，有些文章还要认真地读，因为读完之后可以引发人思考一些问题。《读书》引发的这种思考是内心的、充满智慧的，它给人以感悟。我们现在的刊物和书籍很多，可以说是浩如烟海。《读书》杂志不仅介绍书，谈与书相关的人、相关的事，还对一些文化现象进行评论。让我们读者感觉到内心能够有所相通。现在，这样的杂志确实不是很多的。因为在市场经济下，社会价值多元，取向多元，人们对文化的需求也是多元的。很多刊物或者很多出版物追求娱乐、追求时尚是这个时代一种必然现象。但是在这样一个时代，《读书》一直遵循着自己办刊的宗旨，坚持自己的精神品格，通过跟读者交流，揭示思想的深刻性，使我们读者想读它，希望它办得越来越好。我想，现在有这么多的刊物，为什么《读书》三十年来能始终坚持走自己独特的道路呢？这是由于老一辈出版人的求真、求实的文化精神被传承了下来，被一代一代的编辑接力下来，用他们的努力，通过思考，把他们的智慧赋予其中，不断赋予时代新意，保证了这个优良传统和创新延续下来。

时光荏苒，三十年前创办《读书》的老一辈人中，现今有的已经故去，健在者也已年届耄耋，步履维艰，不能再亲临聚会了。原三联书店总经理、《读书》杂志原主编沈昌文感慨说，尽管如此，但我想他们一定会很高兴地看到刊物能够一直成长到今天的"而立"之年。他回忆《读书》杂志创刊两周年的时候，陈翰伯老人亲撰《两周年告读者》，在一九八一年第一期《读书》上发表。陈翰伯重申，《读书》是“以书为中心的思想文化评论刊物”。《读书》杂志的性格应当是：一、解放思想；二、平等待人；三、提供知识；四、文风可喜。认为《读书》杂志要提倡四种风气：读书之风、思考之风、探讨之风、平等待人之风。陈翰伯老当年语重心长地指出的四个性格和四种风气，我认为值得我们永远重视，永远成为检查我们是否完成任务的标准。

三十年前，当《读书》杂志创刊之际就在国家出版局工作，后来担任国家新闻出版署署长的宋木文，当年与陈翰伯、陈原同志接触比较多。他回忆了创办期刊的一些经过，认为《读书》的特点之一，是它依托的机构建制是比较独特的：在翰伯同志领导下，以原三联书店有成就的出版家、编辑家作为主要的成员。翰伯同志当时是国家出版局代局长，也是《读书》的决策者、定调的人。陈原同志是商务印书馆的总编辑，因为志同道合，才参与其事。他是出谋划策之人，非常睿智，对《读书》的贡献很大。范用同志是位很务实的出版家，是《读书》很多工作包括编辑工作的实际担当者。那样的状况，那样的班子很难复制。他认为，出版界的同志应当思考一下，这种体制，这种志同道合的组合，对当前正处在不断深化的报刊改革工作中的我们来说，有什么可以借鉴的意义？其次，他认为《读书》杂志应该说是改革开放、拨乱反正的重要成果，这个杂志起到了引领学术发展的作用。它不断地解放思想，不断地提出新的问题，回答新的问题，讨论新的问题，使人愿意读它，愿意看它。不乱穿靴戴帽、不说大话、不说假话。《读书》杂志的成长过程中也有曲折，并不是一帆风顺，但在一些重要关头，是顾全大局的，《读书》的同志也是非常努力的，这才成就了这样一个杂志。

从《读书》创刊到2009年第四期总共出版了361期。读书界中每期不落收藏全套杂志的大有人在。中华书局总经理李岩说，他也是其中之一。他说，能够参加今天的聚谈会，内心充满了温暖的回忆。因为从创刊开始就一直在读《读书》。无论是创刊词还是以后的一些文章，一些发人深省的话，至今言犹在耳，印象深刻。三联的两本刊物是他一直非常爱读的，一是《三联生活周刊》，有些栏目是抢读。但对《读书》是要捧读，因为有些文章要细致、深刻地体会，要不时翻阅，去思考。一本杂志能够聚拢那么多学术文化界的名人，他们像是围拢成知识火炉，不断燃烧，散光、散热，照亮了周围的一切。影响了文化人的治学倾向和人文理想，这都是值得钦佩的。

从创刊时起，以钱锺书、金克木、费孝通等先生为代表的我国学术文化界的硕学耆宿，还有大量当年的中青年学人——今日学术文化界的中坚，就给予《读书》的编辑工作以鼎力支持，编者与作者之间的共同努力，才奠定了《读书》杂志的高格调。本次雅聚特别邀请了三位作者代表发言。

著名经济学家吴敬琏，是《读书》杂志的老朋友。他说，他的职业是写书和教书。要写书和教书，就必须看书。所以，他一直把《读书》看成是必读的杂志之一。《读书》为知识人建立了一个得以惠风和畅地交流思想的平台，能够在这里以文为友，交流自己的心得，通过思想的撞击和比较找到答疑解惑的门径。因此，他首先感谢《读书》给予丰富的精神营养，使人们在思考中国社会所面对的问题时得到许多启发。大家都说《读书》是拨乱反正和思想解放的产物，应该说，它的内容本身就是拨乱反正和思想解放更确切。创刊号上《读书无禁区》这篇檄文一出，打破了限制、束缚人们打开眼界、思考问题的禁锢，思考破闸而出，形成滚滚洪流。其次，他期望《读书》继续发扬三十年来已经形成的精神品格，为解答我们面对的社会、经济、文化、政治上的诸多问题，提供更多的精神思想成果。

中国艺术研究院中国文化研究所所长刘梦溪说，《读书》的独擅之处在于，它是读书人的家，是知识分子的朋友。但《读书》杂志本身却面临着一个现实的问题，就是“门庭”可能会变得“冷落”，“朋友”会越来越少。因为如今的社会，真正的读书人是越来越少了。中国古代，特别是明清以后，是有一个读书人阶层的，但他们读书的目标很单一，就是为了科举。读书的范围也很狭窄，一切围绕“四书五经”来旋转。这样的读书人其实已经开始“异化”，《儒林外史》描写的那些人物基本上都是史笔。倒是晚清迄于民国百年以来，确实渐渐有了读书人的群体。但近年来这个群体正在分解和弱化。为了专业研究而读书的人多了，无特定目的闲适读书的人少了。为此，他建议，《读书》能否就“读书人”和“知识人”的话题，有所关注，有所讨论？

北京大学中文系主任陈平原教授曾经提出了“《读书》文体”这一概念。在这一文体风格的背后，不仅仅只是文风活泼、讲究趣味，而是东西方文化早从古典时代就已发萌的关于博雅教育(Liberal Education)的人文理想。在庆祝《读书》创刊二十周年之际，陈平原曾引用了胡适的一句话：在他之前二十五年只有三个杂志可以代表一个时代，创造一个时代，那就是《时务报》《新民丛报》和《新青年》。他当时认为，改革开放二十年，如果可以找一个能够代表时代，介入社会，代表社会的很可能是《读书》。十年后，陈平原的观点并没有改变。

中宣部出版局为此次活动发来了贺信。副局长郭义强宣读了贺信。贺信中说，三十年来，在一大批老一代出版家、文化人的参与和培育下，在无数热心读者的关心与爱护下，在杂志社广大同仁的辛勤耕耘下，《读书》杂志自觉弘扬三联书店“紧跟时代前进步伐”“竭诚为读者服务”的优良传统，发表了许多思想性、学术性俱佳的好文章，凝聚了众多高水平有影响的作者，形成了独具文化个性的品牌，为推动社会进步、文化发展、学术繁荣、提高民族素质，发挥了积极作用。当今时代，出版面临的内外环境正在发生深刻变化，特别是新技术在传媒中的广泛应用，极大地改变了出版格局和读者的阅读习惯。因此，希望《读书》杂志以更加宽广的眼界，更加开拓的精神，推出更多思想深刻、学术规范、文笔清新、影响久远的好作品，更好地服务广大读者、服务学术文化、服务社会发展与进步。衷心期待《读书》杂志能够进一步提升刊物的质量和水平，进一步扩大刊物的品牌和影响，再上新台阶，再创新辉煌。

茶烟袅袅，满室余香不散；书香浓郁，让人回味良久。我在聚谈会上最后表示，《读书》创刊至今，已经走过了整整三十个年头。百尺竿头，还须更上一步，我们会进一步领会大家的建议和意见，认真研究刊物面临的新情况、新问题，改进我们的工作和不足，继续发扬品牌优势，不断提高刊物质量，满足知识界、读书界的阅读需求，不负我们所处的伟大时代。

在《读书》三十年的成长历程中，最让我们内心铭感难以忘怀的，还是无数的读者作者所给予的支持。一个杂志，无论业绩如何辉煌，其根基终究还是建立在广大读者支持、关爱的基础上。就在北京读书界雅聚之际，相隔千里之外的一位南方网友在他的博客中给我们写下了这样的赠言：

风雨相伴有《读书》。三十年过去了，《读书》已长大成人，值此创刊三十周年之际，遥向北国的天际道一句心声：风雨兼程，莫违莫离；霜雪相伴，永不言弃。

《读书》创刊三十周年聚谈会受到社会广泛关注，许多媒体做了报道。还有一些媒体进行深入解读，回忆《读书》创刊时一些往事，又丰富了这个话题。由于舆论的关注度高，成为当年度的一个“文化事件”。我由此而受到启发：在别的刊物只是一次小小纪念活动的会议，而在《读书》却成了大的社会事件。这是为什么？因为《读书》是知识界文化界认可的著名品牌，品牌具有影响力、感召力，谁拥有著名品牌，谁就拥有强大竞争力。三联书店是著名出版品牌，属下有《读书》《三联生活周刊》《爱乐》、三联韬奋图书中心等品牌群，这就是我们最大的优势，是我们的核心竞争力。三联书店要坚定不移地实施品牌战略，这个思路一下子明晰起来。我到三联书店工作后，逐步认识到这一出版机构拥有的品牌优势。我在吉林人民出版社任总编辑时，也出过一些学术书，作者、质量水平不见得比三联差，但销售册数就是上不去。在三联，学术书一般能卖到六七千册，做到保底有余，而吉林人民出版社只能卖两千册，这种差距，完全是品牌使然。现在则更加清醒地认识到，三联品牌是几代三联人历经艰辛、顽强拼博创立的中国出版业著名品牌，是三联最为宝贵的财富，是无价之宝，充分利用品牌优势和品牌资源是一种战略选择。而且是首选战略，明确了"实施品牌发展战略，依托品牌发展"的思路。这一思路得到了全体领导班子成员的认同。关于实施"品牌发展战略"，我提出了以下几个方面：第一，高度重视品牌建设，强化品牌在全局工作中的统领作用；第二，通过生产好书好刊发挥品牌效应，提高品牌美誉度；第三，通过各种途径和措施，千方百计扩大影响力；第四，坚持走创新之路，不断为三联品牌注入新的生机和活力；第五，通过深化改革，为品牌发展拓展更广阔的发展空间。明确"咬定品牌不放松、依托品牌谋发展"的工作思路。为了在全体员工中形成共识，我们在员工中开展品牌教育活动，使大家了解企业历史认知品牌，总结企业文化热爱品牌，推进改革发展壮大品牌。尤其对新入职的年轻职工加强教育，我对他们说：三联品牌就是我们的“金饭碗”，我们要端“金饭碗”，不端“泥饭碗”，更不能端着“金饭碗”要饭吃，进一步凝聚共识。我们就是这样在激烈市场竞争中明确提出了实施品牌发展战略的思路，带领员工走一条认识品牌、热爱品牌、维护品牌、发展品牌、依托品牌发展的道路，既壮大发展了企业，也发展壮大了品牌。实践证明，实施品牌战略、依托品牌发展，是在激烈市场经济竞争中获胜的一个明智选择。

首选品牌发展战略之后，我们提出了人才发展战略。事情是人干的，事业是人兴的，品牌出版单位所以成为品牌出版单位，其中一个重要因素，就是拥有一支不同凡响的人才队伍，这支队伍在事业发展中起着领军作用、支撑作用和传帮带作用，从而使品牌单位在竞争中立于不败之地。因此，在首选品牌战略后选定人才战略，是顺理成章的。紧接着又提出“企业文化战略”。这一战略主要是解决动力问题。三联书店历史悠久，早已形成自己的企业文化，有自己的企业价值体系和文化追求，我们对此要继承和创新，从共同价值观中去汲取力量源泉。经过筛选、比对，三联书店新的领导班子选定了“品牌发展战略、人才培育战略、企业文化建设”三大战略。这三大战略中品牌战略是首选，解决目标和方向问题；人才培育战略是支撑，企业文化战略是动力和特色，三者是有机整体，之间有不可分割的逻辑关系。这“三大战略”是立足三联历史的发展提出来，不是“拍脑袋拍出来的”；是和三联书店的发展实际紧密结合的，不是浮在实际工作上面的一句口号；是员工内化于心外显于形的，不是和员工无关的束之高阁的一件摆设；是体现在具体工作步骤和业务中的，不是逢会必讲的“陈词”。实施“三大发展战略”过程中，我们每一年度都有工作重点，先后确定过“质量管理年”“产品营销年”“改革发展年”等，而这一切，都具有极强的针对性，是完全从实际出发的，不是店领导个人“先入为主”、拍脑袋瓜规划出来的，因而都取得了实实在在的效果。从当时和后来三联书店的发展实际看，“三大战略”是充满生机和活力的。

吃吃的笑，我们还笑得出来吗？

“吃吃的笑，我们还笑得出来吗？”这句话，是我在担任总经理半年后，在7月初召开的三联书店图书出版经营工作会上，得知2009年上半年，图书发货大幅下降，只有《吃吃的笑》这本书发货超过1万册之后，在上半年工作总结会上的发问。由此可见我当时的焦急心情。

我担任三联书店总经理之后，鉴于当时三联的复杂情况，一些领导、亲友都劝我上任后以稳定为主，力争稳中有进。甚至说稳住就是胜利，不要烧什么“三把火”，也不要急于去搞什么改革，免得制造矛盾，给自己惹麻烦。这些话我是听进去的，也是想这么做的。因此我上半年的基本布局是先稳住大局，搞调研、正常工作。新的措施只推出一项，就是抓全店的增收节支，让大家少花钱多办事，为此还在全店下发了《关于在全店开展增收节支活动的决定》，争取在工作正常推进中在增收节支方面取得成效。万想不到，上半年经营情况的严重下滑给全店敲响了警钟，也给我这个当家人敲响了警钟。严酷的现实告诉我们，在经过几年的规模发展数量增长后，我店的经营遇到了前所未有的困难，显现了生存和发展危机的严重信号。

这个“信号”主要表现在四个方面：

一是上半年发货下降、退货增多、回款减少。发货码洋比去年同期减少557.58万元，发货实洋减少434.83万元。退货去年同期为651万元，本年为879万元，增加了25.8%。回款比去年同期下降293万元，只完成1739万元，占全年回款任务指标4427万元的35%。去年1—5月，新书发货量超过1万册的有9种，今年只有1种；去年发货量5000册以下的有38种，今年则增加到78种，占全部新书95种的82%，即82%的当年新书发货量在5000册以下。仅此一项就足以证明问题之严重。

二是库存大幅度增加，消解缓慢，挤占资金严重。一方面，生产形势良好，全线飘红，新书重印书纷至沓来。一方面是书发不出去，全线飘绿，造成库存严重积压。上半年库存码洋比去年同期增长318万元，增长比例为5.23%，整个库存达到1.4055亿。而由于退货增加，退书许多成为死库存，使有效库存降低，加上消解缓慢，占用5900万元真金白银，而其中有相当大一部分会沉淀坏死，使我店流动资金大为减少，动转困难加剧。

三是实现利润同比减少。尽管周刊、《读书》利润都有大幅度增长，两刊相加，利润达到1000余万元，但由于店本部亏损364万元（比去年同期增加亏损46万元），韬奋图书中心亏损134万元（比去年同期增加亏损116万元），盈亏相抵，全店只实现利润498万元，比去年同期下降50万元，只完成集团下达年度指标的

41.1%,完成三年4470万元年度平均数的34%,对下半年完成全年任务指标造成了巨大压力。

四是经营上存在重大薄弱环节。表现为近几年在增大总量的同时,没有相应调整选题结构,一味原样放大。造成库存积压严重,销售发行困难,图书利润微薄,致使本部经营呈连年下滑趋势;表现为营销发行力量弱,面对渠道萎缩,退货增多,束手无策。遇到困难时办法不多,即便好的选题也难以达到理想销售效果;表现为店本部人力成本、生产成本没有坚决有效地加以控制,人员增长,费用加大,成本居高不下;表现为对下属韬奋图书中心疏于管理,使之长期处于亏损状态且日趋严重,经营状况每况愈下,已经成为影响全店发展的一个沉重负担。

上述情况均是用数字说话,一是一,二是二,毫不含糊。面对严峻现实,我们真的是笑不出来啦! 何去何从,是继续保持"平稳"推进,还是加大改革力度,放手一搏,考验摆在店领导班子面前。正所谓"树欲静而风不止",形势催人,我们还等得起、靠得起吗? 强调平稳,怕搞急了"翻船",但不思进取,无所作为,眼瞅经营状况下滑,以致到不可收拾地步,照样可以"翻船"。经过再三思索,我和店领导班子选择了直面困难、迎难而上,破釜沉舟,大胆改革。在7月初图书经营工作会议之后,经过反复研究,在中旬半年工作总结会上提出如下对策:

1. 加大改革力度,通过建立新的体制机制,充分调动员工的积极性和创造潜能。店里决定撤销现有生活、读书、新知三个编辑室，成立学术、文化、大众、旅行四个出版中心。成立图书审读室，保留综合编辑室。对出版中心实行事业部管理体制，在店内统一管理下，拥有一定的人事权、财务权、选题决策权，同时承担相应的社会效益和经济效益指标，做到责、权、利相统一，相对应。条件成熟时，成为相对独立的具有分社性质的经营实体。

2. 按照行业规律和市场规则调整图书产品结构，多组织出版贴近市场、满足读者需求的大众文化读物和优秀畅销书。用其拉动销售，扩大品牌影响力，在实现良好社会效益的同时，谋取更大的经济效益。怎么调整？通过对编辑部门结构重组调整；通过改变考核办法和奖励机制调整；通过引进新的人员改变编辑结构进行调整；通过店内加强审批调控力度调整。通过多种方式，务必调整到位，达到学术书减少，大众文化读物增多；引进版图书减少，原创类图书增多；自然投稿图书减少，自主策划类图书增多；高质量标志性图书增多，平庸图书减少的基本格局，使选题结构改变，库存结构改变，更加适销对路，适应市场。面对目前状况，只有改变上游，才能改变下游。光在下游做文章，不可能也解决不了根本问题。在当年库存积压严重的形势下，适当放慢出书节奏，进一步理清思路，逐步把选题结构调整到位。

3. 更加重视图书营销工作，做到产出来、卖出去两手都要硬。店主要领导靠前指挥，统筹全店营销发行力量，同时引进营销业绩突出的能人，形成和生产能力匹配的营销体系。调整政策，奖勤罚懒，充分调动营销人员积极性。探索多种营销办法，学会出奇制胜。特别是加大对重点图书的营销力度，从选题批准到营销发行一路绿灯，精心策划文案，加大宣传力度，讲究营销策略，达到效益最大化。千方百计消解库存，加大流量和流速。

4. 抓住主要矛盾，集中解决影响经营的关键问题。通过严格考核，引进编辑、营销、校对等人员，补充有生力量，增加活力。坚决拒绝人情选题、低效无效选题，建立科学的准入和淘汰机制，杜绝无效率“空转”，从根本上解决项目浪费、人力财力物力资源浪费。强化成本意识，坚决压缩印制成本和纸张成本，通过引进竞争，把费用降到最低限度。下决心解决影响三联发展的某些“出血点”，防止久拖不决留下大患。

以上四项决策中难度最大的是“加大改革力度，建立新的体制机制”。因为这要打破图书编辑部的组织结构，采取新的考核办法，不仅涉及观念问题，而且涉及到利益调整，遇到的难度可想而知。

半年总结会之后，我同发行部主任张作珍、发行员徐前一起去黑龙江大庆市、哈尔滨市等地，开拓黑龙江市场，这是加大图书营销力度之举，更是借此行深入思考下一步改革问题，面对遇到的困难如何处理？自然又是一番思索。

2009 年 7 月 31 日，在“八一”建军节前夕，三联书店的复转军人欢聚一堂，庆祝中国人民解放军的生日，欢庆军人的节日，我在会上慷慨陈词：

我调到三联书店已经4年了，没有参加过这样的聚会，听说以前我们店也没召开过这样的会议。今年我提议召开这样的会议，不仅因为我曾经是军人，也不仅是满足全店复转军人欢庆节日的愿望，更主要的是因为三联书店正处于改革发展的关键时期，需要我们这些曾经的军人去发挥作用，去冲锋在前。因此，我们这次会议不仅仅是庆祝会、纪念会，更是一个动员会、誓师会，是一次吹冲锋号、集结号的会议。

目前，三联书店处于改革发展的重要时期。三联书店是我国著名出版品牌，为我国的文化建设及出版繁荣做出了贡献，1986年独立建制二十多年来得到了很大发展，取得了良好的社会效益和经济效益。近几年来，面对日益竞争激烈的图书市场，三联书店表现出种种不适应，加之在做大规模的同时没有及时调整选题结构，致使图书效益低，库存积压严重，今年上半年销售又大幅度下滑，造成利润下降，资金紧张，危机不期而至，给三联人敲响了警钟。面对这种情况，店领导班子积极谋划应对之策，加大改革力度，进行编辑部门机构重组，调整选题结构，加强面对市场的大众文化读物的出版，强化营销工作，努力开辟新的渠道，加强管理，开展增收节支活动等等。所有这些任务，都需要人去承担，都需要人去落实。而我们在座的诸位，我们这些曾经的军人，在店内处于重要的位置，这里有店领导，有中层干部，也有一般干部，不管在什么位置，都很重要。汇聚起来，就是一股强大的力量。过去在三联发展过程中，我们复转军人做出了重要贡献，赢得了人们的尊敬与信赖。今天，面对新的形势，更需要我们复转军人去冲锋陷阵，斩关夺隘，做出新的贡献，也为我们自己赢得新的荣誉。有遇到困难决不退缩的决心，坚决完成改革任务。

以上这段话，是对店内复转军人讲的，是对大家的激励，更是对自己的鞭策。面对困难，我决心以军人的气概坚定不移地走下去。

接下来整整一个月，我都在集中思考深化改革的内容和突破口，并对遇到的问题进行预估预评，因为我也想把改革深入推进下去，不想“出师未捷身先死”，出现半途而废的状况。同时也做了大量思想工作，在领导班子中统一认识，在编辑队伍中讲清利害，还要获得多数员工和职工代表的支持。因为三联有一个“民主决策机制”，店里的许多重大决策都要通过职代会通过方可实施。

我们首先向员工讲清楚，这次编辑机构的调整重组是店领导班子经过反复思考，深入调查研究，进行比对后做出的选择。这次重组，不是拍脑瓜拍出来的，也不是灵机一动想出来的，而是深思熟虑的结果。早在 2007 年 12 月店里在怀柔钟磬山庄召开的选题工作会议上，班子成员就和大家一起对选题结构调整进行了研讨，一些同志对在选题没有调整优化的前提下强调扩大规模表示了忧虑，有的同志对库存结构进行分析并提出了改变选题结构的建议，我在会上做了《关于强化三联书店大众文化读物出版的思考》的长篇发言，从优良传统、现实必要性、大众文化读物定义、具体措施等若干方面谈了看法，可惜那次会议的精神没有得到贯彻落实，选题结构没有得到调整，规模无限制扩大，造成今天这样的库存有其必然性。

怎样改变这种状况，我们反复思索，并到兄弟单位调查研究，收集他们的改革材料，汲取他们的经验，同时反思我们几年来走过的道路，在充分肯定成绩的同时，也总结出我们的教训，通过对比选择，从三联实际出发，采取了目前调整重组的这种方式。

7 月 1 日—2 日召开全店图书经营工作会议，在会上讨论了《三联书店关于加强大众文化读物出版的决定》和《三联书店加强图书营销工作的意见》，与会同志对这两个文件充分发表意见，对调整选题结构和加强营销工作形成了共识，希望将会议精神落实到位。在研究落实会议精神过程中，我们提出了调整重组编辑部门结构，通过调整编辑部门组织结构调整优化选题，组织出版大众读物，进一步贴近适应市场的设想。班子形成初步意向后，多次征求现有编辑室负责人和一些编辑的意见，就出版中心的定位、名称、考核办法进行研讨。舒炜、郑勇等同志还形成了书面意见供班子参考。现在这个方案就是在广泛征求意见，充分听取不同看法的基础上修改定稿的。

部门调整、重组，涉及部门和人员岗位变动，也涉及到一些人的利益调整，是一场不大不小的变革。其中涉及个别中层岗位竞聘上岗，也涉及人员的双向选择。一些部门撤销了，人员需要重新择岗安排，组织结构的变化也会涉及到一些相关的部门和人员。有关领导和部门对调整做了认真细致的准备，跟涉及的每一个人，以及岗位变动人员离去或接收部门的负责人，都谈了话，对个别有些想法的，还耐心细致地做了思想工作。同一些同志谈话多次，耐心听取意见。这次机构调整得到了广大编辑人员的充分理解和配合。一些同志无条件地服从组织决定，还努力做好本部门人员的思想工作。我特别对新知编辑室主任张艳华同志提出表扬，她在这次调整中体现出了很高的思想觉悟和大局意识。一些同志表示到新的岗位后一定会振奋精神，努力工作。这都让我们感动。

在这次调整中，我们十分注意维护重组中涉及人员的权益。没有一位中层干部因调整失去职务，没有一名员工因调整失去岗位。有的员工通过竞聘走上了中层干部领导岗位，有的员工被调整到更能发挥才能的岗位。既整合了人力资源和出版资源，又保证了个人心情舒畅，维护发展了店里安定团结的局面。

这次调整，班子采取了一种十分审慎的态度。从动议到最后决定，经过多次研究，方案反复调整、斟酌。有的同志曾建议，既然要改革，动作可再快一些，我们还是决定在九月初出台，留出充分的时间听取意见，不断修改和完善。我们还就此次调整方案征求集团领导和有关部门的意见，得到了肯定。在班子集体讨论研究过程中，每位成员都充分地谈了看法，有益的意见均得到了吸收。可以说，这次调整重组，班子成员的意见是完全一致的，最后研究确定的方案，是集体智慧的结晶。

以上工作做到位之后，我店于 8 月 31 日下午，召开有全体编辑人员和相关部门人员参加的“编辑机构调整促进改革发展动员大会”。会议由副总经理、副总编辑李昕主持，副总经理、副总编辑汪家明宣布店里调整编辑部门组织结构、任命新的中层干部以及相关部门人员组成的决定。我在这次会上做了以“用编辑机构调整推动改革发展新突破”为题的动员报告。这个报告是我利用周六、周日两天休息时间完成的，约有一万字，戏称为“万言书”。在这份“万言书”中，我重点讲四个问题。

首先，为什么要进行这次编辑部门机构调整重组？

这次调整重组，撤销生活、读书、新知三个编辑室，成立学术、文化、大众、旅行四个出版中心和审读室，形成四中心加综合室、审读室两部门的基本格局。

为什么进行这样的结构调整？

（一）这是适应全国出版业改革发展和激烈竞争新形势的需要。

随着当前中央各部门各单位出版社和高校出版社体制改革明显提速、进入攻坚阶段，中国出版业正处在新中国成立 60 年来一次大转制、大重组、大发展的关键时刻，多年形成的格局发生了划时代的变化。三联书店身在出版业变革洪流之中，不可能置之度外，我们如安于现状只能安于一时，不能安于久远。我们不改革、调整，可能一时半会看不出什么，但是过一二年，我们就会在竞争中落伍。因此，我们必须推进改革。编辑部门组织结构调整只是改革的一个环节，并不是改革的全部。所以要调整重组，是因为现在的组织结构存在不利于明晰产品线和优化调整选题结构等问题，有必要作为改革的一个构成部分予以优先解决。

（二）这是改善我店目前图书经营状况的现实要求。

7 月 17 日在上半年工作总结会上，我给员工通报了全店经营情况。上半年全店只实现利润 498 万元，仅完成集团下达年度指标的 41.1%，完成三年 4470 万元年度平均指标的 34%，是集团下属出版单位唯一的销售、利润双下降的单位。而同一时期，三联生活周刊实现利润 997 万元，《读书》杂志实现利润 54 万元，两刊合计超过 1000 万元，出现前所未有的好形势。形势如此之好，为什么全店利润还总体下降了呢？都是“图书亏损惹的祸”，是图书利润向下拉动的结果。上半年图书发货下降、退货增多、回款减少。回款比去年同期下降 293 万元，只完成回款任务指标的 35%。以经营图书为主的店本部亏损 364 万元，把期刊和利润吃进一大块。与此同时，库存大幅度增加，达到 1.4 亿，加上在途的 6000 万，共计达到 2 个亿。按 33%成本计算，共占用资金六七千万，使我店流动资金大为减少，出现前所未有的困难，亮起了生存和发展危机的严重信号。80%的当年新书发货量在 5000 册以下，仅有一种超过 1 万册，叫《吃吃的笑》。面对这种状况，我们真的是笑不出来了。

出现这种情况，不能用金融危机造成经济形势不好图书销售受到影响来解释。据新闻出版总署统计，上半年全国图书销售增长20%；我带队到哈尔滨、南京多家书店调查研究，看到的情况是各店销售均在上升；集团内部各出版单位除三联外均在增长，也是很好的证明。

那么，我们图书经营方面存在的问题在哪里呢？问题出在这几年我们在品种增加总量扩大规模加大的同时，选题结构没有得到及时的优化和调整，按既定思路原样放大，学术书、面向小众的书大量增加，而面向市场、面向大众更加适销对路的书没有相应跟进。或者说，我们在坚持特色、面向小众的同时，没有更多地注意大众的需求，出版的书越来越不好卖。大庆市一位书店经理对我说：三联的书真是好书，就是不怎么好销！黑龙江省店徐经理说：大家都是朋友，你们的书卖不动，我们也着急！大庆这么有实力的地方，哈尔滨是省会城市，我们三联的书都不怎么销得动，更不用说下延到更广大的图书市场。因此，我们下决心调整选题结构，在继续注重高端的同时，面向中层和大众，通过出版大众读物满足市场需求，拉动整个三联版图书销售和利润的提升。听说我们在积极调整选题结构，书店老总们都说这是"必须的"，对我们多出适销对路的好书供他们销售寄予厚望。面对偌大库存，我们正在加大力度千方百计加以化解，同时我们必须在水库的"上游"解决问题，"为有源头活水来"，结构调整了，上游水活了，库容才能真正改变，泄流量才能增加。因此，解决我店图书经营的最根本问题是进行选题结构调整。对编辑部门组织机构进行调整，就是为了更加有效地促进我店的选题结构进行调整，从根本上扭转图书销售不好利润下滑的不利局面。因此调整选题结构要坚决、要抓紧，早调整早主动，现在调整，两年后才能见成效。希望大家从这一角度来认识编辑部门组织结构的调整。

（三）这是出于对我店长远发展的考虑。

最近，中国出版集团公司已对我店的五年发展规划做了批复，要求我们按照规划加以实施。“人无远虑，必有近忧”，三联的事业也是如此，也需要长远规划、长远考虑，不能“踩着西瓜皮走路——走到哪算哪”，那是不负责任的态度，也不是一个企业负责人应有的表现。现在出版单位的改革发展、未来设计八仙过海各显神通，三联书店只能从实际出发选择自己的目标和路径。按照我的设计，我店要通过改革重组，把店内编辑、生产、经营各部门逐步做大、激活，在可能的情况下成为事业部管理形式的二级单位，让二级单位充满活力，呈众星捧月之势，使三联书店更大更强，品牌更加响亮，影响更加巨大，在激烈竞争中立于不败之地。具体来说，就是先成立四个出版中心，按照事业部的机制进行管理，赋予一定权限，承担“双效”责任目标，让它们去折腾、去发展，条件成熟时，把几个中心变成更加独立一些的分社，比如学术分社、文化分社、大众分社、旅行分社。假如这些分社已经非常成型成果丰硕，连同生活周刊、读书杂志，再外加一个对外合作出版机构，就会形成七个板块。“七星拱月”之时，也是三联书店出版集团成立之日。这个路径，就是广西师大出版集团所走过的路径，它们就是在打造“五朵金花”之后实现升级经营的，这个经验可供我们借鉴。关于三联书店的发展战略，我有两个梦想：梦之一是发展到一定程度，假如我们的实力、规模、人才储备允许，我们对已经发展成熟的几个分社进行重组，申请恢复生活书店、读书出版社、新知书店的名称，在三联书店出版集团的旗帜下有三个出版社的建制；梦之二是借助三联品牌的巨大影响力，通过品牌授权、加盟连锁等形式，建立数十家乃至上百家分销店、加盟店，在新华书店、民营书店之外打造三联版图书发行渠道，重现邹韬奋先生当年生活书店在全国建立 50 多家分店的辉煌。

如上如述，我们这次编辑部门组织结构调整重组有宏观的考虑，有现实的考虑，有长远的考虑，不是走形式、玩花架子、做表面文章，而是实实在在的动作，要实实在在的成果。我们希望通过调整重组达到“四个目标”：

一是明晰三联书店图书产品线。调整重组后，从机构名称上就能清楚地看到我们的图书板块：学术、文化、大众、旅行。不仅店内外明晰，而且各机构职责清楚，业有专攻，各司其职，持久努力成效可见。

二是促进选题结构调整和优化。明眼人一看便知，现在的组织结构调整本身就包含着选题结构调整。学术、文化、大众、旅行，每个板块既独立又关联，可以看出突出什么，倡导什么，着力点在什么地方。比如说学术，在新的结构中是第一板块，显示了三联特色和重要性，但它只是四大板块的一个板块，表明分量虽重但数量减少。当然能否调整到位，不是看名称、意图，而是看我们按照要求做出多少切实努力。通过调整达到学术书总量减少，但品质提高，学术普及类书增加；面向少数高端读者的图书减少，面对中层和大众的图书增加；面向小众的图书减少，面向大众的畅销书增加，杜绝平庸书，减少亏本书，依靠长销书，打造畅销书，使三联的图书更加贴近市场，适应市场各类读者的需求，社会、经济两个效益都获得显著提高。

三是改变管理模式转换机制。大家要看到，编辑室变中心之后，机构发生功能性变化。它不仅是一个组稿编辑的地方，而且担负着经营和协调职能，承担社会、经济双重效益指标。店里对中心实行事业部管理体制，中心在用人、选题等方面有更多的自主权，同时也承担了更大的责任。店里按照对期刊的现行管理模式，对中心实行年度“双效”业绩考核，奖惩与业绩挂钩。在人员构成上，除编辑人员外，可根据需要设立专门的市场推广人员，与市场部、发行部沟通和通力合作。有人说编辑室改为“中心”是“换汤不换药”，实际上调整重组后，汤已经换了，药也换了，在悄然变化中转换了机制，这是一个很大的变化。对已先行改革的出版社可能不算什么，但在三联却是一个不小的变革。

四是培养人才锻炼一支骨干队伍。我们店的人才很多，但适应市场、对市场有机敏反应的人才不多；我们有很好的编辑人才，但缺乏既懂编辑又懂经营，既懂书又熟悉市场的复合型人才。中层干部队伍后备力量不足，领导班子组成人员年龄偏大，后继乏人。我们要通过调整重组，让一些业务新秀、年轻才俊挑起大梁，承担重任，提高自己的管理能力、领导能力、经营能力和适应市场的能力，使他们尽快成长进步，陆续充实到店领导班子和中层干部队伍。现在，我们就是要为人才脱颖而出和发挥作用创造良好环境，让“想干的有机会，能干的有舞台，干成的有地位，干好的得重用”，通过调整重组，压担子，给机会，创条件，“是骡子是马，拉出来遛遛”，论功行赏，把人才逼出来、压出来、显出来、露出来，使我们三联大业后继有人、常盛不衰。

编辑们对这次调整重组很关心，常常问一些问题，或对调整后某一方面工作有疑虑，我借此机会做了一些解释和说明。

（一）新机构运行之后对编辑的考核方式

今年 9 月 1 日—12 月 31 日，仍按店里已定的对编辑的考核办法进行考核，年度考核办法仍按原办法进行。

从明年开始对编辑的考核按新办法进行。目前店里已着手研制新的考核办法。新办法将汲取我们以往成功的考核经验，借鉴兄弟出版单位的成功做法，按集团提出的新的目标要求和三联书店发展的现实需要来制定。现在已成立由李昕同志牵头的研制小组，刘高源、潘健参加，开始调研并收集资料、信息，做一些准备工作，内容尚未确定，但有一些基本框架可以告诉大家。

一是对中心和中心内每个人实行双重考核机制。既对整个中心进行考核，又对个人进行考核。既对中心有目标要求，又对个人有目标要求。

二是和中心签订“双效”目标责任书。在一个年度里，既有社会效益方面的要求，如出版方向、图书质量、社会影响等，又有经济效益方面的要求，有明确的年度利润指标。责任书由企业法人和中心主任签订。到年底考核，用数字、用事实说话。

三是层层分解指标，指标到人，责任到人。编辑按不同的级别，承担不同的利润指标。一个中心人员的利润指标相加，便是这个中心的总指标。总指标确定后，班子再按每个中心的不同出书方向、出书要求进行调增调减，最终确定对中心负责人的考核指标。不管是自下而上累积，还是自上而下分解，每个人都要承担相应的利润指标，这一点是肯定的。只有把利润指标真正落实到人，编辑才能有成本意识、市场意识，才会从以自我为中心，转为以读者和市场为中心。

（二）新成立机构的定位

学术出版中心，主要从事学术著作和思想读物以及学术普及类读物和理论普及类图书的出版工作。

文化出版中心，主要从事文化生活类图书出版工作，面向中层文化大众，兼及部分专业类文化读物的出版。

大众出版中心，组织出版面向大众的具有三联特色并在市场有影响力的畅销书。

旅行出版中心，专事旅行图书的出版和旅行文化产品的研发生产。

图书审读室，承担图书审读和图书质量检查保障工作。

继续保留综合编辑室，主要开展和社外工作室的合作业务，并自主策划部分选题。

以上定位或曰分工，是大致考虑。怎样更合理，请中心成立后大家进行研讨，并在实践中加以探索。现在编辑关心的是，各中心之间的选题会有交叉重复。交叉重复肯定会有，很难纯而又纯，但大体界线还是有的。店里在研讨后，还会做出更详细的规定，尽量做到大分工小交叉或不交叉，但“越界开采”总是会有的，必要时也应该允许，关键是看对店里利大还是弊大，是否有利于发展。

（三）店里的营销发行工作

有的同志担心，我们这里进行选题结构调整，辛辛苦苦出书，店里的营销工作上不去也是白搭。这个担心是有道理的。店里新的班子成立后，一直在坚持两手抓，一手抓选题结构调整，一手抓营销发行工作。店里成立营销工作领导小组，主要领导同志亲自抓。已在几个方面进行开拓努力。一是开拓发行渠道，除原有民营学术书店外，更加重视新华书店，开辟农家书屋，加大团购力度，使我们的图书多渠道分流。二是到各地新华书店调查研究，了解情况，密切感情，落实包销、回款任务。三是明显加大对图书的营销宣传力度，对重点图书，店领导进行分工，每人抓一二种图书的营销，先后重点组织了《七十年代》《镜中爹》《1944：松山战役笔记》的宣传推广，收到了很好的效果。《七十年代》3万册已发完，新近加印1万册；《镜中爹》2万册，已发1.6万册；《1944：松山战役笔记》首印1万册，已发完，肯定要加印。这几本书的发行均会在2万册以上。事实证明，只要选题对路，并狠抓营销发行，就一定会有好的效果。目前我们正在抓龙应台《目送》、王蒙《老子十八讲》、《陈寅恪集》的营销，现在已做了大量准备工作，预计效果会更好。我们将适应编辑部门调整重组、编辑生产力增加的需要，继续大力抓发行营销，整合店里营销发行资源，进行改革，调整激活发行人员的积极性，形成选题、发行两手都要抓、两手都要硬的良性互动相互推进的良好局面。

（四）对中心的具体管理模式

有人问我：你这样调整不是搞“一条龙”吗？我明确地说，我们不搞各中心编、印、发一条龙。我们对中心的管理，是借鉴事业部管理模式，进行“双效”目标责任制考核体制。现在的LP是事业部管理体制，没搞“一条龙”；《读书》杂志编辑部是“双效”目标责任管理，也没搞“一条龙”。对新成立的机构，我们也不搞一条龙。人事、财务管理平台都在店里，印制、发行、设计都由店里统管。中心可有专人进行营销推广，和发行对接，也可对印制、设计部门提出要求，但均不设专职人员。因为“一条龙”会造成资源分割、岗位重叠、人员膨胀，又不利于店里进行统一管理，因此，我们不选择“一条龙”的管理模式。

最后，我向全体员工提出几点要求：

一是坚决贯彻店里关于这次编辑部门机构调整重组的决定。这次调整重组是店领导班子、店党委研究通过的，是新的领导班子调整后推进我店改革发展的重要举措。中层、党员要带头贯彻执行。编辑部门相关人员要执行组织决定，有关部门和人员要积极搞好配合。个别同志不理解，有这样那样的看法，意见可以保留，但希望不要散布不利于调整重组和改革发展的言论。我们要进一步解放思想，用解放思想来促进改革发展，促进思想统一。任何改革调整，都会有不同看法，人们站的角度不一样；任何设计方案都不可能十全十美、尽善尽美，都会挑出毛病。希望大家站在改革的高度、站在全局的高度来看待和投身到这次改革调整中来。

二是新成立的机构和人员要尽快完成角色转换，到岗到位，履行职责。不管机构怎样调整、岗位怎样变换，我们编辑人员都要坚持以出好书为己任。要求各编辑部门始终坚持正确的政治导向，坚持把社会效益和文化贡献放在首位，坚持三联书店的优良传统和出版特色，同时以更加开放的心态面向市场，积极开拓创新，使自己辛辛苦苦编出的出版物有更多的受众，有更大的影响，有良好的经济效益。

三是抓紧对新的考核办法的研制。考核办法非常重要，事关导向，也事关整个调整重组的成果与成败，必须高度重视。同时要看到，制定一种新的考核办法难度很大，必须经过深入研究和研讨。新的考核办法必须明确一些原则，比如坚持导向、两个效益、三联特色、责权利统一等等，但又有具体实在的内容。必须在原则上适应所有部门，又对不同部门有不同的要求，适应不同的情况，因此请负责此项工作的同志们下功夫，用全力提交尽可能完善的方案供讨论研究决定。

四是相关部门对这次调整重组要积极配合。总编室、美编室、市场部、发行部都会涉及工作交叉和对接，大家要认真配合好，使新的部门高效率运转。行政部门要根据工作需要完成工位的调整，要相对集中，便于工作，在此过程中要和各中心搞好协商，充分听取意见，为编辑们的创造性劳动创造良好的办公条件。

我们深知，任何一次变革调整都会引起震动，本着“积极而又稳妥”的方针，我们采取了许多措施，既保证决策正确，又把震动、阻力降低到最低限度。后来三联书店的发展证明，这次改革获得了极大成功。至当年 9 月末，全店经营形势企稳向好，图书经营工作形势好转，《目送》《老子十八讲》《七十年代》先后登上畅销书排行榜。至 12 月底，有 40 种图书销售在 1 万册以上。其中《目送》销售 19.9 万册，《老子十八讲》销售 5.5 万册，《孩子你慢慢来》销售 5.1 万册，《七十年代》销售 4.5 万册。全年发货码洋达 12660 万元，比 2008 年增加 2047 万元。净发货 10675.7 万元，首次突破 1 亿大关，比 2008 年的 8849.2 万元增加 1826 万元，收回实洋 5775 万元，比上年 4358 万元增加 1417 万元。发货码洋、净发货码洋、回款码洋三项指标均创历史新高。图书与期刊主营业务收入（不含教材）1.3 亿元，比 2008 年增加 985 万元，增长 8%。

全店全年实现利润1410万元，比集团下达的年度利润指标1210万元超出200万元，比上年872万元利润增长72%。2010年改革成果突显。全年出书478种，其中有一批双效俱佳的好书，如《巨流河》《野火集》《城门开》《鲁迅箴言》《百年衣裳》《也同欢乐也同愁》《唯一的规则》《何处是"江南"?》《钱锺书百年纪念文集》《谁造就了赵小兰》《上帝送我一把小提琴》、蔡志忠经典漫画系列、基督教经典系列等。年终盘点，多家媒体和机构评年度好书，三联一批图书榜上有名。《巨流河》荣登光明日报"2010年度光明好书榜"，同时获新浪网中国好书榜第一名，被评为深圳读书月年度十本好书。《路西法效应：好人是如何变成恶魔的》入选人民日报文艺部与人民网读书频道组织评选的2010年度"影响力10部书"。《七十年代》《1944：松山战役笔记》获国家图书馆第六届文津图书奖，《鲁迅箴言》《目送》等六种图书被中国发行协会评为"2010年度全行业优秀畅销品种"。《孩子你慢慢来》《巨流河》《鲁迅箴言》分别获中国出版集团公司年度优秀畅销书奖和常销书奖。在北京图书订货会组委会组织评选出的"2011晒书单·话读书——2010我的阅读""大众读者奖"24种图书中，我店有《目送》《巨流河》《也同欢乐也同愁》等3种书获奖入选，三联书店也因入选最多获得"读者最喜爱的出版社奖"。在当年度进行的中华优秀出版物评选中，我店获得两项三种奖励。在第二届中国出版政府奖评选中，我店荣登"状元榜"，获得五个正奖，一个提名奖，位列全国出版社第一名，获我店自1986年独立建制以来取得的最大荣誉。

在获得良好社会效益的同时，经济效益实现历史性新突破。图书效益明显提高，期刊稳步增长，全年实现主营业务收入 1.61 亿元，比上年度 1.41 亿元增长 13.46%，利润突破 2000 万元大关，比上年度增长 42.9%，实现由 2008 年的 872 万元跃上 2009 年 1410 万元，再由 2009 年 1410 万元跃上 2041 万元的三级跳远。

北京三联韬奋图书中心改革重组

在对编辑部门组织机构进行调整重组的同时，我们着手对三联书店旗下的“北京三联韬奋图书中心”进行改革重组。

2009年下半年我们开始考虑这一问题。所以提上议事日程，是因为北京三联韬奋图书中心（以下简称“中心”）是三联书店的重要组成部分。中心经营的好坏，对店里全局有重要影响。三联书店长期以来实行“一主两翼”的发展布局（图书出版为主，期刊出版和韬奋图书中心为两翼），三者互相牵动，荣辱与共。中心1996年创办以来，不仅为三联拓展业务扩大影响做出了贡献，还总计向店里缴纳房租1468万元，对店里的经济发展起到促进作用。而近些年由于经营管理不善出现严重亏损，负债总额达到2935.73万元，严重影响了三联书店的年度利润。集团公司为我店下达的三年经济效益指标为4470万元，每年须实现利润1500万元左右。因为合并报表，中心的亏损必将影响我店年度任务的完成。2009年8月份，我店实现利润901万元，同比减少164万元，减幅为15%，其主要原因为中心收入的减少，同比减少148万元。中心经营亏损严重的问题，已成为三联书店前进路上绕不过去的坎。中心亏损问题不解决任其发展下去，那就只好拿员工们用一本本书、一本本刊辛苦挣来的钱去“填大坑”，三联书店在前进路上会背上沉重的包袱。这是我们这届领导班子下决心解决中心问题的根本原因。另一重要原因，是集团公司下发《关于加强中国出版集团公司三级企业监督管理的通知》，要求对下属企业经营情况进行检查清理，对长期严重亏损的企业实施“关停并转”，为集团转企改制后上市做准备。“中心”问题就“不能不重视、不得不重视”，而且很紧迫地提上了领导班子的议事日程。由我和总经理助理刘高源具体负责此事。后调入三联任副总经理、副总编辑的翟德芳也参与进来，形成了“三人小组”。由“三人小组”共同负责此事，重大事项向店领导班子汇报做出决策。

我们首先从弄清中心的具体情况入手。三联书店历来有“前店后厂”和广开书店的情况，兴盛时期，在全国开过多家书店，形成了出版社、期刊、书店三位一体的基本格局。三联书店恢复独立建制终于搬进新盖的编辑业务综合办公楼，在楼的最好位置开办书店聚拢人气，主事者是很有见地的。之所以不叫书店，而叫“韬奋图书中心”，一方面是受当时改革开放之风的影响，觉得这样更大气，另一方面是和楼上的编辑业务中心相对应。我记得当时还有期刊出版中心，也许“中心”就是按三联机构设置的一种系列定位。其经营场所位于我店办公楼地下一层、一层、二层。地下一层 989.28 平方米，一层 449.28 平方米，二层 599.04 平方米，合计 2037.6 平方米。中心为三联书店下属独资国有企业。

三联书店法人代表同时亦是中心法人代表。创办之初原想建成合资书店，并已签订投资协议，协议确定由我店与香港三联书店共同投资，我店投资比例为60%。香港三联书店实际已投资390.24万元，我店实际投资405万元，但因国家当时的政策限制，办合资企业未能如愿。2004年8月新闻出版总署发文（新出外[2004]964号），同意“北京三联韬奋图书中心”变更为中外合资公司“北京三联韬奋图书中心有限责任公司”，但又因故未能实施。形成目前中心虽属我店独资，但实际已占用香港三联书店390.24万元投资的局面。

中心是一个以销售哲学、社会科学、文学、艺术图书为主体，兼及音像制品、文化用品销售，并辅以展览、讲座、学术交流的文化企业。中心日常可供图书6万余种，音像制品500余种。其定位是为中等文化水准以上读者服务，并以此形成鲜明的特色。中心创办十几年来，始终坚持正确的政治导向，把社会效益放在首位，向读者提供优秀的先进文化产品。在服务方面秉承韬奋先生“竭诚为读者服务”的精神，努力创建为读者喜爱的精神文化园地。浓郁的文化氛围、优质的图书品种、独特的店堂设计和图书陈列布局、“活动见长”的特色经营，成为京城著名文化品牌，在图书零售业和读者中产生广泛影响。但中心存在的问题不容回避。

一是亏损严重，长期亏损，且呈日趋严重之势。销售收入逐年下降。2006年1458万元；2007年1370万元；2008年1250万元（含上年签约的80万元合同）。2009年1—7月672.8万元，与去年同期比较下降 216 万元，减少了 24.31%。日均销售收入仅有 3.2 万元。亏损严重。中心自 2003 年清产核资后已资不抵债(2004 年 12 月 31 日的资产总额 1433.23 万元，负债总额2935.73 万元，净资产 - 1502.50 万元)。近几年，中心未能通过加强经营管理实现扭亏为盈的目标，反而进一步扩大了亏损面(2008 年 12 月 31 日的资产总额为 755.76 万元，负债总额 2796.48 万元，净资产 - 2040.72 万元)。中心资不抵债的情况已连续几年影响了其工商年检。当年亏损面仍在扩大，1—8 月份累计亏损 172 万元，比审计截止日期的 2008 年年底亏损状况更加严重。此外，尚欠店里房租和其他款项 100 余万元。

二是管理不到位。中心自 2003 年清产核资后只盘点过一次，在 2009 年 5 月 26 日期间进行的盘点，亏损图书码洋 633.02 万元，实洋 408.23 万元。中心自 2002 年陆续向浙江图书大厦和昆明集大店等 31 家客户发出码洋 266.12 万元的图书，大部分货款一直未收回。这些在途图书没有相应的对账记录，也无法函证。

三是实际构成了欠香港三联书店近 400 万元债务。虽然建立合资企业没有成功，但香港三联实际出资人民币 390.24 万元已经到位，并在实际经营中亏掉。审计中介机构认为中心收到香港三联的出资款应作为一种债务，在香港三联没有声明放弃此笔债权之前，中心不能核销此笔负债。在张伟民同志离任审计过程中，他们对中心在清产核资时核销的此笔负债进行了还原。香港三联方面也多次要求对其十多年前投来的390.24万元有个说法，做一个或投资或借款的认定。

鉴于中心长期亏损资不抵债的实际情况，根据集团公司中版[2009]176号文件关于“对连续亏损多年、扭亏无望的三级及三级以下企业，应通过重组、划转、出售、解散等方式进行清理”的规定以及审计中介机构“图书中心的持续经营能力存在重大不确定性，三联书店应从企业经营方针和发展战略的决策层面考虑图书中心存在形式”的建议，我店就对图书中心进行清理重组一事，多次向时任集团总裁聂震宁请示，并和集团财务部主任徐凤君、资产部主任王朝东反复沟通。在形成基本想法的基础上，于2009年9月16日向中国出版集团公司提交了《关于对北京三联韬奋图书中心进行重组经营的报告》，提出具体方案如下：

A. 建立股份制企业。由三联书店一家独资变多家合资，香港三联以390.24万元债转股的方式成为其中一家股东。谁投资多谁控股，谁控股谁经营。三联书店以原有投资加无形资产方式参股。

B. 由中国出版集团公司投资并控股经营。三联韬奋图书中心是京城著名文化品牌，新近建立的网店更是增加了营销能力，集团投资控股不仅可以解决中心存在的困难，而且对集团公司自身发展具有战略意义。

C. 集团投资控股，委托三联书店经营。坚持专业特色书店的小而精原则，减少营业面积和人员，努力改善经营，使之成为三联书店和集团公司出版物展销的一个重要窗口。

D. 租赁经营，将中心租给大的出版发行集团或单位经营。三联书店只收房租，而中心所欠香港三联390.24万元投资款由租赁方分期代为还清。租赁经营的优点是省事省心，但将这一品牌书店易手经营，对中国出版集团公司和三联书店将是一个重大损失。孰轻孰重，需要认真地加以权衡。

我们在报告中说，北京三联韬奋图书中心重组经营属重大事项，涉及集团公司品牌建设与维护，事关国有资产安全和三联书店发展布局，我店领导班子对此高度重视，多次进行认真研究。建议集团公司领导在近期内听取一次我店的专题汇报，及早确定中心的调整重组方案，并付诸实施。

2009年9月29日，集团在接到三联报告10天之后，即列入总裁办公会议议题予以研究。《会议记要》记载如下：

"会议听取了关于三联书店韬奋图书中心重组有关情况的汇报。经研究，会议认为韬奋图书中心的重组应以集团公司控股的方式为宜，但要选择好经营人才，拓宽经营思路，改进经营方法，把店面销售与网上营销结合起来，把韬奋图书中心作为一个经营实体认真做好。会议责成资产经营部具体落实有关事宜。"

从以上会议纪要可以看出，集团选择了由集团控股经营的方式，这是最理想的一种模式。上级有关部门和审计单位曾建议我们选择走申请破产这条路，说这样最省事。我们对此研究过，结论是“不能走这条路”。因为，这样做倒是利索，但会对三联品牌造成重大伤害，甚至会有“三联破产”的传闻，造成不良社会影响。如果选择出售、转让给其他有经济实力的出版发行集团，问题倒是解决了，但我们三联和集团就失去这块“金字招牌”。我们自己不愿意这么做，集团也不会同意。也曾考虑过请香港三联书店在原有实际投入 390.24 万元基础上再增加投资，由他们填平亏损，控股经营，这样对三联品牌无损，也可密切和香港三联的关系，学习香港三联的经营经验。但几经磋商，香港三联表示异地经营有困难，不愿意增加投资。原有投资，正式算作股份也可，抓紧退还也可，须尽快有个了断。这不仅没有达到由香港三联控股，还勾起了“陈年旧账”。以上方案都排除后，我们的最佳选择是让中国出版集团控股，由三联来经营。在这一点上，我是有私心的。我认为集团家大业大财力大，出二三千万元把已有亏空填平是不成问题的，有“亏损让集团背起来”的想法，集团把“坑”填平后，再由三联代集团来经营。为此，我多次找聂总和集团有关部门，讲三联的困难，讲我刚上任就拿出几千万元去解决中心亏损的问题，不现实，也不可能，请集团领导体恤下情，伸出援手，把这个问题解决好，使三联甩下“包袱”踏上发展的坦途。我的“苦苦哀求”赢得了集团领导的同情与支持。聂总答应了我，在总裁办公会上也明确“应以集团控股的方式为宜”。我真为集团的选择而高兴，看到了解决问题的曙光。

“但是”，我们中国人说话、写文章就怕这个“但是”，这个但是就使前后两句的语义发生了根本变化，会把不可能变为可能，也会把可能变为不可能，在这上面，中国人很有聪明才智。闲言少叙，书归正传。我们在实际操作中却遇到了无法逾越的困难。集团责成资产经营部负责此事。王朝东主任很积极，我们几次商量集团控股的具体方案。不管什么方案，前提都是先拿出二三千万元把亏损的坑填平。资产部管资产不管钱，用钱还得找财务部。财务部主任徐凤君对韬奋中心的现状很同情，也同意集团控股经营，但一口咬定“集团没有钱”，“集团的钱都可丁可卯，不可能拿出二三千万元去弥补韬奋图书中心的亏空”。几经沟通，也没有效果。此事一拖就是几个月，中心重组经营的事没有任何进展。

2010 年春节之后，王朝东、徐凤君让我和刘高源去集团，我俩以为这下问题解决了，没想到高兴而去，失望而归。徐凤君说，经请示集团领导，由集团控股经营不变，但韬奋图书中心所欠的 2900 万元债务，要三联书店自个填平。然后重新注册，由集团控股经营。我一听就火了：“这怎么可能？我自个拿出 2900 万元填平，让集团控股经营，那我们自己不会经营！让集团控股经营，就是让集团拿钱填平，这转来转去，最后还得由三联出钱，那商量来商量去还有什么意义！”徐凤君也不高兴了：“韬奋图书中心亏损是三联经营不善造成的，你们亏损了，让集团来背，哪有这个道理！”客观地说，徐凤君说的不是没有道理，但当时我就是想不通：

"集团领导定下来的事,你不执行,你还把集团领导放在眼里吗?"徐凤君说:"我们说的就是集团领导的意思!"你来我去,互相较劲,心里很不愉快,王朝东主任两边解劝,冲突才平息下来。事后我去了聂总办公室,聂总说:集团也想帮你们三联忙,但财务拿不出这笔钱,只好采纳这个方案。我理解聂总的难处,不好再说什么。就表态说:那就不麻烦集团领导了,自己的事自己办,韬奋中心的重组经营还是由三联自个落实吧。聂总应允,说,那你们抓紧给集团写个报告。很快,我们的报告就交上去了。2010年4月19日,集团下发中版[2010]111号文。文件全文如下:

关于同意北京三联韬奋图书中心改制的批复

三联书店:

你店《关于三联韬奋图书中心重组改制方案的报告》(三联店字[2010]26号)收悉。经研究,批复如下:

一、原则同意北京三联韬奋图书中心按照《公司法》的有关规定,改制为"北京三联韬奋图书有限公司"(以工商登记机关核准的名称为准)。

二、请你店出资20,085,087.26元人民币参与改制,改制后,该公司注册资本为160万元人民币,你店占100%股权。

三、请你店切实加强该公司经营与管理,确保国有资产保值增值，并按规定办理国有产权登记、工商注册登记等相关手续。

特此批复。

从2009年9月开始筹划中心重组经营，到次年4月才“尘埃落定”确定方案，球踢来踢去，最终还在自己脚下；走了许多路，又回到了起点。事实再一次教育我，“自己的梦还得自己圆”。出现这种情况下，客观地说，不能怨聂总，也不能怨徐凤君、王朝东。从根本上说，是我自己思维方式不对头。总觉得自己一上来就用二三千万元去“填坑”有点冤，想让集团帮助解决这笔钱。所谓让集团控股经营，其目的就在这里。我当时确实想动点心思甩去包袱，没承想，甩来甩去还在自己身上。其实，这个包袱就应该由自己背，自己解决。作为一个继任者，既承担荣誉又承担责任，既承担荣耀也承担困难，这是很正常的，也是必须的。想转嫁困难，是不妥当的，也是不应该的。收到集团批复之后，我们丢掉任何幻想，开始了实实在在的韬奋图书中心的改革重组。此时翟德芳已调入三联，他在香港三联书店工作时办过书店，有比较丰富的经验，我请他兼任总经理，重点负责这一块。总经理助理、总会计师刘高源负责从财务上对中心的财务进行清算和统筹。我们三个人密切配合，打响了中心重组经营的“攻坚战”。

我们从两方面入手，一方面理清所欠账目，想尽一切办法解决遗留问题，把债务降到最低；一方面加大对当前经营的管理力度，开展增收节支，把支出降到最低，为下步重组创造条件。

通过清理账目，发现由于经营管理不善，许多是“糊涂账”，有的债主已找不到人；有的应收的钱没收，成了“呆死账”。我们一笔笔清理，一笔笔解决。解决欠香港三联390万元债务问题是“最为精彩的一笔”。与香港三联领导沟通时，我提出三联书店替韬奋图书中心还香港三联100万现金，其余的作为经营投资亏损予以免除。如果要，就这100万元，不要，那一分钱也没有。因为这390万元本来是作为投资引进的，后合资经营未成，就趴在账上被花掉了。香港三联经慎重研究，同意收回100万元现金的方案，在我们出具有关手续后，了结了双方这笔债务。没承想这“得意之笔”在后来审计中竟成了我的一大“问题”。2012年7月，《审计署沈阳特派办关于三联书店的审计报告》中指出的主要问题就是：三联书店未经批准收购韬奋图书中心400万元股权。韬奋书店成立于1996年，由三联书店与三联书店（香港）有限公司（以下称“港三联”）共同投资设立，其中：三联书店投资405万元，“港三联”投资400万元。截至2009年8月31日，韬奋书店累计亏损2286万元。2010年2月，三联书店未经批准与“港三联”签订《股权转让协议书》，以100万元人民币购买“港三联”400万元股权。上述做法不符合《行政事业单位国有资产管理办法》（国资事发[1995]17号）第二十七条“行政事业单位处置资产（包括调拨、转让、报损、报废等），应向主管部门或同级财政、国有资产管理部门报告，并履行审批手续，未经批准不得随意处置”的规定。

负责审计的同志很严肃地和我谈话，指出问题的严重性，说处理不好还会落个“处分”。为此，我不得不慎重对待，专门就此事起草了一个情况说明，题目是《对“北京三联韬奋图书中心情况”的意见》。全文如下：

对“北京三联韬奋图书中心情况”中提到的“2010 年 2 月 5 日，三联书店未报请中国出版集团公司批准，与‘港三联’签订《股权转让协议书》”，我公司提出异议如下：

1. 我店认为拿出 100 万元了结 400 万元债务并不算多。“港三联”与我店同根同源，自 1996 年共同出资设立北京三联韬奋图书中心至 2010 年退出，没有过任何回报，而我店在开业的头几年每年都有上百万元（最高时达到 200 多万元）的房租收入。

2. 我店虽未书面报批，但曾由我店主要负责人向集团公司主要领导和相关部门进行报告。

2009 年 12 月初，集团股改上市聘请的相关中介机构认为，北京三联韬奋图书中心存在巨额亏损，成为改制过程中的重难点问题。提请集团公司注意在重新设立此有限公司前，三联书店须与香港三联书店就历史上的债务重组以及未来出资安排达成一致意见，并争取通过债务重组获得香港三联的支持，尽量减少重组后的债务金额。

对中介机构的建议，三联书店领导班子十分重视，总经理亲自抓，店上市办公室全力配合，以高度负责的态度，寻求解决方案。在多次与集团财务部、资产经营部、战略发展部和相关中介机构进行沟通的情况下，我店提出以100万元一揽子了结香港三联书店历史遗留问题的设想，并由我店主要负责人向集团主要负责人和分管上市工作的集团领导进行了汇报，大家都认为，以100万元了结“港三联”的400万元债务有点天方夜谭，几乎不可能。但经我店积极争取，最终得到香港三联的理解、支持与配合，于2010年2月中旬达成解决双方历史遗留问题的一揽子方案，签署了《股权转让协议书》，也为最终解决韬奋图书中心改制上市问题创造了条件。

最终，负责审计的同志体恤下情，没有给我“处分”。就这样一笔笔清理、清算，我们把累计亏损降到最低点。为了保住这个著名品牌，店本部对韬奋图书中心一次性注入2000万人民币现金，使其改制成功，由国有独资企业改为股份有限公司，店名也改为北京三联韬奋书店。2010年9月26日举行了北京三联韬奋书店改制揭牌仪式，标志这个著名文化品牌进入新的发展阶段。

借中心企业重组之际，我们加大了三项制度改革力度，大幅度压减人力成本，通过全员下岗再竞争上岗，人员由原来的八十余人降至34人。在保持韬奋中心原有特色的前提下减少营业面积，同时拓展经营思路，创新经营模式，调整图书品种、开通网上书店等。此外还引进战略合作伙伴，在二楼开办了“雕刻时光”咖啡屋，消除了书店房租的压力。经过全体员工共同努力，书店开始恢复生机和活力，呈现良好发展势头，2010 年销售净收入达到 900 万元，年度亏损控制在 90 万元之内，这还包括为解聘人员付出的 70 万元补偿金。2011 年年底实现扭亏为盈。

三联韬奋图书中心改制重组成功成为三联书店 2010 年改革的最大亮点，不仅弥补了巨额亏损，走出发展困境，使全店轻装前进，还保住了中心这个著名品牌和北京这一显著文化地标，使之走上振兴之路，为 2014 年创办三联韬奋 24 小时书店奠定了基础条件。

人参与萝卜：选择做强做开的发展思路

面对出版社发展的新形势，三联书店确定什么样的发展思路，店里同仁认识并不一致。有的主张仍回到过去的“精品路线”，按少而精的路子出书；有的孤芳自赏，提倡为少数文化人服务；也有的主张做强做大，在扩大规模上做文章，像机械工业出版社、化学工业出版社和外语教学与研究出版社那样，成为出版“巨无霸”。过去有的店领导也做过一些探索和尝试，试图介入教材出版，走数量规模扩张的路子。究竟如何是好，我觉得应从三联实际出发，走出一条有自己特色的路子。

任总经理后，经过近两年的思考与探索，我于2011年12月5日在《店务通讯》上刊文谈了自己的看法，文章名字叫《人参与萝卜：把三联书店做强做开的一些思考》。文中说：

三联书店应当发展，必须发展。要发展，就要有思路。三联的基本发展思路是什么？业内有定位做大做强者，有定位做强做大者，从三联实际出发，我以为将三联做强做开比较合适。所谓做强，就是不断增强自己的出版能力和经济实力，靠品质特色取胜。所谓做开，是从布局和影响力而言。三联不谋求做大，但要全力谋求做开，扩大辐射力和影响力。就是不盲目追求体量的增大，而是追求布局上的延伸和影响力的穿透。打个比方，三联不努力成为“萝卜”，而是努力成为“人参”。人参体量虽小，但价值高于“萝卜”，而且它的根须伸向四面八方，好的人参根须有延展至一二米开外者，这就是它的穿透力、影响力。做强好比人参之体，小而有大价值，做开好比人参之须，尽量向外扩展而去。当然这个比喻也许不那么恰当，不过，记得某伟人说过，任何比喻都不能恰到好处，用来说明问题即可。

做强，没有问题；做开，如何做开，怎么做开，却需要研讨。我的想法是借助三联的主体，以及向外扩张的延伸体，打造三联文化场。前些年，我们已开始重视品牌营销，借助一本书、一个活动来彰显三联品牌的力量，但这仍不够，还要追求三联文化场的打造。实际上，我们目前正在做这方面的努力。我店建立读者俱乐部、开设书香巷、改制并促进韬奋书店的发展，引进“雕刻时光”咖啡馆，开办网上书店及三联“淘宝店”，特别是收回“祥升行”，开办“三联韬奋图书馆”，待这些全部完成和强化，我们就从实体上形成一个“文化场”。人们走进美术馆东街22号，就会发现楼内（三联书店编辑部、《读书》、中国版协）、楼下（韬奋图书馆、三联韬奋书店）、楼外（书香巷、读者俱乐部）形成了一个内外结合、上下立体的文化场，这是我们做开去的核心层。同时，积极谋求实体的区域延伸。我们建立生活·读书·新知三联书店(上海)有限公司，和沪、港三联合资成立三联国际文化传播公司，还拟和重庆出版集团联合开办重庆三联公司，形成出版力的向外扩张。我们在宁夏、黑龙江、辽宁建设数十家图书零售店，同时整合修复已有的郑州、济南、汕头等地分销店，我们扩大三联在海外的影响，在台北开设"生活·读书·新知三联书店特约经销店"和图书销售专柜，都是为了延展"人参"的根须，通过实体的延展来形成品牌影响力的延伸。而文化场、辐射力的终点是广大读者，通过打造文化场，使广大读者受到感染、影响，从而高度认同三联品牌，认同三联品位，认同三联产品所内含的价值观，以三联为伴，与三联为友，让三联大发展最终成为现实。

做开，就要解放思想。我们目前虽有发展，但还显得拘谨、拘束和拘泥。有容则大，做开则活，想想三联书店五十年代初鼎盛时期的辉煌，我们实在不敢裹足不前。对那时的情景，我们"虽不能至，心向往之"，会更加努力。希望就在前头。

在此之前，我已在店领导班子会议上多次讲过"做强做开"的思路，阐释过以下观点：

坚持做强做开的战略选择，既要做强，更要做开，只有做开，才能更强。要通过战略谋划和战略布局，想方设法提高品牌影响力，把触角伸向更远。不能回到“作坊式”经营时代，不能满足于自娱自乐自我欣赏，封闭和退守是没有出路的。规划选题要注意体现做强做开的战略布局。

坚持选题领域的广泛开拓，不断拓展生存和发展空间。要在坚持三联学术、文化出版特色的前提下拓展选题思路，在主题出版、大众出版等方面大有作为。大众出版也是三联书店的优良传统，坚持面向大众，注重推出有影响力的畅销书、热点书，才能有持续冲击力，拉动整个图书销售。只要坚持“一流、新锐”的三联质量标准，就要允许选题进行多方位的开拓，不画地为牢。

坚持改革发展解放出版生产力，调动全体编辑的积极性，这是选题产生的力量源泉。店本部要实行分社制，发挥主力军作用，同时对已成立的三联上海公司等分公司加强指导，支持其形成特色，向深度和广度开发，形成多个经济增长点，为三联书店集团化发展创造条件。

在集团召开的创新发展研讨会上，明确提出三联选择“做强做开”的发展思路。“做强”就是有出版生产力，“做开”就是有广泛的社会影响力。三联不一味地追求做大，如果哪一天我们盲目追求规模了，萝卜快了不洗泥，把品牌砸了，那就完了。如果我们规模萎缩，每年只有 100 种书，经不起风浪，谋求不了发展，那也完了。

“做强做开”的思路逐步在店领导班子中形成共识。作为三联书店的道路选择，一旦选定我们就加以实施并在实践中检验。从2011年下半年开始，打造“三联文化场”的一系列举措出台。敏感的新闻记者注意到三联的变化，开始对“三联文化场”予以关注和报道。

有位记者在采访时问我：最近您提出“打造三联文化场”的新概念，这很新鲜，请问您是怎么考虑的？我作了回答，说：打造核心文化圈的灵感，最初是源于我的一个有意思的发现，一些青年男女谈恋爱，他们总喜欢来三联，但不一定买书，而是来这里“接头”。他们为什么这样做？我想这是源于他们对三联的认可。三联的地理地标和文化地标很明显，所以年轻人爱来，显得有文化。受到这个现象启发，于是我想打造三联的核心文化圈，让大家来到这个地方，感觉到一种文化味道。

“三联文化场”既是从形式，也是从最终的效果上来说的。在形式上，我希望能建立三联的核心文化圈和读者文化圈。从效果上来讲，我认为“三联文化场”是迥别于单一的产品营销、品牌营销的，它是高一个阶段的营销。在“三联文化场”建立后，我希望人一说到三联，他们就会自然联想到它的文化吸引力，从而对三联的活动和产品进行关注，那时我们就不用再去介绍有什么产品，而是三联所有的产品都已经融入到了这个文化场里。目前我们正在做这方面的努力。比如我们建立读者俱乐部，开设书香巷，改制韬奋书店让它发展，我们引进雕刻时光咖啡屋，我们开设网上书店和淘宝店，特别是收回祥升行所租店面，开办韬奋图书馆，这些在实体上都会形成一个三联书店的文化场。人们走进美术馆东街22号，在六号线地铁和八号线地铁的交汇处，就会发现有三联书店、《读书》杂志、中国版协，三联大楼下有韬奋图书馆、韬奋书店，楼外有读者俱乐部、书香巷，这些形成一个内外结合、上下立体的文化场，是我们做开去的核心层。

同时我们谋求区域的延伸，我们建立三联书店上海分店，和沪港三联合作，建立三联国际文化传播公司，和重庆出版集团正在谈建立重庆三联公司，形成出版力向外扩张。我们在宁夏、黑龙江、辽宁、天津、大连建立零售书店的同时，整合已有的郑州、济南、汕头的分销店。我们扩大在海外的影响，必要时在国外开设书店。我们这么做，就是通过实体的延展来实现品牌影响力的延伸。文化辐射力的终点是广大读者，通过打造文化场，使广大读者受到感染和影响，从而高度认知三联的品牌，认知三联的品质，认知三联图书所蕴含的价值观。

中国图书商报记者邹昱琴以“从产品营销、品牌营销到打造三联文化场”为题，对“三联文化场”做了详细报道，从建立核心文化圈、扩大文化场，提高品牌影响力，建立读者文化圈三个方面进行解读。报道中说：

在市场激烈竞争中，三联这块老牌子也面临着新挑战。近两年来，三联书店大力拓展品牌营销，力图给三联注入新活力。三联书店总经理樊希安提出了打造“三联文化场”的概念，即三联不仅仅是一家书店，一个出版社，更应该是一个类似于798的“文化创意工场”。

今年七月份，三联书店在总部大楼东侧成立了读者俱乐部。约七八十平米的俱乐部里，摆放着三联的一些经典老书。樊希安介绍说，这里经常人头攒动，很多读者都会来借阅和购买那些在市场上已经买不到的好书。

正对着读者俱乐部的是三联书店新开辟的书香巷，这是一条由三联书店的后院通向临街的一条小巷子，巷子两侧摆上架子，放上杂志，免费开放。“前面是隆福寺，去隆福寺的人会路过这里，再加上慕名而来的，以及附近的居民，使得这个巷子打通以后过来的人很多，书香巷非常热闹。”樊希安介绍说。

爱书的人，爱三联书的读者，太多了。小小的读者俱乐部和书香巷已不能满足三联书店的发展需要。作为未来的发展规划，樊希安告诉记者，他正计划将原来书店租给祥升行的约400平米的店面收回来，办一个三联韬奋图书馆。这将是全国第一家由出版社开办的面向社会的图书馆。

樊希安透露，图书馆的主要收藏将是研究近现代出版史、三联书店的老版书以及三联书店的出版文化。图书来源，一依靠三联书店存储的老书，二是三联老前辈的捐赠。图书馆将免费开放，成为一个文化沙龙，这也将是三联的一个新的文化品牌。

走出三联大楼里的韬奋书店，书香伴着咖啡香。这也是三联拓展经营思路的一个展现，2010 年转企改制以后，韬奋书店引进了“雕刻时光”咖啡馆。“‘雕刻时光’每年给我们 100 万的租金，这就大大减轻了楼下韬奋书店的经营压力，现在韬奋书店已实现扭亏为盈。”樊希安说。

现在，三联书店整栋大楼成了一个爱书人的大本营。这里有读者俱乐部，有书香巷，有图书馆，有书店，有咖啡馆，还有中国版协，以及三联书店编辑部和《读书》杂志，所有这些构成了一个高度密集的核心文化圈。

樊希安认为三联要做强，除了在北京打造文化圈外，还必须积极在全国拓展。

在北方地区，三联书店近两年要在黑龙江开六家书店；在宁夏计划开五十家黄河三联书店，分批完成，第一批准备先开十家；在沈阳今年“五一”前后新开了一家。“我们以前在济南、郑州都有分销店，是打的我们的牌子，但是之前没有规范管理，现在我们要开始规范管理了，建立密切关系，成为紧密合作的伙伴关系。”樊希安透露。

前身成立于 2002 年的哈尔滨三联人书店，2011 年 5 月与生活·读书·新知三联书店有限公司（北京三联）正式达成“品牌与渠道战略合作协议”，三联人旗下所有直营店更名为生活·读书·新知三联书店（哈尔滨）零售店。该店总经理崔志梅认为“三联”是个独特的文化品牌，她希望能将三联品牌带到老百姓身边来，让更多的人认识三联，了解三联，打造最亲民的三联书店。现在书店经营有了稳步提高，而且更大的成绩还在于经营的图书品质提升很多。2011 年 5 月 27 日，三联书店在哈尔滨举行爱建、远大、报业三家三联书店图书零售店的揭牌仪式，位于大庆市的三联新美零售书店也同时开业。这批冠名"生活·读书·新知三联书店"图书零售店的建立，是三联书店利用当地资源进行战略合作、加快改革发展的新举措，标志着三联品牌社会化又向前迈出了坚实的一步。

除了开店，三联书店还准备在全国建立一些分支机构，在华东地区，生活·读书·新知三联书店(上海公司)应运而生。樊希安说："我接手三联以后，我们就在上海蓝桥创业产业园买了五百平方米的房子，目的就是在上海建立一个三联书店的分支店，不光出书卖书，更主要的是把它打造成为三联书店在上海的桥头堡，改革开放的试验田，这是我们向东发展的战略。"

在向华南地区的发展战略上，三联书店准备联合上海三联、香港三联，成立三联国际文化公司。樊希安透露，这个国际文化公司不是一个销售店，而是纯粹为了打造大三联品牌影响力而设立的重要机构。公司成立后将由三联控股，目的是向华南和香港发展。"我们控股，用我们的书号出书，这对于扩大三联影响力，扩大三联规模十分有利。"

不仅在东部、南部经济发达地区大有举动，三联书店也有向西南开拓的想法。樊希安表示目前已经与重庆出版集团有过交流，考虑成立重庆三联书店，具体事宜正在进一步商讨中。

如果说东、西、南、北四方拓展是三联品牌的横向延伸的话，那么三联书店在高档社区和高档商场的扩张则属于纵向渗入。现在的高档社区，居民买房后会要求社区里有文化味道，必须有像读者俱乐部这样的书店配套，所以一些社区便会寻求与三联合作。

樊希安介绍说："沈阳的一个高档住宅区，它对我们的合作方(去开书店的人)给予很多优惠，房租很便宜，书店办得很成功。我们不用去经营，我们要的是品牌影响力。"他还透露，一些房地产公司要在高档社区建立书吧，想借用三联的品牌，并且七折买三联的书，这样的书吧现在北京已经开了三个了。一些高档的商场、超市除了卖东西以外，也需要有一家书店来提升它的品位，三联书店则会成为他们的首选。

按照三联书店的规划，三联还将积极拓展台湾市场，在台湾建立三联书店。樊希安说："早在解放前，三联书店就在台湾办过店，当时叫新世界书店，这是三联书店与台湾的历史渊源。"据他透露，目前三联书店已经与台湾的问津堂达成初步协议，问津堂承诺在书店内挂三联书店的牌子，为三联的书设立专柜，把三联作为特邀经销店，而三联书店则为问津堂提供五折优惠的图书，逐步扩大三联在台湾的影响。

现在三联书店在各地的零售店、特邀店、书吧、读者俱乐部，规模大的有上千平米的，小的有几百平米的，最小有一百平米的，正在不断发散着三联文化场的吸引力，不断扩大着三联的品牌影响力。

三联的积极扩张并非一味追求数量，而是非常重视合作质量，着力维护三联的品牌。“我们跟合作方有严谨的合作协议，不能把三联的品牌毁掉，这是前提。”樊希安介绍说，“我们要考察对方的资质，第一，有没有一定的经济实力；第二，他对三联的品牌认同不认同；第三，办店的人有没有文化品位，有没有文化奉献的精神，有没有文化情结。不符合条件的人，我们是不会去进行合作的”。

“要建立核心文化圈，扩大品牌影响力，最终目的是在三联读者的心中建立影响力，或者把三联崇尚的文化植根于读者心中，最后让读者和三联形成一个文化认同。”樊希安如是说。

在建立读者文化圈方面，三联书店也在不断尝试着。樊希安说，以前每有新书出来，都会搞一个发布会或者排行榜，这仅仅是针对产品的，三联以前搞过，以后也会搞，但是三联书店现在已经上升到品牌营销这个阶段了。“我们现在不是一本书一本书地宣传了，而是进行品牌宣传。现在我们进入了打造文化场阶段，通过文化场的辐射，使读者广知三联，看见三联的书就想要、愿意要，而不是要去宣传哪一本书。这样我们就深入人心了，和读者产生共鸣了。”在樊希安看来，打造三联文化场的意义，就是让读者和三联形成文化认同，产生共鸣。

这样，三联的市场需求和大众的文化需求将能形成互动。书店把三联形成的价值观作为独特的追求，通过和谐文化的全力打造，品牌影响力的全力打造，让读者一看三联的书就愿意买。

樊希安说：“除了做营销之外，我认为永不变的是保证三联的品质，但也不能为了保证品质就做一个小作坊，所以我们要做开，在做开的同时保证品质。我们的目标是做成‘人参’，而不是做成‘萝卜’，人参价值高，根须伸得很远很长。”市场变了，三联不进则退，然而打造核心文化场非一日之功可达，所以樊希安认为，打造三联文化场要取得成功，必须大胆设想，努力开拓，小心求证，狠抓落实。

“三联文化场一旦形成，就会比单一的产品营销、品牌营销要高一个阶段。使人一说到三联，就会想到它的文化吸引力，对它的事情关注，对它的产品关注，不用再去介绍有什么产品，而是将三联所有的产品都融入到这个文化场里。”樊希安展望和关注着文化场的最终效果。

打造“三联文化场”的举措还受到业界广泛关注。时任新闻出版总署署长柳斌杰在一次讲话中讲到“三联文化场”，认为很有创意，对这一探索给予了充分肯定。

三联书店做强做开的另一项重要举措，就是实行分社制。我们把实行分社制作为一项重大改革，坚决地在社内推行，为做强做开提供新动能。关于实行分社制，我们在 2009 年下半年进行编辑机构调整时就有考虑，只不过那时条件还不成熟。我在当时讲改革的构想时，就讲到了这一点，我说："这次改革，还有更深远的思考。我们的想法是，通过改革重组，把店内编辑、生产、经营各部门逐步做大、激活，在可能的情况下成为事业部形式的二级单位，让二级单位充满活力，呈众星捧月之势，使三联书店更大更强，品牌更加响亮，影响更加巨大，在激烈竞争中立于不败之地。具体来说，一是先成立四个出版中心，按照事业部的机制进行管理，赋予一定权限，承担'双效'责任目标；二是待条件成熟时，把几个中心变成更加独立一些的分社，比如学术分社、文化分社、大众分社、旅行分社。假如这些分社已经非常成型，成果丰硕，连同《三联生活周刊》《读书》杂志，再外加一个对外合作出版机构，就会形成七个板块。'七星拱月'之时，也是三联书店出版集团成立之日；三是发展到一定程度，假如我们的实力、规模、人才储备允许，我们将对已经发展成熟的几个分社进行重组，申请恢复生活书店、读书出版社、新知书店的名称，在三联书店出版集团的旗帜下有三个出版社的建制；四是借助三联品牌的巨大影响力，通过品牌授权、加盟连锁等形式，建立数十家乃至上百家分销店、加盟店，在新华书店、民营书店之外打造三联版图书发行渠道，重现邹韬奋先生当年生活书店在全国建立五十多家分店的辉煌。”

等到条件成熟，具体讨论成立分社时，我讲过这样一段话：

关于成立分社，舒炜说他希望一下子就跳进去，我赞同，因为分社已经提上议事日程了，其实中国出版集团有的单位早就设分社了。分社不是个名的问题，分社的建立是个重大变化，不是换汤不换药，而是既换汤又换药，还砸烂你的药罐子。不当家不知柴米贵，我就要让你当家，你舒炜来当家吧，这样机制上就突破了。所以分社必须成立，越快越好。目前可以成立两个分社，即学术分社、文化分社。分社成立以后，下放权力，在用人、财务、选题方面给予相当大的松动。其他部门条件成熟时也可以成立分社，可以提出要求，店里给分社的优惠政策会多一些。

要把分社的建立同考核体系的建立衔接起来，与发行部门的改革衔接起来，和上海公司、国际文化传播公司的成立相对接，这些问题要通盘考虑。店里在做战略考虑，就是在两三年后成立三联书店出版集团。要在中国出版集团里首先举出这个旗帜，因为三联具备这样的条件。我们有《读书》杂志，有《三联生活周刊》，有国际文化传播公司、上海公司，有内部这么几个分社，楼下有韬奋书店，有谁像我们的资源这么好？我们整体发展就是要走集团化发展的战略。我还强调抓好重点项目，简称“两库”，一个是“中学图书馆文库”，一个是“新知文库”，既然有很好的潜力，就要抓好、落实好。以前因为没有引起重视，我们活生生地把“二十讲”这个概念给毁了，毁了也找不出谁的责任。其他社出这个“二十讲”，出那个“二十讲”，这是沉痛的教训。我们今天不是追究谁的责任，但是这种事情不能再发生。我提出这样一个方案供参考：“新知文库”，由徐国强成立项目组，设在学术分社里面；“中学图书馆文库”由郑勇、张荷负总责，卫纯、丁立松参加，跨部门设项目组。两个项目每年都必须有20种以上的书出来，否则项目收回，交给别人做。

总之，我那时推行分社是“不遗余力”的，也想过不少招法。光明日报记者庄建对三联这一改革很感兴趣，她在充分采访、分析的基础上，写了《三联的分社元年》刊登在光明日报上。这篇报道还原了当时改革的历程。

阳春三月，黄浦江畔。盎然春意中举行的三联书店分社建设现场研讨会冷静不乏激情。80年前，三联书店在脚下的土地诞生。今天递进的会议议程，如轻剥春笋，层层深入，渐渐进入三联改革的历史节点：分社元年。

三联的历史方位

近十年中，三联书店走过了一店三分为生活、读书、新知三个编辑室，又成立相关出版中心的过程。

今年年初，三联学术、文化、综合分社，以及上海公司开始运作，北京、上海、香港三家三联书店联合创立的国际文化公司签约。专题项目部、对外合作部相应建立。三联书店新的发展机遇，在党的十七届六中全会之后，在加快文化发展、文化繁荣的新形势下到来。

走到分社元年门槛之前的那段路程，于三联的大多数员工，并非完全自觉。长期以来，三联的经营管理工作主要集中在店领导层，缺乏经营管理人才已经制约了企业的发展。推动建立分社，将发展的担子压给中层管理者，编辑部门的设置要变，负责人的职能和权限要变，部门内人力资源的调配以及运作模式要变，对部门的绩效考核方式要变，店里想通过建立新的机制，尽快从“小而特”向“中而优”发展，在中国出版领域发出更大的声音，占有更重要的位置。

此举在编辑部会引起不小的震动。“‘狼真的来了’。分社不再是‘纸面文章’，而要运营了。困惑、迷茫甚至感到前途未卜。大家感觉我是像‘李鸿章’一样来签条约的。”文化分社社长郑勇说。“心中没底，诚惶诚恐、如履薄冰。”综合分社社长张荷这样描述心情。

三个月过去了，编辑部在接受了这一切之后，焕发出了活力：策划选题变得积极，选题的亮点明显增多；部门的管理、经营意识增强。而这些，是过去在编辑室、中心模式下从来没有过的。

三联的清醒

改革最核心的变化，是使分社独立面对市场。在巨大的经济压力面前，如何处理规模与特色的关系，三联的品牌建设何去何从？每一个担着分社管理责任的人，肩上沉甸甸，心里更不轻松。

“总经理樊希安对三联的选题有一个批评很准确：缺乏整体性、现实感、市场意识。分社改革几个月下来，第三个问题上成效很明显。以前做选题，会首先想到学术价值和社会价值，但现在我真的会先算账。很多选题非常好，却担心赔了之后会拖累分社。目前人文社会科学选题鱼龙混杂，当然短期肯定会有钱过来，但长期看会怎样？现在分社都在说分，我说的却是三联整体品牌形象的问题。不管你将来如何分，读者还是只认三联。”学术分社冯金红的纠结，在分社建设中具有普遍性。

学术分社社长舒炜赞同已确定的考核模式。“店里给我们分的毛利指标比较高，要我们承担比较大的学术出版规模。规模相当重要，不上规模，影响力施展不出来，效益也出不来。但规模应是由畅销书、优质图书带动的规模。学术分社还是要走三联学术精品的路线，求精、求高、求影响。在这个基础上进一步扩大理论、学术普及以及文化普及的分量。”

“现在找上门的书也不少，甚至提出包销、赞助。但我们做分社元年不是做分社一年，要打基础、持续发展，阵脚不能乱，要有所为、有所不为，该坚持的还要坚持，不能因为有经济压力方向大乱。”文化分社社长郑勇说。

“作为一个出版团队，要考虑自己的定位，即竞争能力在哪里？竞争对手在哪里？读者为什么喜欢你？市场为什么接受你？如何在读者中建立起品牌和口碑，这是我们竞争意识的一部分。”“我希望大家关注一下三联学术图书的传统。文化大发展中，出版物的商业化、娱乐化、轻浮化、碎片化值得关注。在这样的背景下，要不要保持出版业的真谛，出版书不仅仅是为了娱乐、传播，其核心价值是传递人类的经验和思考。三联学术著作出版的标准，应有时代性、前沿性、思想性、学术规范。”副总编辑潘振平的坚持在三联编辑中有深厚的基础。

总编辑李昕的话，此时听来深有意味。“转型中首先遇到的是管理权限的下放与更多的强调市场的导向。各分社一定要处理好数量和质量也就是规模和出精品的关系，多出书和出好书的关系；社会效益和经济效益的关系；分社自身发展和全社整体图书发展规划的关系；图书出版上坚持传统和勇于创新的关系。三联过去赢得品牌不是靠规模，而是靠打造精品，以少胜多。过去出版社都小，‘小而特’成为三联的亮点、优势。但是今天大家都大了，你还小，你的‘特’就被湮灭了，发展壮大在今天已经成为三联维护品牌、建设品牌的必要条件。三联今天必须做大规模，但是绝对不能以牺牲质量为代价，做大规模的最终目的，是发展和弘扬我们的品牌，不能改变三联一贯出精品、出好书的思路和传统。三联的书应该在思想上引领时代或者为时代潮流推波助澜。我希望各分社不要仅仅把眼睛盯在完成创利指标上。读者对三联是有期待的，三联必须满足读者的这种期待，到年底盘点的时候，三联必须得拿出对广大读者有影响力的品牌图书。”

在发展与经济的压力之下，不忘三联的传统，不负读者的期望，不松懈品牌的建设，三联人的选择，既有对其他社发展经验的借鉴，也有对自身教训的汲取。

三联的希望

樊希安就要去与中国出版集团签订责任书了，集团要求三联每年的主营业务和利润都要递增10%。

此刻，各分社正与三联书店签订双效目标责任书。“向管理要效益”，正在三联的实际发展中体现。

舒炜对学术分社方案的描述浸淫着长远的思考。他想扎扎实实地把生产经营的创造活力，在分社体制里呈现出来，为此，建立了每周两小时例会制度，专门讨论图书生产过程中的问题。“下半年至少每月要跟财务对一次账，看销售、回款情况。不当家，不知柴米贵啊！”“学术出版要做求新求变的努力，强调出有思想性、现实关怀的书，把握阅读的新潮流、新动向。力争每年有一两本时尚一点的书，凝聚一批有活力的年轻作者。”

郑勇的方案洋溢着兴奋。“使每位成员认同并投入到分社的运营，这是分社体制改革成功的关键。三联人不单纯是为规模和效益工作，而且有自己的文化理想和出版理念。我们会把压力变成动力，通过新机制、新体制的运营，发掘员工的潜能，实现2012年的目标，兼顾未来的发展。”

张荷的方案则以柔情降解着改革的阵痛。“我们争取把规模做大。坚守三联人文精神、思想智慧的出版理念，追求创新、有深度、有广度、视角新颖的出版风格。”“我们鼓励团队合作精神，老编辑多些担当，带动新人共同完成指标。奖金分配要有利于提高团队的凝聚力。培训是要重点抓的。希望通过一两年，使每个人逐渐形成编辑整体策划能力，使编辑队伍成为胜任整体策划的队伍。”

“我们今天是在写三联店史。三联100年的时候，今天的一切，会记上怎样的一笔?”李昕在问自己，三联的每一个人都在扪心自问。

樊希安说着他的梦想：“在未来三年左右成立三联出版集团。”这也是当今三联班子的共识。眼下成立分社，是在为此做组织上和实力上的准备。

在讨论中，“老沈(昌文)的梦想”“老董(秀玉)的执着”不断被提起。“我们要去建设三联的品牌，而不是去消费这一品牌。”张荷说出了今日三联人的担当，这也正是三联真正的希望所在。

三联的传统在。传统以它自身的顽强，护佑着三联。这是三联与别人不同的财富与资源。一代代三联人将自己的心智、追求融进一本本书中，最终凝聚成的品牌，作为核心竞争力，参与着三联的改革与发展。

郑勇描绘的文化分社到2015年的发展远景很是鼓舞人。“我希望文化分社将来走向独立，我们现在只是大树的树杈，希望那时会变成文化一棵树、学术一棵树、综合一棵树……这样三联才能变成一片郁郁葱葱的树林。”

后来的实践证明，分社制改革成功了，它解放了出版生产力，为三联书店注入了生机和活力。而我其他一些做强做开的构想，有一些则未能实现。我在三联总经理任上曾有一个“梦想”，就是借助三联品牌的巨大影响力，通过品牌授权、加盟连锁等形式，建立数十家乃至上百家分销店、加盟店，在全国打造三联版图书发行渠道，和新华书店、民营书店并驾齐驱“三分天下”，重现邹韬奋先生当年生活书店在全国建立五十多家分店的辉煌。这样既可以使三联书店品牌广入人心，又可将三联版图书及其他产品通过这个渠道广为销售。打造一个渠道，追求两个效益，实现“三分天下”，奠定事业之基，我的这个梦想是宏大的。

虽然也做过一些努力，比如在哈尔滨、宁夏设立连锁店等，但梦想终究还是梦，这是让人遗憾的。也许三联后人能实现这一梦想，我期盼着。

敢于和善于在“商业性”上做文章

事业性与商业性问题，是由我国著名出版家、生活书店创始人邹韬奋先生提出并进行深刻论述和着力践行的。他有三个观点值得我们特别注意。一是他给事业性和商业性的定义。他认为，“所谓进步的文化事业是要能够适应进步时代的需要，是要推动国家民族走上进步的大道”，具体的事业性体现在“努力于引人向上的精神食粮”，“努力于巩固团结坚持抗战及积极建设的文化工作”。要充分顾到我们的事业性，有时不惜牺牲，受到种种磨难也毫不怨尤。“但是在经济方面，因为我们要靠自己的收入，维持自己的生存”，“所以我们不得不打算盘，不得不赚钱。这可以说是我们商业性的含义”。二是事业性和商业性应兼顾而不应该对立。“因为我们共同努力的是文化事业，所以必须顾到事业性，同时也因为我们是自食其力，是靠自己的收入来支持事业，而发展事业，所以我们必须同时顾到商业性，这两方面是应该相辅相成的，不应该对立起来的。”三是充分发展商业性，同时也是充分发展事业性。“我们为着要发展事业，在不违背我们事业性的范围内（我们当然不专为赚钱而做含有毒菌落后的事业），必须尽力赚钱，因为我们所赚的钱都是直接或间接地用到事业方面去。”“这样看来，充分发展商业性，也是充分发展事业性。这两方面是可以而且应该统一起来的。”“倘若因为顾到事业性而在经济上作无限的牺牲，其势必致使店整个经济破产不止，实际上便要使店无法生存，所谓皮之不存，毛将焉附，机构消灭，事业又何从支持，发展更谈不到了。在另一方面，如果因为顾到商业性而对于文化食粮的内容不加注意，那也是自杀政策，事业必然要一天天衰落，商业也就随之而衰落，所谓两败俱伤。”韬奋先生在出版实践中真正做到了事业性与商业性的统一。他历经磨难百折不挠地坚持办店的初衷，坚守文化阵地，同时精细经营拓展业务，处处精打细算增收节支，使书店得到了快速发展。生活书店鼎盛时期，在各地设有五十余家分店，业务遍及全国，事业性和商业性都得到了充分发展。

现在我们常用的提法是社会效益和经济效益的统一。事业性与商业性、社会效益与经济效益是一致的，它们所对应的关系也是基本相同的。它们的不同在于：事业性与商业性侧重面向企业自身定位的操作层面，社会效益与经济效益则侧重面向社会公众定位的效果层面。二者在概念上不可相互替代，但在理解上却可以相互观照。

我们出版社是社会主义文化企业，必须始终坚持正确的出版导向，以社会效益为最高准则，努力实现社会效益与经济效益的统一。我们的出版企业同时具有政治属性、文化属性、经济属性三种功能，因此，它也必然会在三方面发挥作用。虽然我们已改制为企业了，但是它原有的意识形态属性即政治功能并未减退，我们对此必须有清醒的认识。自觉地增强政治意识、大局意识、责任意识，坚持正确的出版导向，自觉地承担起建设社会主义核心价值体系、维护国家文化安全的重要职责。当经济效益与社会效益发生矛盾时，坚持把社会效益放在首位，绝不给错误思想和腐朽文化提供传播渠道。同时，应在坚持社会效益前提下，努力提高经济效益，注重“商业性”，积聚企业发展的经济实力。

一些出版社虽然改制为企业了，但经营方针、人事、分配制度等，基本沿用事业单位的模式，突出的问题是：经营人才缺乏，市场意识不强，赢利观念较差；因为长期在计划经济和事业体制下生存，重生产、轻营销，相对缺乏市场意识和营销意识，对营销重视不够、办法不多；观点比较保守，不敢把多赢利多赚钱和企业利润最大化作为重要目标；经济实力还比较弱小，与目前的政治地位、文化地位不大相称。三联书店一段时间内这方面显现得比较突出，被人称为“大品牌，小企业”。在一次问卷调查中，有54%的人认为三联书图书营销意识不强或不太强；有62%的人认为营销策略和手段不多和不太多。店领导班子也分析认为，“受长期计划经济的影响，三联书店多年重视经营管理不够，经营意识、市场意识、效益意识不强，经营管理水平不高，缺乏懂经营、善管理的复合型人才，影响自身快速发展”。

我任总经理之后，针对上述情况，在坚守事业性的前提下，加强“商业性”，努力搞好经营，提高经济效益。这么做，在三联书店也是需要一些勇气的，因为三联人比较清高，有文化追求、文化品位，但似乎有点耻于言商、羞于言钱。过去有的企业领导人过于追求经济效益，曾引起不良后果。既要敢于抓，又要善于抓，这是很不容易的。但“敢于”也好，“善于”也好，都不能纸上言兵，先干起来再说。同时还要做深入细致的思想工作。

从2009年开始，三联连续三年在店内深入开展增收节支活动。2009年是“增收节支年”，2010年是“改革发展年”，2011年是“经营管理年”，目的是谋求逐年提高经济效益。

在北京顺鑫度假村召开的2011年经营管理工作会上，我就为什么设立“经营管理年”做了说明，题目就是：

为什么要把今年确定为“经营管理年”，为什么要召开此次经营管理工作会议并把经营管理工作作为2011年全年工作的重中之重？

我讲了三点理由：

一是转企改制后真正成为现代企业的需要。

三联书店已随中国出版集团公司整体转制为企业，2010年7月1日正式与社会保险对接，全体员工包括领导班子成员已经完成了“事业人”向“企业人”的身份转换，退休员工则由“企业人”成为“社会人”。从2011年1月份开始，我们实行企业薪酬体系，近期已完成与原事业身份人员签订劳动合同工作。毫无疑问，今天的三联书店已经完完全全是一家企业。但是，是否名副其实，是否名至实归，是否表里如一，这个还“真没有”。这不仅是因为事业单位原有的种种弊端还在延续，还在于我们缺少作为一个企业的经营管理实践，而且我们对企业应有的经营管理缺乏足够的重视。转企后的种种不适应有多种表现并造成不良后果。

二是三联书店生存和发展的现实需要。

加强经营管理的根本目的是提高效益，就文化企业来说，既要提高社会效益，又要提高经济效益。为了切实为社会做贡献，同时确保自己生存和立足，我们必须在坚持社会效益的前提下努力提高经济效益。因为经济效益是产品市场占有率与销售状况的直接反映，从一定意义上说，经济效益越好，社会效果也就越好。

2009 年 1 月店领导班子调整后，高度重视经济效益的提高，把提高图书的经济效益列上重要议事日程。青龙湖会议的主题就是调整产品结构，提高图书的经济效益。2010 年 1 月明确提出以经营图书为己任的店本部必须在年末实现扭亏为盈，立下“军令状”，如不达目标，从班子成员开始不增发奖金。经过全员努力，终于在连续亏损数年的状况下扭亏为盈，在提取减值准备、提取企业年金、增加社会保险等大项支出后，仍赢利 39 万元。为此，店里为员工年终加发“双薪”，也提高了年度奖金的发放数额。尽管扭亏为盈，但我们图书赢利不高仍是客观的事实，三联书店的经济发展主要依赖《三联生活周刊》的格局没有根本改变。一方面我们的经济效益低，另一方面企业的生存压力增大。处处涨价，处处要钱。库房招一名工人，除掉五险一金，不给1500元钱，人招不来。给我们送饭的公司因为肉、菜涨价，要求提高标准，拟每天每人涨3元，我只同意涨1元，一年下来就2.8万元。我们的空调一年下来要用200吨柴油，最近柴油涨价，一吨9000元，200吨就是180万元。通地下室的电梯坏了，换一个也要几十万元。还有人力成本，这几年大幅增加。不包括领导班子成员和辅助岗位用工在内，掐头去尾，只计算店本部102人全年收入，就达到1071万元，为这些人员上五险一金297万元，发过节费、劳保费等123万元，三项合计1491万元，人均合计14.61万元。现在"企业负担太重"是不争的事实，如果我们的效益不加以提高，将何以生存？

再说发展，为了从企业和三联员工的长远发展考虑，谋求长治久安，店里提出从实体上再造一个三联，经职代会审议通过并经集团批准后，决定购买中国出版集团公司在马连道统筹兴建的出版发行业务楼，拟购三层，楼上楼下合计7573平米，每平米购价1.1万元，合计8330.85万元。最近就要求投款39%，计3000万元。而这些都必须要通过努力提高效益来实现。

三是改善三联书店经营管理现状的需要。

因为我们长期以来实行事业单位、企业化管理的双重体制，又由于我们虽然转制但离现代企业制度还相差甚远，故我们在经营管理上问题多多，制约了企业的发展，这种状况亟待改变。

问题之一，图书利润不高，前面已有论述，在此不再展开。

问题之二，管理水平不高，头痛医头脚痛医脚，没有形成一套严格规范的管理制度。

问题之三，工作效率不高，存在“空转”、不做功、不作为等现象，浪费人力、时间和资源，造成工作进程的中断和耽误。

问题之四，管理不精细、不到位，粗放经营，大而化之。

问题之五，管理目标不落实，管理责任落实不到位。

问题之六，库存积压严重说明我们忽视经营管理已造成不良后果。

问题之七，缺少大局意识和密切配合意识，人自为我，村自为战，管理链条阻隔，甚至出现“肠梗阻”，离管理上的“齿轮效应”相差甚远。

问题之八，经营管理上的其他“跑冒滴漏”现象。

问题指出之后，一些员工的信心受到影响，说：晒晒库存，晒晒收入，大家的压力很大，忙乎了一年不是“杨白劳”吗？会议将要结束时，我重点讲了信心问题。为什么说大家要有信心？也讲了三点：

（1）这两年三联书店确实有很大的进步。我们在经济上突破了 2000 万利润大关，2008 年的时候我们 800 多万，2009 年 1410 万，2010 年我们就 2100 万了。我们的品牌影响力进一步扩大，在第二届出版政府奖评选当中我们获得了“非常五加一，荣登状元榜”，在全国出版界单体出版社中是唯一的。但我们今天来开会是为了讲问题，不是讲成绩，我常说走出门去讲成绩，关起门来找问题。我们讲的是问题，所以大家感到很沉重，但这些问题都是前进中的问题，是我们要及早解决的问题，并非三联经营就一塌糊涂了，什么也不是了。我们独立建制以来还是取得了很大成绩的，包括我们的生产流程，每年还是出了两百多种新书嘛，只是我们可以出得更快一点，更贴近市场一点。我们虽然图书效益不高，但 2010 年终于扭亏为盈。上缴了养老保险、提取了减值准备，预留了企业年金及增发一个月工资，我们还有几十万的利润，这是必须肯定的成绩，也是树立信心的依据。

（2）大家可以回想一下，我们 2009 年 7 月 1 日在青龙湖开经营会的时候，情况是不是比现在困难得多？我在会上给大家做了个报告，让大家心情都非常沉重。那时候整个上半年只有一本书发行超过 1 万册，叫《吃吃的笑》，我说别吃吃的笑了，谁能笑得出来？我们通过分析问题后痛下决心，通过改变编辑组织结构来调整产品结构。随后有一批畅销书冒了出来。到现在一年半的时间过去了，我们 7 月份开的会，9 月份成立几个出版中心，撤销原编辑室。经过一年的试验，已经很好地运转起来。编辑积极性得到了很大的提高，利润也有很大增长。那时的困难要大得多，要解决的问题也复杂得多，要撤销几个编辑室，对编辑重新安排工作，要建立新的考核体系，在店里同仁的支持下顺利地实现了我们的目标。我们今天的形势要比那时好得多。我们提出解决图书效益提高的问题，现在《三联生活周刊》每年有 2000 万的利润保底。再一个是楼下的韬奋书店，我们拿出 2000 万的现金给它解决了亏损问题，年底实现赢利，初步估计80万。我们现在一门心思提高图书的效益，要解决的问题比较单一，完全取决我们全店同志自己努力，没有外部的牵制。这次会议以后，一定会大有改观，不信大家可以看。

（3）现在领导班子对加强经营管理的看法是完全一致的。对我们存在问题和主要矛盾的看法，也是一致的。我们三联书店目前存在的主要矛盾是什么，就是图书效益不高的问题，我们的生存能力目前没有问题，三联书店如果没有一定的积累，敢去马连道投资8300万的房产吗？说明我们实力还是强的。现在大家意见都非常一致，无论是领导班子还是中层干部，大家对问题的看法是一致的，只是角度不同，而且提出自己的建议，都是建设性的建议，体现出良好的工作状态，所以我非常高兴。"人心齐，泰山移"，我们有信心也有能力提高三联的经济效益。

"经营管理年"不只是一个口号，一个标签，而是实实在在的推进。我们采取的主要措施是：

（一）确定三联书店经济增长指标，要求务必按照集团收入、利润每年各增长10%的要求完成任务。而且将其定为最底线指标，每年两项指标务必超出集团要求，达到新的高度。目标确定后，按照部门向下分解，层层分指标，层层增加压力，层层为完成指标而努力。2011年全年利润达到2200万，具体分解为：《三联生活周刊》2000万，《读书》杂志88万，《竞争力》30万，本部图书利润：100万。有同志说本部是不是太低了，太保守，我说不是，我们宁可定得低一点，到年底就能够实现 2200 万甚至冒高一点的经济指标。我想必须要有这样的经济指标，在完成这个指标的前提下店里员工才能提高收入。实际上我们提的指标一点也不高，周刊已经 2000 万了，加上《读书》，加上《竞争力》，这已经 2100 万了，韬奋书店在免交房租的前提下实现扭亏为盈、自负盈亏是没有问题的。我们在座的同志就是要实现 100 万利润，以后再逐年增加。年度指标确定后，关键是抓好落实。充分发挥各图书出版中心、各部门管理人员和全体编辑的积极性、创造性，健全责、权、利相统一的经营管理机制，完成店里全年收入和利润指标。

（二）抓住经营中的难点加以突破。这个难点就是三联的图书效益不高。我查找了图书效益不高的客观原因：

其一，三联书店缺少常年来钱、奇货可居的定型产品，如商务的工具书、中华的横排简体二十四史等，也不出教材，没有更多的来钱道，靠一本书一本书挣钱，挣钱实属不易。

其二，随着事业发展，部门增多，人员增多，店本部员工人数达到一百三十余人，而有些部门还在拓展阶段，还没有形成赢利能力，或者赢利不够理想，人力资源效能的发挥相对滞后。人员增多势必造成人力成本的增加，挤占了本就不多的利润空间。

其三，转制后企业为员工承担社会保险，并预提企业年金等，新增加的支出降低了利润。图书效益不高的主要原因还应当从我们自身去寻找。

其一，全店员工危机意识不强。因为有周刊这棵大树，因为我们图书没有完全摊入成本的考核机制，因为我们的年终奖励并没有和实际经营成果相挂钩。我常说，我们是做了一碗红烧肉，吃了一锅红烧肉。我们图书利润只有数十万元，而年终奖远超过这个数字。假如刨去周刊的创利，或者不依靠周刊，我们本部不过是维持生存而已，收入也就是集团平均水平。这一点，并不是所有员工都清楚，所以大家危机意识不强，沾沾自喜津津乐道的时候并不知危机就在眼前，没有“置之死地而后生”的危机感。

其二，全店员工市场意识不强。图书是商品，商品进入市场流通销售，销售越多，利润就越多。简言之，利从经营得，钱从市场来。而我们或囿于“传统原因”，或“清高”，或不熟悉市场运作，缺少驾驭市场的能力，有些时候甚至是“隔岸观火”“隔靴搔痒”，与市场存在“两张皮”现象。

具体表现为：

（1）生产的图书不适销对路，造成大量积压。

（2）不是从市场需要、读者需求去策划选题、生产产品。一些同志很注重自己的个人兴趣及偏好，因此出版的图书适应面比较窄。

（3）产品生产节奏和市场需求节奏相脱离。一些图书出版时间“反季节”，和市场“拧巴”着，你需要时我不出，不需要时我来了。

（4）片面强调质量，片面强调特色，无视市场需求。有的图书长期断货，市场嗷嗷待哺，而我们却因纸张颜色等问题迟迟不能重印，错过天赐良机。

（5）确定印数多数时候靠感觉，而不是做精细的市场调查。常常因大胆而积压，或因谨慎、少印勤添而造成浪费。

现在三联书店有1.5亿库存，库存大于发货，这是很不正常的。库存这么多，分析起来有三个原因：一是选题不适应市场，或者虽适应市场但“生不逢时”；二是印数不准确，没控制好；三是营销方面存在一些原因，或者说力度不够。我个人的看法，最主要还是选题的原因。有的是过于小众，适应面不宽；有的是在市场上昙花一现，一两年之后就不添货了；有的发出去大量退货，市场基本上不需要。现在看来，不面向市场调整产品结构而片面追求规模是不可取的。其后果只能是大量积压，给我们的经营带来沉重包袱。

其三，全店员工的创利意识不强。人均创利指标，是一个企业经营好坏的最重要标志。创利不仅仅是生产销售，还有成本控制等多个方面，人人都可参与，人人都有责任。《三联生活周刊》人均创利指标20万元，我们店本部虽然达不到这样的目标，但完全可以再提高一些。人均创利不高和我们创利意识不强有关。

一是可以收的钱没有收。关于图书出版补贴，我们是可以收一些的，2009年我们面向作者的补贴才收了30多万元，而同类出版社有收到千万元的。虽然我们以质量为取舍，但能达到质量又能给一些补贴的，我们就应“笑纳”，因为一些学者在确定研究课题时，单位是已给了出版补贴的，“张张口三分利”，我们的收入就会多一些。在商言商，大可不必过于清高。

二是应要的钱没有要。我们对外有各种合作方式，欠店的钱必须勤催勤要，该要的投资也要做到位，这方面做得有差距。

三是应当控制的成本没有控制。本本书都要好纸好材好料，都要花大价钱搞精美设计，我认为没这个必要。

四是该杜绝的浪费没有杜绝。最典型的例子是引进外版书，我们到了版权期却不能按时出版，造成重复支付版税，甚至多次支付版税。如果不出，既赔了版税，又赔了翻译费，真是“赔了夫人又折兵”。

五是该增收的没有增收。在作者和店里合作方面，在作者包销方面，一些同志总是照顾对方、照顾作者，压低店里应收的折扣。

六是该节省的没有节省。我店连续两年搞增收节支，应该说收到了成效，但是浪费侈靡之风去年下半年有所抬头。现在来我这里签字报销招待费的票子增多了，每张票子的数额也大大提高了，一些同志大手大脚花钱的状况可见一斑。

以上我分析了我店图书效益不高的原因，列举了危机意识不强、市场意识不强、创新意识不强的种种表现，如何提高收益，无非是增收、节支两个方面，但节支重要，增收更重要，我们的重点要放在增收上。

重点之一，要紧紧把住确定选题这一关，要选择适应市场和读者的良种,要提高选题的“含金量”。除了有重大价值的学术书,其他的不允许亏损。要坚决否定不好不坏既无重大思想文化价值又无经济效益的一般图书。继续下力气抓好有三联特色的优秀畅销书,“河面上总有几条活蹦乱跳的鱼”,扩大我店的品牌影响力,拉动销售,这已是一条成功的经验,必须坚持和发扬。鼓励编辑做有广阔市场的大众类图书,《我怎样毁了我的一生》《梅雨怪》等绘本图书已收到市场的良好反馈,要继续做好。旅行出版中心的国内指南,今年务必集束推出,形成气候。

所有编辑都要有成本意识、盈利意识,从 2011 年 1 月开始的成本核算要坚持,要把“让我做”变成“我要做”的自觉意识。店领导班子将对选题审批严格把关,按照既定原则,不搞迁就照顾,不搞“广种薄收”,而是“少而精”地提高每本图书的效益。

为了在选题上创新、开拓,必须充分发挥编辑的积极性、创造性。编辑是核心生产力,是内容的直接生产者,我们要尊重编辑,善待编辑,积极为编辑创造各种条件,让他们成长进步,发挥才智,并让一些同志挑起店里的大梁。2010 年我们组织编辑们到宁夏学习交流,使大家开阔了视野,2011 年还要组织编辑去哈尔滨参加书博会并和黑龙江出版集团学习交流。

重点之二,编印发各环节密切配合,按计划定时把新书重印书及时印出、发出,推向市场,让我们的产品“生正逢时”,让编辑的劳动成果及时展示到读者面前。

重点之三,继续加大图书营销发行力度。市场部要做好重点图书的市场推广，虚实结合，务求实效。发行部要广辟渠道，落实责任，抓好发书的回款。2011 年回款不低于 6000 万码洋，力争增长 8%—10%，达到 6500 万元。

重点之四，要分解目标，把赢利责任落实到部门和个人。对能按指标考核的，一律按指标考核。本次会议上要和各中心、综合室、《读书》杂志签订《双效目标责任书》，年终严格按责任书进行考核奖惩。

2011 年全店图书利润指标确定为 100 万元。2012 年预计为 200 万元，2013 年预计为 300 万元，在五年规划期结束时的 2015 年末达到 500 万元以上。希望通过全店同志共同努力来实现这一利润指标。

后来的事实证明，图书的经济效益上来了，可以和刊物平分秋色，成了三联书店发展的重要经济支柱。

（三）针对图书滞销、库存积压严重，调动营销人员积极性，同时开展“全员营销”，发挥每个员工积极性、能动性，扭转了图书营销的被动局面。

营销工作是经营工作的重点。而营销工作又恰恰是我们的又一个薄弱环节。老牌社靠品牌，误以为品牌就是市场，重出书轻营销，重营销宣传轻实体营销，使我们的营销工作非常不到位。与其他业绩优秀的出版单位相比，我们的差距很明显。必须改变目前普遍存在的刊登两篇宣传文章、举行一场新书发布会就算营销的做法。要有系统营销的理念，充分利用网络即时互动的特点，真正树立以消费者需求为出发点的现代营销思想，创新产品、价格、渠道、促销等策略，通过多种营销手段，增强我店的传播力和影响力，增强我店图书深入受众、占领市场，获取利润的能力。没有好的选题，没法进行营销；有了好的选题不善营销，也是白搭。因此对我们来说，两个方面都要抓，两个方面都要进行改善。

怎么改善？一是提高营销人员积极性，按照回款比例进行奖励，多劳多得，建立了积励机制。三联书店发行人员工资奖金是全店最高的。二是动员“全员营销”，人人参与。凡能将三联图书发行出去的人均按比例奖励，极大地消解了图书库存。三是加大三联版图书营销宣传力度，改变过去只是在文化报刊宣传的做法，加大在央视等主流媒体宣传力度。四是加大广告宣传力度。历史上三联书店就重视广告宣传，就有独树一帜的宣传推广工作，开广告的一代新风。据前辈们回忆：生活书店各类书籍的广告文案，写法有所不同，忠实地介绍内容，显示了出版物的文化品位，塑造了书店自身的良好形象。五是领导班子成员按书承包抓营销，责任到人，创造经典营销案例带动全部营销工作。以上措施收到了很好的营销效果，三联图书库存很快得到消解，从库存多于发货，到少于发货，到存货发货达到最佳比例，回款也自然增多，提高图书的利润，真正实现了书刊并举。

2011 年“经营管理年”取得了突出业绩，但我们没有就此止步，2012 年又提出了更高的目标。我在确定年度指标的会议上指出：

近年来我店加强经营管理和增收节支，经营成果突出，主营业务收入和利润都达到历史最好水平，对此我们可以自豪，但不能满足，因为不进则退。同时集团也会给我们提出更高要求，我们更要看到，现在兄弟单位“百舸争流”，经营业绩均有不俗表现，我们没有骄傲和停滞不前的理由，同时我们也要看到，要想再上一个新台阶，再增加效益非常困难，必须持之不懈地努力。2012 年经营工作的重点依旧是图书板块，因为期刊板块的广告收入和韬奋书店的经营基本稳定，而图书板块受市场影响会有大的起伏，全店的工作重心要放在图书板块上。保持好图书生产节奏，尽快将新书推向市场；要做好市场营销工作，图书宣传活动要讲究营销效果。营销要创新。扩大销售渠道，加大回款力度。全年计划发货码洋突破 2 个亿，回款达到 9000 万元以上。期刊要在继续保持稳定增长的同时，开发新媒体增加收益，形成新的经济增长点。要提高房产收益，做好对北京银行房产出租工作。要加强经营管理，在全店范围内开展增收节支活动，完成集团下达的利润指标。全年的经营指标主营业务收入突破 2 个亿，利润总额突破 3800 万元，在完成指标的前提下提高员工收入，确保员工收入水平有较大幅度提高。

就这样持续不断地抓经济效益，“商业性”得到提升，三联书店经济实力大为增强，2013 年年终盘点，可谓硕果盈筐。一大批好书排闼而出，《邓小平时代》《重启改革议程》《王鼎钧作品系列》《王世襄集》《百年佛缘》《三联经典文库（第二辑）》《故国人民有所思》《陈寅恪的最后二十年（修订版）》《剑桥中国文学史》《凤凰咏》《红蕖留梦》《监狱琐记》等，堪称河面上“活蹦乱跳的鱼”，吸引了读者眼球，年终盘点，获奖众多。在一连串畅销书的拉动下，全店图书销售码洋首次突破 3 亿元，较上年度的2.1亿元增长 46%，《三联生活周刊》《读书》杂志依然在同类刊物中处于领先地位。2014 年度邮发订户双双上升，昭示着读者对它们的喜爱。

2013 年三联书店产品营销和经营工作取得突出成绩，发行 10 万册以上的畅销图书明显增多，创造出多个经典营销案例。年度营业收入达到 2.7 亿，较上年度增长 18%。利润总额 6400 万元，增长 29%，是 1995 年的 20 倍，2008 年的 7 倍多，经济实力显著增强。

用数字说话。2014 年 7 月我离任后，审计部门委托大信会计师事务所，对我自 2009 年 1 月至 2014 年 7 月任职期间的经济责任履行情况进行了审计，给出如下结论：

> 三联书店在樊希安同志任职期间，收入逐年增加，由 2009 年的 14188 万元增加到 2013 年的 26051 万元，年平均增长 16.41%；2009 年 7 月至 2014 年 6 月累计实现收入 109737 万元，年平均收入为 19690 万元。
>
> 三联书店在樊希安同志任职期间，主营业务收入逐年增

长，同时成本费用得到了有效控制，从而使利润得以持续增长。经审计确认后的净利润，由2009年的974万元增加到2013年的6029万元，年均增长57.73%。2009年1月至2014年6月累计实现净利润20051万元，年平均净利润3445万元。

三联书店在樊希安同志任职期间，销售利润由2009年的6.09%提高到2013年的22.28%，表明企业的获利能力迅速提升；净资产收益率由2009年的18.59%提高到2013年的39.44%，反映出企业自有资本获取收益的能力较强，资本运营效益良好。

三联书店在樊希安同志任职期间，资产规模稳步增长。资产总额由任职期初的15489万元增加到2014年6月30日的35949万元，增加了20460万元，增长了132%；负债总额由10386万元增加到15250万元，增加了4864万元，增长了47%；所有者权益由5103万元增加到20699万元，增加了15596万元，增长了306%。

三联书店在樊希安同志任职期间，资产负债率由任职期初的67%下降到49%，货币资金增加9163万元，增长3.08倍，表明公司资金充裕，财务状况更加稳健。

选题乃出版社生存发展之本

在业界内外，有一些人有这样的误解，抓选题是总编辑的事，有总编辑抓选题就够了。这种认识没错，但有一定片面性。总编辑抓选题是职责范围的事，应该尽职尽责，但作为法人代表的社长、总经理必须高度重视选题工作，因为选题乃出版社生存发展之本，换句话说，选题是强社的关键、出版的关键。从社会效益来说，一个好选题，就是一本好书；从经济效益而言，一个好选题就是一个好项目。实践证明，选题工作是出版工作的重中之重，必须引起社领导的高度重视。总编辑抓选题是职责所在，责无旁贷。全社要把选题工作放在突出位置，这是我的一点经验体会。在出版社，谁都希望有好选题，但好选题的选择需要有胆有识，所谓有胆识，就是“识货”，从许多选题中看到某些、某个选题的价值，没有胆识，很多好选题就丢掉了，就像歌剧《刘三姐》中唱的那样：“绣球抛来你不捡，两手空空捡忧愁。”有了好选题，还要注意抓好落实，“好苗长歪”，好选题“瞎掉”的事情并不罕见，常让人为之“一声长叹”。我在吉林人民出版社做总编辑时，反复向编辑们灌输“选题意识”，使之在头脑中牢牢扎根。在具体制订规划时要做到：

1. 增强特色。把特色做大、做厚实，锦上添花，用通俗的话说，就是“越肥越添膘，越瘦越抽条”。

2. 搞好定位。编辑室要定位，每个编辑都要定位。制定选题时，先问一句：我是谁？我从哪里来？我有什么样的知识与能力？我能做什么样的选题？定位既要眼盯市场，又要从自身实际条件出发。

3. 突出重点。坚持有所作为有所不为的原则，只有“删繁就简三秋树”，才能“霜叶红于二月花”。

4. 目标明确。哪些是社会效益突出的，哪些是经济效益突出的，哪些是双效俱佳的，摆放得清清楚楚，明明白白。

5. 重在规划。确立规划意识。既要看一年，又要看三年；既要看眼前，又要看长远。做到主线清晰，层次分明，重点突出，选题充实，措施得力。人人有规划，室室有规划，最后由小到大，形成社里的年度计划。

说到底，好选题是思想的结果，不是技术的成果，是作者与编辑思想火花的碰撞，而不是“哥俩好”的默契。我们鼓励编辑大胆创新。新颖、新鲜、新奇、新锐、新潮、新思路、新格调、新视野。新才能独领风骚，新才能印象深刻，新才能妖艳夺目。创新的基础是观念上的与时俱进，创新的前提是敢想敢干“大胆妄为”。在制定选题时要把敢想和实事求是结合起来，也就是胡适所言“大胆假设，小心求证”。为此，我们要求编辑进一步解放思想、解决观念问题，对下列几个关系要重新认识，解开思想上的“扣子”。

（一）经济效益和社会效益的关系。对待两个效益，不应执其两端，相互割裂，而是要认识统一性和同一性。在社会主义制度条件下，在社会意识形态的总体氛围中，在坚持社会主义出版方向的前提下，经济效益是实现社会效益的前提，从某种意义上说，社会效益包含在经济效益之中，只有实现经济效益，才能实现社会效益。出版社生产的图书远离市场，游离于市场，不能进入市场运营状态，没有经济效益，社会效益就无从谈起。图书作为商品，只有拥有众多的读者，才能说实现了社会效益。出版社的利润指标、发行册数、社会反馈、市场份额，自然地包含社会效益，二者互相包容，密不可分。着眼于社会效益，就必然有经济效益，有了经济效益，社会效益的实现就落到了实处。因此，要解放思想，大胆、明确地追求经济效益，任何遮遮掩掩、半推半就，都是自我束缚。而实现经济效益的根本途径，就是面向市场，让选题在市场中升华、升值。

（二）讲政治与奔市场的关系。讲政治是党对我们出版工作者的要求，政治立场、政治敏感性、政治辨别力，我们任何时候都不能忘记，但是，讲政治必须和讲经济、讲发展统一在一起，不能孤孤单单地变成一句空洞的口号。发展才是硬道理。出版业要发展自己，就必须奔向市场。有的人认为奔市场就是单纯追求经济效益，就是不讲政治，这种认识是片面的。在坚持方向的前提下，在遵守《出版管理条例》的前提下，讲经济就是讲政治。没有经济效益就谈不上发展，不能用自身特殊的方式去推动社会进步，讲政治就成了一句空话。从另一方面说，单纯讲政治也不可能推进经济的发展。只有把讲政治与奔市场密切结合起来，才能取得好的效果。

（三）观念检验与实践检验的关系。对图书选题来说，所谓观念检验，就是用一种既定的模式、指导思想、已有的框架去进行检验。所谓实践检验就是市场检验，就是读者检验，就是大众的检验。前者的评价标准是主观意志或已有观念和经验的产物，后者则来自活生生的实践。按照实践论的观点，对选题检验的只能是市场，市场的认可就是最高的评价。因此，我们调整选题结构只能围绕市场，不能围绕"观念"，更不能围绕个人意志。在实际操作中要克服以往认识上的几个误区：一是不面向市场，而是面向评委的误区，把获奖作为最高标准。二是不面向市场，而是面向领导的误区。牢固树立紧紧围绕市场的观念，用市场的眼光审视现有的选题结构，下大气力予以调整、优化。

到三联书店工作以后，我被任命为副总经理、副总编辑（当时的店领导都有双重身份），分管过《读书》。《读书》编辑部的责任编辑也出书，这一块也归我负责。这些编辑有吴彬、贾宝兰、李学军、叶彤、孟晖、李学平。他们提出的选题先报我这里，书稿也由我终审，故编辑这块也是深度介入的。记得当时支持吴彬出版作家张平的《太平风物》，因为是小说，有人有不同的看法，我认为在这一块开发也没有什么不好。和叶彤一起关注和研讨过作者余戈的《1944：松山战役笔记》。余戈在微观战史方面很有研究，但第一次在三联出书，有些方面需要“磨合”，我对书稿的修改提出过具体意见。现在余戈已是著名军旅作家，完成了《1944：松山战役笔记》《1944：腾冲之围》《龙陵会战》三部曲。

我任三联书店总经理之后，初期选题工作由汪家明、潘振平、李昕分头负责，因为他们分管不同编辑室，各联系一批编辑，我在选题方面统得多一些。2010 年 12 月，李昕任三联书店总编辑之后，选题工作由他统管。李昕 1982 年武汉大学毕业后即到人民文学出版社当编辑，曾任社长助理兼编辑室主任，香港三联书店总编辑，从事编辑工作三十余年，是行家里手，在三联书店担任总编辑是合适人选，履行职责得心应手，任职期间认真负责，功绩卓著。

我除支持李昕总编辑大胆开展工作，为其工作顺利开展创造条件，也从总经理的角度关注全店选题工作，主要从三个方面介入：一是借助每年选题工作会议，理清选题思路，解决选题方面存在的倾向性问题；二是介入重大选题策划，确保重大选题顺利实施和取得成效；三是参与维护作者队伍工作，关注作者资源的开发和利用。

2009 年 11 月初，三联书店召开 2010 年选题工作会议。这是我担任总经理之后召开的第一次选题工作会，在总编辑尚处于缺位的情况下，我全面思考选题工作，在会上讲了三联书店选题工作的基本思路。

我将这个思路用 4 句话 32 个字概括，这就是：发扬品牌，坚持特色；调整结构，勇于创新；稳定规模，提高质量；面向市场，提升效益。

发扬品牌　坚持特色

发扬品牌，坚持特色，是我们制订选题最为重要的指导思想。三联品牌在业界内外，在海内外有很高的知名度。这是三联几代人心血的结晶，是我们的核心竞争力，是我们在竞争中取胜的法宝。高举三联品牌不是空喊口号，不是权宜之计，而是实实在在的战略选择。我们树立品牌战略，就是要热爱品牌、维护品牌、发扬品牌、发展品牌，依托品牌发展。店里实行品牌发展战略，是长远的、永不动摇的战略。品牌和特色紧密相连，在品牌长期积淀的过程中，三联书店形成了自己的特色。这种特色体现在独特的优良传统中，包括：为革命出版事业艰苦奋斗、百折不回；与时代和人民同行，为社会现实服务；坚守文化理想和文化使命，以文化为本位；出版精品，追求一流；竭诚为读者服务；尊重、团结作者，与作者精诚合作；创新求变，开拓进取；坚持商业性与事业性的统一；发扬民主精神，实行民主管理，等等。这些是三联书店无比宝贵的精神财富，也是未来发展的精神动力。

这种特色体现在多年来形成的独特风格中，如注重与文化界知识界学术界的血肉联系，注重文化积累和文化贡献，不官不商有书香，被誉为知识分子的精神家园。如注重独立思考，不随波逐流、人云亦云，高张个性，注重突出和坚守特色。

这种特色体现在我们的产品中，“思想智慧、人文精神”是最为集中的概括。三联图书注重思想性，重在给人以启迪。不管什么书，都追求新锐一流，这是我们的风格。经过多年发展，我店成为学术出版的重镇，思想学术、学术文化，已成为我们产品的重要特色。因此在我们的产品线中居于首要地位。

发扬品牌，坚持特色，就是无论什么时间、什么场合，我店“竭诚为读者服务”的办店宗旨不能变，“人文精神、思想智慧”的出版理念不能变，“新锐、一流”的质量标准不能变，注重文化积累、文化贡献的传统不能变，“不官不商有书香”的格调不能变。

发扬品牌，坚持特色，就是决不降低文化品位。三联书店决不降低文化品位降格迎合读者。坚持文化品位，包括三方面：一是选题的原创，二是质量的上乘，三是内容的健康。

发扬品牌，坚持特色与面向市场并不矛盾，品牌只有在市场中才能擦得更亮，特色只有在市场竞争中才能卓尔不群。发扬品牌，坚持特色与追求经济效益也不矛盾，既有社会效益，又有经济效益，显示品牌的生命力和特色的感染力。一本书鲜为人知，就没有经济效益，当然也没有社会效益。品牌的影响力也就无从谈起。发扬品牌，坚持特色与出版浅文化的大众读物也不矛盾，只要出的大众读物有文化意趣，在同类中居于一流，能在读者中畅销，就是扩大了品牌的影响力。

鉴于以上认识，我们在确定选题时，要特别重视体现三联品牌、传统、特色的选题，注重思想的丰富性、新颖性，学术的严谨性、科学性，把厚重的有内涵的产品奉献给读者，把有文化意趣能带来健康快乐的图书奉献给读者。

调整结构　勇于创新

调整结构是我们下力气做的一件事，也是选题工作的重点。因为几年来在增加规模的同时，我们的结构没有及时得到调整和优化，造成库存的大量增加和利润的连续下降。事实告诉我们，减少库存的根本出路在调整选题结构，提高效益的根本出路也在调整选题结构，成立几个出版中心，首要的就是明晰产品线，调整选题结构。因为我们的读者不能集中在一小部分人身上，更不能集中在一小部分精英身上。三联书店是知识分子的精神家园，但它应是广大知识分子的精神家园，而不是少数精英分子的精神家园。所谓调整，就是多出一些面向大众、有市场效益的图书，如文化普及、学术普及、理论普及类读物。在学术、文化两块之外，我们新增加了大众、旅行两个板块，形成新的产品线，同时制订下发了《关于加强三联书店大众文化读物出版的决定》，提出实行大众文化读物全责制，就是基于调整选题结构的考虑。只有选题结构得到调整，目前的库存大、销售难的状况才能从根本上转变。

调整结构，对编辑来说，就是要勇于创新。这意味走出了一个熟悉的领域，走进了一个不熟悉的领域，这对自己的认知、视野都是一个挑战，需要创新的勇气。敢于创新，才能走进新的领域，才能找到新的选题，才能更好地面向市场、适应市场。这都要求我们发扬三联不断创新、与时俱进的优良传统。店里要支持编辑创新，在符合三联书店总的选题格局下，敢闯、敢冒，敢提新的选题。至于这个选题的创造性如何，那要让市场来检验、让读者来品评。而求新在很大程度上是适应读者的需要，读者总是喜新厌旧的，为此，我们要追求“标新立异二月花”，不要老是“似曾相识燕归来”。对新人、新选题要多扶持、少打击、少嘲讽。允许探索，允许失败，做得不好，改过来就是了。在选题的确立上，希望从舆论到审批都创造一个宽松的局面。只有这样，我们的调整才会到位，才能取得成效。

稳定规模　提高质量

近几年我们的规模大体稳定在每年新书 200 种、重印书 200 种的格局上。特别是新书，从过去每年的 120 种、140 种陆续上升到 200 种，适当扩大规模是必要的，但是目前的规模已经基本和我们的出版生产力大体适应，维持在这个规模上是明智的。因为，一是我们的编辑人数较少，品种太多让编辑疲于奔命，腰酸背疼，颈椎受损，影响身心健康；二是实践证明，我们这几年品种增加了，效益却下来了。库存量大幅度增加，2006、2007、2008 三年是库存增加最快的三年，占全部库存的 51.26%。三是最重要的，我认为像三联这样的特色出版社还是要走做专做强的道路，靠特色取胜，而不是走做大做强的道路。从以往的经验看，三联的书是靠品质、靠影响力取胜的，而不是靠品种数量取胜的。提出稳定规模，一方面给编辑吃了定心丸，再也不用那样疲于奔命；另一方面给编辑带来了压力，就是选题要“少而精”，要在提高质量上下功夫，在单品种效益上下功夫。提高质量也是针对我们选题状况提出来的要求。我个人看法，近年来我社选题质量有些下滑，为了追求品种增加，多少放松了“新锐一流”的要求，把关不严，出了一些“不痛不痒”可出可不出、处在两可之间的图书。一些学术书并不在一流的水准上，还有一些是“炒剩饭”、拼拼盘，不具新意，难以吸引读者眼球。这几年，我们学术书的品种增多了，但总体质量却下降了，一些读者有这样的反映，是不是这样可以讨论。广西师大、北大、南大等社后来居上，大有想和我们并驾齐驱之势。这种状况，决不是品种数量的较量，而是质量的较量。

要提高质量，就要拥有一流的作者队伍，了解你熟悉作者的研究状况，同他们建立密切联系，及时把他们的学术成果拿到手；就要在原创上下功夫，多提供原创类选题；就要关注国外的出版动态，把最新的出版成果、研究成果介绍到国内。还要重视“走出去”的工作，从确定选题开始就打造能走出去的产品。店里将加大对选题的把关力度，“宁可少一些，也要好一些”，谨慎批准，小心投入。

面向市场　提升效益

在当今的社会条件下，我们只能面向市场，而无别的选择。

解放思想，转变观念，首先要树立的就是面向市场的观念。只有在观念上脱胎换骨，才有获胜的可能，否则只能每况愈下，连生存都难以为继。转变观念的核心是要牢牢地树立起市场竞争意识，要充分认识到我们现在所处的环境是市场化的环境，运行的模式是现代企业的模式，面对的市场是竞争日益激烈的出版市场。转制后的出版社其性质是企业，这就要求按企业的运行规律办事，融入市场竞争的大潮中，学会走市场，学会市场营销，学会企业的管理理念和模式。这对出版社来说是一种思想解放，一次经营方式的根本改变。市场是出版者一切活动的中心。对我们编辑来说，我们确定选题时就不能以书店、以个人为中心，而是要以读者、以市场为中心。在坚持宗旨、原则的前提下，市场的认可、读者的认可才是最大的认可，我们个人的情趣是微不足道的。你再有文化理想，不通过市场也是实现不了的。市场是无情的，但并不可怕。我们要昂首挺胸，勇敢面对，不疏离、不惧怕，大无畏地投入到市场中去拼搏。激烈的市场竞争能够激发我们的聪明才智，最大限度地发挥潜能。现在传统出版的空间越来越小，竞争越来越激烈，我们受各方面的挤压不小，做出版真的很辛苦、很累。“累，并快乐着”，我们只能这样自我安慰，因为这是我们的职业选择。危机是激烈竞争带来的，但既然选择了这个职业，就选择了竞争。有的同志以为在三联就可以不去参加激烈市场竞争，有的新入职同志以为到三联就进了避风港湾，这些想法都是不现实的。面对危机寻找生机，从来都是有志者的选择。听说有的同志对改革感到恐慌，对利润指标感到恐慌，说到底是对市场的恐慌，是面对市场不自信的情绪流露。面对市场，我们不要胆怯，要勇敢；不要消极，要积极；不要被动，要主动。能在市场的大潮中拼搏，那才是真正的英雄好汉。我们有这么好的品牌，这么厚的文化底蕴，这么出色的一支编辑队伍，保特色，不惧怕，敢打拼，就一定能迎来“稻花香里说丰年，听取蛙声一片”的胜利喜悦。

我们是企业，效益是我们的必然追求，虽然我们坚持文化本位，但只有有了好的效益，我们才能生存、发展，况且我们承担着国有资产保值增值的任务，承担着提高职工生活水准的责任。因此，编辑在确定选题时必须考虑它的“含金量”，即它有多少受众、有多少发行量，结果是赔是挣，进行客观的市场预期。同时在实际操作中降低成本、减少费用，以获取最大的利润。目前我店图书效益不高，干了一通白忙乎的书还不少，因此，强调提高效益对我们具有现实意义。目前我们利润的实现主要靠生活周刊，我们的生存主要靠周刊挣来的钱，“站在一只鸡蛋上跳舞”，这是十分危险的。连续几年，我们的图书利润都呈负增长状况。我们全店发放的奖金，也大都是周刊的利润形成的。目前我店的负担越来越重，仅人工成本，一年就达到了 1800 万元。假如周刊的广告收入难以为继，我们的生存真的就成了问题，这不是危言耸听，这是残酷的现实：摆在我们面前的出路，是必须调整选题结构，大力面向市场，努力提高图书的经济效益，这是我们面临的最现实最为紧迫的任务。

以上详细阐述了我店选题的基本思路。概括说，这个思路有以下要点：

一是走正路。坚持特色，守正出新，决不降低质量，决不降低品位，决不跟风媚俗，在新的社会条件下，将三联品牌发扬光大。

二是走宽广的路。开阔视野，拓宽思路，调整结构，遵循出版和市场规律，做到面对市场左右逢源游刃有余。

三是走创新发展的路。与时俱进，勇于开拓，在继承传统基础上大胆创新，冲出一条改革发展的新路。

四是走双效俱佳的路。处理好事业性与商业性的关系、社会效益和经济效益的关系，做到整体的统一、动态的统一，获取两个效益双丰收。

在 2012 年选题工作会上，我做了《务必解决选题方面存在的三个问题》的发言，指出三联书店的选题有三个倾向性问题，值得特别注意并纠正：

第一，三联书店的选题，离现实越来越远，这违背了三联书店的宗旨。三联书店过去是革命的、战斗的出版社，是要干预现实，和现实有紧密联系的。改革开放之初我店独立建制的时候，那时领风气之先，是为改革开放出过力的，为思想解放做出过贡献的。现在我们的选题缺少现实感，这一点让我感到很不满意。大家一定记得中宣部出版局陶骅局长来店里调研时的讲话，《店务通讯》上刊登过。她说过一句话：三联书店出的学术，不是纯学术，三联书店不是为学术而学术；同样，三联书店也不是为文化而文化，三联书店是在这里提炼出自己的思想，自己的思考，来给人启迪。在座的很多同志都是从80年代过来的，我本人也是从那个岁月过来的，现在整个社会存在着一种平庸化倾向，但三联书店不应该平庸化，现在三联书店很多选题过于风花雪月，很多选题都距离现实很远，这点我很不赞同。我们有没有社会责任？比如说，现在的道德问题，有人戏言说，我们这个民族到了最缺德的时候，三联书店出版哪些书能提高人们的道德素养？围绕着这个问题进行了什么研讨？有哪些问题意识？哪些选题是我们有意识地走出去组织的？去开个会，围绕着问题、围绕着会来组织，不要人家给什么选题，我们就出什么图书。我希望这个问题能引起各部门主任的重视，每个编辑部门都存在这样的问题，都存在现实感不强的问题。所以我们离现实渐行渐远，詹那达也做不出热点活动，你让他怎么做热点？巧妇难为无米之炊，你离现实这么远，他怎么搞营销？你的选题本身就没有热点，怎么能形成热点？我希望每一个同志都能站在更高的层面上，从三联人的责任、三联的特色出发，好好想想这个问题。即使是学术类选题也可以更接近现实一些，就说我们“三哈”的图书也不一定都是纯学术的东西。有些书我们是不能出的，我的一个老师给我推荐一部稿子，说这稿子写得非常好，很有学术价值，你们三联出吧。我拿来一看，《敦煌变文当中的“之”和“的”的运用》，我说这书三联不出，因为这里面有学术无思想，是我的老师推荐也对不起。这么专的问题，谁看啊？虽然可能有它自身的价值。

第二，我们离市场太远。三联书店的编辑们离市场到底有多远？自己想一想，读者在哪里，目标读者在哪里？我非常赞同舒炜说的，你的读者在哪？你现在在哪个位置？我想是在城乡接合部，离市场很远。即便是在邹韬奋时代，韬奋先生也提倡在商言商，处理好两个效益的关系。我们要到市场中去竞争，不是去迎合市场，也不是等同于市场。这本书怎么定价，怎么营销，目前只有少数编辑介入到营销过程里去，一些编辑在制定选题的时候，只是考虑自己的兴趣，对不起，在市场上编辑的兴趣和个人爱好是微不足道的。我们一些同志特别强调自己的兴趣，你的兴趣只有和市场、和读者结合起来的时候，才是真正的兴趣，不然对出版来说就是无聊的空想。

第三，总的来说，我们的选题比较零碎，缺少整体感。很少有板块清楚、如红线连珠般清晰的。有的部门主任包括编辑，到底自己有多少好货可能都记不清了，怎么排位，哪个在前，哪个在后，缺少规划。有的部门、有的人就是踩着西瓜皮走路，滑到哪算哪，看不出有什么规划。以上我对选题总的评价就是有好说好，有不好就说不好。希望能引起大家的深思。如果你们觉得我讲的有道理，那就在行动上做些呼应。

以后在关于选题工作的不同场合，我都有针对性地提出和注意解决编辑队伍和编辑工作方面的问题。如在三联书店 2014 年选题研讨会上，我就讲过“牢固树立五种意识，提升我们编辑水平和选题水平”。

一是政治意识。要确立政治导向，这是首要问题。鲁迅说得好，谁也不能提着自己的头发离开地球，在一个环境中生存，就必须从整体上考虑这个环境。政治导向正确是做好选题工作的前提。

二是创新意识。创新意识特别表现在原创选题上。最近我到厦门开会有个发言，我请刘靖统计一下，2009 年以来，我们从台湾引进了多少种？卖出去多少种？统计完一看，买了 159 种，卖出去 29 种，很不成比例。不是原创的，怎么能走出去？店里对原创书要做出奖励政策。创新还要有创新管理，今年我们调整了生产流程，有些部门还要加强，部门怎么管理？应有新的思路。还有新媒体和数字出版的问题，也需要创新。很欣喜地看到，这次会议很多同志都对此提出自己的看法，周刊新媒体今年盈利一百多万，看来数字出版大有可为。三联书店早晚是要转型的，店领导班子已经决定加强数字出版部的力量，希望各部门与之配合好。

三是市场意识。三联书店编辑的市场意识有待强化。李岩老总也讲到市场营销需要加强，张贤明主任也很客气地指出，在别的社听选题会，图书选题都要经过营销部门、发行部门的论证。而我们呢？我们选题单子上有销量预测这一项，有的填八千册、一万册，实际上印的时候，就印三五千册，大大缩水了。缺乏市场的意识，没有营销的意识。我过去说过，现在还要重复讲，一个选题的好坏，不能靠自己的感觉。我们有个编辑报一个选题，从韩国引进的，“如何在木头箱子生豆芽”，他来找我，我说你这个书没有市场，他说他认为有市场。我跟他讲，有没有市场，你说了不算，我说了也不算，最后要靠市场说了算。就像张志军说的，过去总以为编辑自己喜欢的，读者也就喜欢，这种想法很幼稚，现在她成熟了，不这么看了。真正好的编辑，是对市场有感觉的。出版一本书，是为了什么？你不能两头不沾，要么有好的市场效益，要么有重要学术价值，像舒炜、冯金红、曾诚，他们的选题我放得比较宽，哈佛燕京丛书这些，有学术价值；有的有畅销价值，卖得好；还有的，有一定出版价值，还有出版补贴，我们也同意。有些选题，既没有好的经济效益，又没有重要学术价值，又没有出版补贴，出这种书干什么？或许是你的编辑水准不够。我过去讲过，个人的兴趣只有和读者兴趣结合起来，否则是没有价值的。我们每人都有自己的兴趣，你喜欢日本，他喜欢东南亚，我喜欢喝茶，还有人喜欢种豆芽，但是我们要考虑这些书都有市场吗？我们做这个没有市场的书干什么？

四是质量意识。认真再认真。三联书店的书，就是要求和别人不一样。我现在脾气好了，一般不发火。那天生活书店第一本书《舌尖上的台湾小吃》拿给我看，封面上下少了一毫米，我问是谁的责任，说是印厂给印错了，我说，拿回去返工，少一毫米都不行。这是一个做事的态度问题，做人做事就得这么来，最后这本书全部返工。近几年我们出了很多差错，小毛病不断，今后我们要更加认真，避免差错。

五是团队意识。合作才能共事，合作才能成事，我们有经验，也有教训，这里面固然有机制的问题，但是如果我们没有心胸，不能去合作，没有团队精神，就什么事都干不成。要牢记，我们是一个团队，是一个单位，你是为同事好，同时也是为自己好，是为了三联好。不要纠结于个人恩怨，局限于小我，特别是在座的骨干。过去我们老家有句俗话，讽刺男士没有心胸，说这人“上床只认识老婆，下床只认识鞋”，就看到鼻子底下这一小点。要牢记合作才能成功，有多大心胸，才能做多大事业。

在 2010 年 9 月 9 日召开的选题创新研讨会上，我就编辑们普遍关心的问题进行深入交流，完全是谈心式的讨论式的讲六个问题：

1. 关于选题创新的问题。关于选题创新研讨有没有必要，有同志说这个问题怪怪的，每出一本书都是新的。这话有一定道理。但是真的创新不是一种自然状态，而是自为状态，出版行业是一个需要创新的行业，创新就是标志。中国的出版业每年出 30 万种图书，去掉教材剩 24 万种，我们不能说 24 万种本本都创新了，创新的是少数。对选题创新进行研讨或是力主开展选题创新是应该肯定的，创新就是与时俱进，就是一种不同，“新锐、一流”从来就是三联的传统，要追求一种新的东西。实际上我感觉目前三联书店比以前提倡的“新锐、一流”有弱化的倾向。过去都是领先半步，或者是我们率先引进一些新的东西，三联出了，别人马上就跟进，这种状况还是比较多的。但是现在我们创新的能力和创新的状况是有所下降的，有所弱化，引领潮流的作用有所降低，这是我的看法。关于创新，主要是哪些方面的内容？第一，选题创新要有新的思路，你在处理一件事情上，在选题策划上有没有新的思路？第二，一本书有没有新的内容，就是说一本书有没有新的思想，这是最为重要的。在书稿中表现出的这种思想不是通行的概念，不是既定的方针政策，不是一般的正确道理，而是新鲜的、具体的、第一次被说出第一次被准确命名的个人见解，它既是个人独见，又是对某种现象与社会心理、对生活本质的有力揭示与高度概括。就是不随波逐流，不人云亦云。第三，有新的面貌。上次说到《红楼诗梦》这本书。这本书是一本由87版电视剧《红楼梦》编剧出的老书，现在拿到咱们这来之后可以说是经过全新的改造，完全成了一本新书了，有新的附加值。这本书是不是一种新书，是不是一种创新？我觉得是有这种元素的。我们三联的编辑都是一流的，也应当有这种新锐的思想，应当围绕这几个方面，有新的思路，有新的思想内容，有新的见解，有新的面貌。

2. 关于编辑队伍重要性的认识。上次开会有人提问，编辑到底重要不重要，编辑工作到底重要不重要，编辑在领导的心目中到底处于什么样的地位，当时说希望领导能回答一下。潘总（潘振平）简单说了几句，但是我觉得这是一个问题，需要在这里谈谈我的看法。关于编辑地位重要性的认识，这里谈三点。第一到底重视不重视，我个人的看法，现在领导班子是重视的。对编辑工作，对选题工作，特别是对我们编辑是重视的。这有几点理由或是说法。一是我们领导班子成员都是编辑出身，都是做了长期的编辑室主任才做了店领导。潘总是上大学之前就做编辑，后来大学毕业后又做编辑。翟总（翟德芳）是大学毕业后就做了编辑。李总（李昕）是大学毕业后到人民文学出版社做编辑。我和汪家明稍晚一些。我们都是编辑出身，我们知道出版社是干什么的，编辑地位有多么重要，说编辑工作不重要，这是不可能的事。二是新班子去年1月组建以后，对编辑工作很重视，去年4月份召开编辑工作会议，7月份进行选题研讨，9月份进行组织机构调整，做了大量工作，是把编辑放在重要的位置来考量的。三是我们尽其所能地在提高编辑的待遇和改善编辑的办公条件上做了一些工作。适时提高编辑工资的级别，及时把编辑放到相应的档次去，进行每个档次的调整，在全店没有调整的情况下，对编辑室进行了调整。四是围绕编辑工作情况的一些变化，作了组织机构的调整，把一些编辑当中重要的人才放在重要的岗位上。另外我们班子向集团提出三联书店要设总编辑。因为三联书店自从独立建制以来，就没有真正设立总编辑，最后一个总编辑是倪子明（1983年2月10日由文化部部长朱穆之任命——作者注），后来都是单设立的总经理。我们考虑到现在担子的加重，应该设立一个总编辑。现在集团也在考虑。总编辑设立之后，还会设总编辑助理，协助抓全店的选题工作。我说这些是想说明，店里对编辑工作是重视的。第二是重视还不够。大家感到还不够的原因，是历史形成的一些情况，如张荷上次讲到的编辑的收入问题，现在收入第一位的是发行，第二位是美编，第三位是编辑，再往下是其他一些门类。她说的是事实。发行前几年回款比较落后，当时制定了一个指标，奖励比较高。兑现以后发行人员的奖金一下就到第一位了。美编人员比较少，他们完成任务以后，超额完成的封面每一个几百元几百元的累加的。所以美编也比较高。编辑是有了固定工资以后，还有提成，有的多，有的少，就排在第三位。所以这几年我们一直在调节。现在正在讨论工资体系的改革，要把编辑的档次和编辑室主任的档次相应提高，使起点比较高，这里面有个过程，需要一些时间来做这件事情。编辑同志有些诉求有些愿望，我们也都知道，包括有些想法，有些考虑，领导并不是不知道，但解决起来会有个过程。第三是在这个问题的认识上需要消除一些误解。一是在主要领导对编辑的领导方式上还是会有些改变。上任时我就说过，基于我的知识和编辑的经验，我不会和前任总经理沈昌文、董秀玉是一种做法，他们对编辑的领导方式和我对编辑的领导方式可能会有区别，每个人的情况有所不同。董秀玉总经理在位的时候，她会拿来很多稿子，分到大家手上，她甚至说过这样的话："你们不用考虑赚钱的事。"这有领导的考虑，当时八九十年代，它是那种情况。那么到我这里以后，我没有采取这种办法，能力有限。再加上我拿来的稿子，我推荐给你，你用我很高兴，你不用觉得不合适，我也没有什么意见。现在我拿来编辑不愿意做的、认为不合适的稿子不下十部。我从来没有表示什么不满。因为现在编辑的选择性增加了，他有自己的自我分析能力，不是领导拿个稿子一分他就做的。我所采取的方式只能是选准一个发展方向，把我们三联书店的发展方向选准了，创造一个好的环境，发挥大家的积极性，更多的是这样。选好发展方向，确定好选题发展思路。给大家创造一个好的环境，把大家的积极性调动起来。我只能采取一个合适的做法来做我的事情。有的人认为你老樊来了以后，也不到编辑部走一走，天天去看一看，巡视巡视，查一查，和哪个人聊两句，说几句话。这样子是不是老樊就不重视编辑了，编辑地位就降低了，我觉得不是这种情况，我在内心里不是这么想的，这只是一个方式的改变问题。二是我希望编辑同志要找准自己的位置。有的同志有一种误解，甚至说过这样不利于团结的话，“你们花的钱都是我们挣的，我们养活你们”，不是这样的，不能这样看问题。我们整个大楼、我们队伍的构成，是有做编辑工作的，编辑工作非常重要。我们还有发行，有营销，有后勤保障，由很多的部门组成，编辑工作重要，并不是编辑高人一等，这个确实要把它区别开。三是大家可能还会有些误解。我们编辑的诉求，编辑提的一些意见，有的领导听了，有的领导没有听，可能会有这种情况。也可能过去编辑提的意见，领导听的比较多，这次听得比较少或是别的什么情况，于是就说是不重视编辑工作，编辑地位下降了，事实上不是这种情况。因为三联书店是体制内的出版社。体制内的出版社都是这样的模式。三联书店是有领导班子的，是党领导下的一个文化出版单位。它的决策是要平衡各方面的意见，照顾各方面的利益，听取各方面的诉求来做出决策。有的编辑好的意见我们会吸纳，有的虽然很好，但是暂时实行不了的，我们可能不会吸纳。领导班子会有个取舍，大家提出的意见我们都会认真听取，认真地作记录，供领导班子参阅。每个团体都有自己的诉求，人人都有诉求。我们班子不能都去满足，我们会更多地听取编辑同志们的意见，理解大家的诉求，但是我们确实不能做到每个意见都能吸收。

3. 关于对我们自己成绩的考量。上次讨论会上，汪总、李总和舒炜都谈了一些自己的看法，我是这么看这个问题的。我有这么几点认识，第一，我们要充分肯定自己的成绩，反对自我矮化，妄自菲薄，不然我们就不能自信。三联书店实际上还是一流的，还是最好的。汪总和李总那天也不是说我们三联现在就不行了，而是说我们现在还面临困境，要关注这个问题。第二，我们提倡自尊，但反对自宠。因为只有以自尊作为一个精神支撑，才能谈得上自立自强，所以说我们要自尊。但是我们在自尊的同时，要特别警惕自宠。所谓自宠，就是盲目地自我感觉良好，或者把自己看得很金贵，失去了自知之明，也软化了自强之志，这我们也是反对的。第三，我们提倡关起门来找问题，走出门来讲成绩。凡是在我们内部开会讨论，我们都应该重点找出自己的问题，而不是肯定自己的成绩。年终总结时要讲成绩。但是在平时，我们应该关起门来多找问题。这不仅在编辑部，对发行部，对印制，我们是近乎到严厉和苛刻的地步。我们在内部一定要找问题，多看问题，多找缺点，反对盲目乐观，这是因为一我们本身就有问题，有不适应的问题,二现在竞争是太激烈了。我们后面是有追兵的,尽管可能有的同志认为他们不能和我们匹敌,但是千万不能小视人家。他们都有一种咄咄逼人之势,我们一定要特别清醒,有极强的危机感。

4. 关于个人情趣、个人意志和个人作用问题。第一,关于个人情趣问题。个人情趣是有的,不能否定,但个人情趣要和店里的发展、和市场的需求、读者的需求充分结合起来。我上次在会上说“在市场面前个人情趣是微不足道的”,可能有点过分,但也有片面的深刻。我们应该承认,个人是有情趣的。它是有选择的,有的同志喜欢电影的书,有的同志喜欢别的书。我们充分尊重编辑的情趣,不应该武断地去否定。但我也希望我们的编辑不能仅仅从自己的情趣出发。要从店里的发展方向和大局以及读者的需求出发,真正把好的、把自己的情趣和大众的情趣、读者的情趣结合起来,这才是我们提倡的。第二,关于个人意志问题。个人意志在编辑出版当中,用好了是很好的。但是个人意志如果过分强调,局限于个人意志,这样永远不能拿来好的稿子,永远不能成为大家。富于包容,海纳百川,才是真正成为出版工作者的一个前提。第三,关于个人作用问题。有的同志说现在个人作用不好发挥,体制不行。有的同志说既要叫我们完成任务,又不能让我们选题自己说了算,完全是在不自由的情况下,个人作用是难以发挥的。这个问题应该怎么看,任何的自由和选择都有它的前提存在。编辑的个人积极性是不是在目前体制下就一定不能发挥，不一定是这样的。据我们掌握的情况，没有几个编辑写书评。三联书店在报刊刊出的书评很少，在座的编辑同志想一想，你出了那么多书，你要写一篇书评，什么体制束缚你不让你写了？是领导班子说不让你登稿子了，或是哪个地方的体制束缚你了？这完全是编辑积极性的问题，可以扩大自己出的书的影响啊，为什么不去做呀？我们一说到编辑作用发挥的问题，有的就会讲到一些体制的问题，这不公平。自由是有限度的，我们不可能完全打破框框来创造条件，只能在现有体制内尽可能地发挥个人能动性。

5. 关于个人心情舒畅和集体统一意志的问题。我们提出店里的同志们有意见有地方提，有气有地方出。因为大家压力都很大，领导也面临强大的压力。大家把自己的意见和愿望说出来，这就会心情舒畅，说出来就舒畅了。但是说出来后有一个统一意志的问题，因为咱们是一个集体，加起来有二三百人，有书有刊有书店，有整个发展方向问题，领导班子是要决策的。这实际上就回到老前辈邹韬奋先生说过的，又有民主又有集中的问题，这民主集中制是邹韬奋先生很早就提出的。这是三联书店的一个创举。先民主后集中，没有民主就没有个人心情舒畅，但是我们最后是要有个民主集中制，有个决策，发展方向问题，干部使用问题，其他一些问题，都要做一个决策，要不然单位就没法运行，就会四分五裂，甚至坠入无政府主义状态，那吃苦的更是大家了。

6. 关于传统出版的命运。这关系到我们今后的出路。第一，传统出版业的命运问题，我个人看法，传统出版业不会消亡。有人过去说图书只有几年就完蛋了，我不这么看。也可能我守旧，但我今天把这话说到这，我们用实践来证明。图书出版是有历史的，在中国有几千年的历史。我们的图书出版从历史上追溯起，简书，帛书，最后造纸术发明后，在纸上写，中国有几千年的纸质阅读的历史和习惯。中国又是一个人口大国。有不同人、不同层次的不同需求，说它完就完了？虽然我也感觉到危机，但我还是对传统的图书出版充满信心，因为人总有需求，就是它最后灭亡了，总还有人收藏吧。这是我的一个看法。第二，我有信心，就因为我们是三联书店，我们是三联人。即使灭亡，到最后灭亡的也是三联书店，就是收藏，也得收藏三联的书。我们不要妄自菲薄，因为三联书店有做传统出版的优势。现在我们还没法深度介入数字出版。如果我们现在就没有信心了，不就自己把自己否定了？这也不是虚张声势。传统的出版业不可能最终消亡，我有一点体会，当初电视机普及的时候，大家都说广播完蛋了，广播电台完了。结果广播电台经过自己改革，死而复生。不要那么悲观，关键是自己要努力坚守，以多出好书的实际行动站稳阵脚。

参与重大选题决策是出版社社长之责任。我任总经理期间，比较重视重大选题，因为其在大局中举足轻重。有些重大选题或重点选题是我提出来的，如《三联经典文库》，这是我基于三联书店以往出版过大量精品图书的实际、应该使之重新与读者见面的想法提出来的。预计出版五辑共计 500 种。最早定的书名是《三联书店八十年文库》，后反复斟酌，并与国家出版基金办沟通，最后确定现名。这套大书，是先确定选题再调人进店操作的，这在有关章节还会讲到。《王世襄集》的选题，也是我提出来的。王世襄先生，字畅安，出生于1914年5月，卒于2009年11月28日，享年95岁。王先生是著名的文物专家、学者、文物鉴赏家和收藏家，中国文物界里程碑式的人物，他在中国传统文物和中华民间游艺研究上学识渊博，见解独到精深，在国际上享有盛誉。王世襄先生毕生钟情执着于传统文化，筚路蓝缕、探幽索微；超然豁达、贯通雅俗。他的学术研究涉猎广泛，在中国传统的家具、漆具、竹刻、工艺、书画、雕塑、乐舞、民间游艺、饮食等诸多方面都有广泛深入的研究成果。他注重实践考证，资料积累丰富，著作甚丰甚广。除《明式家具研究》《髹饰录解说》等专业论著，《说葫芦》《蟋蟀谱集成》等冷门著作开民间艺术研究先河。王老著作严谨又不失可读性，在文物研究者与爱好者中声望极高。三联版《王世襄集》全套10种14册，全面展示王世襄先生一生的研究成果，多层面地将中国文物国宝级作品及一般小品展示出来，充分地显示了王老的学术风格。

王世襄先生是三联书店的老作者、老朋友，他始终关心三联书店成长进步，写过“以书为伴　三联挚友”的题词，还把多部书稿交由三联书店出版。因此，我们对王世襄先生的去世极为痛心。在王老去世的当天，我头脑中就闪现出《王世襄集》的想法。因为三联书店出版过《陈寅恪集》《钱锺书集》《金克木集》，王世襄先生是公认的大家，完全有资格出文集。再就是王老有多部书在三联出版，我们已有一定基础。说做就做，事不宜迟，因为如被别的出版社拿走，我们就失去了机会。2009 年 11 月 28 日，在王老去世的当天晚上，我发短信给我店编辑张琳，因为张琳出版过王老的《锦灰堆》等书，对王老著作出版情况很熟悉，让她就出版《王世襄集》提意见，看是否可行。张琳说，这个主意很好，但王老的书散见在各个出版社，大小开本不一，整理出版会很费事，也似乎没这个必要。接到张琳所回短信，我没有“死心”，又给编辑张荷发个短信，就出《王世襄集》征求意见。张荷很快回了信，态度积极，提出最大的难处是版权问题，王老著作出版物散见在各个出版社，要获得整套书的授权，需要其亲属的支持和配合。我说：好，那就这样定了，你抓紧联系王老亲属，争取解决下版权问题。你尽全力去做，店里会积极支持你！和张荷通完短信，我即联系张作珍和韬奋书店，让他们发行部和韬奋书店密切配合，明天就设王世襄先生作品销售专柜。第二天设的专柜有对王世襄先生去世的追悼之意，我为此还写了一副挽联。

张荷是三联资深编辑，时任编辑室主任，她做事认真，对《王世襄集》这一选题很重视，经过反复沟通，王世襄先生的儿子王敦煌同意我们出版《王世襄集》，并授予了版权。三联书店整理出版《王世襄集》，得到了范用先生的肯定和支持。范用先生说：“很好，很有必要。这是三联书店应当做的事情，因为三联书店和王世襄的关系不一般。这些学问如果得不到整理，没有一个权威的本子传下去，那是很可惜的。从小里说，对读者是一个损失，从大里说，对国家是一个损失。其实，王世襄的学问是世界性的，是人类宝贵的文化遗产。”

鉴于《王世襄集》的重大价值，三联书店将其列为全店重点出版项目，成立了“《王世襄集》出版领导小组”，由总经理亲自挂帅统筹、资深编辑和设计骨干担纲，按照三联一贯“一流、新锐”的标准，力求打造出惠及天下、传之久远的出版精品，力图全面、系统地展现王氏绝学，使中国传统文化散发出更加璀璨的光芒，能够为后人所了解、继承和发展。我们与新闻出版总署和出版基金管理部门沟通，介绍这部书的“绝学价值”，使《王世襄集》得到了国家出版基金的支持，从而使这套书出版得到了资金上的保障。

张荷作为责任编辑，对《王世襄集》的出版贡献最大，花费心血最多。她带领优秀编辑团队，以国家出版政府奖获奖著作《明式家具研究》为标杆，做了大量编辑、整理和校对等方面的工作。在书目选择上，几乎涵盖了王世襄先生一生的研究成果。在编排上，既考虑到突出王世襄先生的研究精髓，同时，又有互相之间的关联和参照。

《王世襄集》的编辑整理工作也颇费心思。自 1998 年王世襄先生自选集《锦灰堆》出版以来，王先生又相继出版了《锦灰二堆》《锦灰三堆》《锦灰不成堆》。锦灰堆系列已经成为王世襄先生绝学的集大成者。因为是不同年代所编，各门类杂糅，《王世襄集》将以上四书中的文章按门类编排，分别收入各卷。此种编排，门类清晰，更便于读者阅览。《蟋蟀谱集成》，原为影印本，收入《王世襄集》，经整理改为排印本，亦是为便于读者，同时也无损原著。

我们不仅组织精编，还组织精校，在确保印制质量的同时确保编校质量。在装帧设计、印制上面格外下功夫，从而保证本套丛书从内容到形式都达到上乘水平。

为了做好《王世襄集》的发行工作，三联书店利用和凤凰出版传媒股份有限公司的战略合作关系，对这套书的发行进行项目合作。凤凰出版传媒股份有限公司周斌总经理等领导和发行人员予以高度关注，提早介入出版工作，不仅解决了本书发行的后顾之忧，而且在出版方面提出了许多好的建议，为这本书的臻于完美做出了贡献。

2012 年 8 月 21 日，三联书店、凤凰出版传媒股份有限公司在南京凤凰台联合举行《王世襄集》全国首发式。我和凤凰出版传媒股份有限公司总经理周斌等出席。《王世襄集》由三联书店出版，凤凰出版传媒股份有限公司面向全国包销发行。在抓精装本的同时，还出版了面向普通大众的平装本。不仅精装本发得好，平装本发得也很好。不仅取得了良好的社会效益，还为三联书店赢得了不错的经济效益。

我在三联书店策划的另一个重点选题是《鲁迅箴言》。我受人民出版社一本语录体书发行 50 万册启发，提出从三联的特色出发，搞一本《鲁迅箴言》，其实我是想搞一套丛书，如《韬奋箴言》《胡适箴言》《林语堂箴言》等，用语录体方式适应现代人时间紧、阅读碎片化的需要。《鲁迅箴言》是其中一本，责任编辑由罗少强担任，编选作者找鲁迅研究专家担任。这本书虽然没有像人民社那本书销量多，但也卖了 3 万册，而且出了国际版本，出了日文版、韩文版。三联和日本平凡社共同出版的中日双语版《鲁迅箴言》，获得了日本国内最佳设计奖和亚太出版商联合会图书奖金奖。后者由第十八届亚太出版商联合会在斯里兰卡首都科伦坡颁发，为中国获得的两个金奖之一。我还拿来一本书稿叫《马迭尔旅馆的枪声》，有的人觉得这个书怪怪的，那就是我拿来的。我跟老李说这个书一定要出，为什么？因为我想尝试一下图书与影视互动。如果行，我们就搞，不行就放弃。我还跟作者提了一个条件，我说你在中央电视台播出的时候，在每一集后面写上本剧同名小说由生活·读书·新知三联书店出版，让观众在每天晚上看电视剧的时候都能看到三联这个品牌。我说尝试一下，还因为这本书比较严肃，讲中日俄围绕着一个真实的历史事件展开的谍战故事。我问了一下张作珍，他搞了一些市场调查，说发行 2 万册没有问题，现在 2 万册发出去了。尝试不一定成功，但要允许尝试，允许去做。现在是一个多元开放包容的社会，我们要多做些尝试，不成功就收回来，但也可能抱个金娃娃回来呢？

更多的时候是参与重大选题决策。这方面的典型例子是《邓小平时代》。这样一个重大项目必须慎重行事，我和李昕反复研究后确定“参与竞争志在必得”，上店务会通过并上报集团后实施。李昕带领编辑团队做了大量工作，我则带领经营团队在营销上予以保障。两个人互相支持，两支队伍密切配合，创造了三联书店发展史上一个经典案例。此外，我和李昕根据形势变化、三联特色、队伍状况，对三联出书的类别结构进行调整，去掉一些类别，明确几条产品线。在取得一致认识的基础上，支持李总放开手脚去进行调整。那几年，我和李昕的合作是非常默契相当愉快的。现在回想起来也心情愉悦，可惜再没有这样的合作机会了。

三联书店有和作者密切联系、密切合作、建立水乳交融关系的优良传统，店里一年一次召开的迎新春作者读者恳谈会是店里长期保留的节目。我们继承这一传统，每年都争取办好、办出实效。同时，我们也利用多种形式多种渠道维护作者资源。因为作者是选题和书稿的来源，说“作者是出版社的衣食父母”也不过分。出版社进入市场之后，竞争越来越激烈，维护作者队伍就显得格外重要。三联书店维护作者资源的工作，主要是李总、潘总带领编辑在做，我也参与做一些工作。2009 年 11 月，我们经中国出版集团批准，聘任吴敬琏、金冲及做三联书店首席专家。两位专家不仅给我们出了许多好主意，还介绍来一些选题和书稿，他们的新作也都选择在三联出版。我和李昕、冯金红去拜访过杨绛先生，献上鲜花祝贺其百岁生日。通过在纸条上写字的方式与之交流。杨绛先生对三联书店很有感情，答应钱锺书先生和她的一些作品继续在三联书店出版，给我们这一届班子很大支持。杨绛先生去世时，我恰在贵州调研，特于途中赋诗以示悼念："一代才女谁堪朋，垂顾三联别有情。我们仨涌离人泪，干校六记筑干城。数次当面聆教诲，也曾献花贺百生。不官不商有书香，同人戮力践遗铭。"我也曾多次参加给老作者、老专家过生日活动，为他们贺生祝寿。王蒙先生是三联老作者，和三联很有感情。三联有活动凡请必到，对我们多有支持。生活书店恢复设立座谈会上，王蒙先生发言，鼓励我们，还把书稿交新恢复设立的生活书店出版。王蒙先生八十岁生日宴是三联书店操办的，李昕、郑勇具体张罗，我主持了那天的宴会。恰好王老与单三娅女士喜结连理，两事一并庆贺。那晚在沪江香满楼只设一桌酒席，但高朋满座，气氛热烈。王蒙先生妙语连珠，单女士还给我们每人发了一袋喜糖。酒过三巡，我借着酒劲问王蒙："请问您二位谁追求谁？"王蒙快速抢答："秒杀！""谁秒杀谁？"我追问。王蒙回答："我秒杀人家！"说得很巧妙，是单三娅女士一下被他吸引住了，"秒杀了！"众大笑，大家为"秒杀"干杯！过一会，我又问王蒙："一个人精力有限，您写那多书时间何来？有何诀窍？"王蒙说他可以同时写几部书，换着写作权当休息。还说自己练就一个"绝招"，如正在写作，突然被电话或来访打断，事情处理毕立马可以进入续写状态，而这一点是许多人做不到的，思路一旦打断即难以接续。王蒙能如此，其聪敏程度明显高于常人。又言及睡觉。王蒙说他得益于睡得好，沾枕就着，我为我找到"知音"而高兴，说我睡觉也有“绝招”，正做梦时起床上厕所，回来可接上前梦继续，像“电视连续剧”。王蒙先生大笑，说出一本睡觉的书肯定卖得好，因为多少人为睡不着觉苦恼。这一次聚会，王蒙先生给我留下了深刻印象，单三娅女士送的喜糖我仍在书柜中摆放。

给资中筠教授过八十岁生日，也留给我留下了深刻印象。记得是个星期天，在郊区很远的地方，我和贾宝兰赶到时，聚会将要开始。我代表三联书店致贺辞，并献上鲜花。宝兰后来告诉我，资先生非常高兴，说没想到樊总会来，你们三联真是“知识分子的精神家园”啊。类似活动我还参加一些，有的是到家中拜访。凡是作者的新书发布会，能参加的我都尽量参加，这也是熟悉作者、进一步建立感情的机会。对于作者的来信，不管书出与不出，我都每信必复，以此作为联系作者的纽带。我还曾借到台湾参加书展去拜访过齐邦媛女士。张至璋先生在夫人夏祖丽（《城南旧事》作者林海音女儿）协助下完成《镜中爹》，非常信任地交给三联书店出版。他们对我店的服务比较满意，曾专门来信致谢。我回了一封长信交流，下面是其中一段文字：

至璋先生太客气了，信中说了许多感谢的话，这是我和同仁们所不敢承受的。其实，要说感谢，我们要感谢至璋先生和夏祖丽女士。是至璋先生在祖丽女士协助下，完成《镜中爹》并以高度的信任交给我们三联书店出版。至璋先生在大陆出第一本书就交给我店，这是对我们的信任。我们所做的工作，是不辜负先生的信任，不使“明珠暗投”，而事实是您这颗明珠受到了读者的青睐，给我店赢得了荣誉。我们非常感谢至璋先生和祖丽女士，这并非寻常客套，而是基于我们对出版者和作者关系的认识。邹韬奋先生创办生活书店之初，就创立了“竭诚为读者服务”的店训。所谓“竭诚为读者服务”，从根本上说，是为读者提供优质精神食粮，出版受其欢迎的读品，而这一目的的实现，作者的作用至关重要。出版社要紧紧依靠作者，将他们的作品出版问世。如果离开众多作者，出版社就成了无源之水、无本之木，连一天都难以生存。从这个意义上说，作者是出版社的衣食父母。因此，尊重作者、努力为作者服务，是我们应该做的，也是我们的生存之道。三联书店的老前辈们非常重视同作者的关系，不仅认真处理他们的书稿，而且帮助解决家庭的难事，对生活困难者给以资助等，从而赢得了一大批资深而有名望的作者的信任，出版了许多有重大影响的作品，开创了三联历史上的辉煌。为了开创新的局面，创造新的业绩，我们在新的时期也注意作者队伍的维护，注意密切和作者的关系，但和前辈们相比，我们做得还远远不够，还须更加努力。

诚如我在回信中所言，以上所为都是承继韬奋先生开创的优良传统，只是我们做得还很不够，在维护作者资源方面还应该做更多更细致的工作。惟有如此，三联事业方能兴盛不衰。

“河面上总有几条活蹦乱跳的鱼”

“河面上总有几条活蹦乱跳的鱼”，这是我在三联总经理任上常说的一句话。所谓“活蹦乱跳的鱼”就是畅销书，就是有重大社会影响力和重大经济效益的双效图书。为什么要这么强调，并朝这个方向去努力，我自有一套道理，但过去似乎找不到一个合适的词来加以解释。今天终于找到了，就是广泛使用的一句网络用语：“刷存在感！”

“刷存在感”，就是我当时在三联任总经理时的真实心情写照，只不过那时还没有这个词，只能用“河面上总有几条活蹦乱跳的鱼”来表达这层意思。所以如此，这和我们实施品牌战略有关，因为有这样的“鱼”可以扩大三联品牌影响力；和做强做开的思路有关，因为这样的“鱼”，可以让三联在业界经常有动静；和努力提高三联社会效益和经济效益的努力有关，畅销书对两个效益的拉动是显而易见的。但要做到这一点，并非容易。因为三联书店具有非常沉稳的品格，静水流深、鱼翔浅底这是大家推崇的。这些风格好不好，好。但凡事都讲辩证法，过于追求“隐逸”“含蓄”，也会失去“鲜活”的一面。更可况一些人认识上有偏差，对畅销书有看法，比如说畅销书“质量不高”“可遇不可求”等，从内心上排斥“畅销书”。这些不利于三联书店的发展，也不适应市场竞争条件下出版业的新形势。我们要想办法改变这种局面，而改变这种局面就要改变观念。

与此相呼应，我在《店务通讯》发表“卷首语”《高调做事低调做人》，强调三联书店必须加强品牌宣传。文章中说：

> 做事与做人是两回事。做事要高调，做人要低调，要区分开，要处理好。高度重视并做好市场经济条件下三联书店品牌、形象和产品的宣传，是我们今天面临的一个新的重要任务。
>
> 据我所知，我们三联书店以往是不怎么注重宣传自己的。翻翻报纸，很少见到三联用整面广告、大幅专栏来介绍自己，也很少登有三联的动态和消息。领导不重视，员工也不怎么重视。为什么会这样，主要因为觉得自己是品牌老店，“莫愁前路无知己，天下谁人不识君”，既然企业已广为人知，在社会上有很高的知名度，我们还宣传什么，闷着头干事就行了。这样做并没有错误，但已与今天我们所处的环境不相适应了。一是现在是信息爆炸的时代，“好酒也怕巷子深”，你长期不宣传就会“失音”，就会被人遗忘；二是你不宣传，人家拼命在宣传，宣传多了，印象就深了。企业宣传是企业发展战略之一，对人的影响，有的是强刺激，有的是弱刺

激，但不能没有刺激。三是满足已有品牌影响是靠不住的。人们知道你的过去，并不知道你的今天；知道你过去的辉煌，不知道你今天的进步。只有告知人家，人家才会知道，告知就是宣传。

如上所述，忽视和淡化宣传是要不得的，我们要增强企业宣传的自觉性。那么宣传都有哪些类型呢？一是品牌宣传。宣传我们的品牌、宣传我们的历史和办店宗旨。二是形象宣传。宣传我们的特色、传统、个性。三是营销宣传。宣传我们的营销战略、营销目标、营销活动和产品效应。四是产品宣传。主要是书、刊等出版物的宣传。宣传载体可以利用网络，也可以利用传统媒体，还要办好三联内部刊物和网站。宣传方式很多，比如宣传报道店内动态、消息、重大活动、产品影响力，撰写书评，宣传企业文化，体现三联人精神面貌的事例，个人在三联书店的独特感受等等。店领导对宣传工作应高度重视。一是要带头写稿；二是要制定激励政策；三是要给予资金支持；四是提供便利条件。总之，要创造条件，把三联书店的企业宣传工作做得更好。

以上重点强调要高调做事，把事业干得轰轰烈烈，红红火火，风生水起，但做人一定要低调。实实在在做人，不事张扬，保持低调好，不招灾，不惹祸。秦始皇兵马俑中保存最为完整的是跪射俑，原因就是它的低姿态。兵马俑坑是地下坑道式土木结构建筑，当棚顶塌陷时，高大的立姿俑首受其害，而跪姿俑是蹲跪姿态，重心在下，稳定性强，不容易倾倒和被砸。这是一个让人深受启发的事例。低调做人，不仅是做人的策略问题，更是来自于理性的认识，来自于对个人与社会、个人与他人关系的认识。有的人总觉得自己了不起，觉得本事很大，岂不知天外有天，处处有高手。常言道“十步之内必有芳草”，比我们强的人有的是。毛泽东告诫我们的两个“务必”，到今天也没有过时。

强调加强三联品牌宣传和“河面上总有几条活蹦乱跳的鱼”是同一道理，但两者有所不同，前者是单纯的品牌宣传，后者是“产品生产”，用事实说话，用产品宣传品牌，而要真正让河面上的鱼“活蹦乱跳”，还要从深层次上解决编辑的思想认识问题。我到三联书店工作之后，感到这一品牌老店在完成从红色出版阵地向学术出版重镇转型之后，越来越向学术化的专业方向发展，而对大众出版有所忽视和放松了。这也是进入新世纪之后，三联书店品牌影响力减弱和经济效益下滑的重要原因之一。我在任总经理之前就有这个感受，主持工作的张伟民同志也有同感，我们俩讨论过。张总建议我就此进行专题研究，还让我在 2007 年 12 月初于钟磬山庄召开的选题工作会上“放一炮”，以引起一些震动，引发更多编辑思考。为此，我翻阅了三联大量历史资料，还查阅了能查阅到的过去生活书店、新知书店、读书出版社出版的书目，又对现状进行了分析，进行比较充分的准备。我在三联书店

2008年度选题会上发言的题目是《关于强化我店大众文化读物出版的思考》，从出版大众文化读物是三联书店的重要传统、近年来大众文化读物弱化的原因与强化的理由、对我店大众文化读物的界定、具体措施和政策支持四个方面进行了论述。

我首先从三联的历史深处去找根据，指出：出版大众读物，促进大众文化，是三联书店的重要传统。邹韬奋先生为生活书店提出的总的工作原则就是促进大众文化、供应抗战需要、发展服务精神。他把促进大众文化作为总原则中的第一原则，提出“我们必须注意到最大多数的群众在文化方面的实际需要，我们必须用尽方法帮助最大多数的群众能够提高他们的文化水准，我们必须使最大多数的群众都能受到我们文化工作的影响。因此，我们在出版方面，不能以仅仅出了几本高深理论的书，就认为满足，必须同时顾到全国大多数人的文化食粮的需要，就是落伍群众的文化食粮的需要，我们也要尽心力使他们得到相当的满足，我们深信为着国家民族的利益，我们的任务就是使最大多数的同胞在文化水准方面能够逐渐提高与普及，这对于整个国力的提高是有着很大的效力”。韬奋先生不仅大力倡导，而且身体力行。他组织出版的图书、报刊都尽力面向大众。从生活书店1935年出版的《全国总书目》中，可见生活书店既出版《社会哲学概论》《中国经济论文集》《章乃器论文选》《中国政略学史》《中国娼妓史》等许多学术论著，也出版了《社会主义讲话》《青年的修养与训练》《文学百题》《希腊神话》《天才舞女邓肯自传》《求婚的艺术》《性教育简谈》《婴儿日记》《各科投考指南》《小品文和漫画》《欧游漫意》《游日鸟瞰》《漂泊杂记》《旅途随笔》《东南揽胜》《一位美国人嫁与一位中国人的自述》等一大批面向大众读者的图书。1986 年 1 月 1 日三联书店恢复独立建制后，在逐步形成鲜明的学术著作出版特色的同时，也非常重视大众文化读物的出版。《傅雷家书》《一个人和她的一个世纪》《毛泽东的读书生活》《老一代革命家家书选》、巴金的《随想录》以及钱锺书的《围城》、杨绛的《洗澡》《我们仨》《金庸作品集》《蔡志忠中国古籍漫画系列》、幾米《向左走，向右走》等等，在广大读者中产生了广泛影响。其中《傅雷家书》总印量达百万册，一时间洛阳纸贵好评如潮。这些大众文化读物对增加三联书店出版总量、扩大社会影响、提高经济效益起到了重要作用。对三联出版大众文化读物，店内许多同仁是认同的。沈昌文先生说三联出版大众文化读物是毫无疑问的；老前辈林言椒就店里组织出版畅销书提出了很多很好的具体建议；许多编辑也认为店里应当重视大众文化读物的出版。对组织出版大众文化读物，中国出版集团领导非常重视和关注。集团前副总裁周洪立在参加我店理论学习中心组讨论会时提出："学术理论的出版是三联书店的立店根基和出版特色，要巩固好学术出版阵地，把最好最新的学术成果呈现给广大读者；同时也要加强大众文化读物的出版，多出人民群众需要的优秀大众读物，竭诚为读者服务、为大众服务。"有同仁们的认同，有领导的殷切期望，我们应不负众望，将三联书店出版大众文化读物的传统继承下来，发扬开去。

接下来分析了三联大众读物弱化的原因以及不利影响。

三联书店近年来大众文化读物的出版有所弱化是不争的事实。2003 年 6 月《我们仨》出版，之后又有《我们的钱媛》问世，这两本书都有相当的销量。这之后，大众文化读物的销量减少，影响日渐式微。2006、2007 两年，我店缺少引人注目的畅销书。两年共出版新书 393 种，只有《八十年代访谈录》一种在当年销售达到 3 万册以上，仅有 5 种图书当年销售达到 2 万册以上。面向大众的选题虽有一定比重，但单品种销量普遍较低。

大众文化读物弱化的原因，大概有四种：

一是观念问题。有的同志认为出学术著作是传承文化、弘扬思想，而出大众文化读物则是跟风媚俗自贬身价。出版学术著作受人尊重，出版大众文化读物会被人瞧不起。因此，渐渐形成了学术著作和大众文化读物越来越呈现“一头沉”的状况。

二是认识误区。对三联书店的传统理解得不够全面。认为我店只出学术著作，不出大众文化读物。或曰三联书店只出小众读物，不出大众读物。甚至把大众文化读物和学术著作出版对立起来，认为倡导出版大众文化读物就是否定三联的传统，降低三联的文化品位，丢掉知识分子的文化坚守。在这样一种认识氛围下，大众文化读物的成长就相对困难。

三是要求和措施不够明晰、具体。这两年里明确提出抓适销对路的畅销书，目标明确，但责任没有分解，任务没有落实，也缺少相应的跟进措施。

四是大众文化读物的发行渠道不够畅通。多年来店里习惯发行学术著作，且积累了丰富经验，但在大众文化读物发行方面相对困难、经验不足，一些有潜质的畅销书难以脱颖而出。而这又在某种程度上挫伤了编辑人员组织出版大众文化读物的积极性，使一些同志产生畏难情绪，消解了已有的热情。

大众文化读物出版的弱化已给三联书店的发展带来了不利影响。明显的表现是出版物社会影响力减弱、在榜畅销书稀缺、一些零售店销售名次下降、新书平均印数不高、经济效益不够理想。2007 年中华书局新书平均印数达到 2.09 万册，而我们 194 种新书的平均印数则为 7900 余册，差距可见一斑。

在上述发言基础上提出了强化的建议和具体措施。最后，我特别申明：我这个发言没有涉及我店的学术出版问题，但这并不是说大众文化读物的重要性高于学术出版，或者说学术出版没有大众文化读物重要。经过多年实践积累，三联书店已成为我国学术出版重镇，出版了许多具有重大学术价值和具有专业影响力的图书，奠定了在国内学术界思想界出版界的权威地位，因而被誉为中国知识分子的精神家园。学术出版是三联的基调、特色，是三联的核心竞争力之所在，也是品牌价值和影响力之所在。对此，我们必须有非常清醒的认识。任何轻视三联学术出版的态度和言行，都是无知和不负责任的。我只是想说明三联书店在继续高度学术出版的同时，应强化大众文化读物出版，做到两条腿走路，收到相得益彰的效果，呈现“落霞与孤鹜齐飞，秋水共长天一色”的壮景。我们强调重视大众文化读物出版，丝毫也不意味着可以放松学术著作出版，反之，也要高度重视，予以强化，因为这是我们的立店之本，不可稍有懈怠。

我的发言在会上引起了一些震动，也引发了一些争论，但石头砸进水里形成的“涟漪”很快消失，三联书店大众读物出版并没有多大改观。我们必须承认这样一个事实，话语权和号召力是有一定关联的，你没有话语权，不是决策者，说的话再重要也没人听，甚至没人信，反之亦然。2009 年 1 月，我任总经理之后，决心在大众读物出版上实现突破。我进一步完善了当初的一些想法，结合当下实际，起草了《关于加强三联大众文化读物的构想》。在征求汪家明、潘振平、李昕、杨进、刘高源意见后（汪家明、李昕对文字修改较多），作为会议材料，发到三联书店图书经营工作会议上，请与会人员进行讨论。在大家取得共识的基础上，最终下发了《三联书店关于出版大众文化读物的决定》。以下为决定全文。

一、必须把加强大众文化读物出版放到重要位置

（一）这是继承和弘扬三联书店优良传统、满足当今大众阅读需求的需要。过去我店出版的大众文化读物，对增加出版总量、扩大社会影响、提高经济效益起到了重要作用。

（二）这是调整选题结构、更加贴近市场的需要。目前我们的选题在总量方面偏重于学术著作，对大众文化读物重视不够，选题总体结构不合理，没有多层次地贴近市场、适应

市场，也不利于自身发展。

（三）这是拓展新的利润增长空间、提高图书经济效益的需要。转企改制之后，企业必须具备生存发展的经济实力，担负起维护职工利益和国有资产保值增值的双重责任。

（四）这是努力做强做实，着眼我店长远发展的战略考虑。中宣部、中国出版集团公司领导对作为我国著名出版品牌的三联书店寄予厚望，我店已经制定的长远发展规划对发展目标提出了明确要求。

店领导班子和全体编辑要解放思想、大胆创新，站在适应转企改制要求、增强企业自身活力、着眼我店长远发展、维护我店和职工根本利益，推进我国文化大发展大繁荣的高度来认识加强大众文化读物出版的重要性，破除思想障碍，在坚持我店出版特色、继续做好学术图书出版的同时，勇于开拓，为我店大众文化读物产品线的生成、丰富做出切实努力。

二、对我店大众文化读物的界定

第一，大众文化读物不是一般意义的大众读物。它必须有文化含量文化意趣，是由文化引申出来又回归为文化，是介于学术和生活之间的文化延伸地带。看重文化价值注重文化品位是我们的内外在要求。

第二，它的读者对象不是一般意义上的大众。在市场细分的今天，传统意义上的大众已失去意义，代之以特定的群体指向。我们所指的大众是“小众”外的大众，大众里的“小众”，即指国内专业知识分子之外的广大知识群体，或称之为“文化大众”。这是我们的读者定位。

第三，在表现形式上不同于严肃的学术著作。在装帧设计、书名的选择上更贴近大众，更注重“卖点”。在内容组成上也不是严肃学术著作的框架，给人轻灵、便于接近的感觉。在语言风格上也力求清新活波，好看易懂。

第四，必须有相当数量的销量作为支撑。它的基本销量应在1万册以上，其中畅销书的销量应在5万至10万册之间。

根据以上界定，我店大众读物大致限定在以下几个方面：

（一）学术普及类图书。

超出专业研究的领域，在更广泛的范围内诠释学术和学术相关的问题，满足专业外知识分子的阅读需求。如哲学社会科学各学科普及类读物、理论普及读物、传统文化普及类读物、各学科中疑难问题的通俗化阐释等。

（二）文化生活类图书。

文化生活的领域非常宽泛，涉人及物，说古道今，与读者有较多的联接切口。如人物传记、名人回忆录、文人雅趣、饮食文化、旅行文化等。

（三）艺术文化类图书。

艺术文化类图书不能仅限于满足特定的读者需求，应着眼于提高大众的艺术素质。我店已出版的建筑艺术、音乐艺术、电影艺术均可归入此类。这类图书应坚决从专业化的领域走出来，去获得更多非专业爱好者的青睐。

（四）文化知识类图书。

面向广大知识分子介绍新知识、新技术、新领域、新学科、新业态等，我们处在一个快速变化、日新月异的时代，这类图书生逢其时，大有可为。

（五）其他和三联出版风格相近，拥有较大量读者的图书。

无论哪一类图书，我店都追求“一流”，应是在同类书中最好的、优质的。

我店大众文化读物出版采取有所为有所不为的原则。有些图书虽有较大发行量，但违反国家出版管理规定，或离三联风格相去甚远，我们也不予考虑。具体说来，即是不出低俗的图书。凡有损社会精神文明建设、败坏三联形象、降低三联品位的图书一律不出。选题应着眼于人的精神文化层面，而非物质层面，因此，一般不出生活实用类图书。也不出明显超出专业分工范围且不具任何优势的图书。除此之外，其他选题均可纳入我们的视野。不要受限于传统、习惯，不要受限于个人情趣偏好，要破除思维定势，彻底打开选题思路。

三、促进大众文化读物出版的具体措施

（一）成立店大众出版中心。

出版中心按事业部体制进行管理。实行独立核算、自负盈亏，在管理模式、拥有责权、奖惩方式方面实行新的机制。

（二）组织更多编辑力量投入大众文化读物出版工作。

愿意从事大众文化读物出版的编辑，采取双向选择方式，可进入新的编辑机构或项目组。

（三）实行编辑出版大众文化读物全责制。

所有编辑每年所报选题中须有一定比例的大众文化读物选题（申报选题须申明并符合店大众文化读物要求），所有新书中有1—2种在当年度达到销售1万册以上。

（四）借助社外工作室在大众文化读物出版领域进行开拓。

1. 所有出版中心均可和工作室开展合作。

2. 今后与工作室合作的重点应放在大众文化读物和畅销书出版上。

3. 与工作室的合作可采取多种灵活方式。总体上采取讲求效益、互惠互利的原则。

4. 对诚实守信、与三联书店风格相近的工作室可整体纳入体制内进行管理。

（五）充实我店大众文化读物编辑、策划、营销力量。

通过招聘方式，将善于策划出版和营销大众文化读物的人才吸纳进我店，通过人员结构调整促进我店选题结构调整。

（六）加强对大众文化读物的营销工作。

多年来我店对学术著作的发行形成了一整套模式，取得了经验，但对大众文化读物和畅销书的营销则缺乏经验，一些有卖点和营销潜质的图书，没有达到预期营销效果。店里将专题研究做好大众文化读物的营销工作，采取得力措施，从开拓选题、强化发行营销两个方面着手促进大众文化读物出版。

四、加大对大众文化读物出版的支持力度

（一）在全店继续开展解放思想、更新观念活动，认识到关注现实、面向大众、与时代同行、勇于创新从来都是三联的优良传统，形成有利于大众文化读物出版的良好氛围。

（二）三联书店领导班子要把大众文化读物作为重要产品线摆上议事日程，统一思想，形成合力，专人负责，积极为大众文化读物出版创造条件，大力支持编辑和营销人员在大众文化读物出版方面开拓创新。

（三）对积极组织大众文化读物并取得突出成绩的编辑予以重奖。对单品种年销售 5 万册以上的给予大奖。对参予营销的相关人员、对做出贡献的发行人员也按一定比例给予奖励。

（四）对专事出版大众文化读物的机构予以政策支持。在投资、利润提成等方面予以适当倾斜，可采取灵活的分配政策，确保店里增效益，个人得实惠。

（五）注重对文化读物出版实效的考核。编辑完成核定的大众文化读物选题指标、单品种销售册数指标，视为完成年度任务；没完成任务指标者视为年度考核不合格，下年度不得晋升职级，或降低店内编辑级别。部门负责人承担相应责任，本部门完成任务予以奖励，未完成任务受到处罚。

（六）以大众文化读物出版拉动整个图书出版发行工作。继续高度重视学术出版，坚持三联书店业已形成的基调、特色，同时开拓新的选题领域，形成新的活力和增长点，使学术著作、大众读物两个产品线相得益彰、互为补充，将我店的社会效益和经济效益提上新的台阶。

提倡和组织出版大众文化读物，与“河面上总有几条活蹦乱跳的鱼”具有一致性，大众文化读物是河流，畅销书是“鱼”；大众文化读物是产品线，畅销书是具体产品。可以稍武断一些说，凡畅销书一般都是大众读物。或说，在大众读物中才能产生畅销书。因此，三联书店开始重新重视大众读物出版并采取相应措施，为涌现三联版畅销书，实现“河面上总有几条活蹦乱跳的鱼”创造了条件。这是三联书店恢复独立建制实现向学术出版转型后，有意识加以引导、自觉为之的出版行为，它对三联书店做强做开、实现两个效益飞跃具有战略意义。

决定做出来了，关键在实施，领导班子的行动是关键。当时三联书店领导班子对此认识高度一致，都亲力亲为去抓“畅销书”。我抓已有选题《1944：松山战役笔记》，策划出版《中国经济改革二十讲》《鲁迅箴言》；汪家明通过和龙应台接触，抓了《目送》《孩子你慢慢来》，和责任编辑张荷一起出版了龙应台作品系列；李昕策划出版了《中国文化导读》，和编辑一起组织出版了王鼎钧作品系列、《巨流河》《镜中爹》等；潘振平利用在学界影响和史学界专长，协调重版了《陈寅恪的最后20年》等。各编辑室（后成立分社）也高度重视抓畅销书。改变了过去“畅销书是等来的”这一想法，把“等”改为“找”“要”，增强了自觉性、主动性。舒炜、郑勇也有了强烈的畅销书意识，积极性大为提高。在大家共同努力，三联出版物的河面上开始出现了“活蹦乱跳”的鱼：《老子十八讲》《目送》《七十年代》《读毛泽东札记》《北京跑酷》《城记》《毛泽东的读书生活》《傅雷书信集》《呼唤法制的市场经济》等一批书“鱼跃水面”，成为读者眼前的一道亮丽风景。

我们不仅重视大众读物、畅销书的选题开发，还大力加强这些畅销书的营销力度，千方百计扩大影响力，挖掘其内在价值，使其产生突出市场效益。《七十年代》30位作者多为今天有影响力的作家、学者、艺术家，特殊的成长经历赋予他们有别于前辈和后辈的人生态度和价值观，呈现出不受秩序约束、不愿依附权力的品质，他们所代表的一代人对中国30年来的剧烈变革起到了重要作用。我们利用多种活动形式宣传此书，使之催生那一代人的怀旧热情，该书发了5万余册。我带领编辑和发行人员抓几本书的营销。其中《1944：松山战役笔记》是营销重点之一。我专写一文，阐述为什么将其列为营销重点的理由。以下节录部分文字：

> 断续用三天时间，将40万字的书稿《1944：松山战役笔记》审毕，同意初审叶彤、二审李学军的审稿意见，“即予发稿”，而且批为“一路绿灯，按重点选题运作营销”，建议店里将此书列入营销重点，并就有关营销宣传问题和责任编辑叶彤做了初步沟通。为什么将《1944：松山战役笔记》列为营销重点，有这么几点理由：
>
> 第一，这是一本极有价值的书。松山战役是抗日战争末期，中国远征军以牺牲七千人为代价，在滇西用最惨烈的方式消灭盘踞在松山之日军、打通滇缅通道、拉开对日战略反攻序幕的著名战役，是中国军队对日作战中第一次真正意义上取得全胜的攻坚战。本书即是描述海内外著名的松山战役的纪实性作品，是详述松山战役始末的一部微观战史。用微观的笔法，按照每一日推进，详细追记了这场战役经过。作者援引大量的史料，经过甄别、比较、研究，又对战争的经历者和实地进行考证，在很大程度上可信地还原了战争的细节，生动地再现了这场战役的惨烈，表现了战争过程中的战略、战术、武器装备、人员精神面貌等等因素，给我们留下了一部翔实而又可读的战役史，读来回肠荡气、动人心魄。
>
> 本书在确定选题前，店内曾请有关史学家阅读书稿，得到充分肯定，后又请作者按专家意见进行了修改、补充和反

复打磨。责编叶彤建议作者将书中史料一一标出来源并做了注释，提升了此书的文史研究性，既加强了此书的可信度，又使它更符合三联图书的人文学术风格。还建议增加了一些图片，使图文互证，也更加直观。值得特别强调的是，本书的主题是军事、战役，但他反映出的战争思想以及体现的文化观念，都和三联所言“人文精神、思想智慧”相一致，选题在我们出版范围内。因此，此书在三联出版，并不给人“怪怪”之感。

第二，这是一本有广大受众的书。这本书具有既面向小众、又面向大众的品格和特点。对个别战略战役研究者、军事爱好者来说，这是小众的，同时这本书有很大的阅读空间，能给人阅读快感，会拥有大量读者，因此又是面向大众的。这取决于他的可阅读性、生动性。全书详实、真切、细致、可感，有具体日期、具体人物、具体地点、具体景象、具体过程，给人以身临其境的现场感，如见其人，如闻其声，如闻到硝烟，如听到枪声炮声，如见到怒江滔滔翻滚的浊浪，和对岸高崖上日军碉堡黑洞洞的枪眼。空军少将乔良称这部作品是真实战史的血腥拼图。他说：“即使如我这种以读战史为己任的读者，也很少读到如此这般字里行间都弥漫着浓烈的血腥、烧焦的皮肉、滚烫的弹壳和刺鼻的硝烟味的作品，以致我至今闭上眼睛，都能马上想象出那片寂静的战场下，被太多的鲜血浸泡过的钢铁和铜的腥气以及暗红色的泥土！”这种生动性、可读性，形成了吸引读者的元素，满足更多人的阅读需求，加上人们对抗日远征军、松山战役有很高的关注度，因此，它定会有较大量的读者，而这正是我们可以进行营销的基础。

第三，这是一本有卖点的书。具体言之，卖点有：一是抗日战争正面战场的作用近年来得到国家恰当的评价，而滇西和缅北的战役，更是为越来越多的媒体关注，特别是随着《我的团长我的团》的热播及争论，和电视台追寻抗战（特别是滇西、缅北战役）的跟进，相关领域已经成为目前的一个热点。《松山战役笔记》较之《我的团长我的团》更有冲击力，较之更宏观（上至兵团及统帅部），也更细微（具体到排、连），我戏言可以用“我的军长我的连”来概括。目前《我的团长我的团》热度虽过但余热犹存，适时跟进，仍不失为一个热点。二是松山战役在中国战史上有极高的知名度，事涉中、日、美三方，各方均有不同解读，也出版了一些著作，而《1944：松山战役笔记》后来居上，提供了完整的新解读，具有全视角、整体性和细微感。三是真实、客观、可信。现在的读者不喜欢被人“忽悠”，对事件的真实“情有独钟”。本书的作者多年以来热衷于此领域资料的搜集，已经达到相当可观的程度，不仅收集了大量国内外的口述史材料和相关研究著作，还特别搜集了当时远征军部队留下的“战斗详报”和“战史”等重要的第一手史料。真实性是本书的第一要义，也构成了该书的一个卖点。因为有上述卖点，也才使这本书有通过营销达到较大销量的可能。

鉴于以上分析，我认为将《1944：松山战役笔记》作为营销重点是可行的。建议成立由我、詹那达、叶彤、张作珍和其他相关人员组成的营销小组，集中研究这本书的营销方案并分步实施。具体方案先请叶彤、詹那达考虑。我个人估计，首印一万册没有问题，而且这本书会成为常销书，陆续印至3—5万册没有问题。

从以上文字中可以看出，三联书店对列入畅销书、重点营销图书是有一定判断的，而我们采取的措施也是扎实的。市场营销部詹那达、张莹起草了《1944：松山战役笔记》推广方案。2009年8月29日，我店召开这本书的新书发布会，作者余戈、空军少将乔良、著名作家萨苏、《军营文化天地》总编辑陈虎等参加。我在发布会上作了《松山巍巍　信史存焉》的发言。发布会取得了良好效果，也增强进一步发好这本书的信心。为了发好《鲁迅箴言》，我们也举办了多场有特色的活动。2010年五四青年节，三联书店和北京鲁迅中学联合举办“读鲁迅箴言，做五四精神传人”活动，以扩大该书在中学生中的影响。我们和日本平凡社合作出版中日双语版《鲁迅箴言》，同一版本，中日双方在两地同时出版同时上市。既有内容的统一性，又有封面的色彩差异，相互交映。中日双语出版后，中日合作方在北京鲁迅博物馆召开出版座谈会，进行深入交流，扩大了该书的国际影响力。为了推动星云大师《百年佛缘》的营销，我们在国家图书馆举行了新书首发式。那天的场景我仍记忆犹新。星云大师行走不便须坐轮椅，我和几个人一起把他抬上台阶推进会场。在发布会上，星云大师作为作者讲话，我代表出版方致辞，还有媒体采访，整个会场水泄不通。星云大师对三联出版《百年佛缘》很是满意。致完辞离开后又坐轮椅回到台上大声说：谢谢三联书店，谢谢樊总！当晚为祝贺发布会成功，我和责编、营销人员在三联附近的“北京食府”喝酒庆祝。借着酒劲，我给这套（共 9 册）订价 680 元的大书确定销售目标：三年销售五万套！后来听责任编辑王秦伟说实际销售 4 万余套，近 3000 万码洋。还有一本和台湾有关的书是《舌尖上的台湾小吃》，我也是想把它打造成畅销书的，由生活书店携手台湾华品文创出版公司于两岸同步推出中文简繁体版。我们双方在第九届海峡两岸图书交易会上举行了隆重的首发式。由于不久后我就离开三联，对其发行量就不得而知了。

除《邓小平时代》之外，我们投入力量最大营销效果最好的是吴敬琏先生的《中国经济改革二十讲》。我们之所以高度重视，首先是着眼于本书的社会价值。十八大之后，越来越多的迹象表明，中国即将启动新一轮改革。我们对此极为关注，恰在此时，吴敬琏和马国川合著《中国经济改革二十讲》由三联出版。从提出选题、确定提纲、两作者合作、进度、封面设计、印制出版，我都参与和关注。此书出版时，重启改革正当其时，把这本书宣传好推广好，首先是尽三联人的社会责任，三联人从来以推动社会变革和社会进步为己任，这是流淌在血液中的一种传承。我们店领导班子以高度的政治责任感和敏感性来对待本书出版、发行事宜。我和李昕总编辑两人负责此事，投入了相当的精力，责任编辑贾宝兰和发行部、市场营销部都做了大量工作。2012 年 12 月 26 日上午，《中国经济改革二十讲》首发式在三联韬奋图书馆举行。吴敬琏先生出席，出席的还有著名经济学家张卓元、张维迎、李维森（韦森），以及著名人文学者雷颐、陆南泉、荣剑等。会议由我主持。吴敬琏先生即席发言。总编辑李昕作了《重启改革正当时——推荐吴敬琏〈中国经济改革二十讲〉》的致辞。会议隆重热烈，许多媒体做了报道，初步形成舆论热点。以后我们把发行重点下沉到各省，由我和李昕分别陪同吴老去一些省份演讲、做营销活动。我记得我陪同去过辽宁沈阳、安徽合肥等地。吴老身体不好，由老伴周老师陪同，由于过于劳累，有时晚上还要吸氧。我在陪同中深为吴老的敬业精神所感动，也为之做了一些服务工作。在吴老和大家共同努力下，这本书发行量达到 10 万册以上，还拉动了同类图书的销售。

"河面上总要有几条活蹦乱跳的鱼"，提出七八年了，现已成为三联人的一个自觉行动。离开三联书店之后，我依然关注三联书店这条河，关注这条河面上的鱼儿跳跃。如有"活蹦乱跳的鱼"，我则为之兴奋；如没有，我则充满期待。历史的长河滚滚向前，三联这条河也在向前流淌，愿更多"活蹦乱跳的鱼"为这条河增光添彩，成为一道永不消失的亮丽风景。

政治这根弦丝毫松不得

由于较长时间在宣传意识形态和出版管理部门工作，我有较强的政治意识。在吉林人民出版社任总编辑时，社里没设审读室，没有专职审读人员，重要稿件、敏感选题都由总编辑直接审稿把关，两年来我审阅了几十部稿件，履行了总编辑职责。我由此得出的结论是，政治这根弦一时一刻也松不得，稍一疏忽，就会酿成大错。对此，出版从业人员，尤其是出版单位的社长、总编辑必须有清醒的认识。

有一本国外学者的著名经济学专著，我们原本是想翻译出版的，但在审稿中发现这本书有极强的政治倾向，作者从根子上对社会主义制度加以敌视，而且这种敌视是“骨子里的”。既然是“骨子里”的，就不可救药，我对它判了“死刑”，宁可赔版税、翻译费，也不能让其“出笼”。也有一些情况，不是作者有敌意，而是粗枝大叶或笔误造成的，如书稿中有人问：你是香港人还是中国人？答：我是香港人。这个问话本身就包含着错误，如不纠正，不是把“香港”从中国分割出去了吗？好在这些我们都及时发现并做了处理。

吉林人民出版社每年出几百种书，单靠总编、副总编把关，怎么忙得过来？为了确保不出问题，我们从对年轻编辑的培训抓起，要求所有编辑都必须树立政治意识，有清醒的政治头脑，充分认识到出版社不同于一般的企业，编辑职业不同于一般的职业，我们的产品不同于茶杯、酒具等一般具有实用价值的商品，鲜明的意识形态属性、强大的教化功能，都使我们的行业、职业、产品具有特殊性，和社会政治密不可分，一言一行、一词一句都肩负着政治责任。我常给编辑们讲编辑工作是“带电作业”，“电”是什么，就是政治。我们选定了编辑职业，又想离开政治，那就像“提着自己的头发想离开地球一样”，是完全不可能的。既然选定了这个职业，就应当头脑清醒，把“讲政治”作为第一要务。否则，其后果不仅给党和人民的事业造成不可挽回的损失，还会给个人带来麻烦。讲清了这个“利害关系”，还要给编辑们讲一些“应知应会”的知识，比如处理涉台、涉港、涉澳的书稿，要注意哪些方面问题，如何讲究政治性、政策性、艺术性。让编辑们既能认真把关，又能把到点子上。在发动编辑“群策群力”的同时，我们认真落实“三审制”，厘清各自责任，使初审、复审、终审都分别把关到位。特别是发挥编辑室主任的作用，“解决两头硬中间软”的问题，使道道关口都发挥作用。由于大家共同努力，我任总编辑期间，吉林人民出版社所出图书，没有一本在内容上出政治问题，也没有一次因内容问题受到上级批评。

我调到三联书店工作后，前几年负责《读书》杂志和《读书》编辑部所出图书的书稿终审，着实花费了不少气力，尤其对《读书》杂志终审，可谓“战战兢兢，如履薄冰”，因为在我管之前，《读书》曾出过一些问题，受到上级批评。我一方面严格按要求审稿，同时也考虑《读书》的特点，不能“草木皆兵”，以免“宽严皆误”。还好，在我负责终审《读书》的那几年里，没有出现政治问题，刊物的征订量还在增长。我现在还保留着当时处理过稿件的复印件。真正的撤稿极少，大多数内容都可在审稿时进行处理。至于对书稿的终审，因为编辑部里都是老编辑，他们自有分寸，个别需要处理的我会同他们商议。总之，是以对党负责、对人民负责、对读者负责的态度来处理稿件。

任总经理之后，对出版和经营工作负起全面责任，政治这根弦就绷得更紧。因为三联是我国著名品牌出版单位，如果出版物出了政治问题，造成的不良影响会更大，对三联自身的伤害也会更深。为此，我们要求各领导班子成员必须有高度的政治责任感、政治鉴别力、政治敏感性，按今天的话说，就是“做政治上的明白人”，按照分工，做好书稿的终审，按规定需要送审报批的，要严格履行程序。

我们首先从选题上把关，对违反规定不得出版的选题坚决拿掉，这方面典型的例子是龙应台的《大江大海 1949》。这本书已在台湾出版，龙应台给我和李昕提出，想在三联书店出版，因为此前我们已出版了龙应台的《目送》《孩子你慢慢来》等书，双方有比较密切的合作关系。我们对此很慎重。我和李昕都认真阅读了龙应台惠赠给我们的样书，一致认为这本书基于作者的政治立场，有强烈的政治倾向问题，不宜在三联出版。当我们把这个消息告知龙应台时，她很失望。后来龙应台系列在三联合同期满后，作者不愿与三联继续合作续签合同，这无疑是一个重要原因。李昕过去著文说过这件事，我也有同感。按说三联在大陆捧红了她，她应当感谢三联才对，何以如此绝情，很难找到其他方面的合理解释。

不仅如此，我们对没有政治倾向问题的书稿也严格审读，发现其中的问题及时处理。仍以龙应台作品为例。

龙应台的《目送》，主要写亲情，作者是名作家，又是写牵动每人心弦的亲情，出版后在台湾岛很是畅销。在大陆寻求出版时，多家出版社竞争，最后花落我店，已与作者签订首印 5 万册的合同。我们店是把这本书作为重点图书出版营销的。发排在即，责任编辑张荷和主管店领导汪家明在审稿中发现一些不宜之处，已做了处理，只有《国家》篇比较棘手。删去个别词句，不解决问题；删的太多，则损害文章原意，不尊重作者；而要删去全文，须征得作者同意。家明说，他审了一下，觉得此文照发不太妥当，作了个别语句的删减，但仍拿不定主意，让我审一下给个“裁决”。

我反复看了数遍，琢磨来琢磨去，最后决定还是删除。为何如此，主要是因为龙应台的这篇文章，关涉到一个重要而又敏感的话题——“国家”，国家并不复杂，但一关涉大陆、香港、台湾三地，事情就复杂起来。

先说香港。龙应台文中说香港人缺乏国家意识，比如说“返港”不说“返国”，这是符合实际的，但说“香港不是什么国，而且，不属于什么国”就不符合实际了。香港缺乏国家意识，这是历史造成的。香港百多年历经强割、殖民、回归，沧桑巨变，形成了一个自由港。香港成了一个国际地标，港人进进出出，自然以出港回港名之。但是，不等于说他心中就没有国家，或者说根本不知香港的归属。即使有的港人真的不知道香港的归属或有意混淆那也不要紧，比如一只鸟儿落到树上，它不知道树的根在哪，但树确实是有根的。香港自古以来就是中国领土，是中国的一部分，这是实实在在的。由于特殊原因和约定俗称，香港人说“返港”不说“返国”很正常，若将“返港”说成“返国”倒不怎么正常了。顺便指出，龙女士文中将“香港”和“中国”并立是不妥当的。香港并不在中国之外，其对应以“大陆”适宜。

再说台湾。龙应台说“台湾人可大大不同。人们总是在‘出国’‘回国’”，这确乎如此，也很正常。台湾民众的确对台湾有国家意识和感情，但不等于说台湾本身就是一个国家。台湾民众将台湾视为“国家”，这同样是历史原因造成的。蒋介石在中国大陆失败后退守台湾，是以“中华民国”的名义在台湾行使所谓国家权力的。他们设有“总统”“行政院”“外交部”，继续沿用中华民国的纪年，完全是一个“国家”的框架，因此它会给民众一个国家的意识和概念。但这个国是“民国”，是“故国”，是“休对故人思故国，且将新火试新茶”……“故国不堪回首明月中”所言的“故国”。作为中华民国的“残存体”，蒋氏父子苦心经营，强化了台湾的国家意识。说回台湾为回国很正常，因为人们因袭了历史遗留的国家概念，但并不等于说台湾就真的是一个独立的国家。台湾自古以来就是中国领土的一部分，由于特殊原因骨肉分离，是人所共知的历史事实。我们尊重台湾民众的意识和感情，我们同样尊重事实。实际上，台湾民众虽然说“出国”“回国”，但他们内心深处都知道这个“国”是怎么回事，他们的根是扎在哪里的。早日实现祖国统一，是包括台湾人民在内的全国人民的热切期盼。

为了避免引起读者误读，还是以删除为宜。因为如上所述，由于本文的基本立意和框架，个别删改是很困难的。所以这样做，实事求是地说，并非单纯来自于意识形态方面的有关规定，而是作为出版者的理性思考与价值判断。有同志问我：“如果龙应台不同意‘删除’怎么办？”我回答：“宁可不出此书！”好在经过两天等待，收到了她的八字回音：“极为勉强，但暂同意。”一方面表示了不太乐意的意愿，一方面也有“暂且如此”的表态。对此，我很欣慰。求同存异，我们对《目送》的出版可照常进行下去了。

有的图书没有明显的政治问题，但又不能说和政治无干，我们对此也慎重地做出决定。比如李敖先生出了一本书，名曰《阳痿美国》，已在台湾出版，意欲交由三联书店在大陆刊行。从内容上看没问题，重点在铺排历任美国总统的“糗事”，揭露美国政界的黑暗，但书名“有碍观瞻”，用类似于攻击生理缺陷的方式，既不雅观，也不恰当。我们尊重李敖先生的表达方式，但这样做不是三联的风格，恕我们不能依照此名出版该书。我告诉李昕总编辑：如作者同意改书名，我们可以安排出版。后因李敖先生坚持原书名不变，且态度强硬，我们只好舍弃。后听说李敖先生因为我们不出此书，在一些场合说三联“不敢担当”，对此我们一笑置之。

《1944：松山战役笔记》是我终审的。这是一本好书，真实、顺畅、严谨、导向正确。仔细推敲后，我在审稿时删去了两段话：“前些年，日本首相参拜靖国神社，中国政府每次均例行抗议，已经成为规律。但是，转换一下思维，我们为什么没有类似仪式让他们感到压力？其实，靖国神社建在日本，拜与不拜全在他们：在位不拜下台拜；白天不拜晚上拜；官员不拜百姓拜；行动上不拜心里拜；近处不拜远距离拜。他们能跑几万里路来到中国滇西拜，谁能挡得住一个民族的精神活动？”“只有一个办法，那就是让我们也认真地拜点什么，再不要干那些挖碑掘墓而后重建、急用时拜不用时撂荒的事情。说到底，两个民族在信仰上的较量，是靠每个人在心里使暗劲的。看着别人的虔诚笃实而急眼，其实已经面临危机了。”

何以删去，认为这样的表述不妥。首先，日本首相参拜靖国神社，和老百姓参拜不同，和偷偷摸摸在心里参拜不同，它是一种公开的宣言和导向，是对中国和遭受日本侵略的亚洲各国人民民族感情的伤害。所以必然引起中国政府的抗议。其次，日本首相参拜靖国神社和“我们也认真地拜点什么”没有必然联系。当然，我们也要树立理想、信仰、民族自信心和民族的自豪感，这是战胜任何敌人的精神力量，但这不是日本首相参拜靖国神社的理由。不论任何时候，我们对日本首相参拜靖国神社都是反对的，因为那里供奉前日本侵华战争罪犯的灵位。他们所谓的“爱国”，曾使中华民族国破家亡，对此，我们绝不能“失忆”。

不仅对书稿的把关如此，对《读书》《三联生活周刊》两本杂志，我们也都严格履行审稿程序，以鲜明的态度决定取舍。这里仅举一例。一次，我收到广东一位吴姓作者寄来的稿件，题目是《幻爱之　张爱玲与胡兰成》，希望在《读书》上刊登。思考再三，我们还是决定退稿。因为胡兰成是汉奸文人，过于渲染他和张爱玲的爱情并不恰当。这并不是文章的风格问题，而是《读书》根本就不应当刊登这样的文章。为此，我专给作者复言，委婉地表达了这层意思。我的回信全文如下：

吴女士：您好。

惠寄大作《幻爱之　张爱玲与胡兰成》收阅。窃以为写胡张之恋的文章已然不少，但您这篇文章别有新解、体会幽深，让人有“问天下情为何物”之叹。不对胡张之恋研究至深的人不能为此文，不对天下男女情感有真切研究者不能为此文，不经历情感曲折有感同身受者不能为此文。观此文也，可见作者才情与性情，给人一种启迪与交流。

但遗憾的是，此文我刊难以采用。原因与文章的质量无关，却与“选材”有关。因为胡兰成是“汉奸文人”，只是强调才情与爱，难“以偏概全”地对其作出全面评价。当然，要求一篇短文达此高难度是不现实的。鉴于此，我刊不发此类文章，为了使您相信，我将前时我刊已排好字但决定不用的《素读与褉祓》(复印件)寄上加以证明。这篇文章亦是关于胡张之恋的，质量也不错，但最终还是舍弃了。对您的大作，我们也有“割爱”之痛，敬希见谅了。

谢谢您对我的信任，把稿件寄给我。特此作答，敬希见谅。如有不妥，亦请教正。

不仅对公开出版物，就是内部刊物，我们也严格把关，以免产生不必要的影响。有这样一件事：店里有一名退休职工，为我们内部刊物写了一篇文章。我在对此稿终审时，删掉了稿中评价毛泽东的几句话。稿件刊出后，这名员工有意见，为此我专致一封信说明情况，最终取得这位同志的谅解。我在信中写到：

第 40 期《三联人》刊登了您的大作。这稿子是我决定刊登的，文中的删节也是我做出的。听白杨说您对删改您的稿子有意见，我在此向您表示歉意，同时说明一些情况，以取得您的谅解。

这封信本应在您跟白杨通话之前就写就寄出的，当时我已准备就删节您稿子的事向您解释，却因公出，将这件事耽误了。在公出途中，接到白杨转述您意见的电话，我心甚不安，故在郑州的嵩山宾馆里给您写了此信。

首先我感谢您对店里工作和《三联人》的关注和支持。您以前给《三联人》写过稿子，没有被采用，有一些意见，我也认为当年没有慎重对待您的来稿是不怎么合适的。您这篇稿子有自己的见地，文中也充满对店里发展的期望和殷切关注之情。所以，我让白杨将此文刊出，同时专为此开了一个“老同志心声”的栏目。我认为店里离退休老同志是我们店里的宝贵财富，丰富的工作经验和人生阅历，能给我们后辈指导和启迪。开这个栏目，就是想以您的文章为先导，陆续刊登一些老同志的文章，既丰富了刊物内容，又作为我们人生和工作的借鉴。我想，您不是对刊登了您的文章有意见，而是对未经允许删改了您的作品有意见。对此，我想做一点解释。

在对稿件终审时，我删掉了您涉及对毛泽东评价的几句话。说实话，删不删这段话，我也是犹豫再三的，但最后还是决定删除了。这是因为，我们虽然是内部刊物，只印 200 份，但它送达的范围较广，除职工人手一份外，还送中宣部、新闻出版总署、中国出版集团公司等领导机关，会产生一定影响。对毛泽东如何评价，不是不可以讨论；对毛泽东身上的缺点，不是不可以指出，内部怎么讨论评价都可以，每个人都有这个自由，但是“白纸黑字”登出来时，就要慎重。你在文章中将毛泽东与蒋介石相提并论，由于文字字数所限，又不可能展开分析，故我认为删去为宜。这和“左”与“右”没有关系，是出于对文字的慎重处理。况且，这段文字只是说明、举例，没有它，文理照通。我想，我的删除处理并无错误，我的错误是删之前没和您沟通。尽管我是按处理稿件常规惯例办理的，也没事先得到删除就不刊登的指示，但是如果我提前和您沟通一下就不会发生这样的事情了。在这个问题上，我确有疏漏之处。如果因此造成您文章文脉不连贯，以致质量下降，进而造成您精神上的不愉快，甚至给您带来不满和愤怒，我愿意为此承担全部责任。因为责任所在，我可能过于谨慎了，对此还请您海涵和谅解。有了这次教训，我以后处理类似事情就会慎之又慎，不犯重复的错误。

目前三联书店正处于改革发展的关键时期，特别需要有人建言献策，欢迎您不吝指教多提宝贵意见。

为加强内容质量把关，确保不出政治事故，三联书店专门成立审读室，调经验丰富的编辑李阳任室主任。李昕、翟德芳先后负责过这个部门，在内容质量把关方面起到了重要作用。但在实际审发稿中，也出现了社内编辑过于依赖审读室的状况。我们对此予以关注，因为一方面审读室人手少，忙不过来，另一方面编辑产生依赖心理后，会出现思想麻痹意识。为此，我们更加强调初审和复审，落实编辑和部门领导的责任，同时加强这方面的培训。李昕、翟德芳等都讲过课，翟德芳还就“涉港澳台”书稿如何处理做过专门梳理，并专题讲了《书稿中的敏感问题及处理》。我在授课中，结合三联实际，针对编辑的一些思想认识，重点讲了大的原则，题目是《坚持正确导向必须处理好三个关系》，限于篇幅，我在此只摘其中部分内容。

> 我们办这个春季骨干培训班重点是解决政治导向问题。以上我们传达了上级的精神和有关的规定，下面我们结合三联书店的实际来谈谈店里存在的一些问题，和我们应该从哪些方面来提高认识。前些时候，我们的出版物出过一些问题，教训是深刻的，应该引起高度重视。出现这些问题的原因有哪些？为什么这些问题发生在三联，而没有发生在中华书局，没有发生在商务印书馆？我想这和三联书店固有的传统，和三联书店的出书范围，和三联书店的人文情怀，和三联书店编辑的气质，有一定的联系。我们在思想上还有一些关系没有处理好，或存在一些偏颇。
>
> 我认为，以下三个关系特别需要关注，特别需要认真研讨。第一个，是如何处理好党性、人民性和知识分子属性，或

者进一步说党的立场、人民的立场和知识分子立场的关系问题。三联书店过去被称为知识分子的精神家园，是受知识分子非常拥戴的这么一间出版社。它从成立的那天起，就和知识分子的命运息息相通，也受到知识分子的爱戴。我们和知识分子确实有血肉联系，我自己对这方面也有认识。我认为，三联书店不是宣传部，也不是组织部，却相当于统战部，三联书店是党联系知识分子的重要纽带，在这个地方，我们要把党的立场和知识分子的立场很好地结合起来。党性和人民性是一致的，党如果不代表人民，它就站不住脚，因此不能把两个隔离起来、对立起来。过去在强调三联书店特性的时候我们常常讲两句话，一句是知识分子的精神家园，一句是坚持知识分子立场。知识分子的精神家园，这句话大家没有什么不同的意见。很多出版社都在争自己是知识分子的精神家园，但是说坚持知识分子立场、代表知识分子说话的唯有三联书店一家。所以知识分子的研究成果，特别是知识分子的著作，我们要充分反映出来；知识分子的愿望，我们要帮他们申张；知识分子的困难，我们要替他们去克服。问题在于你反映知识分子研究成果的时候，能不能把党的立场和知识分子的立场统一起来。三联书店是一个党办的出版社，我们一定要跟党站在同一个角度。当年邹韬奋先生在创办生活书店的时候，他站的不是知识分子的立场，而是大众的立场，他更多强调的是人民性，竭诚为读者服务。我们怎么能把这三者结合在一起？知识分子如果研究的成果符合真理性，和党的立场、人民的立场相一致，我们当然会坚持。其实，它们肯定有一致的方面，因为知识分子也是人民，他也有人民性，知识分子中也有党员，他也有党性，三者之间一定有相互交叉的一面，我们要做的就是在这三者之间找到一致性。知识分子也不是铁板一块，知识分子也不个个都是好的，不全是真正推动社会进步的，现在你看知识分子分化到什么程度了，沽名钓誉的，腐化堕落的，人云亦云的，出卖自己灵魂的，我们能简简单单地说坚持知识分子的立场吗？我们能尽量为知识分子提供呐喊的空间，但我们不能一味地去满足个别知识分子的个人想法。假如一些人通过自己的文章含沙射影，攻击他人，或者想借此捞取自己的名声，或者达到一些个人目的，那么三联书店就不能为他们提供这样的平台。这样的情况过去是有的，所以我们要总结这方面的经验教训。这是我谈的第一个关系。

第二个关系，要正确处理好继承三联传统，特别是邹韬奋先生创立的追求真理、推动社会进步的优良传统，和现在关心大局、关心社会进步的关系。三联书店之所以不同于别的出版社，恰恰就是继承或者是秉持了韬奋先生所创立的传统。三联书店为什么在20世纪30年代能够独树高标，能够自己成为文化大军中的一员，受到党的重视，发挥那么大的作用？恰恰就在于它传播革命真理，推动社会进步。尤其是韬奋先生，为了坚持真理六次流亡，身体受到摧残，最后英年早逝。我见过邹家华同志，家华同志说到他的父亲时多次讲道，韬奋先生就是为了推动社会进步，就是为了改造社会才从事新闻出版事业的，他不是为了挣钱才搞这个，他是有情怀的。韬奋先生如去经商做买卖，以他的资历和背景，可能做得更好。像他那样坚持真理确实不易，蒋介石派陈布雷等一些人去拉拢他，让他把生活书店合并到中正书局，给予高官厚禄的许愿，他也不动心。他说除非你剥夺我的自由，否则不让我推动社会进步是不行的。他给我们树立了榜样。三联书店之所以能成为今天的三联书店，是继承了三联的精神——韬奋精神，特别是党的十八大之前举行的三联 80 年店庆，更是举起了弘扬韬奋精神的旗帜。在店里我们一再强调，三联书店必须密切贴近现实，推动社会进步，而不能满足于风花雪月、吃茶饮酒这些东西。另一方面，我们要意识到现在的三联书店、生活书店和当年面临的情况是完全不一样的。我们不能一味地按过去的路子走，而不从我们现在的实际出发。韬奋先生那时候是要砸碎一个万恶的旧世界，砸碎的是锁链，得到的是自由，要把成千上万的老百姓发动起来，实现民族的解放和独立自由，建设一个新中国。我们今天面临的现实和那时候是不一样的。如果说那时候是要把统治的大树推到，现在就是要做啄木鸟，把大树里的虫子给叼出来，使大树枝繁叶茂。现在对我们党的领导也好，对我们的国家也好，对我们的现实也好，也是敢于批评的，但是就像我们出版的《小漫画大廉政》一书一样，我们是通过讽刺的方法和各种各样善意的方法，推动社会进步。尽管有些人对党有意见，对现在的社会有意见，但是总的说，我们的社会是在进步的，目前的状况是在变好的。我们中国在世界上能够站立起来，能有现在这样一种地位，是过去历朝历代，包括北洋时期、民国时期所没有的。虽然中国共产党有缺点，党内也有腐败现象和其他一些问题，但是只有中国共产党能够带领中国人民前进，带领中国人民实现民族复兴。我们得客观分析这种形势，承认这个现实。这个社会确实有一些问题，我们应当干预现实，把现实的问题找出来，提供积极的建议。干预现实有多方面的角度，最近《三联生活周刊》出了一期习近平总书记执政理念的专刊，找五个专家来解读李克强总理政府工作报告，这不也是关注现实、反映现实吗？这都是在推动社会进步。关心社会进步是我们的责任，我们不能因为受到批评，就不敢接触现实，就不敢继承韬奋精神，那是我们的悲哀。那样的话，我们三联书店就真成了才子佳人风花雪月、品茶饮酒的地方，那你还有存在的必要吗？你的品牌还能保得住吗？但从另一方面说，我们要反思一下三联受到批评的原因，可能我们在把握尺度方面还存在一些问题。我们本来是要解决现实问题的，想发出一些正义的呼声，但我们造成的实际结果不是这样的。你想推动社会进步，结果适得其反。这其中的关系一定要处理好。我们还是要大胆地坚持为现实服务、力谋改造社会，让社会更完美。这是我讲的第二个关系。

第三个关系，我觉得还是要特别强调处理好两个效益的关系。这些年强调发展，上面给的指标高，压力大，我们自己也有发展的需求。对我个人来说，我也感到很大的压力。要是完不成任务指标，集团领导不高兴；要是不出好书，读者不高兴；要是不能提高员工收入，员工不高兴。这些年发展得对不对呢，完全是对的。从三联书店来说，这几年如果没有这么大的体量，我们就没有抗风险的能力，也不可能给大家提高待遇。三联书店一年没有5000万的费用是开不了门的，所以发展是必须的。但是强调发展的时候，我们一定要处理好两个效益的关系。其实前辈们过去讲得很清楚，韬奋先生讲，处理好商业性和事业性的关系。我们是为了事业性的，我们的根是事业性，没有根，我们就完了。但是我们在坚持事业性的同时，一定要强化经营，不善经营，我们也会垮台。但是我们现在要注意另一个倾向，那就是为了强调经济效益，而放松了政治把关。我们有个编辑，现在已经离职了，她出了一本书，后来这个书全废了，实际上给店里造成了重大损失。书中的严重错误被领导发现以后，赶紧叫停，把书全部销毁，重新印。我觉得有时候我们编辑或是领导过多地注重经济效益，也是造成出问题的一个原因。为了能够更好地坚持出版导向，我觉得这三个关系值得我们好好地探讨。

下面我讲几点关于坚持导向的要求。导向问题事关重大，切不可掉以轻心。谭跃总裁一再强调导向是一，其他都是零，如果一没有，那么零就没有。导向是树，其他都是枝叶，没有树，还有枝叶吗？导向是帅，其他都是为帅服务的。他用形象的语言说明了导向的重要性。现在坚持导向不是要不要坚持的问题，而是必须坚持的问题。我们必须有这样的观念，所以我向大家提出这样的要求：

第一要有政治意识，要善于从政治上考虑问题。我们有时候在处理稿件时，往往单纯地从学术角度出发，说这是学术研讨，学术上可以这么说，可以那么说，而很少从政治上去考虑问题。登出来之后，有没有政治影响，政治影响是好还是坏，对大局是有利还是不利？有的人在学术上可能是一把好手，但缺乏政治锻炼。在学术造诣上，在学术出版的功力上，在学术作品的鉴定上，三联书店的编辑确实有自己的一套。但三联书店有的编辑，包括部分中层干部确实政治性不强，这是一个客观存在的事实。过去评价一个人的时候，会说谁谁不错，谁谁政治性不强。所谓政治性不强，就是说，对政治是非的鉴别力不强，这是非常要命的。不强调政治的时候，你还好过一些，当强调政治的时候，把政治问题放到重要位置的时候，那就显得自己比较书生气了。当学术侵扰到政治，尤其是给政治带来不利影响，或者给三联书店的品牌带来不利影响的时候，我们一定要讲政治意识。韬奋先生和三联的前辈们是最讲政治的，他们为什么跟着共产党走，为什么跟国民党对抗？有资料表明，韬奋先生曾找到周恩来要求入党，周恩来说你在党外更合适、更有利。

第二要有大局意识。很多事情，站在自己的立场上说都是头头是道的，都有道理，但是站在全局的角度一平衡，你说的就是小道理。过去一再强调大道理要管小道理。一些事情，从一般的角度考虑是没有问题的，但如果放在大局里就有问题，所以我们应当树立大局观念。三联书店员工尤其要有大的器局、大的格局。我认为三联书店在恢复独立建制以后，在某些方面器局和格局不够大，造成我们一些从业人员只是从自己的角度去考虑问题，较少从国家和社会的大局去考虑，较少把自己的工作和社会大局对接。缺少大局意识在今天是不行的，你没有大局观念，你的小局就会被大局所淘汰。

第三要有阵地意识。所谓阵地意识，就是我们怎么把关。我个人的看法是，应放在正确与错误的角度去考虑问题，是符合潮流的，还是不符合潮流的，是有利于国家民族团结的，还是不利于国家民族团结的，等等。从这个角度去树立阵地意识，加强把关意识。因为是阵地，你就不能退却，你就必须有原则性，守住阵地，宁可自己亡故，也不能丢掉阵地。这是个形象的说法。

第四要有责任意识。特别是要把责任厘清楚，三审制，谁负什么责任，现在有关方面都讲得很清楚。法人代表负什么责任，主管领导负什么责任，但是我认为最重要的还应该是责任编辑，不仅要承担政治责任，而且要和经济责任挂钩。三联书店的各级领导干部如果真正具有把关意识，那么是能够做到拒差错、拒政治错误于我们的出版物之外的，三联书店也是能够把差错率降到最少的。我们相信三联这支队伍。

确如我在讲稿中所言，三联书店编辑队伍素质是高的，是有责任意识的，是可以信赖的。我在三联任职总经理期间，三联并未出大的政治事故。出了一些问题，我们也及时处理，争取“召回”和停发等措施，使不良影响降到最低程度。对此，李昕、家明、振平、德芳以及各分社社长、全体编辑、印制和发行人员都付出了许多辛劳。李昕任总编辑之后，负起更多责任，每年审稿上千万字，可谓“昼夜兼程”，颇为辛苦，然又无怨无悔，日日为之，很是让人敬佩。

对出版社来说，政治责任意识不仅是严格把关，确保不出政治责任事故，还表现为在国家利益面前不能缺位，勇于担当。在这方面三联书店也有良好表现，体现了三联同仁的责任担当和大局意识。

2009 年 7 月 6 日下午 2 时，我到中国出版集团公司参加刘伯根副总裁召开的“通气会”。共有集团内 8 家刊物老总参加。会上刘总通报了新疆乌鲁木齐市发生严重打、砸、抢、烧暴力事件的情况,以及有关方面对于此事件宣传报道的要求。关于乌鲁木齐市此次恶性事件,我从早间新闻便已知晓,但没想到竟如此严重。有 140 多人被杀害,800 多人受伤,国家和私有财产蒙受重大损失,造成了极其恶劣的社会影响。对策划者及其行凶作乱的暴徒,我的内心充满了愤恨。我们的宣传媒体应当予以充分揭露,对行凶作乱的暴徒必须依法严厉打击。作为出版单位,我们能为维护国家利益和社会稳定做点什么,这是我在开会时思考的问题。恰好刘总说到《三联生活周刊》对此事如何报道应有考虑、三联书店应做好出版有关出版物的准备,我们和上级领导想到了一块,形成了共识。在涉及国家利益的重大事件面前,我们不能"缺位",应利用自身优势发挥应有的作用。

在这方面,三联书店有着良好的传统,也有成功的经验。2008 年"3・14"拉萨发生暴乱后,我店按照中宣部和中国出版集团的要求,在第一时间编辑出版《谎言与真相》《西藏今昔》两本书。在集团分管领导的具体指导下,反复研究编辑方案,多次听取中宣部有关部门的指示和意见,几经论证和修改,形成明晰思路和编辑方针。编辑、设计、校对、制作、总编室、出版部、发行部等各部门,都充分认识到出版发行此书的重要性和紧迫性,高度自觉、不辞辛劳、夜以继日地投入工作。在中国大百科全书出版社、对外翻译出版公司的积极协助和配合下,仅用 6 天时间,就完成了《谎言与真相》的编辑出版,用 7 天时间完成《西藏今昔》(汉英对照读本)的编辑出版,创造了三联书店历史上出书最快的记录。两本书的出版发行,对于揭露西方媒体对事件真相的歪曲、真实反映西藏今昔状况,宣传党的民族政策以及取得的成果,起到了积极的作用。两书先后发行数万册,在读者中产生了强烈反响。中央电视台《新闻联播》栏目先后报道两书出版的消息。同样,《三联生活周刊》在国家大事面前也是当仁不让,对 2008 年"5·12"汶川大地震、北京奥运会等都进行了大幅度专题报道,产生重大社会影响,受到上级领导、社会各界和广大读者的好评。所有这些,都体现了三联书店员工高度的政治责任感和使命感。在突击完成任务的过程中,体现了良好的团队意识、协作精神,以及爱岗敬业、顽强拼搏、无私奉献的优良品质。

"通气会"结束后,我和朱伟留下来,与刘总、出版部主任张贤明共同研究《三联生活周刊》对于乌鲁木齐市打砸抢事件如何"行动"。朱伟介绍说,周刊目前有 7 名记者在新疆。因为原定在下周做一个"和谐新疆"的封面报道,故派 7 人分四路到南疆北疆和其他线路采访,目前正在进行中。发生乌鲁木齐暴力事件则是始料不及的,原定的报道内容是否进行,正在考虑中。刘总问我的意见,我讲了三条:一是"和谐新疆"的报道仍按原定计划进行,因为虽遇突发事件,但新疆建国后特别是改革开放以来,取得的成就有目共睹,党的民族政策得到很好的贯彻落实,各民族和睦共建新疆、巩固边陲应充分肯定。二是对这次"7·5"事件也要给予报道,作为专题报道内容的一部分,配合有关方面揭露暴徒及幕后操纵者热比娅等人的真面目。三是整个报道的角度要适当调整，突出新疆自古以来就是中国的领土、党的民族政策的光辉、和睦相处符合各族人民的根本利益等，使这个报道更具有现实针对性和说服力。刘总、朱伟、贤明主任同意我的看法，进一步做了补充和完善。我离开集团不久，刘总来电话，说经请示，有关领导已同意我们的安排，可按既定方案进行。我立即将此电话告知朱伟。朱伟即派记者 2 人于当晚赴乌鲁木齐采访。至此，《三联生活周刊》已有 9 人在新疆境内采访。我告诉朱伟叮咛记者们在新疆采访期间一定注意人身安全。

很快，《三联生活周刊》536 期就刊出封面专题《到新疆去》（含深度报道——“7・5”事件全纪录），对事件做了客观真实报道，详细介绍了新疆近年来的建设发展状况，为读者全面了解新疆提供了有益帮助，受到来自各方面的好评。三联人在维护国家利益面前毫不含糊，又一次交上让党和人民满意的答卷。

“铁拐李”的青岛之旅

女士们、先生们、与会的各位朋友们，大家晚上好！

今天由我们一社五店共同举办的社店战略合作联席会，在美丽的青岛，在富丽堂皇的巨无霸大酒店拉开序幕了。请允许我代表三联书店领导班子和全体员工对大家拔冗前来参会表示真诚的欢迎和诚挚的感谢。

面对市场激烈竞争的风浪，我们共同的目的是打造一艘同舟共济的战船，大家捆绑在一条船上，向我们共同的目标进发。此时此刻我想起了“八仙过海各显神通”的传说，想起蓬莱岛上雕塑的活灵活现的八位神仙。此次会前，我意外砸伤了脚，说实话伤得还不轻，是右脚大拇指骨裂，医生让我静养，但我还是拄着拐杖一瘸一拐地来了。大家说现在的模样很像“铁拐李”，那我就自愿来当铁拐李吧。我们一社五店，加上青岛出版集团吴宝安老总，加上中国图书商报邹昱琴女士，八个单位应该够“八仙”了吧。谁是何仙姑呢，我想青岛新华书店的袁总是最为合适了，当然，河南省新华发行集团的林疆燕副总、中国图书商报的邹昱琴女士也可以“竞争上岗”，其他角色如张果老、吕洞宾、蓝采和等就由两个周总、一个刘总、一个曲总等去对号入座吧。在这么一艘新造的船上，有我们出版发行界的八位神仙，大家同舟共济，成了互相配合、紧密团结，将战胜任何风浪、可胜利到达彼岸的战斗集体。我相信大家都竭诚尽心，发挥自己各自的优势和聪明才智，驶往胜利的彼岸。此时此刻，我也想起了前晚在电视里看到的上世纪五十年代由常香玉演出的豫剧《花木兰》。花木兰女扮男装，上阵前交代姐姐要侍奉好爹娘，交代小弟弟要好学上进，长大了报效国家。她动情地唱道："我的姐姐呀我的弟弟呀，咱们都需要各尽各心！"各尽各心，说得真好。我不会唱河南豫剧，但河南的周总、林总会唱，并且很精彩，一会让他们给大家表演。八仙过海各怀绝技，又各尽各心，想不成功都办不到。

以上，自称"铁拐李"的我讲了这么多，耽误大家时间了。我的脚是被鲁迅铜像掉下砸伤的，有人说，你是被文豪鲁迅砸伤的，一定是文思泉涌了。不，我今天说了这么多，不是被砸的结果，是被在座的同志们真心真意竭诚合作感动的结果。女士们、先生们，我已经感动得不能用言辞来形容了，就用杯中的美酒来表达心中波涛汹涌的感激之情吧！

请大家共同举杯，祝我们的战略合作圆满成功！

以上大段引用的文字，是我 2011 年 4 月 25 日晚上欢迎三联书店第一届社店战略合作联席会合作伙伴时的致辞，从中可见当时的气氛和情景。

三联书店创办社店战略合作联席会就是从青岛会议开始的。如我所言，我在会前砸伤了右脚大拇指，造成骨裂。就在要来青岛报到的前一天，我去鲁迅纪念馆参加三联书店出版的一本新书的座谈会。座谈会结束，纪念馆送来一尊鲁迅半身铜像作为馈赠，因为包装箱底部没有密封好，我刚接到手，塑像就“刷”地脱落下来，砸到了我的右脚大拇趾处。当时只觉得钻心疼痛，心想“坏了坏了”。坚持回到三联书店，在办公室脱袜细看，脚趾已经红肿淤青，疼得不能走路。我被人架着送到附近的隆福医院，拍片一看，医生说：“明显骨裂，卧床休息！”我一听急了，这怎么能成！青岛社店战略合作联席会是我一手筹备的，马上就要开会了，我却“临阵脱逃”？一些同志劝我不要去，以脚伤为重，把事情交代给其他同志去办，但我还是决心要去。不是不相信别的同志，而是因为这件事是我提出并一手操办的，不去，会影响到效果。砸了脚仍然坚持去，正可体现三联书店的诚心。

我让办公室主任白杨找来拐杖，是个木质拐杖，拄起来不方便，双拐架着不会走路，单拐架着太难看。一位员工回家取来她老母亲已弃置不用的铁拐杖，上头是铁把手，铁杆下面有四个支撑点。我试了试，这个铁拐杖还不错，“好，就用这个！”于是，我在脚伤的第二天坐飞机去了青岛。多亏同行的同志照顾，使我克服上下飞机和去往宾馆的不便，顺利到了三联书店首次举办社店战略合作联席会的会场。

参加这次会议的，有江苏凤凰出版传媒股份有限公司总经理周斌，山东出版集团副总经理兼山东新华书店集团董事长刘强，山东新华书店集团总经理王黎明、副总经理巩兰芳，河南省新华书店发行集团总经理周卫滨、副总经理林疆燕，黑龙江省图书音像发行集团副总经理李中孝，青岛出版集团总经理吴宝安，青岛新华书店有限责任公司总经理袁淑琴、副总经理陆皎等；还有三联书店的总编辑李昕，副总经理、副总编辑潘振平，发行部主任张作珍。袁淑琴总经理对开好这次会议贡献很大。我和袁总认识较早，她是我国发行行业的“大姐大”，一是年龄大，当时已年过60岁；二是贡献大，不仅把青岛书城办得好，还创造了可供全行业借鉴的经验；三是气场大，不仅与人交往很真诚，还很有感染力；四是嗓门大，红光满面，说话声音特别洪亮。她心很细，帮三联书店把会场、来宾住处、会议议程一一落实，还特别选定在“巨无霸”大酒店举行宴会，拉开序幕。真是“星星知我心”，我就是想加强出版社和新华书店的合作，把大家紧紧捆绑在一起，打造出版发行界的“巨无霸”啊。

为什么要“别出心裁”，创办社店战略合作联席会？首先是三联书店图书发行打开销路的需要。我任总经理之后，提出扩大出版规模的方针，图书出版品种日渐增多，但发行渠道很不适应。其次是适应发行形势变化的需要。过去三联书店走“少而精”的发展战略，出书量不大，销售主要靠民营书店。近些年新华书店系统通过改革，呈现了强劲的发展势头，而三联书店和“新华系”书店联系不够紧密，一些书没有进入新华书店，或进入了却发得不好，这和我们日益增长的出版规模不相适应，我们必须把依靠重点转入新华书店“借力行船”。三是想和新华书店系统，特别是先进发行单位加大交流力度，相互学习管理经验。出版、发行分属不同环节，但在企业管理上有相通之处，做法和经验可以互相借鉴。更为重要的是，我们想利用三联书店这个在全国有影响力的平台，探讨在出版发行业市场竞争日趋激烈的新形势下，如何打破上下游、隶属关系、地域等多种限制，在更广阔的领域建立新的合作平台和互利共赢的合作新机制。

这一举措得到业界的关注和肯定，中国书刊发行业协会会长杨牧之、中国新华书店协会会长王俊国致信对会议表示祝贺和关切。这一举措也受到业界新闻媒体的关注，中国图书商报社派记者邹昱琴全程跟踪，撰写《非常“一＋五”趟条新路走　三联书店联手新华书店探求战略合作新路径》一文，对会议实况和成果作了详细报道。以下为报道全文：

当今的中国图书业，条块割据，群雄并起，但也不乏远交近攻，合纵联横。正是在这种书业数十年来未有之“大变局”背景下，2011 年 4 月 26 日，由生活·读书·新知三联书店牵头，江苏、山东、河南、黑龙江和青岛五地新华书店参与，“一社五店”联盟宣告成立并在青岛举行了联席会议。

“一社五店”建立战略联盟，其实质是强强联手，打破条块分割，整合彼此优势，达到利益的最大化。换言之，该联盟预示品牌老社将在打破上下游、隶属关系、地域等多种限制，在更广阔的领域建立新的合作平台和互利共赢的合作新机制方面进行新的探索。

三联品牌关山重越

在这个战略联盟中，唯一的“社”——三联书店，无疑是焦点所在。作为一个有 80 年历史的老出版社，三联书店此番老枝泛新芽，意欲何为？

三联书店总经理樊希安告诉记者：“三联书店名声很大，但是规模较小，产品也比较少。三联书店每年出版新书才 200 多种，重印书 200 多种，每年品种 480 种左右，量不是很大。”

在业内，三联书店虽以特色、质量而著称，但在今天激烈的市场竞争下，“酒香不怕巷子深”已然不是真理。

樊希安认为，有品质，懂包装，会营销才是生存王道。所以三联书店也免不了“雄关漫道真如铁，而今迈步从头越”，不但要走出去，还要以一个全新的姿态昂首阔步前行。

必须进行“社店联合”的另一个重要原因是三联书店正在逐步地扩大出版规模，调整选题结构。

三联书店过去的出版物一般以小众书和学术类书籍为主，而现在新增加了两个板块，一是专门成立了大众出版中心，该中心着重出版两类图书：一个是向人们介绍健康生活新理念的书；另一个是发行成人绘本，比如心灵鸡汤类，可以增加智慧。二是成立旅行出版中心，出版供大众使用的旅行指南类图书等。

“我们还同时出版了一些畅销书，像《目送》《巨流河》《鲁迅箴言》等。现在我店每年都有一二十本畅销书，用我的话说就是河面上总有几条活蹦乱跳的鱼，引人注目。”樊希安满怀信心地说。按照他的话说，即使走出去进行战略合作，三联书店基本上还是要用这种“守身如玉”的方式来保证品质。“发行渠道可进一步拓宽打通，合作有多种样式，但是印制权、书稿的审查权是不能放的。这是我们保证品质的有效方法。”樊希安说。

“社店联合”打开“任督二脉”

三联要更上一层楼，“社店联合”就是关键。

此番入盟的“五店”，分别是江苏凤凰出版传媒股份有限公司、山东新华书店集团有限公司、河南省新华书店发行集团有限公司、黑龙江省图书音像发行集团、青岛新华书店(集团)有限责任公司。各自雄霸一方，在其区域内具有压倒性优势。

三联看到了“五店”的优势和实力，而“五店”也看到了三联的底蕴和潜力。江苏凤凰出版传媒股份有限公司总经理周斌告诉记者，新形势下，书业发展有一项关键是资源合作，而像三联品牌强社更是合作的重要选择，他认为，这种联合，也吻合了中国目前书业的格局和发展。在战略合作协定上，“一社五店”就指出，随着文化体制改革的深入进行，数字化出版和销售网络化的快速进步，出版、发行企业不断地自我调整和完善，中国出版业开始出现群雄并起，强者争先，合纵连横，集约经营，携手共赢等新格局。

按照“一社五店”的说法，他们战略合作的目的，就是“在原有密切合作的基础上更加紧密地合作，借助各自优势，为对方提供更优质更优惠的服务，使各方的利益达到最大化”。

“一社五店”以“出好书、发好书”为共同宗旨，力争打破出版发行中上下游不同、隶属关系不同、地域限制严重的旧局面，谋求更广阔的合作与发展空间，以创新的姿态打造出版营销合作双向一体平台、努力形成出版运营到营销发行的全方位互动合作链，探索创造一种新的合作模式。

“三联是一个品牌出版社，三联的老总能够弯下腰来搞销售，和我们站在一条起跑线上，我们很感动。”河南省新华书店发行集团有限公司总经理周卫滨如此说。

山东出版集团副总经理、山东新华书店集团有限公司董事长、党委书记刘强表示，探索“社店联合”就是要把出版、发行、销售连体，让他们联系更加紧密，实现无缝对接，甚至成为一个一体的平台，形成一种互动的理想局面，使书一出版就能借助这个平台很快到达终端的手里。

战略合作寻求“遍地开花”

此次，“一社五店”签订了战略合作协议书，内容是多方面的、多角度的，其中包括决定建立每年一次的战略合作联席会制度，在图书发行的合作、图书出版的合作、开辟发行渠道的合作以及非出版领域的合作。协议中关于图书发行的合作，双方规定得十分清楚明晰。社方将对店方在货源上实行优先保证、优先供货、优惠折扣，同时承诺给予店方营销资源优先选择权。

社方为店方及时提供相关出版前、中、后期的相关信息，努力为店方开拓市场做好前期出版信息沟通等服务工作；配合店方做好市场调研，做好促销、营销活动。店方对社方的出版物实行优先订货、优先上架、优先宣传，保证社方畅销书、重点书、常销书在店方的中心卖场重点陈列，并每年能有计划、有步骤地将社方的图书向有条件的县市基层店逐步推广等等。

至于图书出版的合作，樊希安表示：“社店双方根据市场变化和需要，在自愿的基础上本着风险共担、利益共享、共同开发、共同投资、共同发行适合市场、贴近读者的图书及相关产品。店方在有条件时可组织或推荐适合三联书店出版的图书选题；所批准的选题可由三联书店出版，也可采取与工作室同等条件合作出版。”

除了出版发行领域的合作，非出版发行领域的合作如资本运作、低息借款、房屋租赁、物流配合等也在“社店联合”的考虑范围内。

开展全方位、各领域的合作，为的就是建立一个出版发行新格局，实现“遍地开花”。而如果这一联盟能切实实施，相信三联书店会为品牌社在发行领域的改革发展做出探索性贡献。

虽然，此次加入联盟只有六方，对比中国庞大的书业市场，这仍不过是其中的一小部分。因此六方都同意，他们作为“创始会员国”，将欢迎有新的成员加入，做大这个联盟。

黑龙江省图书音像发行集团副总经理李中孝在战略协议书签订后说：“别的出版集团愿意加入进来，必须经过已有的几家战略合作伙伴的同意，因为我们已经构成战略合作了。比方说我们在谈恋爱，那你要插进来，要我们大家都同意才好。”

中国书刊发行业协会会长杨牧之、中国新华书店协会会长王俊国给会议发来了贺信。

作为协办单位，青岛新华书店(集团)有限责任公司总经理袁淑琴忙前忙后，把会议安排得紧凑高效，还陪代表们到书城参观，听取宝贵意见，青岛出版集团也给这次会议很大支持。

四月的青岛春意盎然，海风拂面，由三联书店发起的非常“一＋五”战略联盟在这里扬帆起航。

邹昱琴的报道刊登前送我看过，报道的内容我没有改动，只是在结尾加了这样几句话：“四月的青岛春意盎然，海风拂面，由三联书店发起的非常“一＋五”战略联盟在这里扬帆起航。”会议在签订战略合作协议，圆满完成各项议程之后，袁淑琴总经理把与会人员带到青岛奥运会帆船比赛基地参观，我也一瘸一拐地跟队前往，站在海岸上朝向大海，看见海面上白帆往还，让人心胸顿然开阔。我们合影留念，庆祝会议成功。我心情激动，拄着拐杖单腿挺立，作了一个飞的姿势，这个形象被摄入相机，定格在春天的时空里。

第二次社店战略合作联席会于2012年4月25日在无锡召开。一年之后，参加联席会的阵容又有扩大，从“四省一市”增加到“五省四市”。我在欢迎致辞中说：

> 去年青岛第一届社店战略合作联席会，共有四省一市参加，加上三联，共六家，那时号称“八仙”，还各有封号，我是“铁拐李”，周斌老总是“韩湘子”，袁淑琴是“何仙姑”，还产生了“仙二代”。今年队伍扩大了，增加到五省四市，加上三联共计10家，不仅“八仙过海”，还“十全十美”了。四川、安徽已报名参加，因为主管领导有事来不了。去年我们由青岛袁大姐协办，那时在大海边，今天我们是在太湖边。无论海边、湖边，我们都是胜利的双边！去年邹昱琴女士报道上说我们正“扬帆起航”，今天我们将欢迎会安排在船上，也是取一帆

风顺、航行千里之意，它预示着我们战略合作的成功，预示着这次合作峰会的圆满成功。此时此刻，站在船上，望着太湖的万顷波涛，看着身边这么多新华书店的朋友和业界精英，酒不醉人人自醉，景不迷人人自迷，我们就用从北京带来的高酒精浓度二锅头，来表达火热的心意吧！

这次会议的成果，在《第二届战略合作联席会会议纪要》中有具体记载：

2012年4月25日，第二届社店战略合作联席会在无锡召开，参加会议的有生活·读书·新知三联书店有限公司、凤凰出版传媒股份有限公司、山东新华书店集团有限公司、深圳出版发行集团公司、河南省新华书店发行集团有限公司、黑龙江省图书音像发行集团、吉林省新华书店集团、青岛新华书店（集团）有限责任公司、宁波市新华书店、无锡新华书店有限责任公司等十家出版发行单位。会议由三联书店、凤凰出版传媒股份有限公司主办，无锡新华书店有限责任公司协办。中国书刊发行业协会会长杨牧之、中国新华书店协会会长王俊国发来贺信，祝贺会议的召开。会议就文化大发展大繁荣新形势下社店、店店战略合作的方式、途径等进行深入研讨，在协商一致的基础上签订了战略合作协议，会议取得了圆满成功。

与会同志一致认为：随着文化体制的深入改革，随着数字化出版和销售网络化的快速发展，随着出版、发行企业自我调整和完善，中国出版业开始出现群雄并起、强者争先、合纵连横、集约经营、携手共赢等新格局。而在激烈的市场竞争环境下，加强合作，抱团发展，利用各自优势强强联合，才是生存发展之道，才能为社会主义文化大发展大繁荣做出新贡献。

会议认为，去年4月由三联书店牵头，江苏、山东、河南、黑龙江和青岛“四省一市”新华书店参与，在青岛举行联席会议并成立“一社五店”战略合作联盟是完全必要的。今年会议规模成倍扩大，“四省一市”增加到“五省四市”，而“五店”成了“九店”，这说明战略合作联盟有旺盛的生命力和吸引力。参加会议的各方表示，去年的战略联盟成立后，效果显著，各方都有实质性的合作，社会效益和经济效益双丰收，今后的合作要有新举措、新突破、新进展，在创新上下功夫，如书店开展“三联人讲三联书”活动，让出版社参与对图书采购员的培训活动。拓宽社店和店店合作的新领域，并做细、做实。

经过会议讨论和各方磋商，与会十个单位最终达成共识，进一步扩大战略合作联盟，并签订了“社店战略合作协议书”。共同认为“一社九店”战略合作的目的，就是在原有密切合作的基础上更加紧密地合作，借助各自优势，为对方提供更优质更优惠的服务，使各方的利益达到最大化；就是以出好书发好书为共同宗旨，打破出版发行上下游、不同隶属关系、不同地域的诸多限制，谋求更广阔的合作与发展空间；就是以创新的姿态打造出版营销合作双向一体平台、努力形成出版运营到营销发行的全方位互动合作链，探索创造一种新的合作模式。

会议还就市场竞争日趋激烈新形势下，国营图书零售店的生存和发展进行了探讨。一致认为，在市场竞争加剧、传统出版份额减少的情况面前，国有零售书店也面临着生存困难和发展的难题，一方面需要企业自身通过改革来保生存促发展，另一方面要靠国家出台政策扶助和支持，有关部门要像关注民营书店那样关注国营书店，政府要调整有关政策，发挥“市场看护人”的作用。

会议还就各自发展的情况和经验展开深入交流，互相学习和借鉴，促进共同提高，获得多方面收获。因此，联席会也是学习交流的平台。与会代表一直认为，这样的战略合作联席会有长期坚持下去的必要，初步议定下届战略合作联席会明年4月在宁波召开。

会议主办方高度重视此次会议的筹办，凤凰出版传媒股份有限公司总经理周斌等六位同志出席会议，三联书店总经理樊希安、总编辑李昕、副总经理潘振平和翟德芳、总经理助理刘高源等八位同志出席会议，协办方无锡新华书店有限责任公司执行董事、总经理徐章等同志出席了会议，中国新闻出版报记者王坤宁、中国图书商报营销报与印业中国执行主编邹昱琴参加会议并报道。与会代表30余位对为圆满完成会议任务而做出贡献的各方表示感谢。

中国图书商报记者邹昱琴对这次会议的成果，以《三联书店推进渠道合作——用“社店战略”做实市场》为题目作了深入报道和解读。报道全文如下：

网上折扣战如火如荼，实体书店经营面临诸多挑战。如何在日趋激烈的市场竞争中站稳脚跟，并实现更大突破，正成出版人必须面对的巨大挑战。作为即将迎来80周年店庆的老牌出版企业生活·读书·新知三联书店，对此的一个答案则是“社店战略”，通过与强势书店无缝合作，拓展市场，实现多赢。

4月25日，三联书店总经理樊希安、总编辑李昕带领营销团队赶赴无锡，与江苏凤凰出版传媒股份有限公司总经理周斌、山东出版传媒股份有限公司总经理刘强、山东新华书店集团有限公司党委书记黄黎明、深圳出版发行集团公司总经理尹昌龙、黑龙江省图书音像发行集团总经理曲柏龙、吉林省新华书店集团总经理魏淑霞、河南省新华书店发行集团有限公司副总经理张勇、青岛新华书店(集团)有限责任公司董事长袁淑琴、宁波市新华书店副总经理胡晓军、无锡新华书店有限责任公司总经理徐章等九家出版发行单位掌门人共话合作模式。在这次被冠名为“第二届社店战略合作联席会”上，与会各方深感合作的必要性、迫切性，并签署了新的战略合作协议。

根据这份协议，“一社九店”战略合作的目的，主要有三个方面，一是借助各自优势，为对方提供更优质更优惠的服务，使各方的利益最大化；二是打破出版发行上下游、不同隶属关系、不同地域的诸多限制，谋求更广阔的合作与发展空间；三是以创新的姿态打造出版营销合作双向一体平台，探索创造一种新的合作模式。

作为一种共赢的模式，在协议中，三联书店承诺对书店方面在货源上实行“优先保证、优先供货、优惠折扣，同时承诺给予书店方面营销资源优先选择权”。此外，三联书店还会及时提供产品信息，并“优先考虑与店方在定制、包销、农家书屋、政府采购等大项目的合作”。

书店方面则承诺，对三联书店的出版物实行“优先订货、优先上架、优先宣传，保证社方畅销书、重点书、常销书在店方的中心卖场重点陈列，并每年能有计划、有步骤地将社方的图书向有条件的县市基层店逐步推广”；此外，书店还会“主动组织并配合社方做好重点图书的展销、营销活动，帮助社方巩固并发展其出版物在市场的份额”。

此外，在已有合作的基础上，社店双方还将努力从形式和内容上扩大双方合作。特别是在畅销书、重点书、系列书、套书和高码洋文集等方面增加新的合作方式，拓展新的营销模式。

对于这种强强联手，江苏凤凰出版传媒股份有限公司总经理周斌在发言时指出，各方要积极调整、大胆探索双方协同拓展市场的方法和途径，最重要一点是要“资源共享”。这又包括三个方面：一是共享信息、共用平台，促进社店提升运营效率。要向出版社开放信息平台，加快社店通、书目数据系统对接，实现产销信息共享，努力降低产销运营成本；进一步向合作伙伴开放销售平台资源，主动考虑合作伙伴的利益，以长远的眼光思考一体化扩大市场的发展战略。二是要最大限度用好实体店面资源。扩大销售是社店的共同目标，但在现有的产业格局中，实体店陈列面积与出版社品种增长的矛盾十分突出。书店更希望出版社能合理推荐真正畅销的品种。大家一定要围绕有市场需求的重点品种，拿出扎实有效的自主开发规划和市场营销策略，共同拉动卖场销售，努力实现资源利用和综合效益的最大化。三是拓展新的销售渠道。根据新形势、新情况，做好网点规划的修改和完善工作，在总结经验的基础上，与出版社联手探索校园书店、社区书店、农村小连锁书店、超市书店的建设。

三联书店总经理樊希安在发言时说，三联书店创造了八十年辉煌。他强调，三联书店要“八十年，再出发”，作为发展战略，除了书店内部有一系列举措要努力打造品牌、多出精品，把实力“做强”外，十分重要的一点就是寻求战略合作，要把出版发行格局“做开”——要与各兄弟单位联合谋发展，做强做开才能为我国出版事业的繁荣发展作出更大贡献。

对于“社店战略”合作，与会各方也提出了许多有启发性的意见。深圳出版发行集团公司总经理尹昌龙发言指出，现在的一些书店营业员缺少专业的眼光，深圳书城推出的金牌导购员计划就是希望在此方面对此有提升。他希望出版社能帮助书店培养营业员对书的理解，提升营业员的懂书的能力，让他们懂好书推荐好书。“一本书的内容有很多延伸价值。比如三联书店是否可以与深圳合作在深圳举行三联讲坛或三联对话会，让三联书的价值能产生更深的影响。”

从成员单位的增加，亦可见“社店战略”模式对各方的吸引力。三联书店在青岛第一次牵头召开社店战略合作联席会时，总共是“一社五店”，范围覆盖“四省一市”，即江苏、山东、河南、黑龙江和青岛五地新华书店参与。而今年，会议规模已扩大至“五省四市”，而“五店”也成了“九店”。对此，参加会议的各方表示，一方面，2011 年的战略联盟成立后，效果显著，各方都有实质性的合作，取得了社会效益和经济效益双丰收；另一方面，这样的强强联合是大势所趋，面对新形势、新挑战，加强深度合作、争取共赢发展才是王道。

2013年5月14日至17日，第三届社店战略合作联席会在宁波举办。我和总编辑李昕、副总经理潘振平等参加。宁波市新华书店协办此次会议，书店总经理陆皎、副总经理胡晓军做了大量筹备工作，已升任副总经理的张作珍带着新任发行部主任孙漩，会同办公室主任白杨，把此次联席会办得更有声有色。

此次会议虽时间不长，却体现了"三新"特点：

一是新成员。相比上届，此次社店战略合作联席会又增加浙江省新华书店集团有限公司和新华文轩出版传媒股份公司两位新成员。会议规模由第一届的"四省一市"、第二届的"五省四市"扩大到这一届的"七省三市"，战略合作单位分别是凤凰出版传媒股份有限公司、山东新华书店集团有限公司、浙江省新华书店集团有限公司、四川新华文轩出版传媒股份公司、深圳出版发行集团公司、河南省新华书店发行集团有限公司、黑龙江省图书音像发行集团、吉林省新华书店集团、青岛新华书店（集团）有限责任公司、宁波市新华书店等出版发行单位。

此次联席会首次凝聚了代表全国图书发行大半江山的江苏凤凰、浙江新华、山东新华、四川文轩四大集团，不仅对三联书店图书出版、渠道拓展加强具有长远的战略意义，而且再次彰显了三联书店这一出版品牌单位的强大吸引力和旺盛生命力，同时也是对社店战略合作联席会这一合作模式的再次肯定。第一次参加会议的浙江省新华书店集团有限公司董事长兼总经理王忠义说："非常感谢三联书店的邀请，浙江新华很愿意加入这种合作模式的战略合作联席会。这不是一个上级主管部门组织召开的会议，但来自全国各重要发行机构的主要领导差不多都到场了，这是我第一次见到。过去三联的品牌影响力主要在书中体味到，但在今天的会场中，三联品牌的号召力及现在三联掌舵人的凝聚力再次令人震撼。”

二是新议题。通过三天会议的讨论与交流，各出版发行集团的领导一致认为合作的目的是打造和谐出版发行产业链，打造一个市场共同经营主体；面对数字化趋势，要紧紧跟进科技发展；要以出版为主业，同心多元发展。

新华文轩出版传媒股份公司总经理罗勇介绍：“新华文轩2013年的重点将是回归A股，进行产业结构的深层调整，力挺出版主业，加大出版发行的投入。”山东出版传媒股份有限公司总经理刘强表示：“打造和谐出版发行产业链这个议题很务实。随着数字化出版和销售网络化的快速发展，只有出版发行产业链和谐、有序的竞争发展，面对市场不各唱各调，减少内耗，才能真正实现文化大繁荣、企业大发展、职工真幸福。”浙江新华王忠义董事长谈道：“出版社的营销资源到了流通环节常常会被消减。浙江新华今年第一季度一般书销售实现15%增长，是得益于坚持主业经营，坚持科技创新，坚持同心多元产业融合，以营销活动推动增长的结果。这些离不开上游出版单位对下游发行单位的支持。”

三是新增长。“这三年良好的销售数据显示，凤凰出版传媒集团和三联书店的战略合作是成功的，也是大有裨益的。”江苏凤凰出版传媒股份有限公司总经理周斌认为，“三联在江苏新华的销售，2012 年比 2011 年全年销售增长了 12.1%，2013 年 1 至 4 月销售同比增长了 575%。这种由一个出版社紧密合作的经验带动整个凤凰发行系统对一般图书尤其是重点品种把握和营销能力都有所提升，这就是点到面的延展。此举不仅是感情方面的合作，更带来的是对图书感悟的提升。我每次都带着我们分管图书的精英团队有目的而来，带着成果而去，我们的营销能力、水平和营销观念都在升级，对重点书的把握和推广的能力更进一步提升”。

随之大家讨论起社店合作给双方带来的益处。河南省新华书店发行集团有限公司副总经理张勇饱含激情地说：“要是说起社店战略合作的好处，我感受最深，每年与三联书店的合作都有一个大的数字上的提升，今年的提升比例在外人看来不可思议，河南通过前 4 个月的销售数据统计，比去年同期增长 1500%，预计到年底统计，同比增长应该达到 2000%。”看着大家疑惑的眼神，张总再次强调这个数据绝对无误。

深圳出版发行集团公司副总经理何春华讲，三联书店在他们所有书城的前 4 个月的销售增长率为 68%。吉林出版集团总经理助理魏淑霞代表吉林省新华书店发言：“三联书店前 4 个月在吉林省新华书店系统的销售增长率为 330%，预计年底还会有新的增长。”青岛市新华书店总经理逄利群和宁波市新华书店总经理陆皎都表示三联书店前 4 个月在他们新华书店系统的销售是去年一整年的数额，增长率已经是同期的 180%。

从会议上与会各省新华书店统计的数字看，三联版图书销售已有大幅度提升。而这一年，我们三联书店图书造货码洋已达到 3 个亿以上，比 2009 年的 1 亿左右增长了 3 倍。这都显示，我们不但出版了更多好书，而且在渠道建设方面也取得了不俗的业绩。

2014 年 5 月 31 日，第四届社店战略合作联席会在宜兴举办，与会规模扩展为九省三市。

我离开三联书店之后，社店战略合作联席会仍逐年举办。

2015 年在深圳召开第五届社店战略合作联席会，与会规模扩展为九省七市。

2016 年在黑龙江省伊春市召开第六届社店战略合作联席会，与会规模扩展为十二省四市。

2017 年在安徽省合肥市召开第七届社店战略合作联席会，与会规模扩展为十三省四市。

这一拓宽发行渠道、和新华书店互惠共赢的做法，还被中国出版集团借鉴、采用。中版集团于 2014 年 11 月在珠海、2017 年 10 月在苏州先后召开社店战略合作联席会，促进旗下所有出版社和全国各地新华书店密切合作，也取得了好的效果。

转眼六年多过去了，当年参加青岛首次社店战略合作联席会的人员发生了很大变化，有的已经退休，有的出现一些状况，有的已经“仙逝”。我们尊敬爱戴的袁淑琴大姐因病医治无效，于2016年12月21日下午4：45去世。得知这一消息时我正在新疆哈密，特地和袁大姐的继任者——青岛书城董事长李茗茗——联系，用手机发去一副挽联：

社店战略合作　八仙位列何仙姑

事业发展至上　激情胜似小瑯高

横批：书业痛悼袁大姐

“小瑯高”是青岛出产的小瓶装“琅琊台”高度酒，酒精度高达72度。我到青岛时，袁大姐爱用这种酒招待我，她也像这酒一样热情似火，我常常被她身上的激情——对事业的痴迷和执着——所感染。不仅是我，她也是业内许多同行的好大姐，事业至上，爽朗义气，乐于助人，对生活、工作和事业始终保持着乐观态度，可惜去世太早，未能享受卸去重任后的幸福生活。

行笔至此，袁大姐的欢声笑语浮现在我的眼前：“袁大姐，您仙游何处？您在那边还好吧？”写完此句，我已泪流满面。

面向全球打造“大三联”品牌

2011年10月31日，记者孙海悦以“面向全球打造‘大三联’品牌”为标题，在《中国新闻出版报》报道“京沪港三联书店共同投资组建新公司”这一消息。消息称：

“传承老三联，培育新三联，打造大三联”，这已成为京沪港三地三联书店所有“三联人”的共识。近日，在香港召开的京沪港三联书店高层年会上，北京、上海、香港三家三联书店主要负责人会商决定抱团发展，共同投资组建北京三联国际文化传播公司，签订意向协议，三联书店进入了“大三联”发展新时期。

据了解，今年的京沪港三联书店高层年会是在党的十七届六中全会刚刚闭幕，提出深化文化体制改革、推动社会主义文化大发展大繁荣的大背景下召开的。三家三联书店一致认为，品牌出版单位能够也应该为我国成为文化强国发挥重要作用。目前文化发展正逢好时机，三家三联书店要凝聚三地力量、整合三地资源，发挥各自优势，不仅在内地和香港，而且在全球图书市场打造“大三联”品牌。

拟组建的新公司将从事纸质图书、电子音像出版、动漫游戏、电子商务、网络出版与传播、期刊的出版与销售、出版咨询与代理、版权贸易以及各类文化商务咨询、展览、展示等业务。近期业务主要是从事漫画以及生活时尚等类型的大众读物出版，集中打造两三条产品线，逐渐形成规模。其中，一部分图书将同时或先后在京港两地以中文简繁体字版推出，在全球图书市场发行，实现“走出去”和整合大中华中文图书市场的目标。三家三联书店深度合作、重拳出击的举措，得到了各自上级主管单位中国出版集团、上海解放日报集团、香港联合出版集团的支持，目前报批程序正在进行中。

在刊登这一新闻的相关链接中有这样一段文字：2010 年，为更好地弘扬三联品牌、紧密合作抱团发展，由生活·读书·新知三联书店发起，京沪港三家三联书店 62 年后首次在北京召开高层年会，共同研究优势互补，拓展“大三联”品牌，并在此次年会上发表了名为《弘扬三联品牌坚守文化使命》的共同宣言。

这段文字简要交待本则报道的背景，言简意赅。但真要让读者了解事情的来龙去脉，还要从一年前的京沪港三家三联的高层年会说起。

2010 年 10 月 26 日，在生活书店、读书出版社、新知书店合并成立三联书店 62 周年之际，“2010 京沪港三联书店高层年会”

在北京召开。此次年会是三家高层首次聚会，会议交流了各自经营发展的情况和经验，围绕如何加大交流合作力度进行了深入研讨，达成了诸多共识，发表了《京沪港三联书店关于弘扬光大三联品牌坚守文化使命的共同宣言》。

北京生活·读书·新知三联书店倡议发起举办三家三联高层年会，建立牢固的合作联盟，是基于什么考虑，又欲以何为？作为发起单位的发起人，我确实有一些思考。在详细道来之前，先说说三联书店的历史和三家书店的相关情况。

出版界许多人都知道，北京、上海、香港三联书店同根同源，三联人更把三家视为兄弟，深知彼此之间有着血浓于水的关系。1948 年前后，为了保护进步文化人士，避免黑暗势力对生活书店、读书出版社、新知书店领导层和员工的迫害，党组织指示三家书店的主要骨干转移到香港开展业务，尔后又指示三家书店合并成立生活·读书·新知三联书店。生活·读书·新知三联书店的名字就是从上述三家出版单位名称中各取二字组合而成的。

1948 年 10 月 26 日，生活书店、读书出版社、新知书店召开全体人员大会，宣布生活·读书·新知三联书店成立。胡绳、徐伯昕、黄洛峰、沈静芷在会上讲话。会后派陈亚为专程赴沪，传达三店合并的决定。这次成立大会也是三联同人开赴解放区的誓师大会。会后大批同人分批奔赴解放区，或潜返上海，迎接上海的解放。香港生活·读书·新知三联书店同时成立，后改为“三联书店香港分店”，经理张明西。张明西北上后，杨明任经理，蓝真任副经理(后接任经理)。蓝真参加了三店合并成立三联书店大会。他回忆:“那个时候成立是在香港皇后大道54号2楼生活书店门市部,当时门市部很小,大概有二十多个书架长和宽。成立大会有四十多个人参加,三联书店的一些领导都集中在香港,形式非常简单。前面摆了一幅红体字——团结就是力量。这六个字我一生都记得,是两个小青年写出来的。我们就在这个底下唱《团结就是力量》。”1949年5月,按照党的指示,三联书店总管理处迁往北平。留下六个人坚持香港三联,其中就有蓝真。

全国解放后香港三联继续在香港做面向海外的出版发行工作,在港澳工委的领导下,经过一代又一代人的努力,克服重重困难,坚持求生存、求发展,成为香港的重要出版机构。1997年香港回归之后,香港三联得到更大发展,到2010年底,营业收入超过港币实洋3个亿,建立了一支两百多人的编辑出版队伍,三联的出版物在港澳地区、东南亚以及日本、欧美都有很大影响,在海外的作者、读者中建立了广泛的联系。还在海外设有分支机构,积极向海外拓展业务。

回头再说北京三联书店。1951年1月,按照出版总署出版发行分工专业化的方针和组织中国图书发行公司的决定,原三联书店分为五个机构:发行部与商务、中华、开明、联合书店合组中国图书发行公司;社会科学图书的出版工作,并入新成立的人民出版社,保留三联书店名义,出版一部分图书。文学艺术类图书的出版工作,与新华书店文艺编辑部及上海群益出版社合并划归人民文学出版社；科学技术出版社，归机械工业部领导；《学习》杂志社归中央宣传部领导。总管理处工作人员一部分随机构调整分到各单位，一部分人上调领导机关和支援兄弟单位。当年8月，三联书店编辑部、出版部正式合并到人民出版社。至此，三联书店作为一个独立的出版机构已经不复存在。在业务存续期间，主要是翻译出版供国内参考的外版书和特殊需要的图书。

1980年代初，经过“文化大革命”和改革开放初期，人们的思想比较解放，环境相对宽松，一些三联老前辈要求恢复三联书店。胡绳、徐伯昕、钱俊瑞、徐雪寒、周巍峙、沈粹缜（韬奋先生的夫人）于1983年11月23日向文化部党组、中共中央宣传部写报告，要求为三联书店恢复独立建制。提出：“三联恢复独立建制后，应为直属文化部的事业单位。总店设在北京（主要搞编辑出版，兼办邮购和批发业务）。分店设在上海（不办出版，只办发行）和香港（办出版兼发行，目前已在香港工委领导下开启工作），将来可逐步在其他有关省市（例如重庆，在抗日战争时期，当时南方局和周恩来副主席曾亲自领导三联的重庆机构）设立分店。”还就恢复独立建制后的出版方针、资金来源、办公地点提出了具体建议。这些同志的建议受到文化部出版事业管理局及文化部党组的重视，积极创造条件向前推进，并及时向中共中央宣传部提交报告。

1984年3月19日，中共中央宣传部作了同意三联书店成立独立出版社的批复（中宣发函[84]51号）。全文如下：“文化部党组：穆之同志二月二十二日送力群同志的文化部出版局关于三联书店发展为独立的出版机构的请示报告已收悉。我们原则上同意三联书店从人民出版社分出，成立独立的出版社，作为文化部的下属机构。何时开始成立，请你们酌定。”1985 年 1 月，文化部出版事业管理局决定成立三联书店筹备组。组长：陈原；副组长：刘杲、吉少甫、范用；组员：王仿子、倪子明、戴文葆、沈昌文、董秀玉。筹备工作正式开展。筹备组经过反复酝酿，在当年5 月形成《三联书店筹备处的请示报告》。报告全面严谨、切实可行。其中有几条和本文关系最为密切。现将第（三）（四）项全文引用：

> （三）根据中宣部批复同意的文化部党组文党字(84)第199 号文的精神，我们考虑恢复建制后的三联书店可以采取两种组织并存的形式，即：
>
> （1）三联书店是图书编辑、出版单位，要在党的领导下，由国家举办，是全民所有制的企业（或事业单位，企业经营），不吸收民间和集体资金，以保证出书方针的贯彻。
>
> 北京原三联书店编辑部由人民出版社分出，正式恢复“生活·读书·新知三联书店”（以下简称“三联书店”）建制，是直属文化部的编辑出版单位，主要领导干部由文化部任命。关于“三联书店”的资金、房屋以及编制等具体问题，另行报告文化部出版局审批。关于“三联书店”和人民出版社分开的一些具体做法，应在出版局领导下，由筹备处与人民

出版社协商解决。

上海是生活、读书、新知三家书店诞生之地。有一定著译力量，在条件具备的情况下，成立“生活·读书·新知三联书店上海分店”（以下简称“上海分店”），是直属上海市出版局的编辑、出版机构，主要领导干部由上海领导部门任命。关于“上海分店”的建立，由上海市出版局请示上海市委同意后，按规定正式具文向文化部申请，办理审批手续。

三联书店以企业形式从事知识产品的生产，并在海内外知识分子中广泛开展活动，团结著译力量，是一项新兴事业。原三联书店于1951年结束后，其北京总店及各地分支店的资产，已全部划给国营出版发行机构。现在恢复三联书店建制，困难甚多，希望得到当地出版主管部门的支持和协助。

建议在北京设立一个不占编制的编审委员会，监督出版方针的执行，协调北京、上海、香港三店的出书计划，商讨三店在对外开拓方面如何配合协作等问题。可在“上海分店”正式成立后，由北京、上海、香港三店协商提出编审委员会的名单，用“三联书店”名义聘请，并报文化部备案。“三联书店”为编审委员会的办事机构。

北京、上海两店出书，在封面和内封统一用“生活·读书·新知三联书店”名义，由上海编译的书稿，在内封和版权页上注明“生活·读书·新知三联书店上海分店”名义。

（2）为保证三联书店出书任务有较雄厚的物质基础，节省国家投资，并为缩短出版周期，开拓发行渠道创造条件，拟成立“三联书店联营股份有限公司”（以下简称“公司”）。“公司”为集资企业，除国家必要的投资外，广泛吸收民间或企事业单位的集体资金。“公司”本身不编译书稿，只承担京、沪两地所发书稿的出版、印刷、发行业务。根据目前条件，我们建议“公司”地点设在上海，必要时可在其他大城市设立办事处或分销处。“公司”可以进行多种经营，积累资金，扩展业务，以副养书，保证编辑、出版工作得以顺利进行。“公司”还将筹集资金（包括外资），建立合营的印刷厂和联合经营的门市部。

有关“公司”的股票发行、具体业务活动范围、经营方式、领导机构等问题，另由筹备处（上海）拟订计划，按照政府规定，向上海有关部门申请办理。

（四）北京、上海、香港三联书店，公司，均为独立核算单位，但有分有联，通过公司的联营作用，充分发挥横向经济联系，以求协力沟通内外文化出版的交流，顺利地团结海内外著译力量，更好地为国内外广大读者服务。关于三地书店和公司之间的经济关系，由四方共同协商订出原则和具体办法，报各地有关领导部门审批后执行，以期收到互助互利的功效。

很快，文化部就对三联书店筹备处的报告作了批复（文出字[85]第851号），批复全文如下：

三联书店筹备处：

1985 年 5 月 15 日报告收悉。现对有关问题批复如下：

一、同意原三联书店编辑部由人民出版社分出，恢复“生活·读书·新知三联书店”（简称三联书店）的建制，为文化部直属出版社。三联书店的出书方针、范围和独立建社所需解决的具体问题，由三联书店筹备处向文化部专文报告审批。关于三联书店和人民出版社分开的具体安排，由三联书店筹备处与人民出版社协商办理；其中重大问题，可报文化部出版局。

三联书店的具体筹备工作由范用、许觉民同志领导。

二、可以考虑建立三联书店上海分店，为上海市出版局直属出版社。上海分店的建立应由上海出版局请示上海市委同意后，按照规定正式具文向文化部申请，办理审批手续。

三、如果上海分店成立，可以考虑由北京、上海和香港的三联书店协商，设立不占编制的编审委员会，监督出版方针的执行，协调北京、上海、香港三店的出书计划和对外业务活动。编审委员会名单由三联商定，报文化部备案。编审委员会的办事机构即三联书店。

四、可以考虑在上海成立三联书店联营股份有限公司，主要承担京、沪两地三联书店所发书稿的印刷、发行业务。公司应按规定向上海有关部门申请、办理审批手续。公司与京、沪、港三店均为独立核算的单位，彼此的经济关系可以在国家规定的范围内自行商定。

“报告”和对“报告”的批复中都明确提出“可以考虑建立三联书店上海分店”，故此，在北京三联书店恢复独立建制的同时，上海三联的组建也提上了日程。还重点提及了三家三联的合作问题。时任上海市市长汪道涵明确表示支持重建三联书店。

1985 年 4 月 29 日中午，汪道涵同志在上海锦江俱乐部就重建三联书店的问题，接见了香港三联书店经理肖滋同志，国内重建三联书店筹备处的许觉民、吉少甫同志，上海三联书店筹备处的汪晓光、丁之翔同志。在吉少甫、许觉民、肖滋等同志汇报有关情况后，汪道涵同志提出以下意见：

在北京、上海重建三联书店多个出版机构，香港早已建立了三联书店，这就有条件建立一个港沪联合出版公司，为沟通国内外文化和出版业务，提供一条特殊途径，由此可开创一个新的局面，把出版工作推广到海外去。香港三联书店仍维持原有的书店外，再与北京、上海三联书店合资经营一个公司，按中外合资搞有很多好处。国内的出版物通过香港面向海外六千万华侨、华裔。三联书店这块招牌，起了独特的作用。她不同于商务、中华，因为台湾有商务、中华，而台湾却没有三联书店。京、沪、港三家三联书店可以彼此结合，面向国内外读者，国内的出版物得以通过香港再版或转发初版到海外去，香港版的书在上海再版发行到全国，可以收到互助、互利的功效。这不仅是一个经营和赚钱的问题，我们主要目的不是在赚钱，而在于海内外文化出版得到交流。……

三联书店要像过去生活书店一样，发展由小到大，就现有的基础独立起来，进一步搞联合公司，把招牌挂出来，进行招股。京、沪、港有分有联，海外以香港为主，国内以北京、上海为主。先小后大，不搞表面的声势，不要搞统一的大机构，不搞什么“大统一”，一统就会失去大家的积极性。可以马上成立筹备处，搞一个门面，四马路、淮海路或茂名路都可，在现有的基础上逐步扩大。埋头苦干，不要做口头上的理论家、决策家，而要做实干家。目前可以先搞一个联合小组研究，再逐步扩大。人才是个问题，可以招请一批北京、广东、上海的相当于讲师程度，三十多岁的年轻人，一二十个人即可，花二年时间学习编辑工作。

不久，国家出版局发文批准同意成立三联书店上海分店（国家出版局 1986 年 8 月 30 日（86）出综字第 747 号）文件内容如下：

沪版局（85）出字第 062 号函和沪版局（86）出字第 004 号函及 7 月 5 日报送的《关于上海三联书店开展编辑出版工

作的意见》(第二次草稿)均收悉。

按照文化部文出字(85)第851号文《对三联书店筹备处报告的批复》,根据你局的申请,征求了三联书店筹备处的意见,并经请示中宣部核准,同意成立生活·读书·新知三联书店上海分店,社号486。

三联书店上海分店是三联书店的组成部分。要与北京的三联书店共同执行文化部1983年4月批准的三联书店的方针任务,以及1985年2月和5月三联书店筹备处建议的出书范围。同时,根据三联书店筹备处的建议,同意上海分店可以结合上海市的特点,多出版些经济、科技、科学管理方面的图书。但要量力而行,选题不要搞得太庞杂,注意把好质量关。

三联书店上海分店建立后,设在北京的三联书店和上海分店要组成不占编制的统一的编审委员会,按规定的方针任务,负责审定和协调北京的三联书店和上海分店的长期选题计划和年度出书计划,避免交叉重复。经编审委员会审定的计划分别报送国家出版局和上海市出版局审核,上海分店的计划并报国家出版局备案。

编审委员会的主持人要选派熟知三联书店传统精神,有影响的适当人员,由筹备处提名,报国家出版局备案。编审委员会应包括三联书店和上海分店的负责人,办事机构设在北京的三联书店内。

三联书店上海分店要建立健全的编辑部，要配备足够数量的专职编辑人员，编辑人员的名单并学历、经历报国家出版局备案。

请上海市出版局加强对三联书店上海分店的领导和管理，做好协调上海分店与上海其他出版社的出书工作。

希望北京的三联书店和上海分店发扬三联书店的优良传统和特色，在改革、创新中向读者提供高质量的优秀读物。

1986年1月，北京三联正式挂牌运营。8月，上海三联被批准复建，这一年是三联书店发展史上值得关注的一年。

北京三联书店恢复独立建制后，逐渐发展成为一家以出版人文科学和社会科学图书为主的综合出版社，出版物涉及哲学、历史、文学、艺术、经济、政治、法律和社会生活等领域。二十余年来，三联书店秉承“竭诚为读者服务”的宗旨，恪守“人文精神，思想智慧”的理念，坚持“一流、新锐”的标准，出版各类图书5000余种。其中，《陈寅恪集》《钱锺书集》《我们仨》《新知文库》等文化类读物，畅销不衰，深受各界读者喜爱；《现代西方学术文库》《文化生活译丛》《学术前沿》《西学源流》等丛书和译著，在介绍外国优秀思想文化方面，发挥了重要作用；《目送》《老子十八讲》《金庸作品集》《蔡志忠中国古籍漫画系列》等面向大众的读物，在读者中产生重要影响。三联书店作为中国思想学术文化出版重镇和品牌影响力最大的出版社之一，在业内和广大读者中享有盛誉，被誉为“知识分子的精神家园”。

除图书出版以外，三联书店还着力发展期刊出版，使之成为全面发展的重要一翼。在继续办好《读书》，保持特色同时，从1994年起，陆续创办《爱乐》《三联生活周刊》和《竞争力》杂志。《三联生活周刊》成为中国最有影响力的周刊；《爱乐》是古典音乐文化杂志的重要品牌；《竞争力》则是独具特色的财经杂志。此外，三联书店获得音像电子出版资质，开始进军多媒体出版领域，还于1996年创建北京三联韬奋图书中心，是北京具有影响力的人文社科书店之一。

上海三联书店自1986年复社以来，始终以“真诚生活、认真读书、追求新知”为宗旨，高举学术出版大旗，出版中外人文社会科学著作、高品位文化读物，先后创立了“上海三联人文经典书库”“上海三联法学文库”和“上海三联·思想与社会文库”等学术文化出版的强势品牌，在国内享有良好的声誉，颇受学界好评。复社至2010年，上海三联已出版各类图书4000余种，其中有100余种获得包括“中国图书奖”在内的各类奖项，并有多种图书被海外购得版权。2003年底上海三联书店归属解放日报报业集团后，出版社充分利用媒体集团出版社特有的资源优势，积极寻求新的发展机遇和成长空间，顺利地实现了2005年制定的“三年行动计划”的工作目标：一年销售图书码洋突破6000万元，年回笼货款在3500万元左右，年出书品种在280种上下，为上海三联积极打造“中国学术名社”创造了良好的条件。

几十年来，京沪港三家三联书店分处三地独立发展，形成了各自的特色和优势，并不断取得进步，成为三个著名品牌，为我国出版事业和文化发展做出了重要贡献。但遗憾的是，三家店并没像出版管理机构和三联老前辈期望的那样，“组成不占编制的统一的编审委员会”“成立三联书店联营股份有限公司”，而是各自封闭发展，互相来往较少，缺少信息沟通。

我到三联书店工作后，对上述情况有一个逐步了解的过程，但确实感到三家三联有加强合作抱团发展的必要。一是在改革开放新形势下，出版行业竞争日趋激烈，联合、重组纷至沓来，不抱团发展就做不大，没有出路。二是三联事业发展的需要。三家三联荣辱与共，借助各自优势，品牌间“强强联合”，就能把三联前辈开创的事业做强做大。三是加大走出去力度，扩大三联品牌在国际上的影响力。四是三家同根同源，有天然的亲和力和密切关系，存在进行深度合作的基础。而具体实施起来，却是受到其他一些因素的影响。

我任三联书店总经理之后，经常遇到或处理这样一些事情，比如，香港三联设在广州的一家书店关张调整，就有媒体刊登消息说：北京三联开的书店倒闭了。上海三联有一本书在国内获奖，有人打电话向我祝贺。有领导让我找一本三联出的新书，查一下却是上海三联出的。在一些媒体眼中，我们三联书店就是一家；在广大读者心目中，三家三联是同一家出版机构。既然社会上都把三家三联当成一回事，那么，我们为什么不自己主动去联合发展呢？就是带着这种认识，我提出了三家书店加强合作抱团发展的想法。2010 年 8 月，我借参加上海书展的机会，去拜访上海三联书店总经理陈启甸，两人“一拍即合”，想法完全一致。回到北京，我通过曾在香港三联书店任总编辑的李昕和香港三联董事长陈万雄、总经理曾协泰联系，对方热烈响应，说香港三联和北京、上海三联合作早有此意。后经过多次沟通决定以“京沪港三联书店高层年会”的形式，搭建一个长期交流合作的平台。三方商定，第一次高层年会 2010 年 10 月 26 日在生活书店、读书出版社、新知书店合并成立 62 周年之际于北京召开，由北京三联书店承办。店领导班子对“2010 京沪港三联书店高层年会”高度重视，当做本年度一件大事，投入很多精力进行筹备工作。

此次年会为期两天，新闻出版总署副署长邬书林，中国版协主席于友先，中国出版集团公司总裁聂震宁，香港联合出版集团总裁、三联书店香港有限公司董事长陈万雄，中宣部出版局副局长刘建生，新闻出版总署出版管理司副司长陈亚明，中国出版集团公司出版部主任张贤明，三联书店老前辈、香港资深出版人蓝真，北京三联书店原总经理董秀玉及京沪港三地三联书店领导班子出席了 26 日上午的开幕式。会上京沪港三家主要领导分别介绍了近年来各自的发展情况。与会领导、来宾先后发言。

新闻出版署老领导宋木文在发给年会的贺信中说：“我虽然不是三联人，但我多次表示，我愿与三联人为伍，与三联人同行。三家三联书店团结起来紧密合作，继承优良传统，维护发展品牌，承担传承文化的重任，这个举措很好，值得充分肯定。代我问与会同志们好，祝 2010 京沪港首届高层年会取得圆满成功。”

中国出版工作者协会主席于友先以“只有抱团才能更好地创新发展”为题做了发言。他在发言中说：我首先代表中国版协祝贺京沪港三联书店高层会议的胜利召开！三联书店无论在解放前还是解放后，都是我们国家出版界一个非常独特的出版单位，肩负着独特的任务，所以党和政府一向对三联书店十分支持。现在中国的出版改革进入到了关键时期，是要突破的时期。三家三联书店采取这样一个举措，我觉得是非常有利的。刚才蓝真同志谈到三联书店一个老的口号团结就是力量。我想这次的会议实际上就是抱团发展，只有抱起团来，才能更好地创新发展，这也是当前新闻出版改革的需要。只有抱团才能够发挥地域的优势，各自经营的优势，取长补短。只有抱团才能增强实力，只有抱团才能增强竞争力。有了实力就可以更好地弘扬和发展三联的品牌，弘扬和发展三联的精神，特别是韬奋同志讲的，竭诚为读者服务，才能更好地实施我们国家走出去的战略。我希望三家三联书店在今后深化改革的过程当中抱团发展，抱团创新，深化改革，做出更大的成绩，也给中国出版界带一个好头。

新闻出版总署副署长邬书林代表领导机关讲话。他指出，坚持为进步的出版事业奋斗是三联书店事业发展的光荣传统，坚持出版高品质的图书期刊是三联书店事业发展的根本所在，重视高质量、高品质是三家三联书店之所以蓬勃发展的根本所在，坚持抓好经营管理和店内职工的培训是三联书店事业发展的内在保障。对京沪港三地三联书店的发展提以下几点建议：第一，要像当年创办者殚精竭虑那样爱护好、培育好、发扬光大好三联书店这个品牌。第二，要像当年积极追求进步那样，不断提升三联书店的品质。第三，要像当年三家书店合并成立时那样，搞好新时期三地出版机构的团结合作。1945 年抗战胜利后，生活、读书、新知三家书店首次在重庆合并时，曾经发表告同人书指出："这种合并，不是结束，而是团结；不是退守，而是前进；不是衰老，而是新生；不是缩小，而是发展。"新形势下，京沪港三家三联书店要团结起来，用好品牌优势和地处三地的区位优势，加大交流合作力度，优势互补，深度合作，凝聚民族力量，推动社会进步，为中华文化大发展大繁荣贡献力量。

中宣部出版局副局长刘建生在发言中说：三联是全中国乃至世界驰名的弥足珍贵的品牌，是整个出版业界、文化业界的宝贵财富。今天，我们有幸看到京沪港三地的三联联袂结盟，深度合作，光大三联文化传统，弘扬三联优秀品牌，拓展三联出版事业，感到由衷的高兴。三地互助互补，共识共荣，心心相系，一定会创造出三联事业更加辉煌的明天。

三联老前辈、香港联合出版集团名誉董事长、三联书店（香港）有限公司名誉董事长蓝真在发言中说：我们解放以后三联书店也开过会，但是没有这样的会议，所以今天参加会议我特别高兴，这个会议表现出了非常可贵的团结就是力量的精神，这就是我们三联在新的时期继承和发展了我们三联书店珍贵的传统，是三联书店最有代表性的、最有个性的品牌。三联的同志们要记住我们的前辈韬奋先生提出的同志爱，爱店如家，爱同志如手足，爱事业如生命，我们要坚持这个宗旨。年会以后，我们三家书店一定要很好地紧密联系，互相学习，互相支持，共同发展。我代表我们的老同志发言，他们都很支持，所以我就代表我们的老同志向这个年会表示祝贺，对在座的老中青的三联同志问好，致意，也表示一点决心。我借用苏步青老先生的两句诗来表示我的决心：不辞衰老敲边鼓，敢助青年闯险关。希望你们把我们三联的品牌，把我们三联的品质，把我们三联的文化推向全面发展。

香港联合出版集团总裁、三联书店（香港）有限公司董事长陈万雄在发言中说：我真的很高兴能够参与这次具有历史性意义的一次三联的年会，我代表香港三联书店，对这次维护发展三联共有品牌的年会表示衷心的感谢！作为三联人，我们拥有这么一个优秀的文化品牌是值得骄傲的，也是值得尊敬的。三联在这个时候重新讨论保护品牌、发扬品牌，是当前中国向更伟大、更强大、更现代化的国家发展当中非常重要的，相信通过这次年会，各地三联人会更认识、更珍惜、更努力于这个品牌，并愿意为它献身，只要努力，对于中华民族的文化就会做出重大的贡献。作为其中一方的香港三联书店，我们一定全力推动和落实这次会议的精神。

我在会上宣读了由我起草的经三方共同改定并由大会讨论

通过的《京沪港三联书店关于弘扬三联品牌坚守文化使命的共同宣言》。宣言全文如下：

三联书店肇始于邹韬奋、胡愈之、徐伯昕诸先生1932年7月1日创办的生活书店，迄今已有近八十年历史。生活·读书·新知三联书店、上海三联书店有限公司、三联书店（香港）有限公司同根同源，是三联品牌的继承者，多年来在不同地区为不同层次的读者服务，形成了各自的出版特色，产生了重要社会影响，共同弘扬光大了三联品牌。为了加强交流，扩大合作，进一步维护和发展三联品牌，京沪港三地三联书店于10月26—27日在北京召开2010高层年会。会议形成如下共识：

——弘扬三联品牌。三联品牌是经过历史锤炼的著名文化品牌，由三联同仁和广大作者、读者心血凝聚而成，是我们最为宝贵的精神财富和核心竞争力。我们热爱三联品牌，坚决维护三联品牌的形象和合法权益。

——竭诚为读者服务。铭记三联店训，强化服务意识，切实为读者着想，认认真真出好书，努力满足广大读者的阅读需求。

——勇于文化担当。追求真理，弘扬学术，积累文化，传播新知。坚守文化理想和文化使命，营造知识分子的精神家园。

——保持格调和品位。牢记社会责任，关注现实人生，紧跟时代步伐，大胆探索创新，讲求品质，多出精品。

——努力拓展海内外市场。传承老三联企业精神，利用品牌优势和区位优势，加强海内外三联出版物发行，提升三联品牌影响力。

——同气连枝，紧密团结。居三地而心相系，优势互补，深度合作，服务社会，合力创造三联书店新时代。

多年来，社会各界和广大读者、作者给三联书店以厚爱，我们特在此深表谢忱。三联同仁决心不负众望，携起手来发扬光大三联品牌，用实际行动回报社会和读者，为国家昌盛社会进步文化繁荣做出贡献。

在10月26日下午的高层年会中，三地三联书店的领导就《关于京沪港三联书店建立紧密合作关系的构想》(讨论稿)进行了讨论，会上达成了如下共识：

1. 三地三联书店应该建立信息交流的机制和渠道，重大事项相互通报，在各自的网站主页上彼此链接并以此相互通报新书出版信息，交换内部刊物。

2. 京沪港三联可共同组织业务研讨活动，可组织业务人员互访，进行业务观摩和交流，互派人员定期培训。高层年会原则上每年一次。

3. 版权合作要进一步加强。

彼此要主动推荐合作选题。互相给予最优惠待遇，互相给予版权合作优先权。可共同策划一些外向型重点图书，共同组织编写，共同编辑设计，共同印制，海内外同时出版发行，以便降低成本，提高效率。特别是逢有重大店庆可三方合作出版有影响的图书。

4. 定期交换样书。

每季度或每半年一次。交换样书应是新出版的重点图书，不包括一般图书和教材。

5. 共同在内地投资连锁书店，共同在海内外开拓零售业务。

6. 共有品牌的弘扬光大和权益维护。

1932 年 7 月 1 日为三联书店创始日，以后逢五逢十的年份，三地三联共同举办店庆活动。在各自开办的书店里，集中陈列、销售三家三联出版的图书，并定期举行相关文化活动。共同抵制贬损三联品牌的现象，维护三联的合法权益。

7. 建立联络员沟通机制。

为加强合作、提高效率，三地三联书店指定专人为联络员负责相关沟通事宜，生活·读书·新知三联书店为副总经理翟德芳，上海三联书店为总经理助理陈逸凌，三联书店（香港）有限公司为副总编辑侯明。

在随后的会议中三地三联书店的领导进一步讨论了关于如何加强合作交流、如何办好 2012 年 80 周年店庆、三家合力出版有影响有气势的精品丛书、建立联络员制度等具体问题，并确定明年的三地高层年会在香港举行，由三联书店（香港）有限公司承办，时间为10月。

会议在完成各项议程之后，我们邀请沪港三联的朋友共登香山，欣赏秋景，大家一路交谈甚欢。下面我这首小诗反映了当时的情景和那时的心情。

偕京沪港三联高层年会代表登香山

峰似香炉雾似烟，欲上极顶九盘旋。
严霜始降绿尚劲，时令渐近红半丹。
坡里向阳好取暖，山上风冷宜抱团。
宣言拟就心气足，兄弟携手攀峰巅。

“2011京沪港三联书店高层年会”是在香港召开的，由香港三联承办。第二届高层年会的最大收获是提出“在全球图书市场打造‘大三联’品牌”的战略目标，并决定由三家共同投资成立股份制形式的“北京三联国际文化传播公司”。成立联合公司由北京三联牵头承办，经过一年多筹备，克服了涉及跨地区、跨不同主管单位、香港资本到内地投资等因素带来的困难，于2012年11月最终完成。

2012年11月29日上午，京沪港三家三联书店合资成立三联时空国际文化传播（北京）有限公司揭牌仪式在北京隆重举行。全国人大常委会副委员长、民进中央主席严隽琪，国家新闻出版总署副署长邬书林，中宣部出版局局长郭义强，全国人大常委、民进中央副主席兼秘书长朱永新，中国出版协会常务副理事长兼秘书长刘建国，中国出版集团公司总裁谭跃、副总裁李岩等出席了仪式，并为三联国际公司揭牌。

生活·读书·新知三联书店、上海三联书店有限公司、三联书店（香港）有限公司以及中国版协、人民出版社、商务印书馆、中华书局、人民文学出版社、人民美术出版社、人民音乐出版社等相关单位领导以及三联书店员工共一百余人出席了揭牌仪式。揭牌仪式后，三联国际公司即召开董事会，研究发展规划等具体经营事宜。

中共中央宣传部出版局局长郭义强在揭牌仪式上发言。他说：三联书店是我国出版业知名品牌，长期以来在出书育人、丰富人民群众精神文化生活、推动学术繁荣、促进社会进步方面，发挥了非常重要的作用。由京沪港三家三联联合成立的、面向更宽阔空间的国际传播公司，将进一步扩大三联书店经营范围，提升三联书店发展空间，增强三联书店品牌影响，特别是面向海外的号召力、影响力，将进一步壮大三联书店的主业，增强三联书店传播先进文化、服务广大读者的能力。

中国出版集团公司总裁谭跃在发言中说：今年对三联是一个特殊的年份。现在回顾，三联今年“大题特作”，七月份在人民大会堂隆重的庆祝大会，在出版界留下了深刻印象，同时三联“小题不断”，激发了我们内在的发展活力，今天就是“小题大做”。希望三联每一分耕耘在坚持和努力中都会成为一份收获。我们出版集团的人都相信，天道酬勤，只要努力，文化的旗就会扛得更好。

上海三联书店有限公司总经理陈启甸在发言中说：三联国际公司的成立是我们京沪港三家书店实施战略合作跨出的坚实一步。京沪港三家三联同根同源，一直以来，有天然的血脉联系和高度的精神默契，我们是三联事业的共同继承者。当前，出版行业日益呈现市场化、数字化、国际化的发展态势，出版机构的合作日趋频繁，顺应这一潮流，我们三家三联书店紧密加强战略合作，通过共同打造三联国际公司，迈向国际化。

三联书店（香港）有限公司总经理李济平在发言中说：在党的十八大胜利召开，学习宣传贯彻十八大精神的背景下，我们迎来了三联国际挂牌成立的喜庆日子。三联品牌，同宗同源；三联兄弟，同气连枝。我们三地三联能够走在一起，共同创办这家合资公司，得益于天时、地利、人和。在国家推动文化大发展、大繁荣的历史机遇面前，三联书店这个具有八十年光荣传统的文化品牌，应该更好的团结起来，为国家正在实施的文化强国战略，尽一份绵薄之力。

我代表北京三联书店在三联时空国际文化传播公司揭牌仪式上致辞。致辞中说：由于历史原因，三家三联分布在北京、上海、香港三地，各自独立出版，虽不存在严重的竞争关系，但因为三地人才不能集中利用，作者和出版资源得不到整合，彼此的优势也得不到互补，从共同品牌出发，三家三联需要更加密切和带有实质性的合作。为此，我们在 2011 年举办的第二届三家三联高层年会上动议成立一家三方合资公司，主要借助香港的高端人才、经营理念、管理经验以及丰富的选题资源和京沪两店在中国内地的出版品牌优势、编辑人才优势和发行渠道优势，迅速实现规模化发展，同时注重引进和开发版权，借助香港的地域优势和在世界各地建有网店的优势，以促进“走出去”工作的开展。这样一间新公司将有助于从整体上提升三联品牌在国际国内的影响力，使读者和文化界知晓有着光荣历史和传统的三联书店，在新时代仍然是团结合作的，是有共同的理想和追求的，是大有作为的。

我们坚信，有各级领导和相关部门的有力支持，有三联品牌的号召优势，有三家三联的鼎力协助，有一支奋发向上的团队，有不拘一格的创新机制，我们一定会成功。作为“三联国际”的控股方，生活·读书·新知三联书店一定会全力支持“三联国际”的运营发展，一定按照公司法的要求尊重公司的经营，一定支持“三联国际”在机制体制和产品内容上的创新，一定会尊重合作各方的利益。

三联老前辈们早就有京沪港三家三联合资成立一家“联合公司”的构想和谋划，这一构想在我们这一代三联人手上实现了。在为新公司取名时有诸多限制，有的不便使用，有的与已有重复，结果最后落定“三联时空国际文化公司”。“三联时空”这个名字好啊，预示着公司有无比广阔发展空间，雄鹰尽可以凌空翱翔。六年过去了，京沪港三联的合作愈加密切，“三联时空”的经营也有了新的面貌。愿雄鹰展翅，在打造“大三联”国际品牌的征程中越飞越远，越飞越高。

留住读者心中的三联经典

我在三联书店总经理任上，组织过一个大的出版工程，那就是《三联经典文库》，使一大批三联老版书从尘封中走出来，重新和读者见面。

我到三联书店工作后，比较注重了解三联历史，知道生活书店、读书出版社、新知书店以及后来合并成立的生活·读书·新知三联书店，出版过许许多多优秀图书。这些图书在以往的社会历史中发生过重大作用。如艾思奇的《大众哲学》共印刷上千万册，使广大青年受到教育，一些青年就是看了《大众哲学》走上革命道路的。我曾去一个三联老前辈家拜访，这位老前辈送我一本三十年代出版的《生活书店图书总目》，看着这个图书总目，我一下子受到震撼。后来，为保存生活书店这部“传家宝”，我把这本图书总目交给韬奋图书馆石晓光，请她妥为保存。虽然这本书交出去了，但三联前辈们出版过大量优秀图书这件事，却深深地印在我的脑子里。

我当总经理不久，即提出重新整理出版三联老版经典图书。这件事说起来容易，实施起来却有不少困难。

一是出版这些图书旨在保存三联经典，发行量不会太大，需要较多的资金支持。

二是现有编辑人员手头都有任务，分不出精力，组织整理出版需要组织人手，增加力量。

三是原版书丢失过多，版本不易查找。三联书店和人民出版社合并之后，原有样书统一归人民社资料室管理，因为人民社搬家，这些书都打包搬入仓库了，一时半会清理不出来。我店韬奋图书馆只存有部分样本，大量不足需要征集和购买。

四是版权问题。有一些书已过版权保护期，还有一些图书的版权存在复杂情况。

面对上述困难，有一些同志有畏难情绪，做不做看法不够统一。在这种情况下，我决定还是要克服困难坚定不移地做下去。

针对上述困难，我们一一采取了应对措施。

为了解决资金不足的问题，我们除自筹部分资金进行项目启动外，还积极申请国家出版资金资助。经过和国家出版基金办同志反复沟通，这一项目得到认同，获得近 250 万元的资金支持。记得当时国家出版基金办公室的一位负责同志说：国家出版基金就是要资助这样有价值、有意义的项目，这样的项目不支持，我们还支持什么项目？当时曾任人民出版社副总编的张小平同志在国家出版基金办"帮忙"，他替我们说了不少话，使我们这个项目在国家出版基金办立项，并很快获得第一批资助基金。

经费问题解决了，接下来考虑人手问题。事是人做的，没有人，什么也干不成，现有人手不够就另起“炉灶”，搭班子进人。正逢在团结出版社工作的中层干部朱利国愿意到三联书店工作，人事部门考察后，认为他适合做《三联经典文库》的组织出版工作。我们专门成立了专题项目部，调朱利国做主任，接着内引外调，“招兵买马”，建立起一支队伍。这些同志没有辜负店里的期望，认真完成了项目出版任务，在项目结束后成了店里的编辑骨干。

解决样书不足的问题，我们采取了三个办法，一是面向社会公众征集，二是在网上高价购买，三是请三联书店老前辈给予支持，极个别的到国家图书馆复印。采取以上措施，这个问题也解决了。

版权问题，我们采取的办法是“解决重点、重点解决”的办法，对那些必须纳入的重点图书，一定要设法解决；对一般性图书扩大选择范围，这本不行，就用另一本书取代。三联老版本很多，选择上有很大余地。在版权部门以及相关部门的积极配合下，这个问题也基本解决了。

在实施过程中，又遇到了新的问题，就是在旧版新做的过程中，体例如何统一、错讹如何对待、繁简如何处理等问题。有关人员对此看法不统一，进行了反复讨论，甚至延误了进度。好在这方面大家后来也都形成了共识，得到了妥善解决。此外还有版权选择问题、编辑加工问题、版式设计问题、装帧印制问题、发行问题等都一一提出，并得到逐一解决。这些工作都是专题项目部的同志会同总编室、美编室、印制部、发行部等部门的同志共同完成的。我作为店领导和这个项目的编委会主任，做了一些指导、协调工作。可以说，《三联经典文库》（第一辑）100种图书的再版，耗费了许多同志的大量心血，但当大家看到这套洋溢着油墨芳香的三联老版书重新与读者见面时，心里有一种收获的喜悦。

2012年6月29日上午，三联经典文库出版座谈会在中国出版集团十一楼会议室举行。时任新闻出版总署署长柳斌杰亲临会议室，做了45分钟讲话。中国出版集团总裁谭跃到会并讲话。邹韬奋的孙女邹小华、《鲁迅传》作者王士菁之子王岗参会发言，回顾了先辈们从事新闻出版工作的经历，表达了敬仰之情。刘梦溪、肖东发等专家学者在发言中，充分肯定了这套书出版的价值意义。柳斌杰同志在发言中，高度评价“文库”出版的历史意义和当代价值。他在发言中指出：

三联书店是我国现代学术文化出版的重镇，自1932年创建以来，始终以大无畏的精神追求光明、追求真理，与我国人民的命运息息相关，关注现实，追求先进思想文化，出版了大量具有重要思想文化价值和广泛社会影响力的精品佳作，积累了丰富的出版资源，对中国文化学术建设产生了重要的作用，无论是老一代知识分子还是新中国建立后成长起来的知识分子，都受到了这些书籍的启迪和影响。为保护和整理三联书店八十年来积累的丰富出版资源，在国家出版基金的资助下，三联书店规划在未来三年至五年内陆续推出5辑共500种规模的《三联经典文库》。这是一项恢弘的学术文化工程，必将对中国当代文化建设产生积极的影响。

此次出版的文库第一辑100种图书，主要复刻1932年至1951年之间的出版物。在第一辑的作者中我们可以看到像瞿秋白、李达、黄炎培、费孝通、千家驹、薛暮桥、翦伯赞、艾思奇、茅盾、臧克家等在中国现代政治史、思想史、学术史以及文学史上闪光的名字。当人们重新阅读“三联”整理和出版的这些前贤的著作时，可以真切感受进步思想的巨大力量，体会优良学术传统的珍贵价值，以及老一代中国知识分子的思考与探索，以及他们对中华民族文化传承与创新所作出的重要贡献。同时，也将通过这一辑《三联经典文库》，进一步了解三联书店早年出版理念的形成和发展的轨迹，以及三联人对社会进步的不懈追求、对文化精神的执著坚守、对出版品质的严格要求。这套“文库”的出版具有重要的历史意义和当代价值。

一是传播了马克思主义和进步思想，为推动民族解放运动和人民民主革命事业发挥了重要作用。三联书店紧跟历史前进的步伐，以追求进步、传播真理为己任，有计划、有系统地出版了一批宣传马克思主义、传播进步思想的重要书籍。“文库”中收录的《〈资本论〉通信集》《马克思传》《恩格斯传》《列宁家书集》等，从不同的角度，生动地阐释了马克思主义基本理论和社会革命思想；梅益翻译的《钢铁是怎样炼成的》、茅盾的《杂谈苏联》、郭沫若的《苏联五十天》、周立波的《晋察冀边区印象记》，真实反映了当时苏联社会的崭新气象和我党领导人民热血抗战的事迹；美国作家埃德加·斯诺的《西行漫记》，就是在三联创始人之一胡愈之的努力下，在距英文版发行不到四个月的时间里，出版了中文全译本，许多青年以及东南亚华侨就是看了这本书后毅然决然奔赴延安、走上革命道路的。这些作品，以其先进的思想观念和高尚的社会理想感召青年，影响民众，有力地呼应、推动了我们党所领导的民族解放运动和人民民主革命事业，在今天仍然具有学习、传播的重要价值。

二是推出了一大批学术精品，为我国学术繁荣和文化发展发挥了重要作用。早在上世纪30年代，三联的出版家们就以繁荣学术文化为使命，自此薪火相传，不断发展，为三联成为学术出版重镇打下了良好的基础。“文库”中收录的《新政治学大纲》《新社会学大纲》《近代中国启蒙运动史》《先秦诸子思想》《历史哲学教程》《简明中国通史》《中国古代社会史》等一批学术著作，介绍先进的思想、文化、科学知识，把国外的学术思想引进来，打破了自古以来知识分子只看重四书五经的传统，为当代中国相关学科体系建设奠定了扎实基础，开启了一代学风，其影响延续至今。今天重温这些作品，可以帮助我们全面、系统地把握中国现代学术发展脉络，进一步繁荣当代中国的学术研究。

三是出版了一大批高水平的普及读物，为传播知识、开启民智、服务社会发挥了重要作用。三联书店成立之初，就以“促进大众文化”“竭诚为读者服务”为宗旨，推出了一大批内容新颖、品位高雅、水平一流的知识普及读物，产生了广泛而深刻的社会影响。

“文库”中收录的许多作品，突出反映了这方面的成就和贡献。艾思奇的《大众哲学》在1936年出版后，一扫旧中国哲学界的沉闷空气，深受青年知识分子的欢迎。此书曾受到毛泽东同志的高度评价，很好地普及了马克思哲学，畅销了几十年，影响了几代人。《农村经济的基本知识》着眼于中国农村社会现实，介绍了农业经济学的一般理论和基本知识。而《贝多芬传》《拜伦传》等外国传记作品的翻译出版，则让普通中国读者领略到了世界级文化名人的人格魅力和精神风采。透过这些作品，我们可以充分感受到那个时代中国进步出版人的知识传播热情和人文情怀。

在肯定《三联经典文库》出版价值之后，柳斌杰进一步提出，出版人要以三联前辈为榜样，坚守出版的文化精神、坚守出版的文化责任、坚守出版的文化品质、坚守出版的文化品牌、坚守出版的文化理想，力推精品佳作，自觉服务中华民族伟大复兴的光荣使命。

谭跃在讲话中指出，三联书店是新中国“红色出版”的源头之一，解放后又实现了向“学术出版”和“学术文化出版”转型。八十年来一以贯之的，是竭诚为读者服务、传播进步文化思想的宝贵精神。今天我们继承弘扬三联精神，就是要始终坚持正确的方向导向、始终坚持高远的文化追求、始终坚守优秀的文化品牌。作为出版业“国家队”，一定要始终坚持“政治导向第一、社会责任第一、国家使命第一”，在这个前提下追求更好的传播效果；要做强文化、做优出版，做出一批惠及天下、传之久远的的大书、好书，让世人和后人通过我们推出的文化产品，来领略我们的时代精神和文化高度；要处理好品牌传承与品牌创新的关系，既要继承传统、保持特色、发掘资源，更要与时俱进、壮大资源、抓好内容资源和体制机制方面的创新。

三联书店总编辑李昕在会上宣读了两封意义非同寻常的贺信。

一封是三联老同志联谊会发来的，贺信反映了还健在的三联老前辈的心声。贺信全文如下：

时值三联书店创建八十周年之际，《三联经典文库》第一辑隆重出版，可喜可贺。我们认为，这项出版工程意义重大，值得高度重视。

三联书店是邹韬奋、徐伯昕、李公朴、黄洛峰、徐雪寒诸先生在抗日救亡的背景下创办的，八十年来，一代代三联人继承前辈的理想和信念，为民族，为革命，为新中国出版了大量优秀的书刊，提高了各阶层读者的思想觉悟和知识水平，推进了社会的发展和进步，尤其是教育和鼓舞了一代代年轻人，使他们走上正确的道路，在这个过程中，三联的图书始终是他们的良师益友。

《三联经典文库》第一辑所选的篇目，都是三联书店1951年以前的出版物，这些出版物的突出特点，就是紧密配合民族解放和革命斗争，与中国共产党的事业同步发展，是党在国统区的文化事业的代表性成果。这部文库见证着三联的历史，代表着三联的传统，反映着前辈三联人追求真理，改造现实的奋斗精神，是三联前辈智慧和汗水的结晶，其中很多图书在今天仍然具有生命力，值得推荐给广大读者特别是青年人。

我们非常赞成你们的做法，通过这套大型文库的出版，集中抢救和保护那些几乎被人忘记的好书。希望你们再接再厉，把这套书出好，使她成为三联出版史的总结性成果，成为既可以回顾历史、服务现实又可以传之后世的出版工程。

另一封是担任三联书店首席专家的吴敬琏、金冲及两位先生联名发来的。他们以专家的眼光看待这套书的出版。贺信全文如下：

欣闻《三联经典文库》第一辑出版，我们非常高兴，再次向你们致以热烈祝贺！

这套书列为国家出版基金项目，我们两人都是推荐人。我们研究过书目，了解你们的出版意图和文库的特点。我们认为你们做了一件非常有意义的事情。三联书店在中国现代出版史上所做出的贡献和她所形成的优良传统，以及她所倡导和弘扬的韬奋精神，都是值得我们认真地总结和继承的。你们提出分五批出版500种《三联经典文库》的计划，这是一个大工程，出版构想很好，对于梳理三联书店的家底，重新盘活和充分利用已有的出版资源，无论是对三联书店自身，还是对中国文化建设，都是善莫大焉的义举和一种尝试。第一辑的选目经过了精心策划，很有眼光，所收录的图书，具有鲜明的特色和历史价值，反映了建国以前三联书店紧密配合当时的民族解放斗争，积极参加进步文化事业发展的出书风貌，因此对于研究这一时期社会的方方面面，以及真实地还原历史，都有较大的帮助。这些图书在当时起到了传播革命理论、开拓读者视野的作用，其中一些学术开山之作，对现、当代学术有重要影响，值得今天的读者研究和参考。特别是对于我们来说，这套文库使我们想起年轻时读过的许多书，这些书对我们的成长所起到的巨大作用，是现在的年轻人无法想象的。谢谢你们唤起我们的美好回忆。

我在会上代表《三联经典文库》编委会作了发言。在感谢到会的各位领导、各位专家学者之后，我说：

今天是6月29日，再过一天，就是八十年前邹韬奋先生创办生活书店的日子。以生活书店为发端，三联书店走过了八十年不平凡的道路，《三联经典文库》就是用一本本三联老版书对自己走过的历程进行回顾。从这个意义上讲，我们今天的座谈会也可以说是一个庆功会，我们终于在三联书店

80周年店庆前夕，按照国家出版基金项目规划的要求，按时保质地完成了《三联经典文库》第一辑的出版任务。它同时也是一个总结会，通过对《文库》第一辑出版工作的总结，吸取经验教训，把以后各辑做得更好。我认为，即使在今天，从出版史、文化史与学术史的角度来看待《三联经典文库》第一辑，它也有着许多方面的现实意义与思想价值：

一是鲜明的时代性与现实性。在抗日救亡、民族解放的年代，三联书店既出版了如《津浦北线血战记》《抗战前途与游击战争》《晋察冀边区印象记》等直面现实、唤醒民众的图书，也出版了很多像《马克思传》《〈资本论〉通信集》《韬奋文录》《西行漫记》《大众哲学》等传播马列主义、宣传革命思想的著作，这些著作在今天仍然有其可贵的历史借鉴价值。

二是学术上的开创性与思想上的启蒙意义。三联书店出版的许多学术著作与启蒙读物，如《朱元璋转》《中国文字的演变》《简明中国通史》《中国古代社会史》等中国学者在新的学术思潮与方法影响下研究中国实际问题的学术著作，都是在该学科领域影响深远、甚至称得上开山之作的作品，而像《三民主义读本》《中国经济原论》《中国宪政论》等著作，则起到了对大众的启迪与教育作用。

三是珍贵的文献与史料价值。《三联经典文库》中收入的一些作品，或为作者对自身亲身经历的真实记载，或为对当时周边世界特别是国内现实的真实反映，因而具有珍贵的史料价值。除了上面提到的《西行漫记》外，还有像《中国的一日》《辛亥革命与袁世凯》《苏联五十天》等，都是弥足珍贵的历史文献。

四是值得重视的版本价值。此次选入《三联经典文库》的很多书在后来虽有再版，但大多数因修订次数过多以及时势变化的影响等原因，而显得面目全非，也有的近于绝版，读者无从得见，我们在尽可能原书样貌的前提下重新推出，力求将当年我国出版史也是文化史上的一道动人的风景，予以恢复，也给研究者和藏书爱好者们提供了便利。

基于这样的认识，我们对《三联经典文库》的出版高度重视，列为全店重点出版工程，成立编委会加强领导，成立专题项目部，具体落实出版任务。要求总编室、出版部等部门全力配合，将它做成精品，做成经得住时间考验的传世之作，做成三联的“镇店之宝”和扛鼎之作。经过全店上下的共同努力，这一重大工程初告成功，并为今后积累了宝贵的经验。

现在，《三联经典文库》第一辑已经摆在大家面前，虽然我们为之付出了很多心血和劳动，在《文库》选目、工作流程、编辑规范、出版凡例等方面几经讨论、反复斟酌，但对于一次性出版这么大规模与体量的丛书，特别是对于整理民国时期的旧版书，我们还存在很多经验上的不足，在选目原则上的确立、编辑尺度的把握以及装帧设计上的考量等方面是否尽如人意，诚恳地请各位领导、各位专家学者、各位前辈家属代表能够多提宝贵意见和建议，以利于《三联经典文库》后四辑出版工作的顺利进行，在质量上更上层楼，早日完成三联出版史上这一重要文化工程。同时，我们会将这些意见和建议运用到其他的精品生产中去，不辜负在座各位和社会各界对三联书店的厚望，组织出版更多的优秀出版物，为我国文化繁荣做出更大的贡献。

由于有第一辑的出版经验，《文库》第二辑出版就顺畅多了，比较快地完成了出版任务。2014 年 3 月 14 日，在我即将离开三联书店总经理任之前，店里召开了《三联经典文库》第二辑结项会。在会上，我对《三联经典文库》做了总结回顾。发言文字虽然长一点，但颇能反应我当时的心境，故全文摘录于下：

专题项目部的同志千辛万苦，呕心沥血，有关领导和其他部门密切配合，《三联经典文库》第二辑圆满地完成了。刚才朱利国做了一个总结，讲了情况，店里领导班子对这套书出版是满意的，对专题项目部的工作给予充分肯定。这个项目本身确实给我们带来各方面的好处和经验。我想把第一辑和第二辑放在一起做个回顾，也算是对这项工作的阶段性总结。《三联经典文库》是店领导班子极为重视的重要工程，朱利国刚才讲是一把手工程。选题是我提出来的，整个申报项目是我组织的，包括后面诸多的协调，确实花费了很多心血，做了很多的事情。现在回头看，两辑先后出版，当看到八箱书摆到面前，确实由衷地喜悦。这项工作是我们这届领导班子做的很重要的工作之一。当离开三联回首往事的时候，我觉得《三联经典文库》这个重点项目值得回顾。这个重点项目有它众多的价值和意义。第一点意义在于选题的价值。在三联过去出的书中去找我们的传统，去找我们的根，明白我们是从哪来的，我们的前辈有哪些辉煌，哪些贡献。我们老说八十年店庆，有八十年光辉历史，这些出版物就是证明。我们不仅是重新挖一些出版的资源，更重要的是继承它的精神财富。韬奋先生还有其他生活书店、新知书店、读书出版社的老前辈在艰难的情况下出版了那么多的好书，他们形成了自己的精髓，这一点我们在出版过程中有实实在在的感受，出这些书，就是在寻找我们的根源，感受我们的传统，对继承三联传统有重要意义。第二点是文本价值。从韬奋图书馆看出来三联过去留存下来的书已经很少了，存下来的书也都破旧，你想找三联的老书，基本上是找不到的，过去的老书存在人民出版社的资料室，后来人民出版社搬家，打包也不知道放哪去了。我们现在这套书的出版有很重要的文本价值。第三点是收到很好的社会反响。《三联经典文库》第一辑推出以后，我们开了一个非常重要的新闻发布会、座谈会。当时的新闻出版总署署长柳斌杰到会，对我们的“文库”给予高度评价，后来他这篇文章登在了新闻出版报上，有良好的社会影响。这套书在集团的评奖中获得了综合奖，受到了奖励。北京文资委高度肯定我们的这个项目，给我们一笔奖励资金，最近他们来结项，非常满意。第四点是取得了良好的经济效益。过去，三联书店没有出过大部头的书，商务和中华书局都出过，三联书店只是一本一本书，没有大项目，就从这一辑开始，三联书店也有大项目了，有了“压箱底”的东西，而且有好的经济效益。第一辑，当当网包了3000套，第二辑包了1500套，国家先后资助了500万元，扣除成本取得良好的经济效益。第五点，我们积累了大项目出版经验，积累了协调各部门共同运作的经验。以前三联书店都是各干各的，这个大项目把各相关部门都调动起来了，涉及方方面面，大家都给予了很好的配合，做出了自己的贡献。因为我们积累了这方面的运作经验，到第二辑，我们就比第一辑强了。第一辑我们确实像没头苍蝇一样，研究范例就搞了好几个月。后来第二辑为啥可以快，因为我们有了第一辑的经验，今后三联书店再做大项目就没有什么问题。我们有大项目出版经验，再有去年《邓小平时代》单本出版销售80万册的经验，还有啥困难能难住我们三联书店？成套书我们能出，重点书我们也能出，国家出版基金资助的书我们也能出，单行本大码洋我们也能出，积累了丰富的经验。最后一点，我们培养了一支出版队伍。为了出这套书，店里专门成立了专题项目部，专门调一批人，朱利国是专题项目部的副主任，后来是主任，我戏称他是培训学校的校长，通过第一辑第二辑出版，我们培养了一支队伍。这支队伍能够承担重要任务，完成店里交给的任务，也提升了自己的素质。我作为编委会主任，作为项目的负责人，对专题项目部同志的表现非常满意，对所有支持这套书出版并付出辛劳的同志，表示非常真挚的谢意。现在事实已经证明，《三联经典文库》这个项目的决策是正确的，实施是正确的。它给我们带来多重意义。当然也有一些遗憾的问题。第一个遗憾是设计、印制包括稿件的质量，可以做得更好一些。有的时候完美不了，做事情不可能是完美的，抓其主流、择其要就行了。这就叫要向根本求生死，莫向支流分浊清。尽管如此，事情可以尽量做得完美一些。因为多种原因，在选本的问题上，在质量的问题上，或者是其他方面，这套书还有一些遗憾之处。另一个遗憾，就是第三辑申报资助由于抓得不紧，督促得不够，我们第一次申报的时候资料不够完全，第二次申报的时候，资助标准又发生了变化，最终第三辑没有申报成功。如果第三辑申报基金成功，那就已经在运作当中了。最后我提出几点希望：第一，希望我们大家、专题项目部（包括店领导班子）要用好这个成果。我们不是书出来以后就束之高阁，我会把第一辑四箱和第二辑四箱拿回家去，做一个永久的纪念。但是我们不是为了纪念而出书，我们要利用好，包括我们的图书馆；我们要把这些书送到国家图书馆和其他图书馆，发挥它的作用。第二个希望是要发行好宣传好。现在当当网包销，不能一包了之，我们对这套书要宣传好，对劳动成果要展示好。第三点希望是搞好六月份的结项，各种费用、各种事项，包括预留出稿费等，所有结项工作都要善始善终地做好。第一辑结项验收是优质项目，国家出版基金办给打92分，第二辑也希望是优质项目。第四个是希望处理好遗留问题，特别是版权问题，人家应该得到的报酬，不用人家来找，我们就把钱汇给人家。第五个是希望继续做好第三辑、第四辑、第五辑《三联经典文库》的出版工作，按照我们以前的规划，我们要出五辑。第三辑主要是建国以后出的“灰皮书”及其他，第四辑、第五辑是改革开放以来的书，我们有这样的规划。建议发扬锲而不舍的精神，长期规划，分头实施，奋斗若干年把五辑出齐。现在要把第三辑提上日程，第三辑原则是面向市场，整体规划，分步实施，出齐打包。专题项目部从今年开始变成专题出版分社了，承担的主要任务已经不只是《三联经典文库》了，但要继续挖掘这份资源、发展这份资源，把它利用好。《三联经典文库》回顾总结之时说以上这些话很有一些感慨，因为它值得我们感慨，值得我们总结。三联书店没有一套书动用了这么多的资源，动用了这么多的人脉关系，成立这么庞大的编委会，还请了金冲及和吴敬琏当学术顾问，这是我们1986年独立建制以来绝无仅有的。我在任有限的时间里看不到第三辑的出版了，我也不知道它在什么时候出完，但是我希望这个事情，我们所撒下的种子，我们所开辟的项目，一辑一辑做下去，能把这个火炬传递下去。我有一个体会，做事情就是要下决心，你下了决心就完成了，你实实在在去落实就完成了，不能叶公好龙。十鸟在林，不如一鸟在手，盯住了就完成了。回顾三联这几年发展历程，都是这样的，都是把不可能变成可能，克服了重重困难。《三联经典文库》一、二辑的出版，在三联出版史上、在三联书店团结奋斗史上、在三联出版经验方面添了浓抹重彩的一笔，我们要认真总结好、利用好这笔精神财富。最后再次感谢专题项目部的各位同志，谢谢在座各位同志为《三联经典文库》一、二辑出版做出的贡献，历史会铭记大家！

韬奋图书馆落成并对外开放

2012年7月16日上午，三联书店举办“韬奋图书馆”开馆仪式，第一家以韬奋先生名字命名的公益图书馆在北京亮相，原中共中央政治局委员、国务院原副总理、九届全国人大原副委员长邹家华，中宣部副部长蔡名照、国家新闻出版总署副署长邬书林等出席了开馆仪式，并为开馆揭牌。这是三联书店继承韬奋精神，弘扬三联传统的重要举措，也实现了几代三联人的愿望。

韬奋图书馆位丁三联书店综合业务楼一楼，三联韬奋书店东侧，大厅宽敞明亮。一进图书馆大厅，左侧墙上镌刻着邹韬奋先生为生活书店确立的宗旨：“竭诚为读者服务”。两侧悬挂着郭沫若先生为韬奋图书馆撰写的嵌名联：“韬略终须建新国，奋飞还得读良书。”韬奋图书馆的额匾是郭沫若先生手书，另一牌匾则由黄苗子题写。韬奋图书馆现有藏书两万五千余册，其中约五分之一为50年代前的版本。其中最珍贵的，是抗战胜利后，筹建韬奋图书馆时各方捐赠及购置的图书，书上印有“韬奋图书馆藏书”字样的椭圆章。

韬奋图书馆是我国当今唯一一家由出版单位设立、以对社会公众为服务对象的公益性社区专题图书馆，将以近现代出版史和出版人物研究为特色专题。图书馆开馆后除了供内部使用还向社会公众开放。

中宣部、新闻出版总署、中国出版集团、东城区的领导先后致辞，充分肯定三联书店创办韬奋图书馆的社会意义及其对文化发展的贡献，称赞三联书店在自身发展后，热心公益事业，为我国文化企业带了好头，认为这一举措具有标志性意义。

邹韬奋的长子、曾任党和国家领导人的邹家华，因年事已高，平常很少外出参加活动。当我邀请他参加韬奋图书馆开馆仪式时，老人欣然答应了。当他揭开蒙着红绸的牌匾，大声宣布韬奋图书馆开馆时，激动心情溢于言表。是啊，此时此刻三联人都怀有一种激动的心情，因为创办韬奋图书馆的愿望由来已久。

三联书店主要创办人之一、中国著名新闻记者、出版家、政论家邹韬奋先生（1895—1944），因患癌症，于1944年7月24日不幸与世长辞。9月28日，中共中央发出唁电后，即由周恩来同志主持筹备纪念和追悼的事宜，组成13人的筹委会，拟定了《纪念和追悼邹韬奋先生办法》，其中就有“在重庆设韬奋图书馆，由各界人士自愿捐赠书报”一项。周恩来上报毛主席时加了：“提议以韬奋为出版事业模范”，10月16日毛泽东主席批示：照此办理。但由于当时复杂的社会环境和历史条件，设立韬奋图书馆的工作未能展开。

抗战胜利后，经过生活书店同仁和沈钧儒、李公朴等知名人士的不断努力，1948年韬奋图书馆筹建又得以积极进行。生活书店为筹建韬奋图书馆，将“生活出版合作社股金”四万元捐献出来，并将当时大部分图书及韬奋先生的藏书集中到上海。郭沫若为祝贺韬奋图书馆即将建立，还写了一幅以韬奋名字为句首的嵌字联：“韬略终须建新国，奋飞还得读良书。”可惜的是，由于时局的变化，这次建馆最终又未能实现。

1949年新中国成立，根据政务院的有关规定，韬奋图书馆未能建立，后来建立了韬奋纪念馆。1951年三联书店合并到人民出版社，这批图书转入人民出版社图书资料室收藏借阅。

1986年，三联书店恢复独立建制，从人民出版社分离出来。1996年秋天，三联书店新办公楼竣工，具备了设立韬奋图书馆的条件。1997年1月店里做出《关于设立三联书店韬奋图书馆建制的决定》。据当时筹建韬奋图书馆的首任馆长苑兴华先生回忆：除购置必要的各种工具书及各学科参考书之外，范用、丁之翔、李文、王仿子、劳季方、黄慧珠、吴道弘等许多老同志送来自己收藏的书刊，特别是珍贵的旧版三联书刊。本店职工也送来父辈保存的旧版书刊和自己的藏书，许多兄弟出版社也都慷慨支持，一个供内部借阅的图书馆初具雏形。

图书馆初步设定为三个功能：一是为编辑工作服务，购置各种工具书及各学科参考书。二是收集从生活书店成立以来出版的本版书刊。三是有关三联书店店史资料的收集积累。这一切除了购买，更多是要靠捐赠和交换。捐赠消息发出去以后，三联老前辈热烈响应。第一个捐赠大户是范用先生，他让人送来七八捆抗战时期的旧杂志。更为让人惊喜的是，他告诉时任馆长的苑兴华，在新华厂存放三千多册三联书店以前的旧版书，可以联系拉回来。经过与人民出版社有关领导联系，在 7 月 15 日全部运了回来。这批图书为韬奋图书馆打下了基础，成为镇馆之书。书运回时，范用说了一句感人肺腑的话："汪曾祺遽然弃世，我说不定也会这样，说走就走。我要在这之前，把该办的都办好，再上路。"在提到收集三联书店店史资料时，范用表示赞成。他说有些实物也可以收集，遗憾的是当时没有收藏条件，没能进行下去。范用对图书馆是一直关心的，像沙发坏了、灯的开关要改（一个人看书一屋子的灯全都亮）等小事，也提醒工作人员尽快修好。由此可见范用这位三联老前辈为此付出的心血。

1998 年图书馆正式开馆使用，但面积狭小，挤在楼顶一个只有一百多平方米的空间，没能得到充分利用。曾任馆长的苑兴华退休后告诉我："回想起来，说是图书馆，其实就是个小型资料室。除我之外，工作人员先后有仇辉、秦人路、王怀秀、夏晔、张瑞玲、陈品洁，其中秦人路和王怀秀已经作古。我们几年的努力，不过是给韬奋图书馆的建设开了个头，迈出了第一步。重要的是对韬奋图书馆初建的参与，体现了我们心中的一种三联情结。"

我 2005 年到三联书店工作后，分管图书馆，对上述情况有更多的了解。当我了解到三联前辈们筹建图书馆的坎坷经历，他们未了的夙愿，深感自己肩上的责任——这是三联人责无旁贷的一个历史责任。当时即暗暗下定决心，一旦时机成熟，就要努力实现几代人六十年来未能实现的夙愿。我的这一想法也完全符合三联人的心愿，原任总经理沈昌文给我写信，慷慨激昂地讲恢复三联韬奋图书馆的必要性和意义，还多次到办公室找我。原任图书馆馆长苑兴华虽已退休，但几次见我都言及办好韬奋图书馆的事，还送来他撰写的《我与韬奋图书馆的的初建》一文供我参考。时任韬奋图书馆负责人徐建平提交了《关于筹建开放性的韬奋图书馆的建议》，对场地、时间安排、功能设置和经营模式、经费预算都有详尽的考虑。逢年过节，我去一些三联老同志家拜访，不少人关心图书馆建设，甚至提出希望在离世之前能看到对外开放的图书馆开办起来。这样，我的肩上除了有一种责任感之外，还有一种紧迫感。

2011 年冬，三联书店租给“祥升行”卖照相器材的一层东侧房子合同到期。这块地方共计 320 平方米，位置好，面临隆福胡同正街，开门就是居民区，门前有川流不息的人群，很适合开办图书馆。但是否收回来办公益性的图书馆，店内意见不统一。有的同志从经济效益考虑，提出租出去每年有近 60 万元收入。收回来不仅租金没有了，每年还要投入几十万元，里来外去每年要赔一百多万元，还不说要花开办费。提出现有图书馆在楼顶上不动，能查个资料就行了。针对这种情况，我们先是在领导班子中统一认识。我在店务会上说：我们为什么要设立真正意义上的韬奋图书馆？一是实现中共中央第一代主要领导人毛泽东、周恩来与郭沫若等著名文化人士及三联前辈们的夙愿；二是响应党中央关于推动文化大发展大繁荣的号召，为促进先进文化发展贡献力量；三是践行“竭诚为读者服务”的办店宗旨；四是打造三联文化名片，扩大三联品牌影响力。旨在传承弘扬韬奋精神，服务社会，为建设书香社会做出贡献，建立一个与读者、作者、知识界、文化界等社会各界深入交流沟通的平台。近年来我店提出“做强做开”的发展思路和打造“三联文化场”的概念，以美术馆东街22号综合业务楼为依托，成功改制韬奋书店，建立读者俱乐部、开通书香巷，设立“网上书店”，开通淘宝网三联旗舰店，正在形成一个上下立体、内外贯通、文化氛围浓郁、高度密集的核心文化圈，韬奋图书馆是“三联文化场”的重要组成部分。我们的规划是，先期建成研究近现代出版史和出版人物的专题图书馆，然后向综合性图书馆过渡；现以三联书店建店八十年来出版的本版图书为主体，然后向各出版单位所出版的图书扩展；先建立实体图书馆，再开通“网上图书馆”；先以立足北京，服务本地为主，同时以各种形式向外延伸发展。最后，大家一致同意按照社会效益优先的原则，抓紧把韬奋图书馆办好，使其成为服务公众的文化场所，在我们手上实现几代三联人的夙愿。会议决定我兼任图书馆馆长，配一名副馆长具体负责，各部门密切配合，紧锣密鼓地开始筹备工作。我还代店领导班子起草了《关于设立面向社会开放的公共图书馆——韬奋图书馆的决定》，面向全店员工公布，希望全店员工认识建立韬奋图书馆的意义，积极支持并提供必要的帮助。

在韬奋图书馆筹建过程中，我们得到了许多领导、朋友以及各方面的大力支持。邹家华同志听取了我们的专题汇报，非常重视和支持图书馆的建设，并提出了重要的指导意见；中宣部、新闻出版总署的各级领导对韬奋图书馆给予了亲切的关怀；中国出版集团领导给予我们具体的经济支持；许多三联老前辈热心图书馆建设，主动捐献图书资料。这些都使我们感到温暖，同时更坚定了把图书馆办好的信心和决心。

经过多方努力，韬奋图书馆终于在三联书店八十年店庆期间开馆。邹家华同志揭开牌匾，一个以面向公众、服务读者为最终目标的韬奋图书馆终于落成，当年三联前辈的梦想和几代三联人的努力变成了现实。三联书店全体员工参加了开馆仪式，见证了几代人创建的韬奋图书馆开馆这一重要时刻。三联书店前任总经理沈昌文到会发言，他是韬奋图书馆的积极支持者，他这样说："我们三联的公益事业是有历史渊源的，一定要努力把它办好。比如说要办好韬奋图书馆、书香小巷、我们的韬奋门市部等，这些都是具有公益性质的事业。……三联不仅是在近期的效益上，而且要有一个长远的效益、有长远的眼光来发展我们的事业。"我在会上代表全体员工表示："我们将继承、发扬前辈的优良传统，弘扬韬奋精神，竭诚服务社会，办好韬奋图书馆等一系列公益事业，以赤子之心回报社会。"韬奋图书馆开业运营几年来，馆内员工尽职敬业，取得良好社会效益。坐落在三联办公楼一层东侧、与三联韬奋书店比邻的韬奋图书馆，现已成为弘扬韬奋精神的一个文化地标。

隆重庆祝三联书店创建八十周年

我在三联书店工作期间，带领店领导班子干的最大、最有影响的一件事，就是举全店之力，隆重举办八十年店庆活动。所谓最大，就是在三联书店发展史上举足轻重、至为重要；所谓最有影响力，就是在出版界乃至全国都造成了巨大影响，上到党和国家最高领导人，下到普通读者都对三联的品牌予以关注，极大地提升了三联书店在全国读者心中的知名度、美誉度。这有当时全国重要媒体的宣传报道为证。

2012 年 7 月 26 日下午，三联书店创建八十周年庆祝大会在北京人民大会堂隆重举行，国内的一些重要媒体当天就进行了及时报道。中央电视台新闻联播节目在头条位置播放 7 分钟，先是全文播送胡锦涛总书记祝贺三联书店创建八十周年的贺信，尔后播报了庆祝大会盛况，还回放了三联书店的光荣历史以及在各个时期发挥的重大作用。我们是在庆祝大会结束后，在当晚于娃哈哈大酒店举行的联欢晚会现场看当晚新闻联播的。当看到央视如此重视三联店庆，给三联这样的评价和地位，许多三联老前辈喜极而泣。这次庆祝活动是北京三联书店、上海三联书店、香港三联书店共同举办的，我们三家三联书店的领导人紧紧拥抱，频频举杯，为此热烈庆祝。当新闻联播播放完这条消息，联欢会现场成了欢乐的海洋，欢庆活动的欢快氛围达到了顶点。当天晚上的联欢会是央视著名播音员海霞为我们主持的，久经“沙场”的她也和三联人一样激动，抑制不住内心的兴奋。在海霞主持下，三联员工自编自演的节目多姿多彩，发挥了最好水平。当三联老前辈和三家三联负责人共同登台合唱《团结就是力量》这首歌时，许多人眼中都闪烁着晶莹的泪光。

新华社为三联书店八十周年店庆大会发了通稿，次日（10月27日）人民日报、光明日报、中国新闻出版报等报纸均在头版头条刊载了这一重要消息：

大标题：胡锦涛总书记致信祝贺三联书店创建八十周年

二级标题：吴邦国　温家宝　习近平　李克强表示祝贺

三级标题：李长春表示祝贺并会见庆祝大会与会人员

报道全文如下：

新华社北京7月26日电（记者　顾瑞珍）在三联书店创建八十周年之际，中共中央总书记、国家主席、中央军委主席胡锦涛致信三联书店，向全体员工和离退休老同志表示热烈的祝贺和诚挚的问候。

胡锦涛指出，八十年来，三联书店始终秉持爱国进步立场，在我国革命、建设、改革各个历史时期，编辑出版了一大批优秀图书和刊物，赢得了一大批忠实读者，为传播先进思想、弘扬优秀文化、促进社会发展做出了积极贡献。

胡锦涛强调，在深化文化体制改革、推动社会主义文化大发展大繁荣的新形势新任务面前，希望三联书店坚持走中国特色社会主义文化发展道路，以创建八十周年为契机，创新体制机制，发挥特色优势，不断推出思想性、知识性、可读性有机统一的精品出版物，为建设社会主义文化强国贡献新的力量。

党和国家领导人吴邦国、温家宝、李长春、习近平、李克强分别向三联书店创建八十周年表示祝贺。

26日下午，三联书店创建八十周年庆祝大会在北京人民大会堂举行。会前，李长春亲切会见了与会人员，并同大家合影留念。

中共中央政治局委员、中央书记处书记、中央宣传部部长刘云山出席庆祝大会并讲话。中共中央政治局委员、国务委员刘延东致信祝贺三联书店创建八十周年并出席庆祝大会。刘云山在讲话中充分肯定了三联书店创建八十年来取得的显著成绩和做出的重要贡献，希望三联书店和出版界深入贯彻落实党的十七届六中全会精神，按照胡锦涛总书记在贺信中提出的要求，弘扬优良传统，坚持特色品位，不懈开拓创新，自觉肩负起传播社会主义先进文化的重要责任，推动出版业实现新的跨越。要牢记出版使命，把建设社会主义核心价值体系作为根本任务，宣传先进思想理论，倡导文明道德风尚，更好地以先进文化引领社会发展进步。要竭诚服务读者，深入研究读者多层次多样化的阅读需求，丰富题材种类，降低消费门槛，为人民群众提供更好更多的精神食粮。要坚持一流水准，着眼世界学术文化发展前沿，立足中国哲学社会科学发展实际，推出更多体现中国视角、具有中国气派的学术文化精品。要继续深化改革，大力推进体制机制、内容形式和传播方式创新，推动出版业与现代信息技术融合，更好地激发出版业的创造活力和发展动力。要加强队伍建设，遵循人才成长规律，着力培养一批学术造诣深厚的编辑人才、一批懂经营善管理的复合型人才、一批适应出版业走出去的国际化人才，为出版业繁荣发展提供有力支撑。

李瑞环、李岚清、严隽琪、陈奎元、孙家正和邹家华、许嘉璐等也以不同方式对三联书店创建八十周年表示祝贺。

庆祝大会上，新闻出版总署署长柳斌杰、中国出版集团公司总裁谭跃、三联书店总经理樊希安、三联书店作者代表金冲及、三联书店老员工代表吴道弘作了发言。

中央宣传思想工作领导小组成员、中央和国家机关有关部门负责人参加庆祝大会。

中央新闻媒体如此重视三联书店创建八十周年店庆宣传，源自于中央宣传部领导的高度重视，在此之前的7月初，中宣部有关部门就下发了《三联书店创建八十年报道通知》，对整个报道做了详尽具体安排：

1. 7月上旬至8月上旬，三联书店将举办系列纪念活动，请各新闻单位做好宣传报道，反映三联书店创建八十年来，特别是改革开放以来在学术、文化出版等方面取得的显著成就。

2. 7月26日前后，请新华社以“薪火相传——从红色出版中心到学术文化出版重镇”为主题播发报道，介绍三联书店发展历程，展示三联书店在党的领导下发展壮大，推出大批精品力作，为弘扬和传播优秀文化做出的积极贡献。人民日报等各报刊刊登新华社稿或自采稿，中央电视台“东方时空”作专题报道。

3. 7月26日，将举行三联书店创建八十周年庆祝大会。请新华社当日播发消息，人民日报等各报刊次日刊登，中央人民广播电台次日“新闻和报纸摘要”、中央电视台当晚“新闻联播”播出报道。

在人民大会堂召开庆祝大会之前，各大媒体就已经开始对三联书店创建八十周年进行重点报道，形成了浓厚的氛围，而大会堂庆祝大会的报道，把整个宣传活动推向了高潮，三联书店创建八十周年成了重大社会事件和文化热点。由于报道篇幅的限制，新华社当日播发的消息（次日各大报纸统一刊登，中央人民广播电台播出）没能充分展开，也不可能涉及更多的细节。我在这里尽可能地加以“补充”，使之作为完整的历史存证。

先看一下会议议程。

三联书店创建八十周年庆祝大会议程安排：

时　间：2012 年 7 月 26 日（星期四）下午 15：30—16：30

地　点：人民大会堂小礼堂

主持人：中国出版集团公司党组书记　王涛

议　程：

1. 中共中央政治局委员、国务委员刘延东同志宣读中央领导同志贺信。

2. 生活·读书·新知三联书店总经理樊希安发言。（5 分钟）

3. 三联书店老员工代表、人民出版社原副总编辑吴道弘发言。（5 分钟）

4. 作者代表、中央文献研究室原常务副主任金冲及发言（5 分钟）

5. 中国出版集团公司总裁谭跃发言。（5 分钟）

6. 新闻出版总署署长柳斌杰发言。（10 分钟）

7. 中共中央政治局委员、中央书记处书记、中宣部部长刘云山同志作重要讲话。

大会议程第一项是刘延东同志宣读中央领导同志和人大、政协等领导同志的贺信，她依次宣读，光宣读贺信就占去了不少时间。胡锦涛总书记的贺信已在媒体报道中全文引用，其他领导同志的贺信我在此予以展示。

中共中央政治局常委、全国人大常委会委员长吴邦国为三联书店八十周年店庆题词：恪守“人文精神、思想智慧”理念，继承为人民服务优良传统，为时代发展再做新的贡献。

中共中央政治局常委、国务院总理温家宝为三联书店八十周年店庆题词：求索真理，启迪民智，传播新知，泽被后世。

中共中央政治局常委李长春致贺信。贺信内容如下：

值此三联书店创建八十周年之际，谨表示热烈祝贺，并向全店干部员工致以亲切问候！

三联书店是在中国共产党领导下创立的进步出版企业。八十年来，三联书店始终秉承“竭诚为读者服务”的店训，自觉融入时代进步的洪流，积极宣传先进思想理论，传播科学文化知识，编辑出版了大量优秀出版物，涌现出一批成就卓著的出版编辑人才，在传承人类文明、提高民族素质、繁荣学术文化等方面，发挥了积极作用。特别是党的十六大以来，三联书店认真贯彻中央关于深化文化体制改革的决策部署，不断推进体制机制创新，面向市场，服务读者，为加快发展注入新的生机活力。

希望三联书店以八十年店庆为契机，认真学习贯彻党的十七届六中全会精神，坚持正确的出版方向，抓住机遇，加快发展，推出更多思想性、知识性、可读性相统一的优秀出版物，在服务读者的过程中赢得市场、壮大实力，努力建成具有较强竞争力和影响力的国际一流出版传媒企业，为繁荣发展我国出版事业作出新的更大贡献，以优异成绩迎接党的十八大胜利召开。

中共中央政治局常委、书记处书记习近平致贺信。贺信内容如下：

三联书店：

值此三联书店创办八十周年之际，谨向你们表示热烈祝贺和诚挚问候！

八十年来，三联书店积极宣传先进思想理论，传播科学文化知识，出版了大量精品力作，为繁荣文化出版事业、丰富人民精神生活发挥了突出作用。希望你们抓住机遇、开拓进取，坚持为人民服务、为社会主义服务方向，弘扬三联品牌，继承三联传统,多出好书,多出精品,为推进社会主义文化大发展大繁荣作出新的更大贡献。

中共中央政治局常委、国务院副总理李克强致贺信。贺信内容如下:

我是三联书店多年的读者,也曾经常在三联韬奋书店的书丛中流连并购书,自然有一份情感。在此,谨祝生活·读书·新知三联书店八十华诞。生活中不能没有读书,读书总会得到新知,即使是温故亦可知新。希望三联书店秉持传承,面向未来,努力打造读者喜爱、积淀深厚的百年文化品牌。

原中共中央政治局常委、全国政协原主席李瑞环为三联书店八十周年店庆题词:传承文明,服务社会,功在千秋。

原中共中央政治局常委、国务院原副总理李岚清为三联书店八十周年店庆题词并治印。

印文:弘扬韬奋精神

题词:传播真理百折不挠,唤起民众抗战救国。

中共中央政治局委员、国务委员刘延东致贺信。贺信内容如下：

值此三联书店成立八十周年之际，谨致热烈祝贺！并向全体三联人致以诚挚的问候！

八十年来，在党的正确领导下，三联书店始终秉承邹韬奋先生“竭诚为读者服务”的宗旨，恪守“人文精神，思想智慧”的理念，坚持“一流、新锐”的标准，薪火相传、发展壮大，成为广大作者与读者沟通交流的纽带和桥梁。八十年来，经过一代又一代三联人的不懈追求和努力，三联书店推出了大量涉及经济、政治、文化、社会等领域、具有鲜明时代特征的精品力作，集古今中外优秀文明成果之大成，宣传先进思想、传播科学知识、彰显人文关怀，为求索真理、启迪民智，丰富人民群众精神文化生活、繁荣发展社会主义文化，为中国革命、建设和改革事业做出了积极贡献。

党的十七届六中全会吹响了推动社会主义文化大发展大繁荣、建设社会主义文化强国的号角，新闻出版业迎来了前所未有的历史机遇。三联书店作为具有优秀历史和光荣传统的出版机构，肩负着光荣使命，责任重大。希望三联书店站在新的起点上，大力弘扬社会主义核心价值体系，传承韬奋精神，坚守社会责任，继往开来，改革创新，充分发挥三联品牌优势和影响力，坚持社会效益和经济效益相统一，贴近实际、贴近生活、贴近群众，不断推出更多更好引领风尚、教育人民、服务社会、推动发展的有中国品格、国际视野的优秀出版物，为建设社会主义文化强国、实现中华民族伟大复兴做出新的更大贡献！

原中共中央政治局委员、全国人大常委会原副委员长、国务院原副总理邹家华为三联书店八十周年店庆题词：继往开来锐意创新，繁荣文化服务人民。

全国人大常委会副委员长、民进中央主席严隽琪为三联书店八十周年店庆题词：出版重镇，精神家园。

全国政协副主席、中国社会科学院院长陈奎元为三联书店八十周年店庆题词：弘扬先进文化，服务大众人民。

全国政协副主席、中国文学艺术界联合会主席孙家正为三联书店八十周年店庆题词：当代文化建设需要弘扬真诚敬业的三联精神：文化如水滋润万物，悄然无声，正因为如此，一切从事文化职业的人都应有一种至真至善至精至诚的文化情怀和敬业精神，当我们纪念三联书店创办八十周年的时候，我们又想起了这种精神，时光冲刷并未令它淡去光彩，时代的需要和社会的呼唤令它倍加珍贵。

全国人大常委会原副委员长许嘉璐为三联书店八十周年店庆题词：不尽新知岂待寻，生活万变妙而深。读书恰似登高处，掩卷犹聆圣哲音。

中共中央政治局委员、中央书记处书记、中央宣传部部长刘云山在庆祝大会上做了重要讲话。

他说：今天，三联书店在这里隆重举行创建80周年纪念大会，这对三联书店、对整个出版界来说，是一件值得庆贺的事情。胡锦涛总书记发来贺信，高度评价三联书店的重要贡献，对三联书店今后发展提出殷切希望。这充分体现了党和国家对三联书店的亲切关怀，对出版工作的高度重视。刚才，几位同志的发言，结合三联书店不平凡的历程，回顾成就、展望前景，表达美好祝愿。在此我谨向三联书店全体同志表示热烈祝贺，向为我国出版工作作出贡献的专家学者和长期以来关心支持出版业发展的各界人士表示衷心感谢！

他指出：党和国家一直十分关心三联书店的建设，十分重视出版业的发展，采取一系列的重要举措，为我国出版业繁荣发展提供了有力保障。当前，全党全社会正在深入贯彻党的十七届六中全会部署，围绕建设社会主义文化强国，加快文化改革发展步伐，迎来了文化建设的新高潮。要按照胡锦涛总书记在贺信中提出的要求，弘扬优良传统，坚持特色品位，不懈开拓创新，自觉肩负起传播社会主义先进文化的责任使命，努力推动出版业实现新的发展、新的跨越。

云山同志在讲话中对三联书店和出版界提出几点希望：一、牢记出版使命，更好地以先进文化引领社会发展进步。二、竭诚服务读者，更好地满足人民群众日益增长的精神文化需求。三、坚持一流水准，更好地创作生产高质量高品位的学术文化精品。

四、锐意改革创新，更好地激发出版业的创造活力和发展动力。
五、加强队伍建设，更好地构筑出版业繁荣发展的人才支撑。

三联书店八十年店庆大会有两位现任政治局委员到会，一位宣读贺信，一位作重要讲话，可见其分量之重。而在开会之前，在人民大会堂陕西厅，李长春同志专门听取我汇报了三联书店近几年发展状况。下面是我的汇报稿全文：

尊敬的长春同志：

今年是生活·读书·新知三联书店创建八十周年。三联书店是中国出版集团公司的下属企业，是一家具有悠久历史和光荣传统的出版机构。

八十年来，三联书店薪火相传、继往开来，从“红色出版中心”到“学术文化出版重镇”，始终坚持党的领导，秉承邹韬奋先生的办店宗旨，“竭诚为读者服务”，以“人文精神，思想智慧”为核心理念，丰富提高大众精神生活，搭建起作者与读者、精英与大众沟通的桥梁，在中国人读书生活中有不可替代的地位。

1932 年 7 月韬奋先生在上海创办生活书店，1948 年生活书店与同期成立的读书出版社、新知书店在香港合并成立生活·读书·新知三联书店。1951 年三联书店并入人民出版社。1986 年恢复独立建制。1996 年，迁入北京市东城区美术馆东街 22 号营业。2002 年三联书店划归中国出版集团公司，2010 年改制为企业。目前有学术出版分社、文化出版分社等六个图书出版部门；《读书》《三联生活周刊》等四种期刊；三联书店（上海）有限公司、北京三联韬奋书店、韬奋图书馆等分支机构。在职人员 300 余人。建店以来出版各种图书 6000 余种，以人文科学和社会科学图书为主，一大批出版物获得各种奖项，受到读者和社会广泛赞誉。

近年来，三联书店实施品牌战略、人才战略和企业文化建设战略，在弘扬三联传统、整合资源、开拓发展等方面取得了优异成绩，社会效益和经济效益实现双丰收：2009 年荣获“全国百佳图书出版单位”、2010 年获得第二届出版政府奖先进单位奖，2011 年被评为全国新闻出版系统先进集体，销售收入和利润分别达到 1.97 亿和 3300 万元。

三联书店八十周年店庆受到党和国家领导人的高度重视和亲切关怀，已进行的店庆活动有：出版《三联经典文库》、成立韬奋图书馆、在韬奋家乡建立一批韬奋书屋等。今天的庆祝大会是店庆活动的高潮，到会的有出版界代表、知识界代表、作者代表、三联书店员工，一些三联书店老前辈及其子女（包括韬奋先生的儿子、儿媳、孙女，朱枫烈士的子女等），共计七百多人。您会见与会代表并作重要讲话后，将在三楼小礼堂召开大会，云山同志、延东同志、陈奎元同志、邹家华同志、中央宣传思想工作领导小组成员出席会议，延东同志宣读中央领导同志的贺信，代表们发言，云山同志讲话，预计会议在下午四点半结束。

感谢您对三联书店的高度重视和亲切关怀，我们将以八十年店庆为契机，多出精品，服务社会，为我国文化大发展大繁荣做出新贡献，以优异成绩迎接党的十八大胜利召开。

我是第一次近距离向中央领导同志汇报工作，说实在话，心里有点紧张，手心都出了汗。好在见长春同志和蔼可亲，在旁侧坐的云山、延东同志也不时插话，气氛很活跃，使我紧张的心情一下子放松下来。开始我半坐在沙发上，等汇报完，我发觉自己竟将整个身子坐在沙发里，可见我的心情已由紧张转为松弛。

听完汇报之后，李长春同志和各位领导一行来到人民大会堂三层南过厅接见与会代表。参加人员有中央宣传思想工作领导小组成员，中央宣传部、新闻出版总署等单位负责同志，三联书店干部职工代表，三联书店作者、读者代表。共计约 200 人。接见活动由中宣部常务副部长雒树刚同志主持。李长春、刘云山、刘延东同志在人民大会堂南过厅接见与会代表并合影留念。之后，李长春同志即席发表重要讲话。讲话的主要内容是勉励三联书店及全国出版界发扬三联传统，争取更大光荣，努力为社会主义文化大发展大繁荣做出贡献。长春同志的讲话，使与会代表深受鼓舞。

参加接见并留下来继续参加会议的，除云山、延东同志外，中央宣传思想工作领导小组成员有：全国政协副主席、中国社科院院长陈奎元，中宣部常务副部长雒树刚，中宣部副部长、中央外宣办主任王晨，中宣部副部长、文化部部长蔡武，中宣部副部长、广电总局局长蔡赴朝，人民日报社社长张研农，教育部部长袁贵仁，新闻出版总署署长柳斌杰，新华社社长李从军，解放军总政治部副主任杜金才，中央办公厅副主任赵胜轩，国务院副秘书长江小涓。

邹家华同志参加了会议接见和庆祝大会的全过程，八十多岁的老人精神矍铄，和李长春、刘云山、刘延东等党和国家领导人接见会议代表后，又坐在主席台上参会至结束。而他之前正在北戴河休假，是当天专程从北戴河赶回来的，中午也没顾得上休息。有这么一些重量级的人物出席，可见三联书店庆祝大会规格之高，受到的重视程度前所未有。

在各方高度重视下，在精心筹备下，庆祝大会顺利进行。天公也很作美，本来中午还下雨，待临到开会时雨已不下了，不久便雨过天晴。人民大会堂小礼堂内，会议的各项议程顺畅进行。我代表三联书店做了5分钟发言。以下是发言全文：

尊敬的各位领导、各位来宾、三联书店老前辈、各位同仁：

今天是个喜庆的日子，是所有三联人激动而又难忘的日子。下面我仅从三个方面，表达对三联前辈的景仰之情，表达对来自各方面关爱的感激之意，表达我们对推进三联事业发展的决心。

三联书店自邹韬奋先生等前辈1932年7月1日创办生活书店发端，至今已经走过八十年历程。八十载发展进步，八十载顽强进取，八十载激流勇进，三联书店由幼苗长成大树，从当年的“红色出版中心”到今天的“学术出版重镇”，成为我国著名的出版品牌，在中国人读书生活中占据重要地位。三联的事业和党的事业、国家利益、社会昌明紧密相连；三联的进步同时代的进步、社会的进步、人民的进步始终同行。三联书店最鲜明的特色，三联同仁最可贵的品质，就是始终坚定不移地坚守理想、探索真理、追求光明，始终站在时代的前沿。三联人有激情，有理想，有“力谋改造社会”的高远情怀，有在时代洪流中激流勇进的进取之心。

民主革命时期，三联人是“播火者”，在党的领导下宣传革命、传播真理，共出版带有红色印记的读物两千余种，刊物五十余种，“在国民党统治区及香港起过巨大的革命出版事业主要负责者的作用”。新中国成立后，三联书店随党的主要任务目标的转移，积极参与社会主义文化建设，开始涉足学术出版领域，进行全新的探索和发展，成为学术文化出版重镇。改革开放新时期，“读书无禁区”一声春雷，炸开了沉闷僵化的空气，以新的面貌出现在改革开放前沿。开风气之先，领先他人半步，是三联人的追求，也是读者的赞誉。进入新世纪特别是加入中国出版集团以来，三联书店站在我国文化体制改革前列，在推动时代和社会进步的同时，实现自身的改革和进步，从“小而特”变为“大而强”，成为我国新闻出版系统先进集体，两个效益显著增长，社会影响力明显提升，贡献了一大批精品力作，受到社会各界广泛赞誉。在此，我向开创了三联基业、发扬了三联优秀传统的前辈们，向为三联事业顽强拼搏、奋斗不息的三联同仁，致以最崇高的敬意和最衷心的感谢！

三联书店能有今天的事业，多赖党和国家、社会各界及广大读者、作者的厚爱。中国共产党几代领导人都对三联书店的创始人邹韬奋先生和他开创的事业予以高度评价，用各种方式对三联的事业给予指导和支持。

三联八十年店庆活动得到了胡锦涛、吴邦国、温家宝、贾庆林、李长春、习近平、李克强、刘云山、刘延东等中央领导同志的高度重视和亲切关怀。今天，云山同志、延东同志亲自出席会议，云山同志还要作重要讲话，这是对我们莫大的鼓舞和鞭策。在三联事业的发展中，中宣部、新闻出版总署、中国出版集团公司，给予大量的具体指导和重要帮助。各发行机构、出版界同行、新闻媒体多有帮扶。八十年来，同样有无数读者、作者精心地呵护，真挚地关注着三联，给我们鞭策和鼓励。这些指导、帮助、鞭策、鼓励，这些来自四面八方的温暖，都融入三联人心中，化作激励我们前行的力量。借此机会，我们对所有支持和关心三联的领导和朋友表示诚挚的感谢！

党的十七届六中全会做出深化文化体制改革，推动社会主义文化大发展大繁荣的决定，给我们带来新的发展机遇。勇于争先的三联人又在谋划未来，按照“做强做开”的基本思路，继续实施品牌、人才、企业文化建设战略，向集团化发展的近期目标和努力成为国际著名出版品牌的远大目标奋力前行！上海三联书店、三联书店（香港）有限公司与生活·读书·新知三联书店同根同源，三家三联书店是三联事业的共同继承者，多年来形成了发挥各自优势、在不同区域竭诚为读者服务、共同弘扬三联品牌的基本格局。近年来京沪港三家三联书店加强战略合作，共同投资成立三联国际文化传播公司，以实际行动打造“大三联”品牌，携手共创三联大业。我们决心按照胡锦涛总书记的嘱托，以创建八十周年为契机，创新体制机制，发挥特色优势，不断推出思想性、知识性、可读性有机统一的精品出版物，为建设社会主义文化强国贡献新的力量！

接下来，三联书店早期员工、原人民出版社副总编辑吴道弘代表三联老员工发言。以下为发言全文：

尊敬的各位领导、尊敬的文化学术界专家学者、同志们、朋友们：

我们在庄严的人民大会堂里，为生活·读书·新知三联书店创建80周年而欢聚一堂。我作为三联书店早期的员工，同时也是建国后进店的晚辈，此刻感到无比的激动。62年前参加三联工作的往事，历历在目。

1949年上海解放时，我还是个学生，正在大学里念书。当时的政治热情是很高的。十月份的开国大典是从收音机的广播里收听的，受到了鼓舞和教育。学校建立团组织的时候，我成为青年团员。当时有一本《学习》杂志，是广大知识青年特别爱读的刊物，这本杂志就是三联书店出版发行的。《学习》杂志上有一篇社论叫《从头学起》，成为我提高觉悟、不断前进的动力。在有一期《学习》上读到"三联书店在北京、上海招考员工"的消息，我就是这次报考后，通过笔试、口试被录取的。

1950年2月到三联书店的上海编审室做校对工作，从这里起步，开始了我将近半个世纪的编辑出版职业生涯。当时有一个深入人心的认识，参加三联，"首先是革命者，其次才是出版工作者"。半年以后，我被调到三联书店北京总管理处的编审部。第二年由于出版发行机构的调整，我从三联书店调到人民出版社工作，一直到1995年退休。

所以说我的编辑出版工作是从三联开始的。我耳濡目染了三联前辈们的革命精神和创业道路，三联员工之间的团结与合作，以及对编辑、出版、发行工作的钻研与敬业。总之，在三联得到的教育与锻炼，使我一生受用，终身难忘。

1993年我荣幸地获得第三届“韬奋出版奖”，我一直牢记韬奋精神是我做好编辑出版工作的鼓舞力量。

我在刚进三联的时候，就学习韬奋先生的三本著作：《经历》《事业管理与职业修养》和《抗战以来》。韬奋先生总结出生活书店最可宝贵的八种传统精神是：“一曰坚定，二曰虚心，三曰公正，四曰负责，五曰刻苦，六曰耐心，七曰服务精神，八曰同志爱——指工作同志”。我以为，韬奋的光辉一生，就是“生活精神”的集中体现。韬奋先生的革命出版精神和优秀文化遗产，在新的历史条件下也得到了继承和发扬，我们为此感到欣慰，看到今天三联的事业如此兴旺发达，我感到由衷的喜悦。希望生活·读书·新知三联书店的事业与时俱进，永远向前！

原中央文献研究室常务副主任金冲及代表作者、读者发言。发言全文如下：

尊敬的各位领导、尊敬的文化学术界专家学者、同志们、朋友们：

下午好！非常高兴，也非常激动参加三联书店创建八十周年庆祝大会。

与其说我是作者代表，不如说我是读者。我是生活·读书·新知三家出版社的老读者，而且是忠实读者。它对我的一生产生了重大影响。

事情要从六十五六年前说起，那正是我在国民党统治区进大学读书的前后。当时生活书店出版的《青年自学丛书》到《大学丛书》，还有韬奋的许多著作，新知书店出版的《新知丛书》、读书生活出版社出版的《大众哲学》等，我大多读过。这些书的作者几乎都是马克思主义者在各个学科领域内的名家。像许涤新、薛暮桥、翦伯赞、侯外庐、胡绳、华岗、艾思奇、李达等。我几乎都是通过读这些书才了解和熟悉他们的。读这三家出版社所出的书，远比读大学课堂上老师指定的参考书要多得多，可以说在我眼前打开了一个新的天地。进步同学组织的读书会还从中选一些书逐章逐节的讨论。

回想起来，我懂得的一点马克思主义基本原理和社会科学各方面的基础知识，最早就是靠读这三家出版社的书打下的基础。由于那时正处在成长中的青年时期，又是如饥似渴地读的，它的影响在自己头脑里可以说根深蒂固、受益终生。这决不只是我个人的经历，在我周围国民党统治区的进步青年中可以说相当普遍。它产生的广泛社会影响，也许是今天的人们难以想像的。

生活·读书·新知这三家出版社到解放战争后期合并成了三联书店。后来恢复独立经营，又给我一个突出的印象，就是学术品位比较高。像《陈寅恪集》《钱锺书集》《钱穆作品系列》这些书都是由三联出的。所以，当我写的书能够由三联书店出版，从我内心来说，特别感到高兴。

借这个机会，我想说一个长期以来心里的感触。读书的重要性，大家都知道，不用多说。许多在社会上产生很大影响的书，读者对它的作者和书名大概都会记得，但它是哪一家出版社出版的未必都记得清楚。至于在幕后默默工作的出版工作者们就更少人知道。像上面举到的许多享有盛名的作家和作品，大家不会忘记，但像徐伯昕、黄洛峰这些作出重大贡献的出版家们，又有多少人知道他们的名字？事实上，如果没有那么多出版工作者的经年累月的精心策划、编辑、印刷、发行（解放前还是在极端险恶的环境下那么做的），有些好书也许就不会出版，更无法送到读者手中，造成那么大的社会影响了。历史书中，包括文化史的著作中也很少对出版事业发展历史的介绍，这是不公道的。

这些年，在中央领导的关怀下，先后举行了人民出版社、中华书局诞辰纪念会，今天又能参加三联书店成立八十周年的纪念会，这是对广大出版工作者的鼓励。

我期望，能够有优秀的中国近现代出版史出版，使出版工作的历史能够在文化史上处于它应有的地位。

中国出版集团公司总裁谭跃代表上级主管单位发言。他在发言中说，在中国近现代以来的出版业，三联书店可谓独树一帜。她个性鲜明，品格独特，文以载道，志向高远；她在共产党的长期领导下，传播马列理论，引领思想潮流；倡导文明新知，促进社会进步；推崇先进文化，建设国民精神。她传播先进文化因而成就于文化先进；她得力于文化名人因而造就了文化经典；她致力于服务大众因而赢得了大众口碑。在中国现代出版史、思想史、文化史和学术史中，三联书店事功卓越，影响卓著。

三联书店八十年的历史，也可以说是一部出版的教科书。她的影响、她的贡献、她的成功都明确告诉我们，时代性是其生机，她既是时代的产物又是时代的号角；思想性是其灵魂，她既受到先进思想的洗礼又为思想的先进传道；经典性是其品格，她在传播经典中锻造了一个出版经典；大众化是其生命，她在服务大众中确立自身的文化价值。

他强调指出，时代性、思想性、经典品位和大众口味，是三联成功的基本经验，是三联发展的优秀传统，也是我们当今做强出版、做大企业、做响文化影响极其珍贵的重要启示。

新闻出版总署署长柳斌杰在庆祝大会上做了长篇讲话。他代表新闻出版总署向三联书店创建八十周年表示热烈的祝贺！向长期以来关心和支持新闻出版工作的中央领导同志和众多专家学者表示衷心的感谢！向三联书店的全体员工和离退休老同志致以崇高的敬意！

他说：党中央历来关心三联书店，十分重视三联书店在革命、建设和改革开放中的重要作用，党的三代领导核心都对三联的出版工作做出过重要的评价和指示。以胡锦涛同志为总书记的党中央，也十分关心三联书店的改革发展，胡锦涛总书记发了贺信，李长春同志接见与会代表并发表了重要讲话，高度评价了三联书店的历史功绩和文化贡献，充分肯定了党的十六大以来三联书店深化改革、创新发展的新成就，对进一步做好当前新闻出版改革发展提出了殷切希望和明确要求。云山同志、延东同志亲临庆祝大会，云山同志还要发表重要讲话。这一切，都充分体现了党中央、国务院对全国新闻出版战线的高度重视和亲切关怀，是对全国新闻出版工作者的巨大鼓舞和鞭策。我们一定不负中央领导同志的厚望，继承和发扬革命前辈新闻出版工作的优良传统，在改革开放的时代里，为中华民族的伟大复兴贡献力量。

他在讲话中集中概括了中国出版的“三联精神”。这一精神的内涵：

一是追求真理的精神。八十年坚持传播马克思主义科学真理，传播人类先进文化，为中国革命、建设和改革开放事业提供精神力量。

二是崇尚新知的精神。八十年坚守人文关怀和精品意识，大力推介新知新作，为我国学术繁荣和民智发展出版了大批精品力作，影响了几代人的成长。

三是服务读者的精神。八十年始终恪守“竭诚为读者服务”的宗旨，精心出版高品质普及读物，为传播知识、普及文化做出了重要贡献。

四是开拓创新的精神。八十年坚持与时俱进、开拓创新，全力打造三联品牌，努力提升文化影响力和竞争力。

他强调三联书店八十年的辉煌历史，是一部坚持真理、追求新知，服务大众、开拓创新的历史，也是一部崇尚文化、探求科学，精研学术、弘扬文明的历史。作为我国出版企业的优秀代表，三联书店见证了我国革命出版业由小到大、由弱到强的发展历程，对三联发展历程的回顾与总结，也是对中国现代出版业的回顾与总结，给予我们诸多的启发和前行的动力。

一是要大力弘扬三联优良传统，自觉肩负起中华民族伟大复兴的历史使命。二是要努力出版更多传世精品，不断丰富中华民族的文化宝库。三是要始终坚持与时俱进、改革创新，不断激发出版社发展的内在活力。四是要积极推动中华文化走出去，切实增强中华文化在世界上的感召力和影响力。

在庆祝大会会场外，我们悬挂中央领导人题词，以及其他文化界、出版界领导和名流的题词与作品，记得有吉炳轩、柳斌杰、王蒙、铁凝等人的题词，黄永玉等人的画，沈鹏等人的书法，还有三联一些老前辈的书法、绘画作品，可谓琳琅满目、美不胜收。在会场内空余处我们摆放了三联书店历年来出版的精品图书。平时不觉得，摆起来还真有让人震撼的强大阵容。一些人赞不绝口，一些人爱不释手，在与会人员的礼品袋里，我们装了几本精品书，一份作为镇纸的纪念品，一本名为《激流勇进》的纪念册，一张邮局专门为三联八十年店庆制作的首日封。俗话说“秀才人情纸半张”，我们用这种方式表示一下由衷感激的心意。

在京的一些三联书店老前辈纷纷表示，希望参加在人民大会堂举办的三联书店创建八十周年庆祝大会。然而很遗憾，一些同志年事已高，有的过去生活书店的员工已经95岁高龄，坐了轮椅，进到人民大会堂非常困难。我们为了弥补这个缺憾，决定在第二天上午，专门在娃哈哈大酒店的一个大包房中举办三联书店老同志庆祝店庆座谈会。与会人员有95岁以上的仲秋元、王仿子、李定国等，共计14位老前辈和他们的后人、亲属。那天我带领一些壮小伙，硬是背的背、抬的抬把这些老人聚到一起。一些老同志多少年没见面了，一见面那个亲热劲让人无法想象。有的老同志在发言中还流了眼泪，称赞我们这一届领导班子办了一件大好事，给三联书店长了脸，赢得了荣誉。我们准备了蛋糕、鲜花来庆贺大家共同的生日，潘健照的一张张珍贵的照片留下了美好的回忆。一些远在外地的老前辈，没能参加人民大会堂的庆祝大会和在娃哈哈大酒店召开的老同志座谈会，我们按所造的花名册，寄去纪念品和慰问信，向这些老前辈表示敬意。远在外地的三联老前辈，也以各种方式对我们举办店庆活动表示支持，或表达一点心意。三联书店老前辈孙杰特意寄来一枚老式店徽，并附来一封信：“这是我1949年6月参加三联书店上海分店后发给我的店徽，编号707，现留给你们做店史收藏。”

可以说，三联书店上上下下，前辈或后来者，所有三联同仁对八十年店庆活动都是满意的。三家三联书店的关系通过店庆空前密切，对此次合作非常满意。中宣部、新闻出版总署、中国出版集团领导和有关部门的领导对这次活动的圆满组织很满意。广大读者通过店庆分享我们的喜悦，我们利用店庆挖掘资源推出一批好书并实行特价优惠，读者朋友也很满意。多方共赢的结果宣告了三联书店八十年店庆活动的圆满成功。

转眼五年多时间过去了，现在对八十年店庆活动进行回顾，梳理一下我们当时的做法，积累了哪些经验可资借鉴，我就此思考了许久。有一些工作设想、安排、计划，包括指导思想等，当时也是清楚的，有一些是在工作过程中逐渐明晰的，有一些则是借鉴兄弟单位的做法和经验。在组织大规模活动方面，三联缺少经验，我们先后到商务印书馆学习他们组织 110 周年馆庆的经验，到中华书局学习他们组织 100 周年局庆的经验，学习人民文学出版社举办建社 60 周年社庆的经验。这些兄弟单位的领导和具体做事的同志，给我们以无私的支援。中华书局时任总经理李岩还派出一个工作团队到三联书店，将中华书局局庆具体流程和做法，一一加以介绍。对学到的这些经验我们从三联实际出发，在借鉴中予以新的创造。概括起来说，三联书店经过店庆活动积累起来的经验有这么几点，我把它表述为“十六字”方针，即“目标明确，思路正确，锲而不舍，精心运作”。

第一点是“目标明确”。我们确定了把三联书店八十年店庆办成在国内有重大政治和文化影响的重大活动，其影响力、知名度及产生的效果在中国出版界是名列前茅的，打头阵的，至少是一流的。我们的一切工作紧紧围绕这个目标，牢牢盯着这个目标。

我们确立这样的目标，并不是“人有多大胆，地有多大产”，而是有充分的事实依据。一是三联书店在中国革命史和社会进步史上的独特地位。中国资深出版单位很多，但论对于为革命事业和推进社会进步做出的贡献来说，没有一家可堪与比肩。她扩大了马克思主义在中国的传播，《资本论》第一版就是由读书出版社出版的，唤起了广大读者的民主意识和革命意识。她传播了俄国和西方的大量先进文化，她出版了一大批面向广大知识分子和劳苦大众的精品图书，一些人受之影响倾向革命、参加革命，许多年轻人就是读了《大众哲学》走上革命道路的。三联在全国抗日战争中发挥了重要作用，出版的刊物、图书为推进抗战做出了贡献。二是三联书店“根正苗红”，是中国共产党领导的红色出版机构，我在当时说过一个通俗比喻：“三联书店是共产党的亲儿子”。这个比喻也许不准确，但它说明了三联书店和党的密切关系。生活书店创办人邹韬奋不是共产党员，但和党的一些领导人关系密切，政治倾向明显。书店管理层的其他负责人，如胡愈之、张仲实等都是有相当资历的共产党员。邹韬奋先生在临终提出要求入党的意愿，被中共中央批准为中共党员。读书出版社、新知书店，本身就是共产党人创办的，胡绳、艾思奇、徐雪寒等的政治身份就是共产党员。可以明确定性，三联书店是中国共产党领导的进步出版机构，这由对参加三联书店的同志被确认为参加革命工作的认定为证。三是三联书店除了有光荣历史，还在改革开放时期独立建制之后，实现由红色出版阵地到学术文化出版重镇的成功转变，被誉为“知识分子的精神家园”，众多精品图书产生社会影响力，所办的《读书》杂志、《三联生活周刊》在广大知识分子和青年读者中享有盛誉。进入新世纪之后，三联书店经过一阵徘徊期之后，已通过改革迎来新的发展期，无论社会效益和经济效益都显著提高，成为名副其实的品牌大社，走在建设先进文化的前列。作为学术文化出版重镇，以及作为对外传播文化的窗口，三联书店都在我国出版业中具有重要位置。四是党的十七大之后，我国加快社会主义文化建设步伐，指导和激励各方面通过改革壮大实力，实现社会主义文化大发展大繁荣。而提倡和传播先进文化，则是实现文化大繁荣的核心和灵魂，三联书店在传播先进文化方面有独特优势和突出表现。以三联书店为典型、以三联书店八十年店庆为契机引领先进文化的发展与传播，成为党和国家的现实需要。

鉴于以上原因，我对既定目标的实现确信不移。

为什么要确定上述目标，并尽一切努力去实现它，这个问题也需要回答。

“隆重纪念三联书店创立八十周年，对于宣传、弘扬三联书店的优良传统，对于传承出版人的使命感和价值观，对于弘扬三联品牌，推进出版事业为文化大发展大繁荣做出更大贡献，都具有重要意义。隆重举办八十年店庆活动，不仅是三联人的喜事，更是我国出版界的一件盛事，值此中央高度重视文化事业繁荣发展之际，以三联店庆为契机，总结改革发展经验，传播先进文化，推动文化事业和文化产业繁荣发展，确有重要价值和必要。”我们在给上级的报告中这样写道。如此表述是行文需要言简意赅，其实对于其必要性和重要性我们还有更多的考虑，或者说立足于现实的一些思考，这也是凝聚了三联几代人的想法：一是通过隆重举行八十年店庆，充分肯定三联书店的历史地位和历史作用。因为新中国成立后三联书店被打散并入各出版发行机构，只是作为人民社副牌社存在，而“文化大革命”中有的人“抹黑”三联书店，曾有“黑店”之说，三联员工对此很不满意。二是充分肯定三联书店（包括生活书店、读书出版社、新知书店）创始人和前辈们的功绩和贡献。特别是建国前许多三联前辈出生入死从事进步出版事业，有巨大的付出和牺牲。隆重举行八十年店庆，也是对他们抚慰和致谢。三是当前发展的现实需要。在日趋激烈的出版竞争中，品牌优势是最大优势，我们新一届领导班子提出“发展品牌和依托品牌发展”的思路，首选“品牌战略”，以此引领全部事业前进。隆重举行店庆，可以进一步擦亮三联品牌，增加三联品牌的影响力和号召力。四是通过隆重举行店庆，增加店内员工凝聚力。还可以通过店庆活动来锻炼提升我们的工作能力，再一次吹响“集结号”，使大家整齐步伐奔向新的奋斗目标。

第二点是“思路正确”。思路正确，就接近目标，实现目标；思路不正确，就会南辕北辙，离实现的目标越来越远。即使不如此，也会“思绪纷纭”，对实现目标造成许多干扰。

我们举行八十年店庆的基本思路，就是发挥我们自身的能动性，但我们的作用有限，我们必须紧紧依靠中宣部、新闻出版总署、中国出版集团等领导和管理部门；必须紧紧依靠三联书店老前辈们的大力支持。否则，以我们一己之力，确定的目标根本不可能实现。

基于以上认识，我们首先争取到中国出版集团领导的支持。集团总裁谭跃表示全力支持并指示刘伯根副总裁和有关部门全力配合。谭跃总裁、刘伯根副总裁也亲自出面，帮助我们解决工作中遇到的难题。

2012年1月5日上午，中国出版集团副总裁刘伯根会同解放日报报业集团党委书记、社长尹明华，香港联合出版集团副总裁兼三联书店（香港）有限公司总经理李济平，在上海三联书店有限公司会议室就2012年生活·读书·新知三联书店八十年店庆事宜召开三方协调会，就店庆的主要内容、重要活动、运作方式等达成共识并形成纪要如下：

一、以1932年7月1日生活书店成立为起点，到2012年7月1日，三联书店已经创立八十周年。建国后几经变迁，目前形成生活·读书·新知三联书店、上海三联书店、三联书店（香港）有限公司三足鼎立、共同继承三联衣钵，在不同区域竭诚为读者服务、弘扬三联品牌的基本格局。三家单位同根同源，是三联事业的共同继承者。三方一致认为，隆重纪念三联书店创立八十周年，对于宣传、弘扬三联书店的优良传统，对于传承出版人的使命感和价值观，对于弘扬三联品牌，推进出版事业与我国文化大发展大繁荣，都具有重要意义。三方同意协调一致并指导下属三联品牌单位组织开展八十年店庆活动。

二、三方同意京沪港三联书店第二届高层年会2011年10月在香港商定的八十年店庆基本活动内容。其中最重要的是2012年7月在北京人民大会堂举办庆祝成立八十周年纪念大会（方案另定）。因为这次活动须请中央领导出席并接见与会人员，还要请中央领导题词、写贺信，须得到新闻出版总署和中共中央宣传部的支持和帮助。其他如三联国际文化发展公司揭牌仪式、北京韬奋图书馆开馆、举办京沪港三联书店和老三联精品图书展览、出版三联书店店史、《三联经典文库》（第一辑100种）、革命烈士朱枫传记《朱枫传》等活动都要组织好、落实好。

三、店庆活动由京沪港三联共同筹办，统一行动，统一步调，确定以在北京开展重要活动为主，沪港从实际情况出发安排庆祝活动的原则。

为了加强领导和协调，三家集团领导层都要有专人负责指导。京沪港三店各成立店庆工作领导小组，由主要负责人任组长，抽调有关人员参加，协调和落实有关筹备工作。

四、店庆总体庆祝时段为2012年1月至8月。在这一时段择机进行各种形式的宣传、纪念活动。活动经费自筹，争取上级部门予以支持。三方分头举办活动的，由举办方各自承担。共同举办活动的，北京三联书店为主要承担者。

五、鉴于三联书店八十周年店庆纪念活动规格高，意义重大，在全国有重要影响，需要中央各重要媒体的宣传配合等，三方一致认为应向新闻出版总署和中共中央宣传部做专题报告，希望得到署、部领导和有关部门的支持。特委托中国出版集团公司代为起草报告并向新闻出版总署和中共中央宣传部领导做专题汇报。

参加木次店庆工作协调会的还有我和上海三联书店总经理陈启甸、副总编辑黄韬等。三店负责人表示一定要落实好协调会确定的各项事宜，把八十年店庆活动开展好取得良好效果。

2012年4月13日，我们向中国出版集团递交了《关于三联书店创建八十周年庆祝活动筹办情况的报告》，以下为报告全文：

中国出版集团公司：

根据谭跃总裁在2012年度集团工作报告中关于“今年是中华书局成立一百周年、三联书店成立八十周年，要把庆典活动上升到国家重大文化活动的层面，集中力量，认真办好”的指示和王涛书记去年12月关于做好三联书店八十周年店庆工作的意见，我店高度重视八十年店庆的筹办工作，现将有关情况报告如下：

一、已经完成的各项工作

1. 正式成立“三联书店八十周年店庆工作领导小组”，确定人员，明确分工，落实责任，各项筹办工作有条不紊、紧张有序地进行。

2. 今年1月5日，由刘伯根副总裁参加，中国出版集团公司、解放日报报业集团、香港联合出版集团共同召开了三联书店八十周年店庆工作协调会，形成会议纪要，一致同意委托中国出版集团公司代为起草报告并向新闻出版总署和中央宣传部领导专题汇报店庆工作。

3. 3月30日我店会同沪、港三联书店，派代表祭扫上海龙华公墓韬奋烈士墓，以独特方式拉开八十周年店庆序幕。光明日报、上海东方卫视等多家媒体重点报道，产生了良好的社会影响。

4. 完成了三联书店八十周年店庆活动方案、创建八十周年庆祝大会议程安排和请求中宣部支持的宣传报道方案。

二、正在落实的有关工作

1. 系列活动中几项大的活动，如韬奋图书馆开馆仪式、《三联经典文库》出版座谈会、三联国际文化传播公司挂牌仪式等有关筹备工作正在分项逐步落实，场地的装修、出版物出版、公司的注册都在进行中。

2. 在人民大会堂举办八十周年庆祝大会亦开始筹备，正在拟定出席人员名单，场地也在联系。

3. 已将店庆有关材料报送邹韬奋先生之子、原全国人大副委员长邹家华同志。近期将向邹家华同志汇报有关筹备工作的进展情况，听取其指导性意见。

4. 已着手邀请一些党和国家领导人和著名专家学者为三联书店八十周年店庆题词，并得到积极响应。

5. 店庆活动礼品已经落实，《三联书店店史》等迎店庆重点出版物正在赶制中。

三、需要集团支持的有关事项

1. 请中国出版集团公司以中国出版集团公司、上海解放日报报业集团、香港联合出版集团名义向中宣部、新闻出版总署递交报告，报告店庆有关事宜，从而引起上级对三联书店店庆的高度重视。

2. 请新闻出版总署署长柳斌杰同志听取一次三联书店八十周年店庆工作汇报，对店庆工作给予支持、协调和具体指导。

3. 请中宣部领导听取一次三联书店八十周年店庆工作汇报，对店庆工作给予支持、协调和具体指导。

4. 请代请中央领导同志李长春会前接见，刘云山同志、刘延东同志参加7月下旬在人民大会堂举办的三联书店八十年店庆大会。

5. 请代请中央领导同志胡锦涛、温家宝等为三联书店八十周年店庆题词。

6. 因八十周年店庆费用支出较多，请求集团公司在资金方面给予一定支持。

为了及时汇报三联八十周年店庆有关情况并听取集团领导指示，以便顺利开展后续工作，建议集团领导尽快听取一次三联书店负责同志关于店庆工作进展情况的汇报。

以上报告妥否，请指示。

附件一：《三联书店八十周年店庆活动方案》

附件二：《三联书店创建八十周年庆祝大会议程安排》

附件三：《关于恳请中宣部指导和支持生活·读书·新知三联书店创建八十周年店庆报道工作的请示》

附件四：《中国出版集团公司、解放日报报业集团、香港联合出版集团八十年店庆协调会纪要》

5 月 22 日，我们以“中国出版集团”的名义向中宣部递交《关于“生活·读书·新知三联书店创建八十周年庆祝大会”的报告》。以下为报告全文：

中共中央宣传部：

中国出版集团公司下属的生活·读书·新知三联书店（以下简称“三联书店”）是我国著名出版品牌。三联书店自新文化运动先辈、现代出版先驱邹韬奋先生1932年7月在上海创办的生活书店发端，已经走过了八十年的光辉历程。

生活书店与同时期创办的读书出版社、新知书店均是党领导下的红色出版机构。三店先后有邹韬奋、胡愈之、黄洛峰、李公朴、徐伯昕、钱俊瑞、徐雪寒、华应申、艾思奇等一批共产党人和进步出版家致力于传播革命真理，在极艰险的环境下出版《共产党宣言》、《资本论》、《论持久战》、《大众哲学》等书籍计两千余种，创办进步刊物50种，在全国开设分店百余家，团结了鲁迅、茅盾、郭沫若等一大批进步文化人士，先后影响了几代人走向革命道路，成为当时中国出版行业的先进代表。1948年，三家书店按照党的指示合并成立生活·读书·新知三联书店。中共中央1949年7月18日《关于三联书店今后工作方针的指示》明确指出："三联书店与新华书店一样，是党领导下的书店"，"三联书店（生活书店、新知书店、读书出版社），过去在国民党统治区及香港起过巨大的革命出版事业主要负责者的作用，在党的领导下，该书店向国民党统治区域及香港的读者，宣传了马列主义、毛泽东思想和党在各个时期的主张，这个书店的工作人员，如邹韬奋同志（已故）等，做了很宝贵的工作。"

鉴于三联书店的特殊使命、特殊地位和特殊贡献，历任党和国家领导人对三联书店都给予了高度重视和深切关怀。1944年11月、1949年7月，毛泽东主席、周恩来总理两度为三联书店的主要缔造者邹韬奋先生题词，高度赞扬了韬奋先生开创的事业和他的不朽精神。1982 年三联书店五十年店庆，党和国家领导同志邓颖超、王震、邓力群等出席建店五十周年纪念大会并发表重要讲话，充分肯定了三联书店的历史地位和作用。1995 年 11 月，江泽民同志为邹韬奋百年诞辰纪念大会题写贺词，党和国家领导人李鹏、丁关根、邹家华等出席大会并发表重要讲话。

在改革开放新时期，三联书店更加焕发青春活力，《读书》杂志成为思想解放的一面旗帜，三联书店自身也从“红色出版中心”成功转型为“学术文化出版重镇”。进入新世纪以来，三联书店锐意改革，社会效益、经济效益均取得显著成绩，被评为“全国百佳图书出版单位”、“全国新闻出版系统先进集体”，在文化出版界有良好示范带动作用，在海内外有广泛深远影响，在中国人的读书生活中有着不可替代的地位。

在党的十八大胜利召开前夕，通过三联书店八十年店庆深入宣传邹韬奋先生“韬奋精神”，彰显党对思想文化工作一贯重视、关心和支持的优良传统，彰显党中央推行文化体制改革取得的创新成果，彰显三联书店在党领导关怀下八十年的光辉历程和取得的突出成就，有利于引导广大知识分子像韬奋先生那样树立正确的核心价值观，激励广大文化出版工作者为社会主义文化大发展大繁荣做出贡献。重视并举办好三联书店八十周年店庆活动，不仅有文化层面的积极意义，而且具有重要的政治意义。

为此，我们在多次听取三联书店关于店庆工作的汇报后，经认真研究，提议2012年7月下旬在人民大会堂召开大会，隆重庆祝三联书店创立八十周年。请中宣部协调以下事宜：

一、请中央领导同志题词、写贺信（略）

二、请中央领导同志接见会议代表和参加会议（略）

三、请审定三联书店创建八十周年庆祝大会会议方案（略）

四、请中宣部协调三联书店创建八十周年庆祝大会新闻报道工作（略）

另附《关于恳请中宣部指导和支持生活·读书·新知三联书店创建八十周年店庆报道工作的请示》，请审定。

随报告附上店庆工作的相关材料，供参阅。

以上请示事项当否，请指示。

附件一：《关于恳请中宣部指导和支持生活·读书·新知三联书店创建八十周年店庆报道工作的请示》

附件二：《党和国家领导人及知名人士为邹韬奋和三联书店的部分题词》

附件三：《三联书店部分“红色”出版物》

附件四：《三联书店八十周年店庆系列活动方案》

附件五：《党领导下的三联书店红色出版历史回顾》

报告上报中宣部之后,得到了中宣部出版局和中宣部领导的高度重视。郭义强局长几次召集我们研究具体活动方案和有关细节,出了许多好的主意。分管副部长蔡名照同志专门听取了三联书店店庆活动情况报告,询问了详细情况,并做出重要指示。我这是第一次近距离接触名照同志,他平易近人,处事干练,见解深刻,给我留下了深刻印象。我们的报告修改重新上报后,时任中央书记处书记、中宣部部长刘云山同志很快就作了批示,明确指示要筹备好、举办好。关于召开庆祝大会的时间,我们提出以7月下旬某一天为宜,具体那一天,要看云山同志工作安排。云山同志明确确定在7月26日。在5月底就确定了召开庆祝大会的具体时间,这给我们筹备工作提供了极大便利,也可见领导同志考虑问题的细致和体谅下属工作的不易。联想到有的兄弟单位为了举办某一重要会议,因为要请的领导人时间不断变更,造成会期一易再易,工作非常被动,我们三联书店真的很荣幸。接下来的筹备工作,还得到云山同志几次指示,名照同志具体协调,义强同志负责落实,使我们筹备庆祝大会的工作一一落到实处。

三联书店老前辈,是我们搞好八十年店庆活动的重要资源。如何搞好店庆,我们借春节家访之际,分别征求了曹健飞、仲秋元、王仿子等前辈的意见。他们提出了许多好的建议,有的还提交了文字材料，而他们的“鼓与呼”也为我们办好店庆增添了精神力量。三联书店老前辈的后人们表现了非常高的热情，积极参与进来，与我们一道努力。徐伯昕的外甥女徐虹、张仲实之子张复等都帮助做了大量促进工作。徐虹的弟弟周东还以三联前辈的精神为音乐主题，创作歌曲《松·竹·梅》，作为礼物献给三联书店八十周年店庆。

邹家华同志没在三联书店工作过，不是我们通常称呼的“三联老前辈”，但他是生活书店创始人（三联书店由此肇始）邹韬奋的长子，平常又非常关心三联事业的发展，在我心目中，他也是“三联老前辈”。我做三联总经理后经常去拜访他，汇报工作，听取指示，问候起居。老人和蔼可亲，慈祥爽朗，身上没有一丝曾任过政治局委员、全国人大副委员长、国务院副总理的架子。对三联书店的工作，老人家的态度是“参与而不干预”，多次听我汇报，讲了许多重要而适用的意见。三联书店举办八十年店庆，家华同志是我们最为倚重的支持力量。这里也顺便交待一下，关于三联书店店庆年限的确定，以前有不同说法，也有从生活书店、读书出版社、新知书店1948年10月在香港合并成立三联书店算起的，也有从1945年三家书店实现业务合并重组算起的，也有从生活书店创立算起的，搞得比较混乱，让人无所适从。对此需要统一认识。我个人认为：三联书店创立的历史，应从生活书店创立的1932年7月1日作起始点，这既符合国内一些传统文化教育单位确定历史起点的惯例（如北京大学、清华大学），也符合三联书店创办的实际情况。一是三店中生活书店创办最早，二是三家单位中以生活书店规模最大、贡献最大、实力也最雄厚，三是后两家书店在创办中得到过生活书店的实际帮助。我认为生活书店的起始点就是三联书店的起始点，创办时间应从 1932 年 7 月 1 日算起。这一看法得到三联老前辈和全店同仁的高度认同，也得到了家华同志的充分肯定。至此，三联书店的店庆时点最终确定下来。

5 月 25 日上午 10 时 30 分至 12 时，邹家华同志在家中接见了中国出版集团副总裁刘伯根和我。邹老听取了我俩关于三联书店八十周年店庆工作情况的汇报，对三联书店近几年的发展成就、店庆工作的有关安排予以了充分肯定，应允出席 7 月在人民大会堂举办的八十周年店庆大会，并就店庆工作和韬奋精神的宣传等事项，提出了重要的指导性意见。

我首先代表全店员工感谢邹老为三联书店八十周年店庆的题词，接着向邹老汇报了三联书店近些年尤其是最近三年来的发展情况和主要成绩，着重汇报了三联书店八十周年店庆系列活动的进展情况：7 月下旬将在人民大会堂召开庆祝大会，目前正在紧张筹备中，有关报告已由中国出版集团上报中宣部；韬奋图书馆作为专题研究近现代进步出版史的公共图书馆将在 6 月底达到开馆水准，面向社会开放，届时举行隆重的开馆仪式；国家出版基金资助的《三联经典文库》即将出版，6 月底召开大型出版座谈会，邀请出版界、知识界、学术界的代表人物参加；由京沪港三联合资创办的三联国际文化传播公司正在注册中，将在7月初举行挂牌仪式；3月30日清明节前夕，通过在上海龙华烈士陵园祭扫韬奋墓，拉开了八十年纪念活动序幕；作为店庆的重点图书，《三联书店店史》《李瑞环论京剧艺术》等将在今年年内推出；在韬奋先生家乡江西余江县建设一批“韬奋书屋”的计划正在积极实施中。之后，我提出请邹老对店庆工作予以指示，邀请邹老和亲属出席7月下旬在人民大会堂举办的八十周年店庆大会。

刘伯根副总裁主持汇报并补充了汇报内容，强调三联书店不同于一般出版社，是在我党直接领导下创立的最早期的红色出版机构，为传播革命思想、传播学术文化做出了巨大贡献，在全国出版系统中有突出的示范作用，尤其是在十八大即将召开的形势下，店庆活动的开展有重要的政治意义。作为三联的领头人和突出代表，樊希安总经理本人获得了第十一届“韬奋出版奖”。

邹家华同志在听取汇报后，就韬奋精神的宣传和店庆工作有关事项提出了如下重要意见：

一、邹韬奋先生的一生是宣扬革命思想、致力于社会进步的一生，他之所以从事新闻出版工作、之所以出版了大量进步书刊，不是简单的搞出版，不是为了出版而出版，而是把出版作为一个平台，是为了实现他的共产主义信念和革命理想，韬奋精神起到了匡扶后世的作用。正如周恩来总结评价的：“邹韬奋同志经历的道路是中国知识分子走向进步走向革命的道路。”要宣传这条道路、这种思想。宣传韬奋不是为了韬奋本人，而是为了下一代，为了今后，为了这个社会。二、弘扬韬奋精神并不是虚的，要把韬奋精神具体化，要让大家一起总结一下，按照毛主席、周总理等领导人的题词内容，把韬奋精神概括为具体的几条。三、举办庆祝大会，三联书店提出的意见都是合理的，我支持这件事，能够再推动一下。规格上，长春同志能够参加，会见一下，云山同志来讲话，按这个规格走就是了。如果他们事情很多，委托其他领导同志参加也可以。要按照程序继续推动会议筹备，最后按中央意见来定。四、办韬奋图书馆，我很赞成，也是对社会做贡献的一件事。五、(韬奋图书馆)要和在余江县建立的韬奋书屋联系起来，扩大影响。人民大会堂的庆祝大会，我只是作为家属参加，(会议)不要以我为主角。

以上是家华同志当时指示意见的整理稿，可见老人家有很高的水平，作风朴实，正直谦虚，身上具有我们党和国家老一辈领导人的风范。

在筹备八十年庆祝活动的过程中，我们用信函的方式，向当时党和国家主要领导人发出了邀请题词和写贺信的请求。我们在附送的材料里，汇集了三联创办历史、出版的精品图书书目、一些重点图书的封面照片、三联书店近年来发展情况，供领导参考。非常荣幸，所有收到信函的党和国家领导人都一一回音，满足了我们提出的请求。这给我们极大的鼓舞和鞭策。对此，三联人永远铭记在心。

第三点是“锲而不舍”。但凡做成一件事情，都需要锲而不舍的精神。作为锲而不舍来说，一般地坚持容易，无非是耐得住寂寞与重复的单调。但在遇到困难时，甚至难以逾越的障碍时，能够坚持下去，却实非易事，这就需要“钉钉子精神”，需要“咬定青山不放松”的定力，须知把“不可能变为可能”，要花费多少心力！

筹办三联书店八十年店庆活动，尤其在人民大会堂召开高规格的庆祝大会，目标既定，然要实现目标，会遇到许多困难。之所以困难，就是这些事情的主动权都不是三联书店自己可以把控的。

比如找领导人题词、致贺信，这要履行各种程序，经过各种关口，不可能一蹴而就。好在三联人真的很幸运，胡锦涛、习近平前后两任总书记，都给我们致了贺信，这是非常难得的。我们请求题词、致贺信、赠书法绘画作品的，有党和国家领导人、专家学者、社会名流，都要一一落实。有的要登门拜访，有的要书信往来，有的要反复争取。有的领导主动热情，像原政治局常委、国务院副总理李岚清同志，不仅给三联书店题了词，而且还制了一方篆刻，费时费神在所不辞。也有的虽费的周章多一些，也都满足了我们的请求。

店庆工作千头万绪，我分工抓主要方面，遇到困难决不退缩，遇山开路，遇水架桥，不达目的决不罢休。我因此产生这样一点体会，真要干成一番事业，实现一个大目标，就得有“死缠烂打”的劲头和“盯住不放”的韧劲。遇到困难依靠组织，依靠领导支持，依靠全体员工群策群力，这些困难都终于克服了，一道道难关也闯过来了。由此想到，一些目标越困难、越不易实现，就越有价值。换言之，有价值的东西都是历经艰难而得到的。“艰难困苦，玉汝于成”，说的就是这个道理。

第四点是“精心运作”。只有精心运作，才能把各项方案、设计落到实处，一点一点去接近目标，不出大的纰漏，不发生影响目标实现的“横生枝节”。

精心运作首先要精心设计。2012 年 2 月 28 日，成立三联书店店庆工作领导小组。

组长：樊希安

副组长：李昕

小组组成人员：潘振平、翟德芳、刘高源、郑勇、舒炜、潘健

小组下设办公室，负责店庆日常工作。

主任：曹永平

副主任：白杨、詹那达、程进宝

4 月 6 日，根据工作需要调整加强店庆工作领导小组。

组长：樊希安

副组长：李昕、潘振平、翟德芳（常务）

小组组成人员：刘高源、郑勇、舒炜、潘健

樊希安负责店庆的总体统筹工作；李昕负责礼品及店庆出版

物的出版工作；潘振平负责店史定稿和刊物宣传工作；翟德芳任常务副组长，负责店庆方面的具体工作。小组成员负责领导班子指定的工作任务。

小组下设办公室，负责店庆日常事务。

主任：曹永平

副主任：白杨、詹那达、程进宝

曹永平兼综合协调组组长，白杨兼会务接待组组长，詹那达兼店庆宣传组组长，程进宝兼后勤保障组组长。各负其责，落实相关工作计划。

总编室、总经理办公室、市场部、人力资源部、图书馆五部门人员均为店庆办公室工作人员，在做好本职工作的同时，承担并完成店庆工作的有关任务。必要时，店里抽调专人组成店庆工作机构。

不久，又专门成立办公室，由副总编辑翟德芳担任店庆办主任，负责落实具体目标任务。

店庆领导小组和办公室成立后，分工明确、责任到人。

我负责店庆的总体统筹工作，开始时重点起草和确定《三联书店八十周年店庆活动方案》，限于篇幅，这里只把当时确定的店庆主要活动项目列举一下：

三联书店八十年店庆系列活动一览

1. 祭扫韬奋烈士墓拉开八十年店庆序幕（3月30日）

2. 召开无锡社店第二届战略合作联席会弘扬品牌(4 月25—27 日)

3. 在南京北京开展京沪港三联书店精品图书联展联销(5 月—6 月)

4.《三联经典文库》出版座谈会(6 月末)

5. 北京韬奋图书馆开馆仪式(6 月末)

6. 北京三联国际时空文化传播公司挂牌仪式(7 月)

7. 北京人民大会堂三联书店成立八十年庆祝大会(7 月)

8. 在韬奋先生家乡江西余江县建立一批韬奋书屋(进行中)

在具体工作中,对每一个项目都要一一落到实处,还要突出“店庆大会”这个重点,抓住主要矛盾和主要环节。其他领导均按照分工,把所分管工作做深做细做到位。我手中保存有店庆办公室多次会议的会议纪要。在《三联书店八十年店庆办公室第二次会议纪要》中就有这样的细节记录:“4. 邀请外地嘉宾需要落实住宿问题。原则上住在三联附近,由曹永平和关丽峡先去落实,踩点,初选娃哈哈、社科院宾馆”;“6. 合影问题。除了中宣部的安排外,三联申请安排 2 名摄像、2 名照相,待与中宣部等单位开协调会的时候提出落实。合影规模控制在 300 至 500 人,名单根据来宾情况再定。”《第三次会议纪要》有这样的记录:“1. 店庆大会对全部邀请的嘉宾预先发送请柬。请柬由美编室负责设计，将来谁邀请、谁发送、谁落实，这一点上要做到人盯人。”所有这些，繁杂而琐碎，都要落实到位，在此不一一列举。

精心运作就要责任到人，严明奖惩，让每个责任人尽职尽责，同时要增加必要力量，否则忙不过来。此时，三联人显示了前所未有的主动性、积极性、创造性，也显示了空前的团结。庆祝大会那天全店动员、人人上阵，连《三联生活周刊》的员工都跑过来帮忙。正因为人人尽心尽责，我们预定的各项店庆项目都圆满完成，店庆大会隆重、热烈，收到比预想还要好的效果。

经过全店人员协力拼博，精心运作，各项活动圆满收官，没出大的问题，但也有小的纰漏。现在说起来已成笑谈：负责购买签到簿的行政部主任程进宝为了上档次，买了带荧光的红色签到簿还不满意，又去购买了荣宝斋用宣纸制作的高档签名簿。签名簿换成宣纸的了，笔却还是一般碳素毛笔，二者不配套，当时都没看出来。结果到了人民大会堂陕西厅，等领导人进来要签名时，笔往纸上一捺，却不出墨水，只是一条细道道。云山同志幽默地说：啊，怎么不出水呀，什么高科技？我突然想起口袋里有一支较粗的备用笔，急忙掏出来递给后面上来的李长春同志，算是将就过去了。好在没捅大娄子，没影响大局。我在店庆大会上也出一个小的纰漏：原定店庆大会上所有与会人员都穿西装，后来中央办公厅通知不穿西装，结果被我忘了。到了会场，只有我一个穿着“西装”，跑来跑去，像一个“独行侠”，被店里的同志们传为笑谈。

店庆活动结束之后，三联书店立即做出《关于深入学习贯彻胡锦涛总书记等中央领导同志店庆贺信和刘云山同志店庆大会重要讲话精神的决定》，对下步工作提出要求：一、全店员工要认真学习胡总书记贺信内容和刘云山同志讲话精神，将其作为当前工作和三联书店长期发展的重要指导思想。二、按照胡总书记“不断推出思想性、知识性、可读性有机统一的精品出版物”和刘云山同志“牢记出版使命，把建设社会主义核心价值体系作为根本任务”的要求，发挥特色优势，力推精品力作。三、按照胡总书记“创新体制机制”和刘云山同志“要继续深化改革，大力推进体制机制、内容形式和传统方式创新”的要求，加大改革力度，进一步解放出版生产力。四、要竭诚服务读者，深入研究读者多层次多样化的阅读需求，丰富图书种类，降低阅读门槛，为人民群众提供更多更好的精神食粮。五、热心社会公益事业，把社会效益放在首位，尽最大努力回报社会，回报读者，弘扬光大三联书店重视社会公益的优良传统。六、加强队伍建设，着力培养一批学术造诣深厚的编辑人才、一批懂经营管理的复合型人才、一批适应出版业走出去的国际化人才，为三联书店事业发展提供有力的人才支撑。

8月7日上午，在店庆大会胜利闭幕的欢快气氛中，我店在韬奋图书馆大厅隆重召开“三联书店八十周年店庆表彰大会”，店领导班子、中层干部和全店员工参加了会议。会议由总编辑李昕主持，我代表店领导班子做三联书店八十周年店庆工作总结报告，对中央领导同志的高度重视和上级单位的大力支持表示了深切谢意。报告全面总结了三联书店举办八十周年系列活动的成功经验和主要收获，对全店员工在店庆活动中体现出的高度的责任感、良好的执行力、密切的合作精神和爱店敬业的工作精神予以肯定和表扬，总结出了店庆工作“目标明确，思路正确，锲而不舍，精心运作”的主要经验，总结出了无私奉献、爱岗敬业、团结一心、通力配合、奋力拼搏、追求卓越的“店庆精神”，号召全店员工认真贯彻落实胡锦涛同志贺信精神和刘云山同志店庆大会讲话精神，以店庆活动为契机，激流勇进、再立新功，开创三联书店工作的新局面。潘振平副总经理宣读了《三联书店关于嘉奖与表扬店庆活动中表现突出人员的决定》，对在店庆活动中表现突出的同志进行了表彰和表扬。

会议总结了店庆成功的五大原因：第一，店庆活动得到了中央领导同志的亲切关怀；第二，店庆活动得到了上级主管部门领导的大力支持；第三，店庆活动得到社会各界的大力支持和紧密配合；第四，店领导班子精心策划、周密部署、不懈努力、殚精竭虑，是店庆成功的关键因素。第五，店庆办公室和全店同志全身心投入、通力合作无私奉献。会议特别对新闻媒体致以感谢。从3月的祭扫韬奋墓开始，我店的每一项活动都吸引了媒体的广泛关注，中央电视台报道《三联经典文库》出版座谈会和韬奋图书馆开馆仪式，店庆大会更是在央视新闻联播中以头条位置播出7分钟，《东方时空》做专题报道，《新闻直播间》《朝闻天下》等栏目累计共报道10次;《人民日报》《光明日报》等中央级报纸均在头版头条多次予以重点报道;新华社播发多条通稿;中央人民广播电台、北京日报等多家重要媒体均予以重点报道。据不完全统计,店庆期间我店被平面媒体访问、访谈、专题报道达上百次之多,产生了重大社会影响。

现在三联书店八十年店庆活动已经过去五年多了,遇见三联书店的同仁,或遇见出版界的领导和朋友,还会说起“三联书店八十年店庆”。有的同志说三联的这次店庆“空前绝后”。“空前绝后”的赞誉绝不敢当,也许会有一点“历史的回响”而已。

如歌行板——恢复设立生活书店始末

恢复设立生活书店，是生活·读书·新知三联书店的一件大事，也是中国出版界的一件大事。几代三联人，尤其是生活书店老前辈的夙愿，在我这一任上终于实现了。每当想到这件事，想到当年为之实现而做出的艰辛努力，想到恢复设立后担任第一任总经理为之发展付出的心血，心里就有几分自豪、几分不舍、几分眷恋，当然还有发自内心的美好祝福。

2013 年 7 月 1 日，三联书店继上年在人民大会堂举行庆祝建店八十周年大会之后，又一次在人民大会堂举办重大活动：隆重召开弘扬韬奋精神恢复设立生活书店座谈会。出版界、作者与读者代表、三联书店、生活书店老前辈和员工代表，共计一百五十余人出席会议。原中共中央政治局委员、国务院原副总理、第九届全国人大副委员长邹家华同志为生活书店恢复设立题词并作书面讲话。国家新闻出版广电总局党组书记蒋建国、中宣部出版局局长郭义强、中国出版集团公司总裁谭跃、党组书记王涛等有关领导出席了座谈会。

会议具体安排如下：

一、时间：2013年7月1日（星期一）

1. 15:00—15:20　与会代表合影

2. 15:20—16:30　召开座谈会

二、地点：人民大会堂上海厅

三、主持人：中国出版集团公司党组书记　王涛

四、会议议程：

1. 生活·读书·新知三联书店总编辑兼生活书店总编辑李昕宣读国家新闻出版广电总局《关于同意设立生活书店出版有限公司的批复》与有关单位、领导的贺信和题词。

2. 原中共中央政治局委员、国务院原副总理、第九届全国人大副委员长邹家华同志作书面讲话，由中国韬奋基金会副理事长兼秘书长王小平同志代为宣读。

3. 生活·读书·新知三联书店总经理兼生活书店总经理樊希安发言。

4. 生活书店员工、香港联合出版（集团）有限公司名誉董事长蓝真发言。

5. 生活书店老员工、原文化部副部长仲秋元书面发言，由生活书店编辑部负责人罗少强代为宣读。

6. 原生活书店总编辑张仲实之子张复发言。

7. 著名作家、原文化部部长王蒙发言。

8. 中国出版集团公司总裁谭跃发言。

9. 国家新闻出版广电总局党组书记蒋建国作重要讲话。

生活书店是一家有着八十多年历史的“老字号”，1932 年由中国现代出版先驱邹韬奋先生于上海创办。生活书店以“促进大众文化”为己任，其所出版、发行各类图书内容涉及当时大众生活的诸多方面。她推介倡导进步思想，传播普及科学知识，以极大的热忱关注国计民生，逐渐成为当时中国出版行业的先进代表。1948 年，生活书店与另外两家进步出版机构——读书出版社和新知书店——合并成立生活·读书·新知三联书店。

2013 年 4 月 26 日，国家新闻出版广电总局批准了生活·读书·新知三联书店恢复设立生活书店的申请；6 月 5 日，生活书店拿到了由国家工商管理部门颁发的营业执照——自 1948 年并入三联书店，历经 65 载，这一有着光荣历史的出版老字号重张开业。

说起恢复设立生活书店这件事，须简要回顾生活书店的历史。生活书店的历史是从《生活》周刊开始的。《生活》周刊是黄炎培创办的中华职业教育社的机关刊物，1926 年 10 月由邹韬奋接手主编。邹韬奋接编后，变换《生活》周刊的内容与形式，可读性大为增强，吸引了更多读者。同时开设了编者与读者对话的“读者信箱”专栏，倾听读者的意见和要求，讨论各种问题，受到读者欢迎。在邹韬奋和负责经营工作的徐伯昕的精心培育下，《生活》周刊的发行量不断上升，一年内由原来的 2800 份提高到了 2 万份。到 1931 年，这份周刊日常发行量达到创纪录的 15.5 万份，其中直接订阅的 5 万份。这个发行数字，已与当时全国最大的日报——《申报》和《新闻报》的发行量不相上下。

其间《生活》周刊变化的关键，是“九一八”事件。事件发生的第四天，《生活》周刊即公开声明，“与国人共赴国难”。那一年的10月10日，《生活》周刊发行特刊《国庆与国哀》，胡愈之撰写《一年来的国际》长文，预言“九一八”事件将成为第二次世界大战的序幕。胡愈之在自述回忆中说：“从这开始，《生活》周刊逐渐改变了方向，关心和议论起了国家民族大事，使刊物和全国人民反蒋抗日的愿望一致起来，刊物更是受到读者的欢迎。”同年11月，《生活》周刊社号召读者为在黑龙江抗日的马占山将军和他所领导的民族战士捐款，捐款竟达15万之多，轰动了全国。

《生活》周刊的抗日主张与国民党政府推行的不抵抗主义相抵触，冲突无可回避。反动势力对邹韬奋及其主持的《生活》周刊进行压制，破坏事件迭起。为救亡图存的急迫需要，也为了不让中华职业教育社卷入政治漩涡，邹韬奋、胡愈之、徐伯昕等共同商议，决定脱离职教社，自主经营。

1932年7月，他们以《生活》书报代办部为基础，由一些知识分子集资在上海创立了合作社性质的生活书店，推举邹韬奋为理事长、徐伯昕为总经理。先后主持编辑工作的有胡愈之、张仲实、张友渔、胡绳等。生活书店同人满怀政治热情和信心，为促进新文化出版事业、开展宣传教育、鼓舞人民的斗志、配合军事斗争、为实现改造社会开创未来事业起到了重要推动作用。

生活书店创办的年代正值多事之秋，战事频繁，局势混乱。

在不断遭受反动势力挤压干涉的情况下，书店同人以“促进文化、服务社会”为主旨，“努力为社会服务，竭诚谋读者便利”为目标，竭诚尽智为海内外各阶层读者服务。从成立到抗日战争前夕的5年中，生活书店出版大量期刊和书籍，这些书刊以鲜明的政治进步性，在读者中赢得很高声誉。抗日战争初期，生活书店总店先后迁到武汉、重庆，这时已直接接受中国共产党的领导，工作迅速开展，在重庆、成都、桂林、西安、昆明等五十多处设立了分店，还设立香港、新加坡两处海外分店。

生活书店在邹韬奋等人的主持和策划下，成为当时中国革命出版事业的一支中坚力量，因而也特别遭到国民党政府的迫害，书刊不断被查禁，分店陆续被查封，很多工作人员被逮捕，有的惨遭杀害。到了1941年皖南事变，国内分店除重庆外，全都被查封或被勒令停业。国民党政府甚至无理威胁要将该店并入他们官办的正中书局，当即遭到邹韬奋严词拒绝。在十分困难的条件下，生活书店一方面坚持用“生活”名义出书，一方面另派干部设立文林、峨嵋、骆驼等出版社，出版书籍。1945年抗日战争胜利后，总店迁回上海。1947年底又被迫迁到香港。1948年10月，为适应新的形势，在党的领导下，生活书店和读书出版社、新知书店在香港合并成立生活·读书·新知三联书店。

从创办到1948年的17年间，生活书店共出版期刊三十多种（如《生活》《新生》《世界知识》《译文》《全民抗战》《文艺阵地》《理论与实践》等）；图书一千两百多种，其中既有马克思主义经典著作(如《反杜林论》《共产党宣言》《国家与革命》等)、哲学社会科学论著(如胡绳的《新哲学人生观》、沈志远的《新经济学大纲》等);也有大量中外文学名著,外国的有高尔基的《燎原》、梭罗诃夫的《被开垦的处女地》、望·蔼覃的《小约翰》等,中国的则有茅盾的《残冬》、郁达夫的《迟暮》、萧红的《生死场》等;此外还出版了大量以"世界知识丛书""时事问题丛刊"为代表的时政读物和以"青年自学丛书"等为代表的关于生活教育和职业修养方面的图书。这些出版物在知识界、青年学生和广大读者中产生了巨大影响,广泛传播马克思、恩格斯、列宁、毛泽东的政治主张,推动抗日救亡运动,传播进步文化和科学知识,为中国民族、民主革命的胜利做出了宝贵的贡献。

合并成立后的生活·读书·新知三联书店,在"生活精神"的感召下,秉承韬奋先生创办生活书店的宗旨,内容上不断开发适应当下大众需求的新品种,亦学亦思,以学带思勾深探微,逐渐形成了以"人文精神,思想智慧"为核心的出版定位,成为一家独具特色和品位的出版社,在中国人的读书生活中有着不可替代的地位。

既然如此,为什么还要恢复设立生活书店?一些人对此很有兴趣,希望挖掘这一重大举措背后的原因,在中国出版史上记述"生活书店恢复设立"这一节时以资使用。也有的人心存疑问:恢复生活书店,有这个必要吗?

对恢复设立生活书店的必要性,我考虑很多,这也是我们出发的基点。在给新闻出版总署提交的《三联书店关于申请设立“生活书店出版公司”的请示》中，我们着重讲了两点：一、设立“生活书店出版公司”是三联书店事业发展和规模化经营的需要。三联书店近年来发展突飞猛进、成就引人瞩目，各项工作跃上新台阶：经济效益节节攀升，2013 年实现销售收入 2.25 亿元，实现利润 4500 万元，连续三年保持两位数以上增长速度；社会效益明显提升，《三联经典文库》《中国经济改革二十讲》《金克木集》《万水朝东》《目送》《巨流河》等一大批好书颇受好评。2012 年成功实施分社制，成立了学术、文化、综合三个出版分社和对外合作部、专题项目部，进一步解放了出版生产力。在此情况下，三联书店如果继续坚持以往精品路线，保持原有出版定位、固有品牌风格和特色，将会遭遇发展瓶颈。经深入研究并借鉴国内外出版业的成功经验，我们认为，最好的办法是增设出版品牌，使图书产品线从品牌上得以分流。在发展大众生活类图书时，三联书店可以使用“生活书店”出版品牌，为读者提供更好更多精神食粮。二、设立“生活书店出版公司”是保护“生活书店”这一著名出版品牌的现实需要。“生活书店”“读书出版社”“新知书店”均为三联书店历史上的著名品牌，我们非常重视这些历史品牌的商标权保护，1997 年三联就已在国家商标局注册了这三家书店的商标使用权，但是因为不能同时获得以此出版图书的权利，只能眼睁睁看着邹韬奋先生创立的“生活书店”品牌被不相干的人随意拿去使用而束手无策。设立“生活书店出版公司”之后，我们就可以名正言顺地保护和使用这一出版品牌，使其权益免受侵害。这一心愿，是几代三联人的共识。

以上两条原因是重要原因，但限于行文篇幅，我们没有充分展开。关于恢复设立生活书店我还有更多的考虑，这些考虑是基于现实需要，也是基于长远发展。生活·读书·新知三联书店1948年在香港合并成立，历经合并入人民出版社、恢复新立建制、改革开放以来二十余年发展，已经完成从红色出版阵地向学术文化出版重镇转型，被称为“知识分子的精神家园”，在出版风格上已形成“精品路线”，比较强调专业特色。八九十年代出版面向大众的图书比较多，有很大影响。进入二十世纪后，或者说我2005年到三联书店工作后，发现三联书店越来越向专业化的方向发展，走“精品”路线更加明显。如何发扬三联传统，为更广大的大众服务，这是我到三联书店后思考比较多的一个问题，还为此进行过专题研究。2009年1月我任总经理之后，面临迅速扩大出版总量、提高两个效益的压力。一方面，要继续坚持以往的精品路线，保持原有的出版定位、固有的品牌风格和特色，不能让人非议我们“改变三联书店传统与出版特色”；另一方面要扩大生产，增加品种和规模，提高经济效益，怎么办？恢复设立生活书店是最好的选择。如果成功，使图书产品线从品牌上得以分流，既对原来的格局“不伤筋动骨”，又能打开一片新天地。而生活书店最适合承担这一重任，因为她从一成立就是强调面向大众的。我查过生活书店过去的书目，文学书、科普书、生活类图书都大量出版过，使其恢复设立重新开张可谓“一脉相承”，而使用这种方式扩大生产规模、多出精品，国内外出版社都有成功经验。远的不说，人民出版社就使用“东方出版社”副牌、商务印书馆使用“商务国际”副牌、人民文学出版社使用“天天出版社”副牌、人民音乐出版社使用“华乐出版社”副牌、中国大百科全书出版社使用“知识出版社”副牌、科学出版社使用“龙门书局”副牌，等等。生活书店恢复设立，可以放开身量出版大众生活类图书，又使三联书店这一著名品牌的面目清晰可辨、始终如一。

我的另一层考虑是，要想扩大规模，显著提高效益，在未来走得更好更远，三联书店必须集团化发展，持续推出品牌，努力打造三联品牌群，这就是所谓的发展品牌、拓展品牌。在这一思路下，我们开始集团化设计，在内部实行分社制，成立了学术、文化、综合三个出版分社和对外合作部、专题项目部，成立了上海分公司和三联时空国际传播有限公司（由北京、上海、香港三家三联共同投资），以求培养出新的更多的品牌。但是，我也深知，新品牌的培育有一个过程，而新品牌群建设又不可等待。怎么办，恢复原有出版品牌是最好路径。我心里的目标是，先把生活书店恢复起来，然后逐次把读书出版社、新知书店恢复起来，原三联书店作为品牌总部，下辖若干子品牌，“一花引来百花开”，把三联老前辈开创的事业不断光大，实现新的辉煌。我们当时确乎雄心勃勃，恢复设立生活书店就成了三联延伸和拓展品牌的关键环节。

还有，保护品牌也是我们应尽的责任。由于长期以来“生活书店”品牌闲置，未能作为实体书店运营，2010 年 5 月 27 日国家商标局已通知三联，该商标注册被撤销，品牌保护出现“危机”，社会上一些人随意使用，一些三联前辈对此很有意见。我在给上级领导的有关报告中写道：“我们认为这对三联辉煌历史是一种嘲讽，是几代为中国进步出版事业做出重大贡献的三联人所无法接受的。”提出“恢复使用是最大最有效的保护。”

2012 年 7 月，我们迎来韬奋先生创办的生活书店八十周年，也迎来生活·读书·新知三联书店建店八十周年。生活书店是三联书店的源头。在一系列店庆活动中，我们通过编写和出版三联店史，进一步认识到三联传统在今天的现实意义，深切感受到“生活书店”“读书出版社”和“新知书店”这三个出版品牌对于今天三联书店的重要性，增强了店领导班子恢复几个著名品牌的信心和决心，我们决定先从恢复设立生活书店做起。

实际上，恢复设立生活书店等品牌的努力，我之前的三联领导人也进行过这方面的探讨，曾申请使用过副牌，因严格控制最后未批准。

确实，无论使用何种方式恢复老出版品牌，都很不容易，需要走很长远的路，付出很多的努力。2009 年 1 月 23 日，我被任命三联书店总经理的当天下午，就到新闻出版总署找柳斌杰署长汇报工作。柳署长很快会见我的原因，一是我们较熟识，二是三联书店在署领导心目中的位置。成立中国出版集团之前，像三联书店、商务印书馆、中华书局、人民文学出版社等，都是新闻出版总署的直属单位，归总署直管。集团成立后，虽然划归集团管，中间隔了一层，署里只负责行业领导，不分管具体事务，但这些出版社有事习惯上还是找署里。我到三联书店工作后也延续了这一习惯。而且我是从吉林省新闻出版局调京的，之前和出版总署领导（包括宋木文、于友先、石宗源等历任署长）以及各司司长、各处处长，打交道较多，“熟人好办事”，凡事有个依赖。说真心话，我在当三联书店总经理时，没少得到署领导及相关部门领导的帮助。

在柳斌杰署长办公室，我汇报了三联书店的一些情况，特别讲了肩上所感到的压力。我刚刚被任命三联书店总经理、党委书记，做了这个品牌老店的一把手。高兴是有点高兴，但还没怎么高兴，就觉得肩上的压力不轻，逐渐感到“千刀万剐，不当一把”的说法有点道理，“穿衣穿布，当官当副”的调侃不无道理。当然这都是我心理活动。柳署长对三联情况有一些了解，鼓励我把压力变动力，问我有什么要求？我说：就是希望给点政策支持。“什么政策支持？”“批准我们成立一家副牌出版社，把生活书店这一品牌恢复起来。”接着我又详细阐述了理由。斌杰署长听了笑笑说：“你先好好干，先把关系理顺，把队伍稳定下来，发展起来，过几年我们再来研讨这个问题。”实际上，这一问题一经提出，便被搁置下来。但我认为斌杰署长讲的有道理，凡事都有个条件吧。

大约一年过去之后，经过积极调整、布局，三联书店各项工作走向常规化，店领导班子明确提出实施“品牌、人才、企业文化”三大战略，其中“品牌战略”居首，形成了“发展品牌，依托品牌发展”的清晰思路。在这种情况下，恢复生活书店的动议又提了出来。我们咨询了出版管理司有关领导和工作人员，看怎么办好。得到的答复是“非常困难”“几乎没有可能”。其原因是我们国家成立出版单位实行审批制，国家控制总体规模和布局，在数量上实行总量控制，已有格局和数量不可突破。当然除非有极特殊情况，确因事业发展需要。现在想办出版社的单位不少，都在那里排队，但批的极少。对此我心里清楚，因为我曾经在吉林省从事出版管理，全国出版社数量多年都在570家左右，吉林省14家出版社，20世纪80年代以来就是这个格局。

那有没有别的办法？有关部门的领导给我们出了一个主意：就是想法兼并重组一家已经办不下去的出版社。当时全国出版社都在转企改制，有的出版社正在和主管的行政单位脱钩，有的经营困难办不下去在寻找新“婆家”，这是一个兼并重组的机会。有的出版单位已先行一步，比如吉林出版集团兼并重组了北京全国工商联出版社，江西出版集团兼并重组和平出版社。看来这是一条行得通的路子。但我们得走两步棋，一是先兼并一家出版社归属三联，二是把这家出版社改名——改为“生活书店”。

既然这条路可行，我们就在这条路上探索。在几个经营比较困难出版社中，我们选中了西苑出版社。我和我店总编辑李昕去找了金城出版社王吉胜社长。王吉胜是资深出版人，做过中央编译出版社负责人，北大毕业，学养丰富，经验老到。管理金城出版社的同时，兼管西苑出版社。吉胜社长有浓重的三联情结，听说我们有兼并西苑出版社的意图，表示大力支持，表态说：我们共同办也行，交给三联办也行，怎么都成。当时的场面、吉胜社长的爽朗态度，给我留下了深刻印象。虽然后来此事没有成功，但我却和王社长成了好朋友。兼并西苑出版社没有成功的原因，是在深入了解情况并具体进行操作之后，发现两个问题难以“突破”。一是据说西苑出版社有一二千万元的债务，这个债务要由兼并方负担。三联书店有这个实力，但要办起手续，须经层层批准，目前尚无先例；二是必须全部接纳社中原有人员，但该社原属于中央机关，人员都是事业编制，三联书店已经转企，在体制上难以实现“无缝对接”。鉴于此种情况，虽然几经研讨，已是“爱不释手”，但也只好“割爱而去”。

2011 年下半年，三联书店开始筹办三联书店八十年店庆，在做店庆工作方案列举重点工作时，将恢复设立生活书店又提上了日程。转年春天，我们就店庆筹备工作分别向中国出版集团、新闻出版总署、中宣部有关领导和相关部门的领导作了汇报，其中重点讲了恢复设立生活书店、设立韬奋图书馆、召开《三联经典文库》出版座谈会、在人民大会堂隆重召开庆祝大会等几个重大事项。在反复几次研究店庆方案时，有的领导提出“两步走”的设想，这个想法得到了时任中宣部副部长蔡名照同志的肯定。所谓“两步走”，就是把恢复设立生活书店从整个店庆工作中剥离出来，集中精力搞好八十年店庆活动。待店庆活动结束后，再来商议恢复设立生活书店事宜。对此，我表示完全赞同，虽然没能解决，但毕竟提上了议事日程，受到时任新闻出版总署、中宣部有关领导的重视。

八十年店庆系列活动结束之后，我们便认真准备材料，进行相关筹划。第一步按总署领导指示，先和有关部门沟通。出版物管理司明确表示支持，但设立新的出版管理机构要找综合业务司。综合业务司领导对我们很热情，在听了我的情况介绍后，表示研究一下答复。后来几次沟通都没有进展。申报材料虽然报上去了，也接收了，但却没有下文。后来我去催问，该司负责人说了理由，因为我们报告中写的是"拟恢复设立生活书店作为三联书店的副牌社"。他说："现在都在进行出版改革，所有副牌社都变实体经营，新成立副牌社不符合出版改革方向，因此不能批准。"我说：那我们把三联书店作为实体社申报，作为三联下属的二级单位。回答是：断无可能。负责审批的同志也帮我们想了一些办法，当时出版社条件成熟时可以成立分社，可否把生活书店作为三联一个分社？后来研究的结果是，这样也没有可能，因为现在成立分社的，都是出版社在异地设立分社。在三联书店设立"生活分社"，没有类似先例，况且也没有实质意义。再说如果不独立建制，不独立使用书号，出版社自己就可以成立分社，不用出版行政部门审批。转来转去又回到原点，面对"走投无路"的情况，情急之下，我以个人名义给柳斌杰署长写了一封信，信件内容如下：

尊敬的柳斌杰署长：

您好！

在中央领导同志的关心下，在您的支持指导下，三联书店八十年店庆活动取得了圆满成功。店庆纪念大会之后，我们组织编辑记者到韬奋家乡江西余江“走转改”，捐建“韬奋祖居”和一批韬奋书屋，还组织记者深入云南灾区采访，捐建被地震震毁的云落小学等，这一系列活动都是响应您和总署的号召进行的，取得了良好的效果，也推进了三联的各项工作。借今年店庆的强力推动，三联各项事业又上了新台阶，出版了一批好书好刊，社会影响力明显提升，经济效益也持续提高，今年预计营业收入可增长 10%（与去年同比），达到 2.2 亿元，利润可增长 20%，达到 4000 万元，三联书店真正走上了大社、强社之路。

三联书店能有今天的发展，我要特别感谢署长您对三联的关怀、指导和帮助。2009 年 1 月 23 日我被任命为总经理的当天，曾去拜见您，您给我指明了“稳定队伍，努力发展”的思路。以后每次见您，您都对三联的发展给以关注和指示。而对三联文化场的打造、重点图书《三联经典文库》的出版以及八十年店庆活动的举办等，您都亲临指导，或到会讲话，或题词，或在媒体上给以充分肯定。我尤其不能忘记您参加《三联经典文库》出版座谈会的情景，您冒雨而来又冒雨而去，讲完话就赶回署里参加另一个重要活动。您的讲话给我们指明了方向，您支持三联的具体行动让三联人深受感动。而这几年我也在您的关心指导下获得了成长进步，荣获韬奋出版奖。总之，三联书店的成长离不开您的帮助、支持，三联书店下一步的发展，仍需要您的支持和帮助。

关于恢复“生活书店”这一著名出版品牌作为三联书店副牌社一事，我今年向您汇报工作时曾提到过，本月由中国出版集团向新闻出版总署正式提交报告，已报到综合业务司。目前党和国家推进文化大发展大繁荣，三联书店又借助八十店庆进一步扩大影响，时值恢复“生活书店”的最好时机，适时启用这一品牌，对我国出版业改革发展繁荣具有承前启后、继往开来的标志性意义，对三联书店和三联人更是一件功德无量的好事。三联同仁、三联的老前辈们以及三联老前辈的家属子女们，包括邹家华同志等，对此都表示赞同和关心。

我极力主张恢复“生活书店”，完全是从三联事业发展考虑，是从三联传统的承继考虑，决无个人功利目的。我今年五十七岁了，“人到五十七，报啥啥不批”，再有二三年，我就退休了，想在任上为三联的发展壮大再创造一些有利条件。我也深知这件事难度很大，没有您的支持、帮助不可能实现，故上书陈情，期盼您在百忙中能过问和推进此事，帮三联人实现这一美好愿望。我们会对署长的支持帮助永志不忘。

署长阅信后如认为有必要，可随时召我当面汇报，或派员到店调查研究，研议此事。我静候署长的指示。

再次致以诚挚的感谢和崇高的敬意。

就在斌杰署长过问此事并推动进展的时候，出版总署领导调整，斌杰同志到全国人大任教科文委主任，此事又一次搁浅。

当初提出恢复设立生活书店这一想法，得到了三联书店老前辈仲秋元（原生活书店员工、首任三联书店重庆分店总经理，曾被捕关进渣滓洞监狱）、王仿子（原生活书店员工，先后在衡阳、桂林、上海、香港生活书店工作，曾任文化部出版事业管理局副局长等职务）、蓝真（原生活书店员工，香港三联书店总经理）等一批老同志的支持。

我专门就此事向邹家华同志汇报过，老领导对这件事极为关注，觉得这是一个很好的设想。推进遇到困难，我再一次向邹家华同志汇报。按照家华同志的意见，我把《关于请求恢复“生活书店”作为三联副牌的函》送他阅示。家华同志在这个文件上批示：“请中宣部刘云山部长阅示”。很快云山同志就在文件上批示：“名照同志：请商谭跃同志重视并研究家华同志的意见。”同日，蔡名照副部长批示：“请谭跃同志阅，请按云山同志指示落实，如需协调总署，请及时告知。”这一批复的时间是2012年10月24日，从此时起，生活书店恢复设立又一次启动并得到推进。

恢复设立生活书店的工作得到了中国出版集团领导的关心

和支持，在接到上级领导批示之后，谭跃总裁听取了我们的汇报，并责成有关方面协助推进。集团领导王涛、李岩也从中帮忙出力。

尽管有中央领导同志的批示和各个方面的关注，生活书店的恢复设立依然进展缓慢，署内有关部门依然认为成立生活书店作为三联书店的副牌社不符合改革方向，态度不太积极。

此时蒋建国副署长已升任新闻出版总署党组书记，在两局合并成立新闻出版广电总局之后，主要负责新闻出版方面的工作，为了继续推进，我找蒋建国书记汇报了有关情况。蒋建国同志长期在省里工作，担任过湖南省委常委、省委宣传部长，调到新闻出版总署工作后作风务实，为人和善，我为三联书店的事没少找他，也算"熟头熟脸"。在蒋书记办公室，我简要讲了情况并希望尽快推进。蒋书记让我把有关材料补充完善后再给他发去，表示会关注此事，并尽量推进。有一件事让我感动：我去蒋建国办公室时，礼节性地带去一份茶叶，要走时把茶叶留下。他接过茶叶看了看，让我等一下，结果从里间取出两瓶"内参酒"，说这是湖南特产，送你尝一尝。盛情难却只好收下，这两瓶内参酒我珍藏至今。

2012 年 11 月 23 日，我收到蒋建国同志亲笔回信：

希安同志：

您十一月十九日发来的材料收到了。对您所嘱关注恢复生活书店品牌一事，我已转请有关方面同志抓紧研究提出意见。

蒋建国

十一月二十三日

后来我从新闻出版广电总局有关同志处获悉，建国同志一直在力推这件事。在新闻出版总署和广电总局合并前总署最后一次会议上，就把恢复设立生活书店作为一个重要议题。那一阶段因为要合并，人心惶惶，许多人在新闻出版总署的牌子前合影留念。我去办事时也留了一张合影。两单位合并前事务繁多，建国同志还把恢复设立生活书店放在心上！以后他主政新闻出版这边，主动找有关部门研议这件事，积极予以推进。我们三联书店这边也积极配合，尽量为恢复设立生活书店创造有利条件。

转眼到了2013年春天，新闻出版广电总局有关部门让我们补充恢复设立生活书店有关材料，并让中国出版集团下属的中国出版传媒股份有限公司出具《关于同意三联书店设立“生活书店出版公司”的函》，我们由此判断，恢复设立生活书店将有实质性进展。一天下午，我在三联书店对面一家理发店理发，刚理到一半，接到蒋建国同志打来的电话。他说，正在研究恢复设立生活书店事宜，有同志讲你们申报的是成立三联书店副牌社，现在批副牌社确有困难。如果把生活书店办成实体出版社，成为一个正式出版单位，你同意不同意？我说，我同意，这样最好！但生活书店恢复设立以后，一定得归三联书店管，是三联下属的一家出版社。如果生个孩子给别人抱走了，我们可不干。建国同志说，你放心，恢复设立的生活书店是由三联出资三联管，是三联下属的二级单位。末了，还关切地问：三联出资没问题吧！我赶紧说，没问题，请您放心！

通了这个电话之后，恢复设立生活书店进入了快车道，我们就域名问题、出版范围问题、注册问题等方面和有关部门反复沟通，在上级有关部门指导下进行设立前期准备工作。

2013年4月26日，国家新闻出版广电总局下发新出审字[2013]471号文件《关于同意设立生活书店出版有限公司的批复》。文件全文如下：

生活·读书·新知三联书店有限公司：

你单位三联店字[2013]第17号文件补充材料收悉。

经研究，同意由生活·读书·新知三联书店有限公司出资设立生活书店出版有限公司，简称"生活书店"，主管、主办单位为生活·读书·新知三联书店有限公司，出书范围为：出版人文社会科学著作、文学艺术作品、大众文化读物和实用生活知识类图书。

请到北京市新闻出版局办理图书出版单位登记手续，并到中国ISBN中心办理出版者前缀。

生活·读书·新知三联书店有限公司作为主管、主办单位，应加强对生活书店出版有限公司的领导和管理，督促其认真遵守国家的法律、法规和各项出版管理规定，按照现代企业制度的要求规范筹建和运营，努力多出好书，为出版繁荣作出贡献。

国家新闻出版广电总局（代章）

2013 年 4 月 26 日

至此，生活书店恢复设立终于尘埃落定。图书出版许可证上核定的业务范围是：出版人文社会科学类著作、文学艺术作品、大众文化读物、生活实用类图书等书籍的综合性出版社。可以从事图书电子出版物、音像制品批发、零售、本版书发行等业务。确定的主管单位、主办单位均是生活·读书·新知三联书店有限公司，明确写明：根据《出版管理条例》，准予从事图书出版活动。很快，我们就投资 5000 万元完成了注册，办理了企业法人营业执照，镌刻了公章，还选定二楼一块 200 余平方米地方作为办公场所，进行简易装修，为尽快开展工作创造条件。

接下来，我们重点抓了两件事。一是成立生活书店领导班子、配备中层干部、选调编辑和有关人员。为了确保三联书店对生活书店的领导、便于解决发展中的重大问题、切实搞好书店的运营，店里决定由我兼任生活书店恢复设立后的第一任总经理，三联书店总编辑李昕兼任生活书店第一任总编辑，还专门下发了文件：

关于樊希安、李昕同志兼任生活书店总经理、总编辑的通知

三联店字[2013]第34号

各部门：

为加强对三联书店所属生活书店出版有限公司（简称生活书店）的出版经营管理工作，经店领导班子会议研究决定，并报出版集团公司同意，由樊希安总经理兼任生活书店总经理、李昕总编辑兼任生活书店总编辑。

特此通知

生活·读书·新知三联书店有限公司

2013年6月13日

店里决定聘任原文化出版分社社长助理罗少强同志担任生活书店编辑部代主任（三联书店部门副职）；聘任原中共杭州市纪检委、市监察局正处级纪检监察员于峰同志担任生活书店综合办公室主任（三联书店部门正职）。还从店里选调一些人员到生活书店工作，记得从三联书店调来的有总编室杨学会等。

6月13日，生活书店召开第一次会议，在新装修的会议室里，宣布了店里决定，研究了有关工作，畅谈了远景。与会人员在一张白纸上共同签名，表明将同心协力在一张白纸上画出优美的图画，也是留下一个纪念。从此，生活书店恢复后的正常运营就开始了。

我们重点抓的另一件事，是筹备恢复设立生活书店座谈会。按照规定不允许搞各类庆典，我们不搞庆典，就以弘扬韬奋精神为主题，开一个恢复设立生活书店的座谈会。会上我们摆上新做的店牌，有一个揭牌仪式。整个座谈会简朴、隆重、热烈。

中国出版集团公司党组书记王涛主持座谈会，他说：

今天，是中国共产党92岁生日，对我们出版人来说，也是个具有特别纪念意义的日子。八十一年前的今天，1932年7月1日，由中国现代出版事业的先驱者邹韬奋先生创办的生活书店在上海成立。在新民主主义革命时期，生活书店为宣传革命真理、传播先进文化、启蒙民众、促进社会进步做出了巨大贡献，成为我国现代出版史上著名品牌。1948年10月，根据中央领导人的指示，生活书店和读书出版社、新知书店合并成立生活·读书·新知三联书店，从此不再作为独立的出版品牌。时隔六十五年以后，2013年4月，国家新闻出版广电总局作出决定恢复这一著名出版品牌，同意设立生活书店出版有限公司。这是中国当代出版史上的一件大事，也是一件振奋人心的喜事。在生活书店获得重生的时刻，为了能够将韬奋先生开创的事业和他所倡导的“生活精神”承先启后，继往开来，发扬光大，我们在这里举行“弘扬韬奋精神，恢复设立生活书店座谈会”。

邹家华同志原定参加会议，后因身体原因未能到会。他不仅特意为恢复生活书店写了“继承优良传统，竭诚服务读者，繁荣社会文化，促进经济发展”的题词，还让人代读了书面发言。发言全文如下：

今天在人民大会堂隆重召开“弘扬韬奋精神，恢复设立生活书店座谈会”，这是一件令人十分高兴的喜事。我对生活书店的恢复设立表示衷心热烈祝贺，对生活书店新老员工和与会同志致以亲切慰问。原本我是准备参加座谈会的，现因故不能到会，深感抱歉，只能做一个简单的书面讲话，以表达我的全心支持之意。

韬奋是生活书店的主要创始人之一，他一生宣扬革命思想、致力于社会进步。他以正义之笔为武器，长期和国民党反动派进行不懈斗争。他遭受国民党政府的严重迫害而颠沛流离，甚至流亡国外、被捕入狱，身体备受摧残，以致英年早逝。生活书店是韬奋创办的进步出版机构，在上个世纪三四十年代的恶劣政治和社会环境中，与日本侵略者和白色恐怖顽强抗争，坚持传播真理、服务大众，出版了大量宣传先进文化、关注国计民生的红色书刊，呼唤人民奋起抗日救国，鼓励人民走向进步、走向革命，为红色出版事业做出了不可磨灭的贡献。鼎盛时期在全国开设了56个分店，最后全部被国民党反动政府查封。尽管被国民党政府扼杀，但是革命进步力量仍在不断斗争。1948 年生活书店、读书出版社和新知书店合并，成立生活·读书·新知三联书店。三联书店继承了生活书店的优良传统，继续进行革命出版工作，为新中国的建立和社会主义建设做出了贡献。

当前，全国上下正在深入贯彻党的十八大精神，围绕建设社会主义文化强国，加快文化改革发展步伐，迎来了文化建设的新高潮。国家新闻出版广电总局批准恢复设立生活书店，体现了党和国家对文化新闻出版事业的高度重视，体现了三联书店对优良传统和光荣事业的自觉继承。恢复设立生活书店，对推动社会主义文化大发展大繁荣具有重要意义。

生活书店恢复设立后，希望能：继承优良传统，推介先进文化，把握社会主义先进文化前进方向，自觉贯彻党和国家新闻出版方针。弘扬韬奋精神，竭诚为读者服务，为社会提供优质精神食粮。把社会效益放在第一位，同时也要注重经营工作，取得良好的经营成果，为事业发展提供经济保障。发扬民主管理的优良传统。以前的生活书店在管理上有民主管理、全员参与的优良传统，并收到了良好效果，生活书店恢复后应该继续发扬这一老传统，既有集中，又有民主，把员工的积极性充分调动起来，建立起有中国特色的社会主义的企业管理制度。

最后，祝愿生活书店越办越好，为文化强国建设做出新的贡献！

时任国家新闻出版广电总局党组书记，为生活书店恢复设立出过大力、做过大贡献的蒋建国同志亲临会议。他在讲话中高度评价了“生活书店”在历史上发挥的积极作用，阐述了韬奋精神的内涵，对生活书店和三联书店提出了“继承传统牢记使命、面向大众服务人民、打造精品弘扬品牌、深化改革锐意创新”四点希望。中国出版集团总裁谭跃在发言中，要求新成立的生活书店一要坚持理想使命，二要坚持服务大众，三要坚持奋斗精神，四要坚持以文化人。接下来著名作家王蒙的发言，原生活书店员工代表仲秋元、蓝真的发言，原生活书店总编辑张仲实之子张复的发言，都给我们极大的鼓励和支持。

三联书店老同志徐伯昕、黄洛峰、沈静芷、朱枫等前辈的子女及后人，特意从各地赶来参加会议。到会的还有中国韬奋基金会副理事长兼秘书长王小平同志，中国出版协会副秘书长沈建林同志，中国发行学会副秘书长王成法同志，以及上海三联书店、三联书店（香港）有限公司、人民出版社、商务印书馆、中华书局、人民文学出版社、人民美术出版社、人民音乐出版社、中国大百科全书出版社等出版单位负责同志，江苏凤凰出版集团、山东出版传媒股份有限公司、四川新华文轩出版传媒股份有限公司、宁夏黄河出版集团、浙江、黑龙江、北京、深圳、青岛、宁波新华书店集团等三联书店战略合作伙伴代表，新华社、人民日报、光明日报、中央电视台、中央人民广播电台、经济日报、中国新闻出版报等媒体代表，读者代表。发来贺信的有三联老前辈97岁老人王仿子，三联作者、著名语言学家、108岁老人周有光，生活书店老读者、著名作家、99岁老人马识途。还有商务印书馆、中华书局、上海三联书店、三联书店（香港）有限公司等兄弟出版单位。面对这些激励、鼓舞和鞭策，三联人既激动，又感受到沉重压力。我在座谈会上的发言中充分表达了这种心情。我说：

恢复生活书店是几代三联人的夙愿，也是现实的需要。这一夙愿能在我们这一代实现，生活书店得以重生，是我们赶上了好时代。是建设文化强国和努力实现伟大民族复兴给我们创造了机遇和条件，是时代的呼唤让“生活书店”应运而生。同时也是各级领导关心帮助和社会各界鼎力相助的结果。借此机会，我们要特别感谢中央领导刘云山同志和原党和国家领导人邹家华同志，他们亲自过问，使生活书店的恢复提上了议事日程；我们要特别感谢新闻出版广电总局领导，特别是党组书记蒋建国同志，他亲力亲为、具体协调、责成有关部门研究相关事宜，使生活书店的恢复尽快得到落实。我们要特别感谢中宣部出版局局长郭义强同志，他一直给我们支持和鼓励，并出面帮助我们解决在商标注册方面遇到的难题，使“生活书店”的恢复得以顺利进行。我们要特别感谢中国出版集团谭跃总裁和王涛书记两位领导，自始至终地给我们指导与帮助。新闻出版广电总局出版管理司、综合业务司、国家工商局、国家商标局、北京市新闻出版局，三联书店和生活书店一些老前辈，各新闻媒体的朋友，都对“生活书店”的恢复设立提供了“正能量”，起到了“助产”的作用，我代表三联书店、生活书店全体员工，致以深深的谢忱和崇高的敬意！

面对压力我表达了决心。我说：

今天，是高兴的日子，但眉梢的笑容还没散去，沉甸甸的压力便压在了肩头，任重道远，我们深知肩上的担子不轻。与邹韬奋等生活书店开创者和三联书店老前辈相比，我们的胸襟、视野、才识、能力都难望先驱们项背。但重任在肩，我们会竭尽心力，在中宣部和国家新闻出版广电总局领导下，在中国出版集团的具体指导下，紧紧依托三联书店，按照各级领导要求和三联前辈的期望，弘扬韬奋精神，继承优良传统，坚持正确出版导向，以“促进文化，服务社会”为宗旨，竭诚为读者服务。我们将坚持三联书店“一流、新锐”的质量标准，放下身段，面向大众，但决不降低格调和品位。我们会深入研究市场搞好定位，发挥自身优势，和三联书店实行差异化经营，努力在大众出版领域开拓，为更广大读者提供优质精神食粮，获取社会经济效益双丰收。我们会加强队伍建设，用好作风建班子，用好传统带队伍，用好机制出人才，用好环境聚人气，为生活书店的长远发展奠定基础。现在全国人民都在为实现伟大民族复兴而奋斗，作为韬奋“生活”事业的传人，我们也有一个梦想，这就是重现生活书店当年的辉煌，“虽不能至，心向往之”，经过长期不懈的努力，相信最终会获得成功。

做好一项事业光表决心不行，还必须有实实在在的具体行动。恢复设立生活书店一年之后，我就离开了三联书店，也交卸了生活书店总经理的职务。但在兼任生活书店总经理这一年多时间里，我始终把生活书店良性运营作为三联书店全盘工作的重中之重，和总编辑李昕密切配合，尽一切努力，打好生活书店发展的根基。一是研制生活书店发展规划，确立长远目标和措施；二是抓紧招聘编辑，建立一支人才队伍，引进李娟等优秀编辑；三是重视作者队伍建设，借助生活书店的品牌名望和恢复设立各项活动，和曾彦修、王蒙、吴敬琏、金冲及、马识途一批老作者建立密切联系，组到了一批好稿；四是确立一批重点选题并抓紧实施，力争尽快推出第一批图书，在社会上造成影响；五是协调有关发行工作，理顺关系，使生活版图书发行渠道顺畅。上述各项工作，主要是李昕带领大家在做，那时他“坐镇”生活书店，在三联和生活两头“忙活”，尤其是在发掘作者资源、确定实施重点选题和编辑队伍建设方面贡献巨大。他还利用其曾在香港三联任职的条件，把香港的一些选题引到生活书店，扩大了作者和选题阵容。李昕在生活书店时确定的选题，一直到两三年之后才出版完。我自己则是更多地在宏观管控、把关定向方面多做工作，但有时也深入到微观层面，做一些编辑、出版、发行的工作。比如我和台北三联书店老朋友王承惠联系，把台北三联版《舌尖上的台湾小吃》引入生活书店，在大陆出版，作为生活书店出版的第一本图书，在厦门海峡两岸图书交流会上举行首发仪式，力求扩大生活书店在海内外的影响。我把我大学老师喻朝刚先生和夫人共同完成的《分类两宋绝妙好词》在生活书店修订再版，亲自担任责任编辑（这是我在三联书店工作期间唯一担任责任编辑的一本书），和廉勇一起完成了编辑工作，这本近百万字的图书出版后受到好评，已再版了多次，成为生活书店的“看家书”。我还就河北农民夫妇画家用农民画反映廉政建设的图书倾注心血，和相关人员研究出版发行方面的细节，并向有关中央领导写信推荐，送给参会的“两会”代表。我也曾多次找张作珍、孙漩、于峰、罗少强就生活书店发行工作进行研究，发货问题、回款问题、宣传推广问题，都力争一一落到实处。生活书店的同志们很努力，三联书店各部门的支持也很给力，使生活书店出版工作很快走向正规并不断取得进步。对此，我和李昕总编辑看在眼里喜在心头。

2014 年 8 月 5 日，我刚刚离开三联书店不到一个月，赴成都参加马识途先生在生活书店出版新书《百岁拾忆》座谈会，李昕也从贵阳（他去参加全国图书交易会）赶来，我们在成都会合共同主持这个会议。这是我参加生活书店的最后一次活动。记得在宾馆门前有条府南河，在河中间风雨亭上设有餐厅，席间我和李昕把盏道别，期望他继续主持好生活书店，努力把生活的事业推向前进，像脚下的府南河水逐浪连波、源远流长。没料想，一个月之后李昕因多种原因，也离开了生活书店。又是几年过去了，不断听到生活书店进步、发展的消息，也常看到生活书店出版的新书，我由衷地祝愿“生活之树常青”，沿着先辈的足迹，不辜负前辈们的期望，迈着坚实的步伐一路走下去。

创造全国出版业经典营销案例

《邓小平时代》,是我任总经理期间,三联书店出版的大书、好书、重点书、畅销书。本书不仅在推进我国改革进程、提升民众改革信心等方面起到了重要作用,产生良好的社会效益,而且取得了重大营销成果,共发行精装平装两种(平装定价 88 元,精装定价 138 元),合计 88 万册,单本书销售码洋达到 8000 万元,实现利润 1300 万元,创造了三联书店恢复独立建制以来营销工作的新奇迹。中国出版集团总裁谭跃说"《邓小平时代》创造了全国出版业营销活动的经典案例"。确实,《邓小平时代》的出版、营销,产生了重要社会影响,在 2013 年全国出版物营销中处于榜首,引人注目,被行业称为"营销经典",起示范作用,也在三联书店启动的"产品营销年"中独占鳌头,以此为标志开创了三联书店图书营销工作新阶段。

《邓小平时代》出版营销获得的成功,是在各方支持下全店员工共同努力的结晶,是由我带领的营销团队和总编辑李昕带领的编辑团队相互融通、密切合作、一体运营的结果。两个团队都做出了不可或缺的贡献。关于本书的组稿和编辑工作李昕在其撰写的“《邓小平时代》背后的故事”一文中，做了详尽的叙述。该文收入他出版的《清华园里的人生咏叹调》一书中，在全国广有影响。我获赠一本，已认真拜读。关于《邓小平时代》背后的故事，李昕讲的是真实的。他带领编辑团队中的叶彤、舒炜等，从确定选题、拿出策划方案、紧张谈判获得版权到完成全书编辑送审工作，做了大量鲜为人知的事情，贡献甚巨。我作为当时的主事者对此一一了解，因为每进展一步都要汇报沟通并设法推进。试想，假设没有编辑团队提出这个选题，没有拿出切实可行受到傅高义青睐的策划方案，没有在激烈的版权竞争中胜出，没有编辑团队精细认真的编辑工作，三联书店能有《邓小平时代》这本书，能有这样“又叫好、又叫座、在全国叫得响的好书”吗？所以，对编辑团队的作用怎么肯定都不过分。

事实上，李昕在讲编辑团队的贡献时，也涉及了出版决策和营销工作。文中有这么一段：

> 我对叶彤说，请他和甘琦联络一下，就说三联有这个意向。谁知甘琦回电话说，“你们早干什么了，现在才来谈意向？国内已经有将近30家出版社在竞争这本书的版权。这事我是要公事公办的。别家出版社都认认真真地写了策划书，你们要参与竞争，口头上说说不行，要动真格的，至少得报个价吧”。
>
> 我们一时有些发懵。完全没有想到形势如此严峻。我

把这事拿到三联的店务会上讨论，总经理樊希安很重视，当即决定成立一个三人的编辑策划项目组，由我负责，舒炜、叶彤参加，要用积极的姿态争取这本书的版权。

我们研究，觉得这毕竟是一本学术著作，虽然有畅销潜力，但是也不能太冒险，于是决定按首印30万册报价。

文中也涉及营销宣传——书店有信心，不等于读者买账。我们还要针对读者做宣传。但是，在研究推广活动邀请媒体的名单时，樊希安总经理发现，三联所邀请到的媒体大多是社会文化类的报刊，例如《中华读书报》《新京报》《北京青年报》等。这些媒体平时和三联联系较多，对三联的图书一般都非常重视，肯下力气报道。但是，名单上缺少主流媒体，像《人民日报》《光明日报》、中央电视台，都没有邀请到。我们都觉得这样不行，一了解才知道不是三联没有请，而是这些主流媒体对于这样重大题材的书，在报道方面有规定，是不能擅自安排的。

樊希安总经理找了《人民日报》和《光明日报》的相关人员，问，如果我们不发文章，只登广告宣传一下这本书行不行呢？对方说，广告是商业行为，可以登。于是我们决定在这两家中央级的权威大报，1月18日首发式当天，各做一个整版彩印广告。光是这两个广告就花了34万元。这是大手笔，以前我们还从来没有见到出版社为一本书在《人民日报》做整版广告的。

文中还涉及具体营销工作——新书投放市场之初，怎么吸引读者注意？三联的营销中心想出了一个奇招，就是在《邓小平时代》新书销售期，搞一场全国各大书店《邓小平时代》码垛摆放评比活动，对最有创意的书店给予奖励。这个办法，提高了书店对这本书的重视程度。后来，有49家书店寄来照片参加评比，我们看到，各书店的码垛摆放真是各出奇谋：有的拿书组字，组成“南巡”两个字，组成“小平”两个字，有的摆成紫荆花，有的摆出乘风破浪的航船，甚至有的摆成邓小平故居的样子……总之新书摆放姿态各异，引人注目。这个办法使这本书一下成为市场热点和焦点，出版后迅速占据了销售排行榜前列的位置。

后来，我对傅高义先生说起这件事，他连连称赞，说还是你们三联有办法。他告诉我，他没想到这本书可以卖得这么好。因为在美国，哈佛大学出版社的英文版出版了两年，只销售了3万册。他向我要走了各地书店码垛陈列图书的所有照片，说是要给哈佛大学出版社的人看一看，让他们学习学习。

李昕总编辑的书出版后，三联书店有的营销人员说讲营销方面的工作显少了，希望有机会时也讲一下营销方面的工作。我说：李总的重点是谈这本书的编辑工作，也讲了营销工作，他的重心是在前面。市场营销工作是我主抓的，我了解情况更多，等我将来写回忆文章时，会详细谈营销工作的。故此，我在这里就《邓小平时代》的营销工作全面回顾一下。

诚如李昕所言，我们开始是把营销指标定在30万册，这已是我们的极限。一是三联书店从来就没有“一炮”包销30万册的先例，过去一些书发得多，都是一本一本一年一年积累的，如《傅雷家书》《我们仨》。发行量都很大，是常销书。二是三联书店是品牌大社，此之前还没有哪个作者敢和三联这样“叫板”，我们不会以包销为条件出版哪本书。三是我们的营销部门，缺乏包销大部头图书的经验，“心有余悸”。

记得李昕带叶彤、舒炜是 2012 年 1 月 17 日飞香港的，走前我们已商定好“锦囊妙计”，虽然竞争激烈，但志在必得。当天晚上，李昕他们和本书中文简体版权代理人香港中文大学出版社甘琦交谈，因为甘琦是代理版权的，对印数特别看重。据她讲，上海世纪出版集团等出版单位所报首印数都在 50 万册以上，三联书店在所有参与竞争的出版社中所报首印数是最低的——首印 30 万册。言外之意，达不到 50 万册免谈。次日李昕在电话中给我讲了这个情况，问：老樊，我们敢不敢敲定首印 50 万册？首印 50 万册能否实销？李昕这样问我，是因为我既是三联“掌门人”，又主管图书营销工作。面对如此巨大的压力，面对我们如果不能如对方所愿这本书就会流失的可能，我按东北话说就是“咬了牙印”，告诉李昕可以答应首印 50 万册，以此为基本条件与对方商谈，尽力争取。当然这已经是我们的底线。

2012 年 1 月 18 日是个好日子，“一一发”嘛。晚上傅高义及其版权代理人甘琦和李昕一行会谈。因为编辑团队准备了详尽的方案，并清晰地做了阐释，傅高义对这一方案甚感满意，又加上我们符合他们要求的首印印数条件，也因为三联书店这一品牌的感召力，整个会谈非常顺利。本来，傅高义先生准备在次日回美国上飞机之前，才正式宣布由中国国内哪一家出版社出版的决定，结果一高兴，就当场宣布这本书交给三联书店出版。李昕和叶彤喜出望外，立即起身与傅先生握手庆祝。

当晚我住在三联书店办公室，大约11点钟左右，李昕给我来了电话，兴高采烈地说："老樊，拿下来了，终于拿下来了！"我们两个都很兴奋，这真的是一件值得庆祝的大好事啊。当然我们深知肩上的压力，接下来李昕还要在香港商谈具体事宜，我则要赶快进入安排营销的"战时状态"。说真心话，版权谈下来，可以安排出版了，但首次印发50万册，"压力山大"呀！退却是没有出路的，只得精心策划、砥砺前行。我很快做了几件事：

一是向集团领导汇报，争取领导支持。因为这是个大项目，光首印50万册的印刷费、版税，就得一千多万元，且存在很大风险性。集团领导表示全力支持我们，我心里有了底。

二是向人民出版社学习大部头、大印数图书营销经验。我和人民出版社分管营销工作的常务副社长任超是老朋友。任超是发行界"老江湖"，经验丰富、老到。我是上世纪90年代初，在首都发行所发吉人版图书时认识他的。那时他从业务员干起，已是书店的总经理。前些年到人民出版社高就，又"华丽转身"，搞起了出版社的图书营销工作。他利用已有经验，又积极探索，把人民社的发行业务搞得风生水起，在重点图书营销方面成果尤为突出。他主抓营销的一些图书成为全国发行业的经典营销案例。

仅《朱熔基讲话实录》就发行130万册，达到几个亿的码洋。带着发行《邓小平时代》的压力，我找到任超。在任超办公室，我俩一边喝茶，一边交流，整整坐了一下午。任超毫无保留地介绍了人民社重点图书的营销经验、营销策略，我如获至宝，听得津津有味。自从事出版工作以来，我大部分时间是在出版管理和编辑工作岗位上度过的，较少从事图书营销，虽然有志探索，但这方面经历、经验都欠缺。任超的介绍，使我思路大开。任超认为《邓小平时代》很有卖点，是不可多得的会受党政机关干部和普通大众欢迎的畅销书，并在几个方面给我提出指导性建议。听了任超的话，我心里有了充足的信心。

三是成立《邓小平时代》营销领导小组，我和李昕任组长，张作珍、孙漩、詹那达等为重要成员，各分担一摊业务。作珍协助我进行全面统筹。把发行部、市场营销部、办公室、总编室、有关编辑室人员纳入营销领导小组，集中力量从事《邓小平时代》的营销。不仅增加了人员数量，更注意提高能力，先后请任超等营销专家来店给大家讲课，讲经典营销案例。职责上分工明晰，落实责任到人。这样我们有了一支实现销售目标的精干队伍。

四是立即进入营销方案的策划阶段，拿出优秀策划方案。可以说，三联过去有许多好书，是靠自然发行上数的，但《邓小平时代》是靠营销策划实施实现的。我们首先确定营销目标。傅高义要求首印50万册，我们的目标是首印50万册，再陆续加印50万册，共计达到销售100万册的目标，打造2013年中国发行业社科类超级畅销书。我在一个场合开玩笑说,就是要“数钱数到手抽筋,查数查到手发抖”。为此,整个营销要整体规划,精确定位,实施全程营销、立体营销、全面营销、全员营销的执行方案,开启了三联书店营销目标最高、营销时间最长、营销效果最好的营销活动。

2012年是全店围绕《邓小平时代》编辑、出版、营销工作进行扎实准备深入推进的一年。李昕带领导团队辛苦异常,完成书稿翻译、编辑、和作者沟通、送审等出版方面的工作。我则带领营销团队,制定营销方案、深入进行调研、积极和新华书店对接,以及前期的准备工作。有的书店包销数已经落实,当当网的销售数亦已敲定。我和李昕总编辑分别带领两个团队努力工作,工作中有分有合,大事两人商定,重大事项交店务会讨论,两人配合默契,效率很高。

2013年是《邓小平时代》营销实战阶段,编辑团队在完成出版任务后也加入到营销队伍,两支队伍一起集中“攻坚营销”。我们把2013年确定为“产品营销年”,营销是全年工作的重中之重,《邓小平时代》的发行又是全年营销工作的重中之重,聚全店之力,一场围绕《邓小平时代》的销售硬仗吹响了“集结号”。

在这里,我插上一段,讲讲我对《邓小平时代》的看法,即三联书店为什么要出《邓小平时代》这本书。因为前面我更多在讲营销,似乎我们只是在看重经济效益,这就本末倒置了。从根本上说我们是看重这本书的社会现实意义,追求的是社会影响和社会进步。

《邓小平时代》是一本全面研究和记述邓小平政治生涯的权威著作，系哈佛大学中国问题专家傅高义教授倾注十年心力的最新巨著，深度剖析历史，解读时代变迁，探讨邓小平如何深刻影响中国和世界历史的走向，如何改变了包括我们在内的每一个中国人的命运，揭示过去四十年间中国在重大历史关头经历了怎样的转折。本书对邓小平跌宕起伏的一生和中国改革开放之路做了全景描述，对邓小平个人魅力和执政风格进行了深层次分析，对中国改革开放进行了完整而独到的阐释。本书是傅高义先生在参考大量丰富中外档案资料、研究成果及上百人次独家访谈的基础上完成的，持论严谨、脉络清晰、观点鲜明、叙述生动，力图使人物言行符合历史情境，对改革开放的历史进程亦时有独特看法，引人深思；既有学院研究的严谨专精，又对中国现实政治与事理人情洞察入微，兼具客观的真实性和高度可读性，被誉为邓小平研究“纪念碑式”的著作。

我在拿到书稿后连续几天时间把它读完，认为这本书有这样几个特点：

一是客观真实。追求客观、中立，追求资料的真实性，非常难能可贵。

二是视角独特。因为他是美国人，他并没有生活在邓小平时代，我们是生活在邓小平时代的，我们对邓小平时代是感同身受的。中国有一种说法，“不识庐山真面目，只缘身在此山中”。傅高义先生是从邓小平时代外面来看我们这个时代，有独特的角度和视角。

三是这本书通俗易懂。傅先生把高深宏大的东西写得雅俗共赏，所以这本书是很好读的，看这本书就像看文学作品一样。

四是研究扎实。他做的研究都是在资料的研究和叙述当中得出自己的结论，或者隐含他自己的结论，让读者去领会，而不是像我们有的人写书，先有自己的观点，再去找材料论证，所以他的研究是实证性质的研究，是非常扎实的。他如果不阅读大量的材料是没法研究出来的，他给我们一桶水，但他翻阅的材料足有几缸水之多。

五是有思想深度。所谓的思想深度，也就是说，他把邓小平放在与时代的联系当中去研究。邓小平不是单独一个人，是和时代相联系的，他把邓小平和中国这个国家联系起来研究，把邓小平和世界的发展联系起来研究，把邓小平和其他重要人物放到人物关系当中去研究，所以得出的结论很有思想深度。

这几个特点，就是我喜欢这本书的原因。

三联书店为什么对这本书情有独钟？为什么会花费这么大的心力？这是三联书店独到的追求、独到的办店宗旨所决定的。可以坦白地说，三联书店出版这本书不是着眼于经济效益，不是着眼于经济方面给三联带来的成果，而是它的社会价值。三联书店创办时期由韬奋先生所提出的生活书店存在的价值就是推动社会进步，“力谋改造社会”。八十年来，三联书店就是本着这个宗旨，推动时代进步，推动社会前进，与时代同行。在改革开放初期，三联书店起到了推进改革的作用，倡导“读书无禁区”，出版了《随想录》等一批好书，对改革开放起到了很大的推进作用。现在的改革开放正在进行过程中，中央领导指出，改革没有终止时，只有进行时，改革正在进入关键时期，我们想通过这样一本书研究改革，推动改革，尽到三联书店推动社会进步的责任。这是我们非常积极出版这本书的一个最为重要的因素，也是我们出版这本书最重要的目的。在党的十八大之后，在习近平总书记重走邓小平南巡之路、再次强调改革开放的今天，《邓小平时代》将成为党内同志和社会各界人士深入理解和把握中国改革开放道路历程和走向的重要书籍，它的出版具有重要的现实意义。

我们在深刻理解其内容的基础上，对其精确定位。一般公众喜欢国家领导人的传记，都希望从中了解更多重大历史内幕，并从中感受到一个更为丰满具体的人物形象。该书作者傅高义是研究东亚问题的美国著名学者，其作品的意义远超于此。因此三联书店希望该书不仅满足一般公众的阅读期待，也能够进一步引发人们更为深入的讨论。《邓小平时代》作为一部严谨的研究性传记，不仅具有畅销书的特质，在适当的引导下，也将成为长销不衰的经典作品。其主要的卖点包括，海外学者以相对客观的立场对邓小平以及与其相关的历史的叙述与评价；对中国改革开放的历史叙事与评价，以及由此引发的对中国崛起、当下问题和未来走势的讨论。该书的目标读者则应该是 30 岁以上关心时政、历史的读者、高校学生，受过良好教育的一般专业人士以及政治、经济、社会学、历史等相关学科学者和各级领导干部。

2013年1月初，《邓小平时代》营销战役全面打响。此时预定发货已全部到位。一开始我们采取了强势媒体先声夺人的“强烈攻势”。1月4日，先在《三联生活周刊》登出出版消息，刊登《邓小平时代》部分内容，接着《人民日报》《光明日报》整版广告刊出。1月17日中央电视台“新闻1+1”推出对作者傅高义先生的独家专访；18日北京新书首发式吸引了新华社、人民日报、中央电视台、光明日报、中央人民广播电台、中国新闻出版报、新浪网、凤凰网、新京报、北京电视台、南方都市报等全国数十家重要媒体的关注报道。我们知道各大媒体报道的源头就在新华社，只要新华社发了通稿，各报就可以转载。于是我去找了新华社国内部。对方早知道这是美国著名学者研究邓小平的专著，在海外评价甚高，所以他们高度重视。他们把这件事交给一男一女两位年轻记者，那两人都只有二十多岁。我们真的没有想到，这两个年轻人的热情极高，能量也极大，他们让我们安排参加一系列有关《邓小平时代》的推广活动，从1月17日开始，在一个星期之内，居然连续发出了十篇新闻通稿。给予一本书这种宣传力度，在新华社历史上恐怕也是少有的。他们的通稿一发，各报纷纷转载，包括《人民日报》，也在首发式过后转发了消息，几天后又刊发了该报记者有关傅高义的长篇专访。如此一来，很快形成一个“舆论风暴”。可见这本书符合时代需要，受到各方面广泛关注。

1月18日，我们以“纪念邓小平同志视察南方讲话21周年，推进全面深化改革”为主打语，在北京、深圳、成都三地同时举行新书首发仪式，造成了重大社会轰动效应。对《邓小平时代》第一轮营销活动，中国图书商报记者邹昱琴作了跟踪采访、调查，在该报做了详细报道。报道的题目是：精确定位，全程营销——《邓小平时代》上市一个月实销30万册细节解读。

报道在开头语中说：

政治人物传记，尤其是伟大政治家的传记，一直是图书市场的常销和畅销品种。在中国市场，《江泽民传》《朱镕基答记者问》《朱镕基讲话实录》都取得了让人刮目相看的成绩，生活·读书·新知三联书店新近推出的《邓小平时代》，则是新的超级畅销书。该书是哈佛大学教授傅高义花费10年心血创作，新书上市7日后，首印50万册即征订一空，三联书店随即加印了30万册。

报道按照几个阶段，对营销活动的情况进行了微观考察。

营销前期（2012.11～2012.12）

因各种原因，原定于2012年8月推出的《邓小平时代》出版时间一再推迟。在此期间，该书英文版、繁体中文版不断获奖，使得人们对该书大陆版的期待不断升温。三联书店对于该书的销售目标也不断提高，最后目标定在首印50万册、突破100万册。到2012年11月份，三联书店确定在2013年1月向全国推出该书。店里要求严格把控生产、发行节奏，要求1月18日（邓小平同志南方谈话21周年的日子）在全国各大书店、网店同步上架发售。

在这一阶段，发行部门与各大经销商充分沟通，与江苏、四川、河南、深圳等重点省市新华书店制定各类销售计划。例如三联书店此次特地为当年改革开放的最前沿的深圳制作《邓小平时代》定制版本。编辑部、市场推广部、美编室则为该书准备了大量的文字宣传材料和视觉材料，包括广告文案、平面新闻稿件、网络宣传稿件、精彩书摘、为各地书城定制POP广告等。

值得一提的是，三联书店还专为该书制作了一部时长7分钟的精美广告视频，该视频在后来的宣传工作起到很大作用。总编辑李昕亲自操刀，制作了精美的宣传册《请读〈邓小平时代〉》。在营销宣传上，为区别于一般的政治人物传记，特别强调了该书与当下、与每个人自身的密切关系，一句："今天我们仍然生活在邓小平时代"，既点题，又迅速将历史与当下、伟人与老百姓紧密结合起来。

首轮营销（2013.1）

预热（2013.1.3至2013.1.15）

2013年新年伊始，《三联生活周刊》以"重新认识邓小平”为题推出专刊，详细介绍《邓小平时代》写作、出版的前前后后，并摘登部分内容以吸引读者。2013年北京图书订货会上，《邓小平时代》营销活动正式开场。订货会上三联书店发放宣传册《请读〈邓小平时代〉》，同时配合展场巨幅广告、视频广告、假书码放进行造势，并向参加订货会的各地媒体发布1月18日首发的预热新闻稿件。发行部门通过与运输公司、书店签订周密的协议，保证该书于首发当天准时上架。

首发（2013.1.17至2013.1.19）

三联书店选择1月18日邓小平同志南方谈话21周年的日子，在北京，在改革开放的最前沿深圳以及在邓小平同志的故乡四川省省会成都三地同时举办首发式，向全国读者推出《邓小平时代》一书。首发式第二天，三联安排傅高义教授以及译者在国家图书馆面向六百多位读者举办了首发演讲活动。

首发前后三天时间里，三联书店安排傅高义接受了包括新华社、中央电视台《新闻1+1》和《面对面》《人民日报》《光明日报》《环球人物周刊》《新京报》《北京青年报》《南方周末》《南方都市报》《南方日报》《第一财经日报》等12家媒体的采访，中央媒体、全国各大中城市主要媒体、网络媒体都集中报道了该书上市的消息，短时间内出现了明显的聚合效应。

跟进（首发结束20天）

首发结束后，三联书店迅速跟进各种形式的宣传，为该书的销售提供舆论支持。在发行上，图书营销中心每日跟进关注大经销商的销售数字，迅速调货、补货，新书上市7日后，首印50万册即发行一空，根据销售态势，立即决定加印30万册，并于春节前发出，保证市场不断档。在上市后第10日，三联书店向媒体发布了该书热销、加印的消息，并将收集的读者反馈提供给媒体作为跟进报道使用。

持续营销（2013.2～2013.5）

2月19日是邓小平同志逝世纪念日，三联书店选择在这一天举办相关纪念活动。此外，按照三联书店的安排，3月底至4月中旬，傅高义教授还将在北京、上海、广州、深圳、济南、成都、西安等地巡回演讲和举办学术研讨活动，为该书持续造势，并充分发掘这本学术传记的深刻内涵和意义，使之不仅畅销，更成为常销品种。

尽管目前图书市场不是特别景气，但《邓小平时代》营销势头强劲，据不完全统计，从1月18日—2月18日上市一个月即实销30万册。从目前营销态势看，店里制定的销售目标有可能实现。三联书店围绕这本书展开的整体策划和持续营销，也颇值得其他出版社思考和借鉴。

截至2013年4月18日止，《邓小平时代》平装发货71余万册，精装发货10万册，销售码洋超过7200万元。根据开卷统计数据和全国经销商提供的销售数据，自2013年1月18日上市，第一阶段三个月时间，实销册数超过 50 万册，成为 2013 年当之无愧的社科类第一畅销书。为了总结经验，以利再进，我们以“精诚合作，业绩喜人，凝聚力量，再创辉煌，全力以赴争取实现销售百万册目标”为主题，在海南省海口市举办“《邓小平时代》第一阶段营销经验总结交流会”。我和总编辑李昕、副总经理张作珍、《邓小平时代》作者傅高义、新华文轩出版传媒股份公司总经理罗勇、河南省新华书店发行集团副总经理张勇、山东新华书店集团副总经理徐静、吉林省新华书店集团副总经理高峰，以及江苏凤凰出版传媒公司、北京市新华书店、广东新华发行集团、云南新华书店集团、重庆新华传媒公司、深圳出版发行集团、江西省新华发行集团、广州新华出版发行集团、甘肃新华书店集团、陕西省新华书店、亚马逊卓越有限公司、中信联合发行有限责任公司、西安市新华书店、苏州市新华书店、沈阳市新华书店（排名不分先后）等全国各地新华书店、民营书店和电商网站的四十多家发行单位的 60 位发行界代表，相聚在象征着扬起风帆向更辉煌的明天启航的海航大厦，集思广益，切磋琢磨，一起总结《邓小平时代》第一阶段营销的宝贵经验，一道商讨下一步的营销策略。经验交流会由三联书店总编辑李昕主持。我代表三联书店致辞，对舟车劳顿不辞辛苦来参加这次交流会的傅高义先生表示了深深的谢意，对刚刚结束了一天工作，拖着疲惫不堪的身体，甚至连晚餐都没有来得及吃就匆匆赶来参加经验交流会的发行界朋友们表示了由衷的感激之情。接下来向与会代表通报了《邓小平时代》第一阶段发货和销售业绩，总结了第一阶段营销获得成功的几条主要经验：

（一）三联书店领导班子高度重视，举全店之力，全力以赴。

《邓小平时代》的营销工作是三联书店有史以来最为重视、投入最多、效果也最好的营销，创造了三联自己的经典营销案例。《邓小平时代》2011 年 9 月在美国出版英文版后，连连获奖，反响巨大，我店了解到这一消息后，认为这是一部题材宏大、意义深远的著作，具有重大畅销潜力，决心全力以赴，志在必得。当时参与版权洽谈的有五十多家出版社，其中不乏大社名社，竞争异常激烈。我们派出总编辑和资深编辑组成的版权洽谈小组赴香港会见傅高义教授，之前写出一万多字的内容分析和营销计划书。最终我们用诚意、品牌、对这本书的透彻理解和详尽的出版营销计划打动了傅高义教授，使傅高义教授当场拍板“花落三联”。我们把《邓小平时代》的出版营销作为和去年三联八十年店庆同等重要大事来抓，在该选题确定后，店里成立由总经理总编辑为组长的营销工作小组，在第一时间召开编辑、市场、发行联席会议，高度重视本书的营销工作，果断做出了举全店之力、打造 2013 年社会科学第一畅销书的决定。从确定选题开始就谋划营销工作，提出明确的销售目标和周密的营销计划，整体规划、精准定位，实施全程营销、立体营销、全面营销、全员营销等多种措施，要求人员到位、责任到位、奖惩到位。

（二）精心制订并实施营销策略。

整个营销工作紧紧抓住以下几个关键字：

一是突出一个“新”字，在“新”字上文章，又“喜新不厌旧”。经过多次讨论，三联书店领导班子决定1月18日新书上市，并在北京、深圳、成都三地同时召开新书发布会，三地同时召开发布会，在出版界还是第一次。新书宣传紧紧扣住当下最新的党的十八大精神学习、习总书记南巡讲话精神学习，并在此之前严格控制本书消息和样书外流，充分利用“饥饿营销”，吊起市场胃口。

二是突出一个“全”字，在宣传上全面开花、大张旗鼓，通过《人民日报》《光明日报》头版播发了关于该书上市的消息，并配发了整版的宣传；首发式当天，中央电视台《面对面》《新闻1+1栏目》播出了对傅高义教授的深入专访；新华社连发11篇通稿报道《邓小平时代》，中央人民广播电台在7个栏目中滚动播出相关消息，加上全国各地媒体和网络媒体和大力宣传，营造了一个空前巨大的囊括报纸、电视台、电台、网络等在内的全方位的舆论氛围，为本书大卖提供了有力的媒体支撑。

三是突出一个“大”字，在“大”字上下功夫，又抓大不放小。我们在营销中重点关注大省份、大书店、大网站、大门市，充分发挥原有渠道的重要作用，但并不放松薄弱区域和小市场。仅河南一个省就销售了3万册，江苏一个吴江县就销售了5000册。小到三五本、二三十本的小客户我们也不放过，通过发动员工全员营销，向机关团体组织团购，积少成多，也有良好效果。首发式后，全国各地书店同步发售，造成全面影响；在全国书店系统开展图书码堆比赛，调动基层销售人员的积极性；开拓机场书店和高铁等新渠道，仅重庆机场蔚蓝书店一家就销售超过 2400 册，中信机场店销售超过 7000 册，北京时代光华各高铁店销售超过 4000 册。

四是突出一个“实”字，紧紧抓住爆发式销售机遇期，把营销工作做到实处。春节刚过，我本人和张作珍副总分别带队，组成两个营销小组，奔赴西南和华南等地进行“接地气”的营销，和发行界朋友深入交流，深入细致地挖掘销售潜力，进一步加深了社店合作，受益匪浅，成效突出。在遵义，我见到了遵义市新华书店刘波总经理，她表示将会用最大热情与最全面的营销规划去对待这本书，并且很有信心地对我们说：“别看我们是个小地方，我有信心把这本书做大，做到 1 万册。”这个细节让我们看到的不仅仅是销量，而是发行界同仁对待这本书十足的信心与信念。

（三）作者全程配合，与三联实现共赢。

这次同傅高义教授合作出版《邓小平时代》实现了合作共赢。该书是傅高义教授积十年之力所撰写。傅高义教授是美国哈佛大学教授、中国问题研究专家，是中国人民的老朋友，对中国很友善，我们对他给予了充分的尊重。在书稿处理上，我们更是慎之又慎，一方面严格遵守国家有关出版规定，一方面尊重傅高义教授的主观意愿。傅高义教授对此非常满意，他在接受《纽约时报》采访时，称赞三联书店“努力地实现了所有我想表达的核心内容”。我们派《三联生活周刊》记者专程到美国采访傅高义教授，把他介绍给中国读者。我们还就本书的出版进度、营销方式及相关活动安排和傅高义教授本人反复沟通，并周到地安排了营销、演讲和接待工作。傅高义教授密切配合我们的营销活动，他以82岁的高龄，1月份到北京参加了新书首发式和演讲，3月末至4月底到广州、深圳、重庆、成都、上海、南京、济南、西安等地演讲、签售。这些活动对《邓小平时代》的营销起到了积极的推进作用。

（四）发行界朋友的鼎力支持

全国新华书店与民营书店、电商网站等发行渠道鼎力支持、全心配合，是《邓小平时代》销售获得成功最为重要的因素。《邓小平时代》第一阶段的销售历经三个月时间。在这三个月里，三联书店和全国发行界同仁同甘共苦，全心付出，创造了国内图书营销的经典案例，也树立了全国出版社和发行方合作的典范，大家用最高的重视程度，最大的热情，最周到深入的配合，最具智慧的营销创意，为《邓小平时代》一书第一阶段的销售做出了极为突出的贡献，取得了圆满成果。

江苏凤凰传媒有限公司、山东新华书店集团公司、上海新华传媒连锁公司多年来一直是我店的战略合作伙伴。《邓小平时代》一书刚进入选题阶段，他们就格外关注。正式销售发行时，这三家新华书店联合江苏凤凰传媒北京分公司牵头包销10万册，实现了多渠道、多层次、多结构的全线销售覆盖。江苏凤凰下属的苏州市新华书店，不仅零售效果斐然，并且还推荐本书入选苏州地区大中专教材参考书目。吴江县新华书店深挖资源，依托平时发行重点图书的多条渠道，组织相关单位团购，《邓小平时代》平装本在该县销售5000多册。如东市新华书店一手抓零售，一手抓店外销售，全店上下总动员到各单位去推销《邓小平时代》，实现销售3000多册。

当当网、卓越亚马逊、京东网等三大网站根据本书特点，积极采取各种网络营销方式进行销售。认真组织前期预售、在重点页面位置给予大力度的推广支持，使本书在短时间内冲到网站畅销榜第一名，三家首批总发货17万册。全部网站均限价八零折销售，体现了非凡的执行力，营造了一个平等互利的销售环境。

深圳出版发行集团和三联书店达成“从高处着眼，从小处着手”的共识，邀请深圳市委宣传部主要领导出席深圳首发式，设计制作以邓小平为背景的明信片、在图书封面粘贴“深圳特版”的贴签，动员所有员工参与营销《邓小平时代》，专门制定针对该书的员工奖励办法，收到了良好销售效果。

河南省新华书店发行集团非常重视宣传推广工作，一方面自身积极主动，从2012年4月份无锡战略合作联席会开始，就以集团的名义向全省书店下发红头文件强调具体发行事宜；另一方面大力配合三联书店总体营销，专门针对河南市场策划了卖场码堆、销售竞赛活动方案，有效促进了该书的销售。

中信书店和昆明新知书店推陈出新，对店员进行了奖励：每销售一本《邓小平时代》，给予一线销售员一元钱的奖励。奖励金额不高，但是有效地提升了一线销售人员的积极性，也足见这两个书店对本书的关注程度和支持力度。

济南市新华书店领导高度重视，确定了针对重点品种、加强门市销售的经营思路，通过组织到位的营销宣传部署，及时与媒体沟通，先后在齐鲁晚报进行了连载；山东商报（3 个整版）、济南时报（1 个整版）进行了专访；在山东网、齐鲁网、大众网、舜网进行了全面详实的报道；邀请齐鲁电视台、新华社济南分社的记者到泉城路书店现场拍摄、采访读者购书的火爆场面。店内宣传方面，充分利用好书店网站、电子屏、广播、海报、易拉宝及突出醒目的造型等方式进行宣传；印发了 2 万多张宣传单页；在泉城路书店、东图书店显要位置摆放大幅双面喷绘宣传板，门口重要位置利用大屏幕电视播放李昕总编辑做的新书介绍，非常突出醒目，吸引大批读者驻足观看，营造了良好的营销氛围，进一步推动了销售。

总体上看，全国地面店和各大网店在这次《邓小平时代》营销过程中投入的人力、资金和时间成本以及宣传力度是空前的。上到各省店领导，中到采购部门，下到柜组销售人员，上上下下都体现出高涨的营销热情，为本书的发行工作付出了极大努力，打造了店社精诚合作、共塑图书精品的经典营销案例。

会上，三联书店表彰了获得突出成绩的优秀经销商，向获奖单位个人现场颁发了奖金。

以上内容，都详细刊登在三联书店《店务通讯》2013 年第一期。该期对有关营销活动进行了集中报道。如《邓小平时代》全国卖场图书码垛评比优秀作品展示、《邓小平时代》西南地区营销小组营销活动报告、《邓小平时代》华南营销活动小结、《邓小平时代》西南营销行记略等,比较全面地反映了第一阶段的营销活动。

在营销活动中,我们采取了领导分片包销的方法,由店领导带队一个省一个省地落实。办公室鞠晓辉在一篇文章中记述我带队到西南地区营销的一次行动。文中写道:

2月25日至3月10日,我店"《邓小平时代》西南营销小组"远赴西南三省一市,开展了为期两周的营销活动。小组由樊希安总经理带队,李旭、鞠晓辉为组员,依次走访了昆明、成都、重庆、贵阳、遵义等重点地市,深入了解《邓小平时代》等重点图书的销售情况,掌握了第一手资料;面对面与当地发行机构负责人沟通交流,建立、加深了良好的合作关系,取得了一系列成果,并为下一步的营销活动打下了良好基础。

西南小组的具体收获包括:

一、销售势头良好,各项数据喜人。《邓小平时代》自1月18日上市以来至2月底,在西南地区普遍反响良好,销量可观,牢牢占据销售排行榜前列。其中,销量比较突出的发行机构销售数据如下:昆明新知销售三千余册、四川文轩销售超过8000册(西南书城单店销售1100余册)、成都星洋文化销售6000册(首批已经断货,第二批已经发货)、重庆机场蔚蓝书店销售两千四百余册。

二、西南地区发行商非常重视这本书,采取各种有力措施促进销售。西南地区各发行渠道慧眼识珠,认识到这是一本不可多得的好书,各出奇招,努力搞好营销。绝大多数店面都将本书作为第一重点书在明显位置码堆摆台放置,其中做得最好的当属四川文轩,3月1日,营销小组实地走访了销售最好的单体店——成都购书中心。中心共有四层,其中三层都将《邓小平时代》作为第一重点书进行码放,在楼梯转角、甬道两侧等重要位置,共摆放了4整面波浪书架、11个小型码堆,9台电视在播放《邓小平时代》的宣传资料片,书城二层收银台有一个由700本书码放而成的邓小平故居立体造型,整体布置令人震撼。

三、与发行商建立了良好的合作关系,为进一步营销和战略合作打下了坚实基础。西南一行,由樊总带队,依次拜访了昆明新知业务副总唐晓芳、云南省新华书店集团总经理彭云、四川文轩集团董事长龚次敏、成都精典书店总经理杨一、重庆新华书店集团董事长萧陵、贵州新华书店集团党委书记李剑、遵义市新华书店总经理刘波等各发行单位负责人。其间樊总肯定了发行商为本书营销做出的巨大努力和销售业绩,发行商感谢三联出版了精品好书;分别畅谈了本书的下一步营销策略计划,商定全面加强合作,共创双赢局面。云南省店、四川文轩表示愿意参加5月由三联书店主办的第三届社店战略合作联席会。

四、利用多种渠道组织团购。3月5日下午，刚下飞机，樊总就带领营销小组走访了贵州省委党校，党校的韩校长等接待了我们。樊总介绍了《邓小平时代》的出版发行情况，韩校长表示这是一本好书，要向党校的党员隆重推荐。决定购买平装500册、精装100册，销售码洋5万多元。

经过西南之行深入摸底和调研，可以总结出：本书营销策略正确，宣传攻势强大，店社合作紧密，销售势头良好，增强了销量破百万的信心。

在营销全过程中，《邓小平时代》作者傅高义予以密切配合，表现了极强的亲和力、主动性。他表示全力配合、做演讲、做访谈、做高端对话、答记者问都不在话下。他腾出1月中下旬和整个4月的时间，任凭我们安排。作者合作的诚意，让我和李昕总编辑感动。2013年1月19日下午，傅高义先生在国家图书馆学津堂做主题演讲，现场水泄不通，一票难求，拉开了系列演讲的序幕。3月30日至4月26日，我店邀请傅高义教授赴深圳、广州、重庆、成都、上海、南京、济南、海口、北京、西安十大城市，举办题为“邓小平与中国道路”的巡回演讲活动。此轮营销活动，持续28天，共举办了26场主要活动，直接参加活动的读者近万人，为我店近年来最大规模之营销举措。

此次巡回演讲营销活动，店领导高度重视，总经理、总编辑挂帅，统一指挥相关部门协同完成。我和李昕总编辑陪同作者在深圳、广州、上海、南京、海口等城市开展活动，并亲自主持。编辑、发行、市场三个部门各司其职，分别面向作者、各地书店和媒体进行充分的沟通和计划制定，最后由市场部整合并向领导汇报。此次活动，单日程安排就改过三稿，最终的行程日历长达 18 页，各类活动备忘、文案等加起来超过 50 页。

4 月 19 日下午，第 23 届全国图书交易博览会读者大会在海南国际会展中心隆重举行。傅高义先生应邀出席读者大会，与读者面对面亲切交流。4 月 20 日上午，三联书店在海南国际会展中心隆重举办《邓小平时代》读者见面会。傅高义先生签名售书并和读者见面。他在会上说出了肺腑之言：一是非常感谢三联书店出版《邓小平时代》，由三联书店给读者带来这么好的精神产品；二是书店想了很多办法、做了很多事情在努力卖好《邓小平时代》，如码了很漂亮的书垛，贴了很多宣传画，他很高兴并表示感谢；三是没有想到《邓小平时代》能卖这么多，在美国才卖 2 万多本，香港卖了 1 万多本，而在中国大陆已经卖出 50 万本，足见三联书店的营销发行工作优异；四是参加了很多三联主办的各种活动，到场观众都很热情，他自己深受感动。连续参加多场活动，82 岁的老人累得腰都直不起来。他带着护腰，行走艰难，因时间紧迫，我们也只能安排两个活动间隙做短暂休息，有时只能在沙发上躺一会，或两个凳子架起来坐一会。市场营销部主任詹那达和陈曦等精心策划、周密安排、同行服务，使整个巡回演讲活动获得巨大成功，为新一轮营销造了声势。

2014 年 1 月，在《邓小平时代》出版一周年之际，恰逢傅高义先生来京参加学术会议，我们特邀傅先生借此次北京之行参加了一系列重要活动：在首都图书馆，参加以《改革年代》为题的对话会；应人民大学邀请，参与了题为“邓小平时代的改革开放”的演讲；参加了新浪年度好书颁奖典礼（《邓小平时代》获年度好书第一名）；在北京图书订货会期间接受十余家全国各地媒体的采访。

2014 年 1 月 13 日，三联书店召开 2013 年度总结表彰大会。全店评出十件大事，《邓小平时代》发行 80 万册创造全国出版业经典营销案例，位列生活书店恢复设立并开始正式运营之后，可见全店员工对这一成果的充分肯定。我在大会的总结报告中，重点总结了《邓小平时代》营销的基本经验。3 月份，我们做出对《邓小平时代》编辑团队、营销团队进行表彰奖励的决定，按照集团下发专项奖金数额同比例配套，对相关人员进行奖励。我们在这次全面营销开始前就做过重奖的承诺，外部兑现，内部也要兑现，决不食言。这既合乎多劳多得的分配政策，又有利于调动员工的积极性。

7 月份我离开三联书店，《邓小平时代》也进入常销阶段，实现销售目标已没有疑问。《邓小平时代》的营销为什么能够成功？有人常常问我。我的简要回答是：一是有三联书店这个绝好平台，二是有《邓小平时代》这本好书，三是有一支能打硬仗的骨干队伍，四是精细的策划方案和到位的激励政策。是否如此，也可听听当年我们一起拼搏过来的李昕总编辑、张作珍副总经理和其他同志的想法。他们一定会有许多体会和高见。

“事业的发展要靠人才”

人才是事业发展之基石，人才旺则事业兴。三联前辈有重视人才培养使用人才的优良传统。韬奋先生说“事业的发展要靠人才”，认为主持事业最重要的是“物色人才，培养人才，提拔人才，分配人才，监察人才乃至奖惩人才”。他真正做到了“大公无私，是非明察”，坚持人才主义的用人政策。一是物色人才，用人惟贤，除了极少数在社会上服务多年，在事业上已有昭著成就的人，依着事业的需要聘请进来之外，绝大多数的同事都是经过考试手续的，一方面根据业务上的实际需要，一方面根据应考者的实际能力，加以公正的考虑，考试办法是相当严格的。1935 年韬奋先生回国后，于 10 月间亲自主持一次考试，从几百名报名者中挑出 28 名参加笔试，最终正取 5 名，备取 5 名。进店后还有六个月试用期，合格后才能转为正式职工入社。这样的做法，为有志于文化工作的青年提供机会，同时杜绝了任用私人的社会恶习。韬奋先生全权主持生活周刊社之后，始终坚决地不介绍自己的亲戚，把不用私人的关系作为用人的标准。他说：“我们这一群一心一德亲密诚挚的同事，是人才的集团，是事业共同的目标所吸聚，而不是由于任何私人的关系而聚集的。”二是岗位培养和组织管理。韬奋办店，以职工为主体，视干部为宝贵财富，十分重视发现、选拔、使用和培养干部队伍，许多人是在韬奋、徐伯昕等人一手培育下，从工作岗位上经受锻炼成才的。三是关心爱护干部，韬奋提出了以下爱护干部的八项指导原则：

(1) 要注意干部的需要和困难，需用最关切的态度，尽力帮助解决；

(2) 要注意教育干部，使他们的天才能获得最大限度的发展；

(3) 要注意分配各种干部以最适当的工作；

(4) 要注意保护并增加干部的健康；

(5) 要注意提拔干部；

(6) 要注意奖励干部；

(7) 要注意使干部能有机会尽量贡献他的意见，并虚心考虑他的意见；

(8) 要注意使干部没有内顾与后顾之忧。

新知书店主要创始人徐雪寒特别重视人才，注意为党的事业培育后续力量，使这些同志在以后的出版事业和革命工作中发挥了作用。革命烈士朱枫就是其中的一员，她就是在徐雪寒培养下成长起来的。范用回忆，一次，16 岁的他到新知书店要一套《语文》月刊，已届中年的“徐大哥”爬上爬下为其寻找，由此可见他对年轻一代的殷切关怀之情。

我在三联书店主政时，所以将“人才战略”作为三大发展战略之一，比较重视人才工作，一方面是对三联传统的继承，一方面是由于改革发展的现实需要。从历史上说，生活书店、新知书店、读书出版社的创始人，个个都是一流人才，他们又注重培养使用人才，使三联事业不断走向辉煌。从现实需要说，出版社在改革开放新时期竞争更加激烈，这种竞争，实际是人才的竞争，人才选拔、培养和使用显得更加迫切和重要，成为长期发展的战略选择。没有人什么事也干不成，没有人才什么事也干不好。三联书店领导班子对此有清醒的认识。专门成立人才工作领导小组，由单位“一把手”对人才工作负总责，构建“一把手”抓“第一资源”的工作机制，把这项工作抓到手上，落到实处。

三联书店1986年1月独立建制以来，已形成较好的人才队伍基础。拥有一批优秀的图书和期刊编辑、记者、美编、校对、版权、印制、市场营销等方面人才。其中有些人在出版业内发挥着带头人的作用，有一定的知名度，还拥有爱岗敬业、具有较高素质的经营管理人才和高、中层干部。我店的年轻员工，绝大多数来自著名院校，都是很好的苗子，是我们事业发展可以信赖的后备力量。但人才方面也存在不足。表现为人才结构不尽合理。一方面人才很多，另一方面一些重要和关键岗位的人才较少，缺乏掌握现代传媒技术的数字出版专门人才，能够设计、开拓三联自办整体发行渠道的战略运筹人才，以及高端财务人才，市场营销人才等创新型人才、领军人才和复合型人才及优秀中青年骨干人才。领导班子成员年龄偏大，缺少中青年成员。中层干部力量不足，缺乏后备人才。人才成长环境有待改善，人员流动不畅，干部队伍只上不下，一些人才的能量因种种原因没有得到充分发挥；创业创新缺少突破口。单位内存在论资排辈、对人才求全责备的现象。体制机制不够完善，人才培养开发方面，缺乏相应的保障机制，对人才成长管理不到位。在人才评价发现方面，缺乏深入研究，尚未形成科学的评判办法。在人才选拔任用方面，缺少标准，还存在人和岗位不相适应的问题。在激励保障方面，除了升职、奖金外，没有其他激励办法，收入分配还存在体制内外的区别和大锅饭现象。

针对上述情况和当时人才结构不尽合理、后备干部青黄不接，人才力量储备不足的现状，我们加大了人力工作力度，强化了几个方面的工作。

第一，深化用人制度改革，大力加强干部队伍建设。

一是加强干部梯队建设，制订《总经理助理、总编辑助理选拔聘用的若干规定》，增设总经理助理和总编辑助理岗位，经过民主推荐、考察，先后选拔了 4 名总经理助理、总编辑助理，作为领导班子后备干部进行培养；同时新设立部门主任助理一级，作为部门领导的后备干部，形成了店领导班子成员、总经理助理总编辑助理、部门正职、部门副职、部门主任助理这样多层次、立体形的领导干部梯队。二是加大中层干部培养选拔力度。修订完善三联书店《中层干部聘任管理办法》，明确选拔程序和聘期，及时把德才兼备、实绩突出、敢于担当、群众公认的人才选拔到中层管理岗位上，使其承担重任。三是对特殊人才实行特殊待遇，如对三联生活周刊主编朱伟实行延期退休的特殊待遇，明确新老交替的时间和人选，既稳定了队伍，又有利于刊物的长远发展。四是坚持自主培养开发与引进人才并举。多渠道、多方式引进企业急需的中层管理人员、业务骨干。

第二，采取多种措施促进人才成长进步。

一是着力培养高端人才

高端人才是店里最重要的人才资源，在事业发展中有举足轻重的作用。我们采用实践锻炼、热心荐才、向上托举、支持他们在行业内授课和参加学术活动等方式，使一批高端人才脱颖而出。有 1 位同志入选百名有突出贡献的新闻出版专业技术人员，4 位在职人员享受政府特殊津贴，9 人入选集团公司第一批人才梯队专家和专业人员，1 人获得韬奋出版奖。

二是注重培养管理人才

先后提拔、晋升各层干部五十多名，调整面达到 70% 多。2012 年，为进一步推进三联图书出版事业的发展和壮大，班子决定开始尝试“分社制”，成立了学术出版分社和文化出版分社等 4 个出版分社，任命 2 名总编辑助理兼分社社长，在店务会授权的范围内，实行自主经营、独立核算，让他们在实际工作中锻炼成长。

三是不拘一格引进人才

2011 年三联书店扩展业务，新成立了专题项目部、对外合作部、三联书店上海公司，这些新部门的一把手都是从外部引进的，他们都很好地融入三联履行职责。除了招聘中层干部，还大量招聘有工作经验的成手和骨干，几年来招聘了各类人员六十余名。同时持续进行内部调岗，力争达到最佳的人岗匹配，近几年内部调岗四十余人次，通过这些方法，使全店人才结构得到一定程度的优化和改善。

四是制度保障留住人才

重点是健全和完善配套管理制度，为留住人才、使用人才、奖励人才提供制度保障。转企改制后，为改变事业单位工资分配体系存在的“大锅饭、平均主义、干多干少一个样，干好干坏一个样”的弊端，我们冻结了原事业单位工资体系，实行了岗位、绩效工资制，效益优先，多劳多得，突出业绩，淡化资历，加大了企业在收入分配方面的自主权，为吸引人才、激励人才，留住人才起到了促进作用。

五是舍得本钱培养人才

牢固树立“人才投入是效益最好的投入”的观念，在人才工作上舍得花本钱。算大账，算活账，算长远账，落实“人才投资优先保证”，设立了人才发展专项基金，用于人才的引进、项目的支持、创业的支持、学习的支持。鼓励员工参加外出考察、研修、参加学术讲座、发表论文、出版著作、进行业务交流，在经费上给予积极支持，员工出国研修的、培训的、选择自费出国留学的，保留工作岗位；员工愿意读博、读研的，只要成绩合格，费用全部报销；单位也积极组织外出学习，每年均组织全体编辑到其他出版社考察、交流，请专家来店授课，还组织中层干部培训班、年轻编辑和新入店员工培训班等，有目的性地加强员工培训，鼓励和支持人人争作贡献、人人努力成才。

六是宽容个性容纳人才

一般说来，越是人才，越有个性。三联不少员工都是很有个性的。尤其是在编辑部门，员工学历层次较高，大部分都是研究生学历，还有好几个博士。他们都很聪明、独立，自我期望高，个性比较强。说起话来比较直率，时不时当面“顶撞”领导，我们领导班子对此并不介意，能够予以理解和容忍。员工能说其所想，感到在企业如鱼得水，心情舒畅，所以三联的人际关系相对比较简单，三联的编辑们对三联的忠诚度很高，队伍也长期保持稳定。

七是拓展空间强盛人才

随着企业的不断发展，我们进行了数次组织结构的调整、扩充。以图书编辑部门为例，2009 年为了明晰图书产品线，整合人力资源和出版资源，强化大众文化读物出版，改组原图书编辑部门，成立学术、文化、旅行出版中心和综合编辑室，新成立了大众出版中心和信息技术与数字出版部。2011 年成立了专题项目部，主要从事国家出版基金资助项目的编辑出版。2011 年原版权室在单一版权管理工作的基础上，增加编辑功能，成立了对外合作部，原发行部改革成为图书营销中心。2011 年底，组建成立了三联书店（上海）公司，主要从事图书编辑出版业务。2012 年，原学术、文化等出版中心改组成立了学术、文化、综合、大众四个出版分社。组织结构的调整、扩充，为人才开拓了更广阔的发展平台和空间，而人才的成长进步，又促进了企业进一步发展和做强做开。企业与人才共同发展，形成了良性互动。

第三，制订了三联人才发展规划，着眼长远培养人才队伍。

在分析三联书店人才工作现状和发展环境基础上，确定人才发展战略目标及主要措施。坚定不移地实施“人才强企”战略，以创建现代大型出版企业为目标，以重大的人才培养和引进工程为依托，全面推进人才工作，按照中长期人才发展规划的要求，建设一支雄厚的人才队伍，为三联书店长期发展奠定人才基础。

人才发展战略目标是：

到 2020 年，我店人才发展的总体目标是：培养和造就数量充足、结构优化、布局合理、素质优良的人才队伍。具体表现为：

——人才资源总量稳步增长，队伍规模不断壮大。人才资源占人力资源总量的比重逐步提高，以满足企业持续发展的需要。

——人才素质大幅度提高，结构进一步优化，使人才的分布和层次、类型、性别等结构日趋合理。

——人才竞争比较优势明显增强，竞争力不断提升。人才规模效益显著提高，力争将三联书店建成一个人才高地。

——人才使用效能明显提高。人才发展体制机制创新取得突破性进展，人才辈出、人尽其才的环境基本形成。

努力造就一支具有国内一流专业水平、引领时代潮流能力的高素质专业技术人才队伍，一支具有开拓精神、管理创新能力和社会责任感的高水平的企业经营管理人才队伍和一支政治坚定、勇于创新、勤政廉洁、求真务实、奋发有为的后备干部人才队伍。

制订主要措施如下：

一是进一步解放思想、转变观念，坚决破除束缚人才发展的思想观念和制度障碍，围绕用好用活人才、提高人才效能，创新人才工作体制机制。

二是以用为本，提高效能，坚持创新人才工作体制机制。(1)改进完善人才工作管理体制。坚持党管人才原则，遵循现代企业管理规律，建立党政班子听取人才工作专项报告制度、党政班子联系专家制度，实施重大决策专家咨询制度。(2)创新人才工作机制。坚决破除束缚人才发展的思想观念和制度障碍，构建与市场经济体制相适应、有利于科学发展的人才培养开发机制、评价发现机制、选拔任用机制、流动配置机制、人才激励保障机制。(3)大胆使用人才，以用为本，用当其才，把一批年轻人才放在中层或重要岗位，给德才兼备的人压担子，给实绩突出的人搭台子，给群众公认的人带路子。对人才“用当其时”，及时、主动地给位置，不拖延，不躲避，积极为各类人才干事创业和实现价值提供机会和条件，使企业内部创新智慧竞相迸发。(4)完善激励机制，特别是项目负责制。激励机制不仅是发钱，工作机会本身就是一种激励，创新创业的机会更是一种激励。鼓励业务骨干创业创新，并给予资金支持，成立工作室或项目组，独立核算，独自经营，解放生产力，发展生产力。

三是加大投入，人才优先。牢固树立“人才投入是效益最好的投入”的观念，坚决落实“人才投资优先保证”，设立人才发展专项基金（初期设定为每年50万元），用于人才的引进，用于项目的支持、创业的支持、学习的支持。

四是科学规划，制订切实可行的人才培养措施。

（1）建立人才工作专项档案，根据人才的具体情况，制订有针对性的人才培养开发方案，创造各种有利机会，组织人才外出考察、研修、参加学术讲座等，不断提高专业水平和文化修养，支持人才进修、研究、发表论文、出版著作、开展业务交流活动。

（2）科学规划重大人才工程。积极参加集团公司计划实施的几个重大人才工程，如急需岗位高层次人才引进计划、领军人才培养计划、“青年英才”开发计划、编辑出版人才知识更新工程、博士后培养带动计划等。结合本店实际，计划、实施本店重大人才工程。

（3）制定灵活优惠政策，广开门路，延揽优秀人才和急需紧缺专门人才，坚持自主培养开发与引进人才并举。

（4）尝试推行业务导师制度。条件比较成熟时考虑在部门内、单位内甚至是跨单位实行师带徒制度，对导师给予一定的导师津贴。

五是关心人才，宣传人才，为人才创造良好的成长环境。

（1）建立人才联系制度，沟通领导与各类人才的信息渠道，经常征寻、了解他们的建议、要求。

（2）加强服务。关心各类人才的工作和生活，了解他们的疾苦，及时为他们排忧解难。

（3）加强对人才的宣传。引导大家见贤思齐，反对求全责备，大力营造尊重劳动、尊重知识、尊重人才、尊重创造的良好氛围。

六是加强基础性建设，使人才工作取得更好实效。

（1）健全和完善人力资源管理制度，形成监督机制、激励约束机制和竞争机制，实行择优选聘、竞争上岗、能进能出、能上能下，为人才提供施展才华的舞台。

（2）提出和落实“建立学习型组织”的口号，大力加强员工全员培训，提高人的综合素质，促进人的全面发展，关心人才成长，鼓励和支持人人成才。

（3）把努力提高员工收入和福利待遇，作为吸引人才和巩固队伍的重要措施之一。

韬奋先生说：“我们要注意教育干部，使他们的天才能得到最大程度的发展，他有十分才干，我们要他的十分才干都发挥出来；他有百分才干，我们要他的百分才干都发挥出来。我们要不让他的天才有一分一毫的埋没掉。”三联书店领导班子牢记韬奋先生的教诲，把人才战略放置于极其重要的位置，坚持用德才兼备的标准公正公开选拔人才，以业绩论英雄，凭成果选人才，把优秀才俊选拔到领导岗位和关键业务岗位，严格要求，提高待遇，论功行赏。既加强培养，又大胆引进，彻底打破事业发展的人才瓶颈，形成人才兴店的兴旺发达新局面，使每个人才的才能都得到较好发挥。首先是健全店领导班子，实现了新老交替。在我们建议下，集团领导高度重视三联书店领导班子建设，设立了总编辑，由李昕担任；翟德芳从香港中华书局总经理卸任后，调入三联任副总经理、副总编辑；常绍民从商务印书馆交流到三联，任副总编辑；提拔优秀中层干部张作珍、舒炜、郑勇为副总经理、副总编辑，为领导班子充实了70后、60后新鲜血液。其次是建立起一支执行力强、有创新精神的中层干部队伍。中层干部中，除行政部主任之外，其他所有人都得到不同程度提拔重用，有新提拔的，有副转正的；“不拘一格降人才”，像冯金红、孙璇、徐国强、王竞等，都是新成长起来的中层干部，他们在岗位上发挥了很好的管理作用和业务骨干作用。再次是建立一支人才后备队伍，使三联书店兴旺发达后继有人。更为可喜的是形成了爱才惜才育才的良好环境，形成了有利人才成长进步的氛围，增强了对人才的吸引力，改变了人才外流和人才虽在“业务外流”的状况。初步形成“人才济济”的现状，有力地促进了三联事业的发展。

韬奋精神是一座富矿

“韬奋精神是一座富矿”，这是我在获得第十一届韬奋出版奖之后的一句“感言”。中国新闻出版报记者约我写篇获奖感言，于是就有了下边这篇文章，有了这句感言。虽然只有短短九个字，却是我在三联书店感悟最深的一点体会。我在文章中写道：

近日，第十一届韬奋出版奖颁奖仪式在京举行，我们出版界又有20位同志被授予韬奋出版奖这一荣誉称号。我忝列其中，有几分兴奋，也有几分不安。所谓兴奋，这毕竟是全国出版界个人最高奖项，获此殊荣不易，是对多年奋斗后人生价值的肯定。所谓不安，即是深感自己“盛名之下，其实难副”，离对获奖者的基本评价“政治素质好，专业造诣高，具有良好职业道德操守、高远文化追求，在出版行业长期勤奋工作、默默奉献，为出版改革和发展作出了突出贡献的优秀人物”尚有很大差距。我把获得这一荣誉看做是对我个人的鼓励，是对在新时代为出版事业奋斗的三联群体的褒扬。我深深地体会到，这一设立多年、评过多届的出版界个人最高奖项，之所以用韬奋先生的名字命名，其根本宗旨便是弘扬韬奋精神，将韬奋精神和其努力奋斗的目标一代一代传承下去。我作为韬奋先生等先辈开创的三联事业的后继者一员，有近水楼台先得月之便利，更有传承先生精神之责任，应以获得韬奋出版奖为起点，更加自觉地继承韬奋先生的事业，更加努力地弘扬韬奋精神。

韬奋精神是一座富矿。我们今天弘扬韬奋精神，有特殊的时代意义，我以为应当从以下几个方面去发扬光大：

“竭诚为读者服务”的服务精神。“服务精神”是生活书店的奠基石和一贯传统，它要求每一位职工要心存读者，把读者当做朋友，而且还是超越商业关系、彼此间可以沟通与信任的好朋友，因而对于读者的服务“不是仅求一次的周到，是要求继续不断的周到”，对于读者的服务，也不限于门市、邮购、复信答疑，而是贯穿于出版活动的全过程，表现为“一点不肯马虎，一点不肯延搁，一点不怕麻烦”“竭尽心力”“诚心恳意”。“服务精神”不仅是生存之道，更是微言大义，昭示了出版业存在的价值和意义。我们今天“竭诚为读者服务”，就是要摆正位置，端正心态，努力为读者提供更多更好的优质产品，保证质量多出精品，杜绝劣质品和残次品，最大限度满足读者的现实和潜在需要。

正确处理事业性与商业性关系的经营理念。“义”与“利”关系在韬奋先生身上有着内在统一，他提出的正确处理事业性与商业性的命题，是我国出版界两个效益关系的最初论述，一直延续到我们今天的出版实践中并需要持续不断地予以回答。他强调出版的“文化本位”，提出以文化为目的。他认为，“所谓的进步的文化事业是要能够适应进步的时代的需要，是要推动国家民族走上进步的大道”，“具体的事业体现在努力于引人向上的食粮”，“要充分顾到我们的事业性，有时不惜牺牲，受到种种磨难也毫不怨尤”。同时为了生存和发展，必须顾到商业性，做到两方面相辅相成。重温韬奋先生的教诲很有现实意义，在市场化盛行的今天，我们有必要特别强调事业性和“文化本位”，始终坚持正确的出版导向，以社会效益为最高准则，努力实现社会效益与经济效益的统一。坚持事业性、商业化两轮驱动、两翼齐飞，防止方向跑偏而误入泥潭。

坚持对光明、真理的不懈追求。邹韬奋先生的一生是宣扬革命思想、致力于社会进步的一生。他之所以从事新闻出版工作，之所以出版了大量进步书刊，不是简单地搞出版，不是为了出版而出版，而是把出版作为一个平台，是为了实现他的共产主义信念和革命理想。韬奋先生的事业遭受了无数次的挫折，但他依然百折不挠，始终坚守信念。1933 年 1 月，韬奋先生因为参加宋庆龄、鲁迅等进步人士发起的中国民权保障同盟而被迫流亡国外；1936 年 11 月，韬奋先生与沈钧儒等七人被捕，“七君子”事件爆发，入狱 243 天，他毫不动摇，坚决抗争；1943 年到 1944 年，韬奋先生生命最后两年罹患癌症，病情逐步恶化，他强忍病痛坚持工作，出版了《患难余生记》。1936 年 10 月，韬奋在鲁迅先生公祭大会上，发表了一句话的演说："今天天色不早，我愿用一句话来纪念鲁迅先生：许多人是不战而屈，鲁迅先生是战而不屈。""战而不屈"正是韬奋先生自己的生动写照。

韬奋先生发自内心地热爱出版事业。1937 年，他写道："为着做了编辑，曾经亡命过；为着做了编辑，曾经坐过牢；为着做了编辑，始终不外是个穷光蛋，被靠我过活的家族埋怨得要命。但是至今'乐此不疲'，自愿'老死此乡'。"

我们要始终以韬奋先生热爱出版、忠于职守、拼搏不息、奉献不止、对国家和民族始终充满了强烈的历史使命感和责任担当的精神为榜样，面对困惑时心不旁骛、笃定执着，面对市场保持清醒、保持个性，做一个真正的出版家。

限于篇幅，关于韬奋精神内涵的论述并未完全展开，只是说我感受最深的几点体会。既然是一座"富矿"，它就富含矿物质，需要深入挖掘，才能发现其更大的价值。在三联书店工作的九年里，为了继承三联传统，寻找精神营养和精神动能，也出于对韬奋先生的景仰，想在先辈的事业中汲取经验，我比较多地搜集了关于韬奋先生的生平、史料、著作、文章，比较深入地进行了相关研究，也撰写过一些弘扬和宣传韬奋精神的文章，如《今天如何发扬韬奋先生“竭诚为读者服务”的精神》《弘扬韬奋精神，坚守文化使命》《用多出好书的实际行动弘扬韬奋精神》《弘扬韬奋精神用心打造精品》，从多方面加以研讨，力求使研究成果用于指导工作实践。

首先，我以为韬奋精神并没有过时，韬奋精神是一座“富矿”，绝不是“废矿”，而是一座在开采中不断获得新生的富矿。“竭诚为读者服务”是韬奋精神的核心。韬奋先生所言“竭诚为读者服务”和中国共产党“全心全意为人民服务”的宗旨是高度一致的，而且是这一宗旨的具体体现。“竭诚”和“全心全意”几乎是同一语，“为读者服务”与“为人民服务”只是显示了同类中个性和共性的差异及范围的大小。生活书店办店宗旨和中国共产党的宗旨高度一致，并非偶然巧合，而是有其必然性的。生活书店从创办起，就把追求光明和真理、推动民族解放和国家进步作为自己的使命，她在中国共产党的领导和影响下，在艰苦环境中奋斗开拓，成为出版界传播进步文化，推动民族救亡运动的一面旗帜。从本质上，她是革命的、进步的、新生的，与时代为伍的，是置身于中国共产党领导的革命洪流中，自觉地按照党的要求和指明的方向去努力的。站在这样的高度去认识，我们继承这一传统就会更加自觉，如何理解“竭诚”？从字面上看，就是全心全意，尽心竭智，鞠躬尽瘁，就是最为恭谦最为诚恳的态度和行为。韬奋先生描述的是“竭尽心力”“诚心恳意”“尽我们的心力做去，以最诚恳的心情做去”。他要求，“服务不仅仅是替人做事，而且要努力把事做得好。所以我们不但要做事，而且要做的诚恳、热诚周到、敏捷、有礼貌”等等。对竭诚二字的含义和韬奋先生的要求，我们不难理解。问题在于，置身于市场经济大潮涌动，交换原则通行的今天，“竭诚”是不是有条件的，是不是投桃报李和待价而沽的？我想，这种服务是无条件的，是不计报酬的。因为它是一种服务的心意和态度。事实上，只要你竭尽心力不计报酬地为读者服务，并持之不懈地坚持下去，就一定能得到回报。这种回报就是信任、支持，就是我们事业在广大读者的信任和支持下得到更大发展。

我们今天究竟如何承继这种精神，将其弘扬光大呢？一是努力为读者提供更多更好的优质产品。这是“竭诚为读者服务”的第一要义，是出版人的价值和职责所在，是出版业以人为本的具体体现。二是最大限度满足读者的现实和潜在需要。既要面向大众，又要关照小众，既要宏观着眼，又要微观到位，细化读者需求。坚持为人民服务，为社会主义服务的方向和百花齐放、百家争鸣的方针，弘扬主旋律，提倡多样化，贴近实际，贴近生活，贴近群众，创新内容，创新形式，创新手段，满足读者多方面、多层次、个性化的阅读需求。三是善于站在读者的角度观察和思考问题。出版社出书是由一个个紧密环节组成的，要把为读者服务落实到每一个细节，进行“换位思考”，站在读者角度来提出要求确定答案。四是给读者提供周详具体无微不至的服务。在这方面，生活书店的老前辈们早已给我们做出了榜样。即使和业务无关的事，他们也竭诚尽力地去做。比如为读者的夫人物色好的产科医院，为吃官司的读者介绍可靠的律师，为远在南洋的读者的母亲和夫人选购国内的绸缎衣料。只要有所托请，他们都不怕麻烦，做得十分到位。即使在交通和通讯条件极为便利的今天，我们许多人也是办不到的。“非不能也，是不为也”，在我们心生感叹的同时，对老前辈们也有了更多的敬意，想象他们是怎样的用一点一滴的努力同读者之间建立了极为信任的关系。今天，时代已不同，但我们同样面临着怎样密切与读者的关系问题，这里有宏大的空间，也有许多的“分内工作”需要我们来做。心中有读者，眼中才会有活，腿脚才能勤快，像生活书店的老前辈们那样脚踏实地，精益求精，一件一件一丝不苟地做到实处。

三联书店弘扬韬奋精神，不是写在纸上，贴在墙上，而是一件一件落在实际行动上，使之成为员工的自觉意识、自觉行为。为此店里对员工加大了韬奋精神教育熏陶的力度。如重印韬奋先生著作，发给员工学习；编写三联书店店史，让员工了解三联创始人的生平、事迹；重视企业文化建设，梳理韬奋精神的内涵；组织员工瞻仰韬奋故居改成的纪念馆，到现场感受韬奋先生的气息；对青年员工培训的第一课就是由店领导讲韬奋精神；和有关部门共同举办纪念韬奋先生诞辰展等活动，扩大韬奋精神在店内外的影响。

为了让韬奋精神薪火相传，2012 年春天，京沪港三联书店以祭扫韬奋烈士墓拉开八十年店庆序幕。3 月 30 日上午十点二十分，清明节前夕，生活·读书·新知三联书店、上海三联书店、三联书店（香港）有限公司的领导及部分员工代表冒雨前往上海龙华烈士陵园祭扫韬奋墓。

韬奋先生墓坐落在墓园的一角，有一个小小的墓碑，墓碑上镶嵌着韬奋烈士的照片，掩映在绿草丛中。八十年前，邹韬奋先生创立的生活书店在上海诞生，三联事业由此起步。吃水不忘挖井人，我们怎能忘记这位开拓者奠基人？也许是我们的虔诚感动了苍天，也许是苍天有意来和我们共同祭扫，刚进墓园就下起了中雨，而且越来越大。雨挡不住我们的脚步，更挡不住我们颗颗追怀先贤的心。韬奋先生的女儿邹嘉骊和亲友们来了，我们，三联的后人来了。我和三联书店的同仁从北京赶来，而三联书店（香港）有限公司的副总编辑李安女士，是头天晚上坐飞机从港岛赶来的。上海三联的同仁离龙华近，祭奠事宜由他们操办，扫墓仪式由上海三联书店总经理陈启甸先生主持。我们依次抬着花篮放到韬奋墓前，然后列队宣誓，鞠躬，又一个个上前安放寄托哀思的菊花。我代表京沪港三联书店致《清明节祭扫邹韬奋烈士墓祭词》，祭词中说：

今年是生活·读书·新知三联书店创办八十周年，时值清明，我们更加怀念生活书店创始人、我国著名出版家、三联事业的主要奠基人邹韬奋先生。京沪港三家三联书店的负责人和员工代表特意赶到上海龙华烈士公墓，祭扫韬奋先生墓，寄托我们的哀思和怀念之情，更是表达我们继承韬奋烈士遗愿，把三联事业发展壮大，为我国文化大发展大繁荣做出贡献的决心。

邹韬奋先生，原名恩润，祖籍江西余江，1895 年生于福建长乐，现代新文化运动的先驱、中国现代新闻记者、政论家和出版家。1926 年在上海主编《生活》周刊，毕生从事新闻出版工作。邹韬奋先生 1932 年 7 月 1 日于上海创办了三联书店的前身之一——生活书店。自创办之日起，生活书店就以“促进大众文化”为己任，以“竭诚为读者服务”为宗旨，其所出版、发行各类图书内容涉及当时大众生活的诸多方面。生活书店推介倡导进步思想，传播普及科学知识，以极大的热忱关注国计民生，成为当时中国出版行业的先进代表。1948 年，生活书店、读者出版社和新知书店在香港合并成立生活·读书·新知三联书店。1949 年 3 月，三联书店迁至北京。1949 年 7 月，中共中央发布了《中共中央关于三联书店今后工作方针的指示》，其中明确指出：“三联书店（生活书店、新知书店、读书出版社），过去在国民党统治区及香港起过巨大的革命出版事业主要负责者的作用，在党的领导下，该书店向国民党统治区域及香港的读者，宣传了马列主义、毛泽东思想和党在各个时期的主张，这个书店的工作人员，如邹韬奋同志（已故）等，做了很宝贵的工作。”对以邹韬奋等为代表的三联人曾经为革命、进步出版事业所做出的贡献给予了高度评价。

今天，我们纪念韬奋先生，就是决心弘扬韬奋精神和三联传统，把韬奋先生等老一辈三联人开创的事业发展得更好。

在祭扫现场，我作为领誓人，带领京沪港三联书店的同仁向韬奋先生郑重宣誓：

坚决继承韬奋先生遗志
发扬三联优良传统
竭诚为读者服务
坚持与时代和人民同行

团结互助，密切合作，为文化发展，为民族复兴，为国家富强努力奋斗！

宣誓人凝聚起的声音，似春雷，透过道道雨线在墓园上空响起。举拳宣誓的那一刻，我久已麻木的心灵受到震撼，泪水合着雨水而下，打湿手中的讲稿，溶入脚下的土地。站在韬奋先生墓前，我更加清楚什么是崇高，什么是人生追求。韬奋先生不仅是生活书店的创始人，更是我国进步出版事业的代表；韬奋先生不仅受到三联人的崇敬，更受到一切追求进步追求真理的人的崇敬。他编杂志、出报纸、办书店，为抗日救国、追求进步，和国民党反动派坚决斗争。为此他六次流亡，一次入狱，是著名“七君子”之一。他的立场像泰山一样坚定，任何利诱也拉拢不了他，把他变成“第二个陈布雷”只是蒋介石的梦想。他的骨头和鲁迅一样坚硬，敢在戴笠面前拂袖而去。他真的为追求自由、真理，做好了牺牲一切的准备。“一介书生壮士心”，他为中国知识分子树立了样板和楷模。“韬奋精神”是韬奋先生留给我们中华民族的宝贵精神遗产。其中关于进步出版事业的实践和论述，对我们出版工作者更有直接的昭示作用。“坚定，虚心，公正，负责，刻苦，耐劳，服务精神，同志爱”，韬奋先生根据亲身感受概括的生活书店最可宝贵的八种精神，被三联同仁牢记和继承；韬奋先生关于正确处理事业性和商业性的教诲和实践，今天仍是三联人坚守的准则；竭诚为读者服务，以文化为本位，努力于引人向上的精神食粮，仍是三联人永远不懈的追求。

在雨中，我们宣誓；在工作中，我们履行对韬奋先生的承诺。为了让韬奋精神有更多的现实承载，我们设立韬奋图书馆面向社会公众开放，恢复韬奋先生创立的生活书店，使其以新的面目与读者见面。店领导班子成员和员工捐助 15.8 万元，恢复余江县沙塘村“韬奋祖居”并对外开放，使更多人学习弘扬韬奋精神。恢复韬奋祖居，是我第一次到余江县建立“韬奋书屋”时产生的想法。那次，余江县宣传部的同志带我去沙塘村参观，竟没有见到韬奋故居，只找到一块废弃的宅基地，宅基地上有一方旧水塘，很是破败荒凉。韬奋先生祖上、父辈的踪迹已无处可寻。我心生感慨，问村支部书记：恢复故居，建一栋小楼多少钱？支部书记是复员军人，曾在北京当铁道兵，为人实在，说：15 万元足够！又说：只要钱到位，我选择村里最好的地块重建！说到做到，在我们捐建款到位后，村支书果然选择一块最好的宅基地恢复重建韬奋祖居。开工时我去了，落成仪式我也参加了。白墙青瓦的主建筑被门前清澈的池塘和郁郁葱葱的树木环绕，邹家华同志亲笔题写的“韬奋祖居”悬挂于主建筑门前。祖居建筑面积300平方米，设有多个展厅，分别陈列韬奋生平、领导人题词、生活书店和三联书店史料，藏有三联书店捐赠的3000册图书，设有文化活动室。2013年12月25日上午举行落成典礼。在落成典礼上，我心情激动地讲了感想：

> 我作为生活·读书·新知三联书店的代表，参加今天隆重而又简朴的韬奋祖居落成典礼仪式，心情很有一些激动。由三联书店员工出资捐建的韬奋祖居，在县委县政府的大力支持下，在县委宣传部桂峰部长及其工作人员的精心谋划和运作下，在潢川镇领导和沙塘村领导的具体参与下，在不到两年的时间里，就从立项到今天的落成典礼，速度之快、质量之好让人赞叹。看到美丽的信江河畔矗立起庄重、大方、朴素而又实用的韬奋祖居，看到韬奋祖居中精心巧妙的设计和布置，看到与祖居融为一体的良好自然环境，想到它落成投入使用后对弘扬韬奋精神以及为村民开展文化活动提供的便利，我们为之高兴，为之欣慰，我对韬奋祖居的落成和投入使用表示由衷的祝贺。

韬奋祖居落成了，弘扬韬奋精神多了一个重要的实物载体，多了一个教育基地和平台，有了一个我们可以寻根的地方。我们要充分发挥好它的作用。恢复韬奋祖居的想法，得到了邹家华同志的支持和重视，我几次向他汇报，也给他看了设计图。家华同志指示，不要仅仅办成纪念的地方，放几张照片，介绍介绍生平，而是要利用起来，供村民们学习娱乐用，对我们把祖居建成韬奋书屋和农村文化活动中心的想法，他很赞成。今年受桂峰部长之邀，我去找邹家华同志为韬奋祖居题词，老领导欣然命笔，这就是我们看到的"韬奋祖居"这几个大字。我们今后还会关心韬奋祖居的建设、使用。祖居开工时，我来过一次，我说过，让我们的友情像信江水长流不息，让我们的事业像香樟树兴旺茂盛。今天我还有新的祝愿，就是祝愿韬奋精神在韬奋家乡更深入更广泛地生根、开花、结果，更加发挥"正能量"的作用，推动全县宏伟蓝图的实现；祝愿韬奋家乡这块土地上的人民文明富裕、幸福安康！

2013 年 8 月 21 日至 25 日，三联书店组织全国出版社首支"走转改"小分队赴江西余江韬奋故乡走基层，寻根感恩谋发展。具体任务是调查基层读者阅读需求，增进与农民群众的感情，学习弘扬韬奋精神。这支"走、转、改"小分队共由 33 人组成，其中包括店领导班子成员、编辑、记者、管理人员，由我带队。行前，店领导班子进行了认真研究和精心准备，并召开专门会议对活动提出具体要求，明确这次“走、转、改”活动的目的，就是深入研究新形势下读者多层次、多样化的阅读需求，丰富题材种类、降低消费门槛，多提供基层群众买得起、看得懂、用得上的优秀出版物，拉近与读者的距离，多出精品力作，更好地满足人民群众日益增长的精神文化需求。首次“走、转、改”活动选择在韬奋先生故乡，可以近距离、接地气地接受韬奋精神的熏陶，进一步弘扬“竭诚为读者服务”的优良传统。

在余江期间，“走、转、改”小分队深入韬奋故里余江县沙塘村，走村串户，深入群众，和乡亲们亲切攀谈接触，感受改革开放尤其是新世纪以来农村发生的巨大深刻变化，积极了解乡亲们的文化渴求。参观了韬奋展览馆，了解今年已届高龄的邹华义老人为创办韬奋展览馆、弘扬韬奋精神所做出的牺牲奉献和巨大努力，还了解到韬奋故乡的群众对韬奋先生的敬仰和赞誉。参观了血防纪念馆，了解到余江人民为根治血吸虫病做出的不懈奋斗，最终“送瘟神”的感人事迹。参观了余江县农民企业家张果喜创办的企业。这位农民企业家用卖掉房子的1400元做樟木箱子创业起家，现在年产值已经达到10亿元。他们加工的木雕、玉雕等工艺品销路很广，带动了全县人民致富，形成了余江县支柱产业，其创业精神和事迹使小分队成员深受感染和鼓舞，这也是新农村农民创业致富的一个缩影。小分队还到县图书馆走访，调研藏书情况、借阅情况以及读者的阅读兴趣，掌握了基层图书馆建设和读者群体的第一手情况。

在余江县委宣传部组织的“建设先进文化，弘扬韬奋精神”座谈会上，小分队成员和余江县教育体育局、文化广电新闻出版局、旅游局、文联、韬奋研究所、潢溪镇、韬奋学校等单位的领导和工作人员进行了深入交流，从不同方面了解、接触到基层情况，感受到了一个立体的、真实的基层，思想上受到了多方面的深刻触动。“走、转、改”小分队经过南昌时，在江西省新闻出版局安排下，和江西省多家出版社研讨交流，学习他们加快体制机制改革、挺拔主业和人才交流等多方面的经验，也有很大收获。活动结束后，“走、转、改”小分队成员普遍反映，这次“走、转、改”活动主题突出、内容丰富、收效明显。有的同志说，我们这次寻根、感恩、谋发展之旅，是到人民群众中去寻根，答谢人民群众对我们的恩惠，是寻找韬奋精神之根，把我们的根深深根植在大地，这样，我们的发展才有方向，才有力量。小分队面对面地与乡亲农民、基层读者、基层工作者深入交流，亲眼目睹了江西老区鲜活的改革实践和发生的深刻变化，多方面深入了解了基层的实际问题，调研了基层图书市场，学习了同行的出版经验，倾听了基层读者深层的阅读需求，培养了对群众、对基层的感恩回报之心，作风、文风开始向接地气的方向转变。在“走、转、改”活动中汲取力量，更加坚定了弘扬韬奋精神、竭诚为读者服务、努力出版好书好刊、致力把三联做强做开的信心。

在学习弘扬韬奋精神的过程中，我们注意和弘扬三联其他优良传统相结合。三联书店由生活书店、新知书店、读书出版社合并而成，创办三家书店的前辈们体现了崇高风范和各自个性，给我们留下了共同的精神财富。这些财富是“共生矿”，韬奋精神之外的精神遗产同样也是“富矿”，我们注意在开采中相互融合、提炼，使先辈们留下的精神财富闪耀时代的光芒，又显示鲜明的个性，成为我们的榜样和前行的精神动能。

2011 年三联书店和孙冶方经济科学基金会联合在北京召开徐雪寒百年诞辰纪念会，缅怀这位新知书店主要创办人及其贡献。在美术馆东街 22 号三联书店办公楼一楼大厅，悬挂着三联书店九位创始人的大幅照片，徐雪寒先生作为新知书店的主要创始人，其照片也在中间。在所有照片中，他显得最为年轻，西装领带，面带微笑，充满自信。这些照片里，唯有他和韬奋先生戴眼镜，在精明中透露几分文气。徐雪寒先生的老朋友薛暮桥用“坎坷的人生，也是坚强的一生”来评价徐雪寒。我在读了大量资料，对其经历、为人、学识有了较深认识之后，用“传奇的人生，伟大的一生”来评价这位先贤。所谓传奇，也就是说人生经历很不寻常，有传奇性、故事性。他 15 岁即加入中国共产党，并担任杭州地委组织部长。他既坐过国民政府的监狱，也坐过新中国的监狱。先生在国民党的“牢狱大学”里“学习”了近 6 年，后又在自己人的冤狱中待了 10 年，连在“文革”前后被迫害，二十余年不得舒展。两者相加，一生中有近三分之一的时间处于被管制状态。他一生从事多项工作，创办新知书店从事革命出版事业；在隐蔽战线为党搜集情报，从地上转入“地下”；他从事经济研究和经济领导工作，主管过金融、铁路交通、外贸，每一项工作都成绩不菲，被周恩来总理誉为“干一行，钻研一行，并在那一行做出优异成绩”。所谓伟大，是就其贡献而言。徐雪寒先生把一生心血献给党，献给民族解放事业，献给社会主义建设事业，他对党和国家的贡献是卓越的、重大的、多方面的。他是一个出版家。1935 年他和钱俊瑞、华应申等遵照党的指示开办新知书店，为宣传马克思主义和各种进步思想、推动社会进步作出了贡献。他是一个革命活动家。他按照上级指示进入隐蔽战线搜集了大量重要情报，对解放战争和抗战的胜利作出了贡献。他是一个经济学家。他领导经济工作，亲自参加经济建设，并有针对性地进行研究和指导，对国家经济建设和发展作出了贡献。

此外，徐雪寒先生对传承和弘扬韬奋精神作出了贡献。他和韬奋先生有很深的交情，新知书店创立之初，韬奋先生给予 1000 元的资助。1943 年 10 月，中共中央华中局派徐雪寒去上海探访邹韬奋，表示慰问并赠送医疗费。1944 年二三月间，韬奋病危，徐雪寒再次代表中共中央和华中局到上海探望并带去医疗费。邹韬奋在徐雪寒面前口述遗嘱，要求加入中国共产党。徐雪寒将韬奋先生的愿望、要求及长子带回根据地。

徐雪寒先生虽然从 1943 年就离开了新知书店，但他始终关注出版，心系三联。1983 年他和钱俊瑞等新知书店创始人向中央有关部门建议，提出恢复“1945 年挂牌、1948 年合并、1951 年成为重建人民出版社基本班底和副牌”的生活·读书·新知三联书店独立建制。

此外，我们迎接新知书店老前辈、著名英烈朱枫的骨灰从台湾回大陆安放，组织参加相关纪念活动，出版《朱枫传》，协助央视拍摄六集纪实片《霜叶红于二月花》，宣传朱枫烈士为党和人民的事业不惜献出生命的壮举。

朱枫，原名朱贻荫、朱谌之，1905 年生于浙江镇海一大户人家，参加革命后改名朱枫。她 1938 年在武汉加入中国共产党领导创办的新知书店，1945 年春秘密入党后离开书店进入以贸易为掩护的华中局情报部门，共在新知书店工作七年多时间。其间和丈夫朱晓光一起去新四军军部开过随军书店。她阅历丰富，为人真诚厚道，善于与人相处，又积累了丰富工作经验，在书店有很好的人望。新知书店是其唯一公开的谋职单位，而其他客栈、洋行、钱庄之类均为掩护身份所用，故而新知书店的职业生涯是她非常宝贵的一段人生经历。进入情报部门工作后，她多次出色完成任务。1949 年 11 月，中华人民共和国刚刚成立，朱枫接受党的指示去台湾执行秘密任务。在她顺利完成情报传递工作即将返回大陆之际，由于台湾中共地下党的负责人被捕叛变，她被拘捕于返回大陆途中的舟山定海，最终吞金自杀未成功，坚贞不屈，1950 年 6 月 10 日下午身中六枪牺牲在国民党统治下的台北马场町刑场。2011 年夏天，我因公干去台北，曾专程去马场町凭吊先烈英灵。六十一年过去了，昔日腥风血雨的马场町刑场，已被改造成环境优美的马场町纪念公园。但公园中浸满了烈士鲜血的黄土还在，那因掩盖血迹而不断增大的土包还在。在这个土包形成的“遗址”前，我献上鲜花，撒下白酒，送上三联人对朱枫这位前辈的思念。

在台湾友人的协助下，朱枫烈士的骨灰终于运回大陆，2011年7月安葬家乡镇海。朱枫烈士的女儿朱晓枫、儿子朱明等亲友，协助寻找骨灰的台湾朋友朱宏源、刘添财等从海峡两岸赶来了。我们作为朱枫烈士生前所在单位、三联书店前身之一新知书店的代表，也参加了祭扫和揭幕仪式的全过程。当我手捧一束白菊花，站在安放烈士骨灰的墓前，当我抬头凝视墓后方的大幅烈士雕像，当我参观烈士事迹展览，当年“朱家花园”一桌一凳一草一木都令我心潮起伏久久不能平静。有两件遗物吸引了我的视线，一件是朱枫长年用的一只行李箱，旧得已经辨不清材质、底色，把手上装饰物也已脱落；一件是她穿过的旧毛衣，上面已现多个破洞。遗物固然受到时光的侵蚀，但一看就是用旧的物品。一个大家闺秀，一个富有家产的千金小姐，参加工作后又负责财务、掌管党的大量经费，竟如此俭朴，把大部分家产，包括母亲留给她的三克拉钻戒等悉数变卖，购买出版用的纸张和器材，支持新知书店渡过难关，并坚持到革命胜利。

范用先生逝世后，三联书店参与组织召开“追思会”，追思和缅怀范用先生，并通过出版纪念册、纪念专刊、重印其著作等活动，纪念这位三联书店前辈、著名出版家，宣传弘扬他献身出版的精神。

范用先生是我国著名出版家、编辑家、书籍装帧艺术家，也是我们三联书店的老前辈。1938 年，在汉口经黄洛峰介绍进入读书生活出版社，参加革命活动，为组织送信。他机警、跑得快，七转八转就能把特务甩掉，被店里同志誉为“革命的小毛驴”。1946 年范用先生调往上海做地下工作，1947 年时曾被国民党逮捕。当时上海有个地下刊物叫《文萃》，《文萃》被特务抓去了三个同志，范用先生不知道那天已经出了问题，想去通知同志转移，结果被特务候个正着。审讯时范用一口咬定是去那个地方小便的，那个地方他住过，推门进去是个天井，天井边上有个尿桶。而他去的时候把身上的东西掏得一干二净，特务没有搜到任何证据，三个月后组织上花了二十两黄金把范用救了出来。新中国成立后范用先生任人民出版社副社长、副总编辑，三联书店总经理。先生 2010 年 9 月 14 日逝世时，我正在台湾公出，获悉消息即致其亲友唁电表示哀悼：惊悉范用先生逝世，心情十分沉痛！范用先生是三联老前辈，建国后三联书店首任总经理，为三联书店发展做出了重大贡献，为我国出版事业做出了重大贡献，他的逝世是我国出版业更是三联书店的重大损失。三联书店领导班子和全体同仁沉痛悼念范用先生，决心继承他的遗志，把三联书店发展好建设好，使之为我国社会主义文化建设做出更大的贡献。请你们节哀顺变，保重身体。我因在台湾公出，不能前往悼念，刚才和范里先生通话，现特发专电，再次表示哀悼、慰问之情。

我在三联书店工作时，曾多次去拜访建国前进入三联书店，现在还健在的老前辈，像仲秋元、王仿子等，听他们讲传统、讲过去的故事。仲秋元曾任三联书店重庆分店总经理，建国后任文化部副部长。他给我讲过的曾被关押在渣滓洞监狱的往事，给我留下了深刻记忆。

1947 年 5 月，全国和重庆普遍开展了反饥饿、反内战、反迫害的爱国民主运动，国民党反动派进行疯狂的镇压。南京"5·20"事件后，国民党反动当局于 6 月 31 日深夜在重庆出动大批军警，逮捕了一大批参与爱国民主运动的共产党员、教师、学生、民主人士、新闻界和出版界等各方人士。仲秋元就是在这次大逮捕中被捕的。被捕后，重庆警务司令在报上公布仲秋元是"共匪"，并捏造仲是"中共对外关系委员会委员""为中共宣传售卖共产党书报""与吴玉章等人往来密切""与中共驻渝机关有经济往来"等所谓四项"罪状"，这无疑给营救工作制造了极大的困难。当时局势已发展到国民党当局即将公布"戡乱令"的前夕，形势十分严峻。由于仲秋元以前是重庆市出版业和图书文具业两个同业公会的理事，又是重庆市书业联谊会的总干事，公开营救工作便通过重庆市书业联谊会来进行。光明书店经理章桂、开明书店经理王诗维、联营书店经理张鸿钧等，听说仲秋元被捕，非常气愤，认为应该立即向国民党当局要求保释，并主动到各书店和出版社征求签名。最后在保释呈文上签字盖章，要求无条件释放仲秋元的书店和出版社有五十多家。7 月中旬，两个同业公会的理事长王心民、张毓黎带着保释呈文亲自到重庆警备司令部监牢看望仲秋元。这在当时白色恐怖十分严重的情况下是难能可贵的，充分反映了国民党反动派不得人心，仲秋元群众基础十分深厚，我党民主统一战线的巨大威力。1949 年 3 月 31 日，在国共两党北平和谈前夕，经民盟方面出面营救，仲秋元才获释放。仲秋元被捕后，在狱中始终坚持斗争，没有向敌人屈服，保持了一个共产党员的高贵品质，这给全店同志精神上极大的鼓舞。

在那光明与黑暗激烈斗争的年代，三联书店有一些前辈为追求真理、宣传真理献出了生命。生活书店党支部书记华风夏即是其中之一。华风夏烈士是“七大”代表，被捕后宁死不屈，英勇牺牲在中美合作所。还有陈子涛、吴承德、骆何民三烈士，他们被捕后坚贞不屈，被敌人杀害了，现在安葬在南京雨花台革命烈士陵园。烈士们用他们的生命为我们铺平了道路，也指明了前进方向。他们是我们三联人的骄傲，也是鼓舞我们前行的精神动力。

独具特色的三联企业文化

我在进入出版社之前，曾在吉林省委宣传部办过刊物。刊物名叫《企业政治工作》，由吉林省思想政治工作研究会主办。由于接触全国企业较多，较早地参与研究企业文化和企业精神，主编了《企业精神塑造论》《中国企业精神大全》等，并参与编写《培育社会主义企业精神》一书，本书作为全国性教材长期使用。因为有这个经历，我对企业文化有一定的理解和研究。到三联书店后，对三联书店的企业文化予以更多关注。我做过店工会主席，常召集和组织一些活动，也从这个角度，对三联书店的企业文化予以观察。企业文化不是口号、标语，不是几个响亮的词汇，而是价值观及行为准则的认同，是一个企业的准则，更是一个企业的追求，是从企业建立到现在一直认同的行为规范和价值体系。它是企业开拓者与管理者自己人格价值观在企业行为中的体现。在中国出版业，三联书店是独特的。三联书店在发展过程中，形成了独具特色的企业文化，包括企业宗旨、企业价值观、企业精神、企业理念，是一代又一代三联人创造的宝贵精神财富，也是未来发展的精神动力。三联企业文化建设，不需要重新创建，而是在原有的基础上继承创新。为此,我们对原有的企业文化进行梳理,在员工中形成共识。

鲜明独特的优良传统　生活书店、读书出版社、新知书店上世纪三十年代在上海创建后,在邹韬奋等先驱的领导下,组织出版大量进步社会科学和文学书刊,在读者中和社会上产生了极大影响,引导许许多多青年走上了革命道路,写下了中国现代出版史光辉的一页,为人类进步、民族解放和文化事业发展做出了重要贡献。在为进步出版事业奋斗的过程中,三联书店形成了鲜明独特的优良传统。内容包括:坚持正确方向,与时代和人民同行,为社会现实服务;坚守文化理想和文化使命,以文化为本位,竭诚为读者服务,与著译者精诚合作;正确处理事业性与商业性的关系,坚持事业性与商业性的统一,实现二者的充分发展;在管理上采用民主集中制原则,发扬民主精神,店务管理民主化等等。这些传统,每一条都是经验、智慧和心血的凝聚,都有极为丰富的内涵,需要认真地加以把握和领会,它是我们前进的指南和立店之本。

竭诚为读者服务　生活书店自成立之日起,即以竭诚为读者服务作为全店工作的宗旨和从业人员的信念。生活·读书·新知三联书店合并成立后,将竭诚为读者服务作为店训,使这种服务精神得到了继承和发扬。“竭诚”,就是全心全意,尽心竭智,鞠躬尽瘁,就是最为谦恭的态度和行为。韬奋先生的要求是“竭尽心力”“诚心恳意”“尽我们的全力去做,以最诚恳的心情做去”,做得“诚恳、热诚、周到、敏捷、有礼貌”，“一点不肯马虎，一点不肯延搁，一点不怕麻烦”，通过服务和读者建立鱼水般的深厚情谊。

坚定、虚心、公正、负责、刻苦、耐劳、服务精神、同志爱　韬奋先生根据亲身感受把生活书店最可宝贵的传统精神归纳为以上八种。这八种精神，是“生活精神”的具体体现。“生活精神”是生活书店职工的群体意识、行动规范，也就是韬奋所倡导的事业精神的总和。我们可以从八个方面具体地去领会“生活精神”。坚定，就是沿着正确的政治方向前进，无论何时何地都不改变追求光明、追求进步的理想和信念，为了理想和信念百折不挠，甚至献出宝贵的生命。虚心，就是虚怀若谷，“无时不惶惶然请益于师友，商讨于同志”。公正，即是办事公道、客观，实事求是，不带有个人偏见。负责，即是有高度的责任感和事业心，做事认真，敢于担当。刻苦，即是依靠群众的力量，奋发进取，艰苦奋斗，勇于克服困难。耐劳，即是为了达到目标不懈努力，任劳任怨，有坚持到底的精神。服务精神，即是不谋私利，处处为事业着想，满腔热情地、真诚地竭尽自己的一切努力为人民服务。同志爱，即是同事“彼此之间应该有深挚的友谊”，“有深厚的同情，亲切的谅解，诚恳的互助，亲密恳切的友爱应该笼罩着我们整个的环境”。

人文精神、思想智慧　坚持知识分子立场和文化立场，面向多层次的知识大众；注重与文化界学术界的血肉联系，营造知识分子的精神家园；出版物注重思想性、启发性，重在给人以启迪；引领阅读，服务阅读，强调阅读的乐趣；体现人文关怀，关注民生；

注重独立思考，不随波逐流、人云亦云，突出个性、品位和特色。

一流、新锐 “一流”，就是三联书店出版的书刊无论是专业的读物还是大众读物，都应该是最好的、质量一流的。“新锐”就是勇于创新，站在时代前列，善于捕捉潮头信息，具有前瞻性，与众不同，比人领先半步，宁缺毋滥，走高品质的特色出版之路。

长期以来，三联书店不断得到一些重要作者、读者的评价和赞誉。杨绛先生认为三联的特色是“不官不商，有书香”；季羡林先生把三联书店的“店格”归纳为八个字：清新、庄重、认真、求实；黄苗子赞赏三联编辑的“竭诚敬业之心”；唐振常称三联“传播知识、开启民智、提高学术”，“出书严肃，临事以敬，旧邦新命，为读书人所爱”；陈乐民说三联“像个文化人联络站”，等等。这些评价和赞誉从多个侧面反映和丰富了三联的企业文化。

三联书店八十年奋斗过程中形成的鲜明独特的企业文化，体现了三联著名品牌的深刻内涵，是三联书店在激烈市场竞争中获胜的强大精神力量和核心竞争力，我们领导班子对此有清醒的认识。在确定发展战略时，把企业文化战略列为三大战略之一。实施企业文化战略，建设富有三联特色的企业文化，主要基于以下考虑：一是集团公司的要求。集团公司高度重视企业文化建设，进行了集中动员和部署，还组织专家到各单位调研，办研讨班授课，交流研讨，用各种方式加以促进。二是三联书店企业自身发展的内在需求。作为著名出版品牌，三联书店面临着极高的社会期望值，要在激烈的图书市场竞争中胜出，靠品牌、靠产品，还要靠企业文化这一“软实力”。这种如同人的经络系统、免疫系统一样看不见却发挥着重要作用的价值准则、企业理念等，无时无刻不在影响企业的进步和发展。重视企业文化建设，不断增强企业的凝聚力，企业就会进步，反之亦然。这已为三联书店的发展经验所证明，也为众多的企业发展历史所证明。三联需要企业文化，三联的员工需要企业文化，这是我们克难制胜的重要法宝。三是从邹韬奋先生创立生活书店开始，三联书店就有重视企业文化建设的良好传统。那时名称不叫“企业文化”，但已具备企业文化的诸多要素。如倡导“竭诚为读者服务”的店训，提倡对外增加感召力对内增强凝聚力的“八种精神”。三联之所以成为三联，并在八十年的发展中长盛不衰，得益于先进的理念、良好的传统和各种精神文化要素。建设三联企业文化，首先要找准根基。这个根基就是三联业已形成的优良文化传统。三联的企业文化建设不是割断历史，而是继承历史；不是“创立”，而是丰富完善；不是“平地起高楼”，而是“老树发新枝”。其次要从三联的实际出发，从三联的需要出发，从三联的追求出发，着重凸显三联的鲜明个性，不雷同，不照搬，不图虚名。在继承传统的基础上大胆创新，形成新的概念和新的表述，使三联的发展“为有源头活水来”，与时俱进，永不停步。我们从三联实际出发，经过反复研讨，提出了新的企业文化内涵，具体内容为“三建”“三爱”“一尊严”。即“建设和谐三联、文化三联、活力三联”，“爱店如家、爱同志如手足、爱事业如生命”，让“三联员工生活得更幸福更有尊严”。明确不但要建设一个内部团结、和谐融洽的三联，而且要使三联在继承原有深厚的传统积淀基础上，更有活力，更有朝气，同时要求三联人在传播文化的同时自身也要有文化品味。提出要以人为本，一方面要继承发扬韬奋先生所讲的“竭诚为读者服务”的精神，将为读者尽心尽力服务作为一切工作的指导原则；另一方面要以员工为本，重视员工自我价值的实现与提升，为员工发挥不同领域的特长提供舞台，此外还要关心员工的生活。“让三联员工生活得更幸福更有尊严”，这是我们提出来的一句响亮口号，成为三联企业文化的新内涵。我在一次向职代会报告中阐述了具体内容：

一是要在不断提高企业效益的基础上增加员工收入，提高福利待遇。不能把物质和幸福、尊严划等号，金钱买不来幸福和尊严，但是不能否认物质是幸福和尊严的重要基础。富裕能给人增加幸福感，也有利于维护人的尊严，相反，贫穷则不利于获得幸福和维护尊严。“贫贱夫妻百事哀”，天天靠举债过日子，东家借一把米，西家借一把面，是谈不上尊严的。过去几年店里注意提高员工薪酬，收入是不断增加的，但与职工的需求和看涨的物价比，还是很不够的。退了休的员工收入减少，年纪大的员工拖家带口，新入职的员工多数租房而居等等，大家都有提高收入的呼声。因此，增加员工收入是企业领导层必须考虑的，是企业以人为本的最现实体现。因此，努力搞好企业经营便与员工的幸福和尊严有了最直接的联系。

二是弘扬民主自由之风，让员工意愿得到充分表达，人人得到应有的尊重。民主自由是世界潮流，是三联的优良传统，是三联人最为看重的价值取向。三联与知识分子同在，和知识分子有一种血肉联系，快乐着知识分子的快乐，追求着知识分子的追求。在遵守国家法规和店内规章制度的前提下，弘扬知识分子崇尚民主自由之风，允许和鼓励员工对店务表达意愿，参与民主管理，提出合理诉求，店方保障员工行使民主自由的权利。让人人发表意见，个个得到尊重，呼吸最为自由的空气，享有一种最为自由的心态。这是我们的共同追求，也是着力建树的企业文化。

三是积极创造条件，支持和鼓励员工实现个人价值。一个人做个人喜欢做的事情，是幸福的；一个人能把喜欢的事做到极致，这就是实现了个人价值。一般而言，人人都有价值，人人都有尊严，但人的价值是不一样的，受到的尊重也不同。我们提供舞台，搭建平台，激励上进，注重培训，鼓励深造，评选先进，奖励优秀，目的就是让员工实现最大价值，获得人们的尊重。我们是出版社，最大的价值就是出读者喜欢的好书，这是编印发各环节和全店同仁共同的出发点、纠集点。出版社的价值和个人的价值高度融合统一在一起，个人价值实现得越好，书店为社会的服务就越好，企业的价值就越高。同理，企业办得越好，员工也会获得更多的幸福和尊重。

三联是三联人的三联，三联人的幸福和尊严是员工自己创造的，不是谁赐予的。但是企业领导层担负有让员工更幸福和更有尊严的责任，应该有实实在在的措施和切切实实的计划，把员工不断增加幸福感和被尊重感的追求实现好落实好维护好。

三联人的幸福和尊严提升，有赖于全社会人幸福和尊严的提升，与社会具有共生性。但是三联书店完全可以创造提升员工幸福和尊严的“小气候”，通过提高员工的收入、创造民主自由的环境、促进员工实现个人价值等，让大家比社会上一些人享有更多的幸福和尊重。

经过坚持不懈地努力，“让员工生活得更幸福更有尊严”的企业文化建设目标逐步落实，在经济效益保持增长的前提下，不断提高员工的收入。比如，2013 年初下发的 2012 年奖金额度就有较大幅度增长，店本部达到 710 万元。年初还为店本部员工普调一级岗位工资，涉及 128 人，年增 31.8 万元。《三联生活周刊》员工、《读书》杂志员工、三联韬奋书店员工也都普调了工资。5 月份提高了中层干部收入，涉及 29 人，年增 34.08 万元，同时调整提高了部分员工的收入，涉及 14 位员工，年增 3.36 万元。年内提高了辅助岗位员工待遇，除了随全店员工普调一级工资，还先后提高了他们的劳保、节补、出勤补贴水平，又加上住房公积金，使他们的待遇与其他正式员工无异，享受“同工同酬”的待遇。为库房储运人员普调了工资，提高了福利待遇。为员工增加了过节费、出勤补贴、防暑降温费，为返聘员工发放劳保，为已退休员工发放事改企补差，为家庭困难的退休员工和在岗员工发放“困难补助”，组织全店员工体检，发放婚丧病等各种慰问金 13 人次，为全店员工上了“中央直属机关在职职工（会员）互助保障计划”。

为周刊一名患病员工申请到补助 1 万元。在集团工会争取到7.5 万元资金，用以购买文化活动器材，还吸收库房 7 名员工加入工会，使他们增加了归属感。承诺每年让大家多收“三五斗”，享受改革发展的成果。

注重发扬民主之风，在遵守法制和店规的同时让职工人人敢说话，人人得到尊重；充分发表对店政店务的意见，创造条件支持个人实现自我价值。比如，员工如果认为目前的岗位不适合自己的发展，可以提出调换工作岗位；支持年轻员工到大学读硕士、博士，取得文凭后学费予以报销。恢复了韬奋先生创办的以《店务通讯》为刊头标识的内部刊物，使之成为一个内部交流与对外宣传的重要载体。编写出版了《生活·读书·新知三联书店企业文化手册》，做到人手一册。开办了自己的门户网站，对于企业内部的重要活动、重要产品与其他资讯都有及时的反映。三联企业价值观得到充分展现，员工的企业向心力、凝聚力大幅增强，企业文化建设呈现新局面，被评为中国出版集团公司 2013 年企业文化建设先进单位和模范职工之家。对于工作环境通风不畅和职工之家环境不佳的问题，店里在拿出准备装修四楼会议室的 40 万元的基础上，又投入了 10 万余元，改善二楼办公区的通风和光照条件，整修二楼洗手间，重新装修了地下二层的职工之家。装修的职工之家于 2013 年 11 月投入使用。对职工之家门口的空间进行粉刷，将原来脏乱差的地下二层进行彻底改造，使之焕然一新，宽敞明亮，排水通风都得以改善。房间布局也得到合理优化，两个乒乓球台、两个台球桌可以同时供大家使用，健身器械和棋类活动的场所也很宽敞，成为三联职工“体育活动中心”。在韬奋图书馆开设了每月末全店职工的“下午茶”活动，增加了退休人员“荣退”座谈会。店工会在企业文化建设中起着凝聚人心的作用，先后组织了旅游、征文比赛等活动。两名员工在集团工会十八大征文比赛中获得一等奖，四人被评为集团先进个人。工会职工还自行组织各种俱乐部，有羽毛球、乒乓球、登山俱乐部等，企业也给予适当支持，丰富职工的业余文化生活。店里还加强了品牌的保护与推广，完成了现有品牌的登记，确定统一标识、LOGO，做到规范使用。更加重视产品营销、形象宣传，“内外兼修”，使内在素质得到提升，外部形象有新的表现。

为了使“企业文化”久久为功，我们制定了《三联书店企业文化建设三年工作规划》及《实施细则》。三联书店究竟有着什么样的精神传统，应该遵循什么样的管理原则，力求营造什么样的企业氛围，在这些文件里我们都有充分的思考与规划。

首先，我们确定企业文化建设的指导思想和基本原则。指导思想是：坚持以中国特色社会主义理论为指导，全面贯彻落实科学发展观，积极探索新形势下企业文化建设的规律，努力构建符合时代需要的、符合现代企业制度需求的、具有三联书店自身特色的企业文化体系，彰显三联品牌特色，为三联书店在激烈的市场竞争中立于不败之地并获得长久发展提供强大的精神动力和文化支持。

基本原则是：

1. 恪守鲜明独特的优良传统。在为进步出版事业奋斗的过程中，三联书店形成了鲜明独特的优良传统，这些传统是三联书店多年发展中经验、智慧与心血的凝聚，有着深厚丰富的内涵，是指导本店工作的指南，是立店之本。

2. 坚持以人为本的原则。在三联书店，以人为本要讲两句话：一是"竭诚为读者服务"的原则，以读者为本；一是紧紧依靠企业员工，以员工为本，通过建设具有三联特色的企业文化，实现员工自身价值的提升与企业蓬勃发展的有机统一。

3. 坚持系统运作的原则。企业文化建设作为一项系统工程，要按步骤、分阶段、有重点地持续推进，尊重自身发展的规律，与企业的其它工作相协调、相配合，注重质量，务求实效。

4. 坚持追求卓越的原则。塑造人人追求卓越、创造卓越绩效的企业文化，激发员工追求卓越的冲动和激情，开拓创新、与时俱进，追求完美和第一，坚持"一流、新锐"出版标准，努力创造一流业绩。

其次，确立企业文化建设的总体目标和主要任务。总体目标是：经过三年左右努力，实现和谐三联、文化三联、活力三联的企业文化建设目标，形成切合实际、科学合理、便于操作、具有特色的企业文化体系，不断提升本店的品牌效应和核心竞争力，促进社会效益和经济效益的稳步提高。主要任务是：

1. 加强精神宗旨文化建设。精神宗旨文化是企业在生产经营和管理活动中形成的群体意识和价值取向的总和，表现为宗旨、价值观、经营理念、作风、伦理准则，等等。要在总结已有传统与精神理念的基础上，借鉴同类企业建设企业文化的经验，进一步提炼出具有三联特色的企业精神宗旨体系，使广大员工认同和信奉，积极自觉地实践。

2. *加强规章制度文化建设*。规章制度文化是在企业精神宗旨指导下，规范出版经营全过程的经营模式和经营方法的总和。通过对出版方向、导向的规范，对产品质量、生产流程的规范，对公平竞争、友好合作的规范，对参与公益事业，实施品牌战略活动的规范，来体现企业生产经营的理念和特色，提高企业在行业中的美誉度，不断扩大品牌的影响力和知名度，形成强大的无形资产。三联书店虽然在业内、在社会广大读者中拥有较高的知名度与品牌影响力，但在出版业竞争日趋激烈、信息技术不断引发出版革新的局势下，仍需要进一步彰显自身的出版方向与特色，增强经营意识，追求经营效果，在各环节追求一流与卓越的标准，树立百年名店的旗帜与风范。

3. *加强环境与行为文化建设*。环境通常包括企业的工作环境、条件、设施等物质要素，形象直观地反映企业的文化氛围和管理水平。要通过建立识别系统(CIS)、统一企业标识、规范办公场所、美化工作环境、加强对外宣传等，营造良好的企业环境；行为文化是对员工行为的规范，主要是通过开展“职业道德、社会公德、家庭美德、个人品德”教育，规范礼仪仪式，强化职业训练，抓好行为养成，用正确的价值观和行为规范，引导员工树立优良作风，提高文明程度，促进企业发展。

三是制定企业文化建设的实施步骤和工作要点，分阶段实施。第一阶段是全面启动阶段（2010 年），开展“企业文化建设基础年”活动；第二阶段是深化提升阶段（2011 年），开展“企业文化建设提高年”活动；第三阶段是巩固发展阶段（2012 年），开展“企业文化创新年”活动。这些活动都有详细计划和措施，不展开表述。

店里还制订了企业文化建设有效推进的保障措施：一是增强企业文化建设的自觉性。引导员工提高对企业文化建设的认识，认识到实施“企业文化战略”，加强企业文化建设，是建设“国内一流国际知名出版企业”的迫切需要。通过实施“企业文化战略”，促进企业制度创新、机制创新和管理创新，更好地开发员工的价值、道德、信念、情感等精神力量，为企业发展提供最具活力的人力资源，形成独特、强劲、持久的核心竞争力。二是加强对企业文化建设工作的指导。成立店企业文化建设领导小组，由总经理任组长，各部门负责同志任成员。企业文化建设办公室设在党委办公室，负责企业文化建设的组织协调工作。充分发挥党组织在企业文化建设中的作用，将企业文化建设与思想政治工作、精神文明建设一起抓，形成党、政、工、团齐心合力抓企业文化建设的工作格局。三是形成企业文化建设的工作机制。把企业文化建设纳入企业发展的总体规划，纳入年度的工作计划，列入领导班子的议事日程，与其他工作一起研究、一起部署、一起检查、一起落实。建立企业文化建设考核评价制度，与年度“双效业绩考核”相结合，半年进行一次分析评价，年末进行综合考评。四是为企业文化建设提供资金支持和物质保障。把企业文化建设费用纳入单位的年度预算之中，明确开支渠道和标准，确保足额到位。充分利用好现有资源，为企业文化建设提供必要的物质保障。

长期坚持企业文化建设，使三联书店的精神气质、精神面貌都发生了很大变化，显示了更加蓬勃的生机和活力，成为事业发展的强大动力。我在这方面有很深的体会。三联员工看着个个文文弱弱、文文静静的，但在急难险重任务面前，个个不含糊，特别能战斗。有的第一个深入灾区采访，几天吃不上一口热饭；有的为赶急活，连续在工厂蹲几天；有的校对人员核完手中书稿，天快亮才回家。编辑在办公室加班加点更是常事，编辑部的灯光常常亮到深夜，有的就把几个凳子搭起来凑合过夜。我刚到北京时一段时间就住在办公室，睡前去编辑部走一圈，劝编辑们早点回家，担心一些女编辑回家太晚不安全。常常要把一些编辑赶回去，这使我很感动。三联的人，尤其是编辑，有的个性很突出。我说过这样的话：像我们有些人那样的个性，在别的单位一天都生存不下去，但三联是个包容个性、包容创造的地方。我们注意发挥这些人的长处，有的人还走上了领导岗位。三联的人，看着很松散，组织纪律性不强，但时间长了，你就会发现“形散神不散”，这些人是有凝聚力、有担当的，遇到大任务，特别能战斗；遇到困难，特别能拧成一股绳；在重大改革面前识大体、顾大局，不计较个人得失；面对关键时刻，特别能显示团结的力量。在国家利益面前，在遇到急难险重任务时，人人上阵，绝不退缩。这些都显示了三联人的风采，也显示了企业文化继承和建设的成果。

如上所述，三联的企业文化不但有传统，而且很独特，在全国出版业中也是独树一帜的。这些一方面是可贵的财富，另一方面也对企业领导者的领导艺术与才能提出了更高的要求，更需要领导者发挥以身作则、身先士卒的激励与感召作用。这对三联书店领导班子是一个锻炼，对我自己也是一个考验。我在和三联员工共同奋斗中增长了才干，也建立了深厚的友谊。作为他们中的一员，我为曾在三联书店这样一个集体中工作过而自豪。

刚柔相济的三联管理模式

在中国出版界，三联书店是独特的，三联书店的管理也是独特的。韬奋先生对生活书店的管理，经过长期探索，形成了一套模式。他最早提出了民主集中的原则。他指出："民主绝对不是无政府状态，集中也绝对不是独裁的意义。不民主的集中才是独裁；不集中的民主才是无政府状态；两者都是要不得的。"他制订了关于领导机构的几个要点：第一须以店的整个事业的利益为前提；第二须有大公无私的精神；第三须有民主的精神；第四须有严守秘密的习惯。韬奋先生的管理有两个特点：一是强调集中，二是强调民主。所谓集中，就是严格的纪律和少数服从多数；下级机构和全体人员，务必执行上级机构的决定和负责人的指示。所谓民主，指领导的机构须定期对整个组织做工作报告；大家定期讨论制定规章大家遵守；履行选举和开会决定重要事情的民主程序；民主最主要的构成是大家事由大家来管。他创办的这种管理模式，确保了生活书店事业的发展，也影响到新知书店、读书出版社。从而使三店合并成立三联书店后，也遗传下这种管理上的特点，一方面强调高度集中，众志成城，另一面有浓厚的民主空气。民主管理成了三联书店的一个传统。员工参与管理的意识很强，遇事要在员工中商量，要通过职代会讨论，还出现过职代会是店里最高权力机构的说法。比如，我任三联书店总经理之后，针对纪律松散、有的员工迟到早退现象，提出严格考勤奖惩制度，在效果不彰情况下，决定仿效其他出版社的做法，实行"指纹打卡"。在职代会讨论时，有的职工代表提出"提取指纹侵犯个人隐私"，这就使这个办法搁置下来。后来我们请教律师、法学专家，在确认不违法的前提下，又深入做思想工作，"指纹打卡"才在职代会上通过。基于历史传统和现实状况，我们在管理上采取刚柔相济的管理模式。所谓刚，就是讲原则、严管理、执行纪律不含糊；所谓柔，就是讲民主，重人情，实施人性化管理。比如，"指纹打卡"考勤制度一经建立，必须人人遵守，按照规章奖惩到位。但我们在制定这一制度时也实施差异化管理，允许编辑上午 9 点上班，推迟一个小时下班。因为有的编辑晚上看稿，早上起不来，我们就在作息时间管理上进行一些调整。当然，刚性也好，柔性也罢，都是管理的一种状态。无论哪种方式都需要人来管理，需要强调管理层的作用。

首先是按照韬奋先生的要求，明确店领导层的职责，充分发挥店领导在管理中的作用。我任总经理后的第一件事，就是讨论制订《关于加强三联书店领导班子建设的决定》，提出把店领导班子建设成为"政治坚定、廉洁过硬、团结有力、作风扎实、结构优化、业务精通"的坚强领导集体，真正起到核心带头作用。确定了领导班子建设的六个要点：第一，坚持正确的政治方向；第二，廉洁勤政；第三，加强团结；第四，坚持实事求是的工作作风；第五，结构优化、分工合理；第六，业务精通。要求领导班子成员做到：一要坚持理论学习，不断提高思想水平、政策水平、领导水平；二要维护民主集中制，增强领导班子的凝聚力、战斗力；三要解放思想，大胆创新，勇于开拓；四要坚持走群众路线，改进工作作风；五要坚持廉洁秉公，努力发挥表率作用。按现在的话说，就是“抓住关键少数”，让店领导班子在三联事业发展中发挥关键作用。

在加强店领导班子建设的同时，加强店内党员队伍建设。我兼任店党委书记，注意把党的建设抓在手上，发挥党员在事业发展和各方面带头作用。经过在党员中几上几下反复讨论，形成《关于加强三联书店党员队伍建设的若干意见》。要求做到：充分认识新形势下加强和改进党员队伍建设的重要性紧迫性；加强理论学习，提高思想政治素质；加强领导班子建设，发挥班子政治核心作用；发挥党员无私奉献精神，从日常工作中体现先进性；牢固树立群众观点，不断增强爱民之心；认真搞好制度建设，把党建工作落到实处。对党员提出四项具体要求：（一）牢记党员的权利和义务，坚持和维护党的民主集中制，个人服从组织，少数服从多数，下级服从上级，反对自由主义、宗派主义和小团体主义，反对阳奉阴违的两面派行为和一切阴谋诡计；积极开展批评与自我批评，识大体、顾大局、自觉维护党内团结，维护企业和谐稳定；（二）积极参加组织活动，遵守组织纪律，无条件地服从组织决定，按时足额交纳党费，党员中层以上干部定期参加党校培训和其他培训，服从组织分配，完成党的任务，保守党的秘密；(三)正确行使自己的权利，勇于揭露和纠正工作中的缺点、错误，坚决同消极腐败现象做斗争；(四)遵纪守法，清正廉洁，处处严格要求自己，抵制各种不正之风。继承发扬党的优良传统，模范遵守三联书店各项规章制度，艰苦奋斗，谦虚谨慎，作风正派，办事公道，吃苦在前，享受在后，克己奉公，无私奉献。

中层干部是实施管理的重要环节，我们注意加强对中层干部的选拔、培训、管理和使用，让中层干部在经营管理中切实负起责任，充分发挥作用。2011 年 2 月，原有中层干部聘任到期，经 2011 年 2 月 28 日店务会研究决定，聘任了新一届三联书店中层干部。

中层干部是三联书店兴旺发达的一个重要的资源，也是承上启下的重要力量。中层干部能不能发挥作用是极其重要的。有没有执行力、能不能执行非常重要。在中层干部聘任会上我讲到要对中层干部进行培训，因为我痛感近几年我们提拔了一些中层干部，但是提拔以后有两个感觉，一个是有的提拔以后发挥作用比我想象的要差，一个是有的同志不会当中层干部。因为我们三联书店过去一直是规模很小的、领导一竿子插到底的单位，所以不需要中层干部，但现在我们的事业逐渐壮大了，中层干部的作用显得很重要。但我们的中层干部确实是有的不敢管，有的不会管。在三联书店当一个中层干部不光业务要精通，同时要有经营能力，还要有管理能力，还得有上下沟通的能力，一个好的骨干，不一定能当中层干部，对中层干部是有很多素质要求，甚至形象要求的，我说的不是指自然条件，而是指彬彬有礼，不能言行粗鲁。所以我们痛下决心要培训中层干部，要把中层干部打造成一支重要的力量。

在对中层干部培训会上，我以《和中层干部谈心》为题，以谈心的方式谈谈我的一些想法。

第一个是关于中层干部的作用。中层干部对一个单位的事业发展确实有非常重要的作用。通常我们说“四梁八柱”，一个单位除领导班子以外，还有广大的员工，那么我们的中层干部就是发挥了“四梁八柱”的支撑作用，带头完成任务的骨干作用，联络维系各方力量的纽带作用，中层干部的作用是不可低估、不可代替的。试想我们三联如果没有中层干部，没有在座的这些同志，只有我们这几名领导成员，只有上头而没有中间环节是不可想象的，“中间塌腰”，一个单位的事业不可能发展好。中层干部带头作用起得好，那么单位的精神面貌和业绩就好。反之，如果中层干部不带头，甚至起到反作用，那造成的影响和后果也是很不好的。所以店里非常重视中层干部的选拔和使用问题。

第二个问题是三联书店中层干部的现状。在座的有的任中层干部时间很长了，有十多年的时间，有的是新提拔的，大家都发挥了很好的作用。三联书店的事业能取得发展，特别是这两年改革发展有很好的成绩，两个效益有很大的提高，三联书店中层干部的作用是功不可没的。现在大家已经意识到或者初步感到三联书店的社会影响、社会评价以及我们整个的产品销售都有很大的改进。我们在第二届中国出版政府奖的评选中获得 5 个正奖、1 个提名奖，在全国单个出版社中排名第一，获得这样的殊荣，应当说很大程度上是中层干部努力的结果。三联书店的员工今天很团结，也是中层干部起到的凝聚作用。总的看，我们的中层干部是积极负责、能够发挥模范带头作用的。但我们也要看到，我们的中层干部也存在一些问题。从测评的情况看，我们的中层干部呈现出两头小、中间大这么一种状况。达到优秀的、排在前列的同志是少数，比如这次测评优秀的同志朱伟、罗洪、张作珍、张荷，我随意举一下，大家一听就会想到这些同志的工作状态、工作业绩，为什么大家给他们的投优秀票很多？多数同志属于中间状态，属于良好状态，也有些同志在测评当中或者说在大家的感觉当中要排在后面一些，我们就不公布名字了。我们已与这些同志进行了谈话，希望能有所改进。

发生在中层干部身上的问题我概括为这几个方面：有的是带头作用发挥不好；有的是满足于洁身自好，不履行管理职责；有的作风散漫，在员工心目中造成不良影响；有的工作作风粗暴，不讲究工作方式；还有的虽然在中层岗位上，但工作不给力，对店里支持不够，没有起到骨干作用。总的说我们对中层干部是满意的，但有时候我们又确实感到店里的一些想法、战略考虑、战略规划或者说重点工作没有如愿落实，感到我们中层干部当中还有一些薄弱环节。针对这样一些情况，我们和一些同志交换了意见，进行了谈话，希望他们能够改进，不仅把自己的工作做好、管理好，而且不要在群众中造成不好的负面影响。在谈话当中一些同志认识到自己存在的问题，同时也有一些怨气，对工作中存在的问题强调客观原因比较多，正好最近我看报有些感受，给大家讲一下。报上说，春晚里有句话叫“长个包子样，别怪狗跟着”。下面的分析我觉得很有道理，就是我们要多找找自己的原因，文章中这样说：“当一个人长成了包子样，还总怪狗跟着的时候，就得反求于自己了。孟子说：‘爱人不亲，反其仁；治人不治，反其智；礼人不答，反其敬。行有不得者皆反求诸己，其身正而天下归之。’孟子的意思是说，爱别人却得不到亲近，那就应该问问自己的仁爱是不是做得不够；管理别人却不能管理好，就应该问问自己的管理才智是不是有问题；礼貌待人却得不到应有的礼貌，就应该反问自己的礼貌是否到家。凡是行为达不到预期的效果，都应该反过来检查自己。自身行为端正了，天下的人自然就会归附。一切都从自己身上找原因，这就是反求诸己的本质。现实中的许多人往往不是这样反求诸己，手被刀子拉了口总是怨刀快，不怨自己手欠；明明踩了别人的脚，却抱怨别人的脚耽误自己的脚落地了。正像一个两岁的娃娃，走路被石头绊倒了，坐在地上哇哇大哭，怎么哄也哄不好，非要家长咬牙切齿地把石头打一顿才算完。”两岁的娃娃幼稚，但我们是大人，我们是中层干部，就不能那样幼稚可笑了。有了缺点，出了问题要多从自己身上找原因。

我们中层干部之所以存在这样那样的问题，我分析过原因：第一，我们三联书店从人民社独立建制出来后，一直规模比较小，中层干部少，也不怎么发挥作用，店领导都是一统到底，大家想是不是这种情况？领导直接布置任务，中层干部的作用可以发挥大也可以发挥小，这是一种状况。中层干部存有依赖之心，上面有领导。但现在我们的情况不同了，我们成立了各个中心，下一步要成立各个分社，将来我们要成立三联书店出版集团，我们的干部是要具有独立管理能力的。我们不能是那种作坊式的生产，要进入现代化的管理，中层干部的作用就越加凸显出来了。第二个原因就是我们对中层干部培养不够，培训不够。我们知道新员工来了要培训，这些年我们提拔了一些年轻干部，但这些年轻干部没有经过任何培训，不知道中层干部应该怎么当，按过去的说法我们现在在座的同志都应当是县团级干部了，在县里就是县长、县委书记，在地区就是局长，当然我们现在已转企，不去论这些了。但我们要想一想我们有没有人家那些县长或者县委书记那样的能力？给我们一个担子我们能不能把它挑起来？中层干部应该怎么做、怎么说、怎么干知道不知道，提拔以后理论水平、组织能力是不是都提高了？是不是一提拔各方面就自然胜任了？店领导班子对中层干部真的是培训不够。再一个是培养不够。三联书店的事业是要长期发展的，如何制定一个长远的计划，使三联的事业一代代传承下去？店级领导的后备干部有哪些，各部门的后备干部有哪些，应当有一个长远的人才培养计划，这在一般的单位里都是有的。但我们这里没有。因此我们要提拔的时候中层干部不能按时到岗位上去，或者不能进到领导班子里来，一些同志认为三联存在对干部只使用不培养的问题，我是认同的。第三，对中层干部严格要求不够。过分强调人情化，温情主义，有什么问题说说罢了。其实对人的、包括对中层干部的严格要求对成长是有利的。我们却做不到这一点。对中层干部的严格要求不够，使我们有的中层干部身上养成骄娇二气，批评不得，自己成长起来也就比较缓慢。从现在起我们对中层干部要严格要求。店领导对中层干部是重视的，通过调整收入提高了中层干部的待遇，通过层级管理树立中层干部的威信。店领导班子一般不可能也不应该直接去管下面的事情，领导干部不要一竿子插到底。现代管理是一种层级管理，比如我只管理张作珍，张作珍再去管发行部的人，越级管理就会乱套，每人只管自己的层级。

第三个是我对中层干部素质和能力的理解。我觉得中层干部概括起来说，应该有三大素质，三大能力。三大素质里面，第一为政治素质。所谓政治素质，就是要有理想，有信念，有高远的目标，以党和人民的利益，以国家的利益为重，这是政治素质。有理想信念、道德情操，能够遵守党纪国法，能够有大局意识，在我们出版部门，就应当严格遵守党和国家关于出版工作的法律法规和各种规章制度，要遵守社会主义道德。当个人利益、部门利益与大局利益发生矛盾的时候，应当以大局利益为重。还应当有阵地意识，有主旋律的意识。三联书店是党领导的文化出版单位，三十年代初创的时候，有的领导本身就是党员，像徐雪寒，邹韬奋先生是去世后被中央追认为党员的。新中国成立后三联书店更是党领导的出版文化单位，三联书店不是同人文化组织，这个一定要清楚。政治意识体现在日常工作当中，就是要多出好书，不出坏书，多出积极健康向上的书，不出影响人们精神意志健康的书。我们还不应该因为我们的出书不谨慎给大局添乱，给党和人民的利益造成损失。第二是业务素质。所谓业务素质，是你应当起码受过各种培训，通过学习具备了专业知识，有动手操作的能力，在业务上不一定都是最拔尖的，但应当是一流的，这样你领导别人别人才会服气。特别在三联书店这样一个文化单位，业务素质是极其重要的。第三是综合素质。要具有人格魅力，还有其他的一些能力，像身先士卒，吃苦在前，吃亏在前，等等。所以有的人一看就像干部，有的人怎么看也不像干部，提拔到领导岗位上也不像领导的样子。我们看电视为什么觉得有的领导就是有领导的样子，这就是综合素质。综合素质这个概念可能很虚，但它包含了各种元素在里面，包括各种各样的能力在里面。

三大能力，第一为领导能力。中层干部也是个官，也要领导几个人，一般都有四五个人，或七八个人，还有队伍大的有一二十人，你要能把队伍领导起来。你是头，怎么领导的让别人服气你，这是个学问。领导能力除了要学习，还有一个锻炼的问题。不能说谁天生就具备或不具备领导能力，但有的人是真不行，放到位置上也当不了领导。所以你要能把你的人聚到一起，你说话人家信，你指哪人家打哪。第二，组织协调能力。要把人组织起来，首先要能跟人沟通。一个中层干部连跟人沟通的能力都没有，那怎么当领导？除了沟通，还有上下左右的协调。内部的协调最为重要，一个部门如果四分五裂，人家都不听你的，那是什么领导？第三是执行能力。首先要坚决执行领导班子决议，有意见可以反映，但必须认真执行。实践是检验真理的唯一标准，一个单位好办法赖办法总得有个办法，好规划赖规划总得有个规划，好决策坏决策总得有个决策，让实践做出正确与否的结论。不能对领导班子的决议采取观望的态度，而是要坚决执行。其次要带头执行规章制度，带头遵守纪律，做到令行禁止。第三是要带头完成各项工作任务，把布置的各项任务按计划落到实处。执行的问题，不光是一个态度的问题，也有一个能力的问题。有的人能力低，执行不了。上面说到三种素质、三个能力，我在最后要特别强调，作为领导干部要有人格魅力。我也见过这样的领导，个人能力不是很强，但也能服众。因为他不自私，不是处处替自己考虑；他也不搞小圈子，虽然能力不够但有人格魅力。我在甘肃酒泉知道了酒泉的来历，是皇帝给一个打了胜仗的将军赐酒，将军不是一个人喝，几个人喝，而是干脆把它倒到了泉里让大家喝，酒泉所以得名。这不就是人格魅力吗？分奖金、分其他的利益我往后靠，辛苦操劳的事我带头做，群众有什么苦衷，有什么不高兴的事情，要多多关心，有什么困难要帮助解决，这样人家就能把你当哥们，有什么事情一呼百应。这里面内涵很多。三联书店已经进入一个新的发展时期，需要我们更努力，也需要中层干部们更给力地支持领导班子的工作，希望中层干部一个个站出来都精明强干，希望在座的中层干部都能够认真地贯彻领导班子的要求，加强执行力。大家一再提到三联的领导不敢管理，领导软弱，我是承认的。首先我这人心慈面善，处理问题拉不开脸面。从现在开始，因为大家已指出我的缺点了，我得严格管理了。我希望管理的时候首先得到中层干部的支持。大家都要好好想想在加强店里的经营管理工作当中、在其他工作中我们怎样更好地发挥作用，提高自己的工作效率。有的同志说我在樊总你手上提拔起来的，我会听你的话，我说你不要说这些，我们提拔的中层干部全部是出于公心，我也不需要你们听我话，我只希望你们支持我的工作，能把你的那一摊事做好。因为我特别希望，在我任期这几年让三联书店上一个新台阶。这是我的理想，我不能在这里尸位素餐混日子，如果我们要混的话我们可以做得非常舒服，但我们的荣誉与店里的发展是捆绑在一起的，不能混日子。你如果真的感念我，你就应当好好把你的工作做好。工作做好使我们店里有了大的发展，无论对个人、对店里、对我自己都是脸上有光的。我今天借这个机会跟所有的中层干部谈心。你不用说我以前和老樊关系怎么地了，都没有关系，只要你真正支持我的工作，有利于三联事业发展，我就器重你。总之希望我们的中层干部都能发挥作用，用实际行动促进三联书店更快更好地发展。

现代企业靠制度管理，要加强管理，就要完善各项制度。制度建设也是刚性管理的前提。我们先后制定了《关于加强图书生产管理的决定》《图书出版分社管理办法》《学术著作出版规范》等一系列制度规定。

掌握生产进度，保证出版质量，提高出版效率，决定成立三联书店图书生产运营中心，全面负责本店的图书生产相关工作，明确了各个环节的责任。

为规范图书编辑部门分社化管理模式，通过体制机制创新，激发编辑人员工作积极性、创造性，进而扩大出版规模，增强市场竞争力，参照兄弟单位经验并结合企业实际，制定图书出版分社管理办法。分社在本店现行体制内，除共享店内财务、出版、发行、人事、行政后勤等公共资源平台外，在选题立项、人事调配、预算支配、利润分配等方面，拥有较大自主权。对生产经营管理、人事管理、财务管理、考核与奖罚，都做了具体规定，使之有章可循。

从2012年6月1日开始，生活·读书·新知三联书店执行新颁的《学术著作出版规范》。三联书店是我国学术著作出版重镇，多年来坚持“一流、新锐”的出版标准，注重学术著作的出版质量，在知识界、学术界和广大读者中享有盛誉。此举是针对目前中国学术著作质量下滑的趋势，为确保三联学术著作的高品质而采取的重要措施。“规范”对学术著作出版提出了更严格的标准和要求，对学术著作质量起到保障作用。长期以来，三联书店形成学术著作的高标准和一套行之有效的做法，催生了一大批高质量的学术著作。从1994年开始的三联书店与哈佛燕京学社合作出版的《三联·哈佛燕京学术丛书》就是一个典型案例。该丛书以青年学者的原创学术著作为核心，按照国际学术惯例进行运作，成立独立运作的学术委员会，实行出版前的匿名评审制度。宁缺毋滥的原则与国际通行的评审制度，加上责任编辑恪尽职守，《三联·哈佛燕京学术丛书》一直保持优质的内容、过硬的品质。至2012年3月，丛书一共出版14辑，共86册，是目前国内唯一长期出版、具有规模效应的大型人文社会科学研究丛书，在学术界已经成为代表高水准学术研究的品牌。新的学术著作出版规范就是借鉴以往成熟经验和操作规范基础上反复研讨形成的，更严格、更适用，也更科学合理。

三联学术著作出版规范首先关注内容质量，坚持内容标准和技术标准相统一，提出了时代性、前沿性、思想性和规范性等四项品质要求。所谓"时代性"，是指书稿的研究论题要有现实感和针对性，对当前各种重要的问题保持敏感，即使是与当代问题不直接相关的一些学科和领域，也要在意义层面有关联，有启示。所谓"前沿性"，是指研究的课题无论在理论还是方法层面都要站在学科的前列，有创造性，有引领思潮、开创风气的作用。所谓"思想性"，是指书稿的价值不仅仅在于学术和事实的层面，更重要的在于有思想，在于自己的思考能带给人文领域及普通读者更多的感触和启示。所谓"规范性"，是指在写作体例上要符合基本的学术标准，遵守参考书目、索引、注释等相关方面的学术规范。

三联学术著作出版规范有很强的操作性，对作者的选择、书稿学术质量的论证、交稿的程序、编辑环节的各项工作、译作的正文和注释、索引、参考文献都做了具体详尽的规定，不仅力求体现国际标准、国家标准，而且呈现鲜明的三联特色，它非常注重"细节"，便于店内编辑在出版流程中操作和把握。

为此，店里加大培训力度，加强对员工尤其是年轻员工的培训。我们还办过一个为期半个月的年轻编辑培训班，先后上了13课，还组织了一次到库房劳动和一次图书市场调查。参加培训班的人员反映有很大收获，对尽快融入三联帮助很大。我参加了培训班交流总结会，和年轻的编辑谈心交流，提出了三点期望：一是把这次培训班作为起点，把终身学习进行到底；二是爱岗敬业、努力工作，把出版职业进行到底；三是严格要求，从一点一滴做起，把谨慎做人进行到底。当年参加培训班的徐国强、王竞、杨乐、李静涛、刘敏等都成了今天三联事业发展的骨干。

作为柔性化管理的一项重要措施，我们把《店务通讯》办成反映职工心声的园地，让大家对店务充分发表意见，并提出各种合理化建议。我在《改版致辞》中说：

> 从本期开始，我店内部刊物《三联人》更名为《店务通讯》，以新的面目与大家见面了。"丑去寅来人益健，牛归虎跃春愈新"，在春回大地万象更新的时节，这也是一种新的气

象吧。

在三联书店发展史上，历来有创办内部员工刊物，用于推进事业，加强交流，指导业务，集聚人气的优良传统。韬奋先生创办并主编《店务通讯》，坚持每期为刊物写稿；读书生活出版社创办过《社务通讯》，我们的老领导范用先生曾参与其事；《三联人》于 1995 年创办以来，不少同仁在其上花费心血，虽有间断，但也先后出刊 42 期，对推动改革开放新时期我店的发展起到了促进作用。

改版后的内部刊物取名“店务通讯”，意在薪火相传，继承三联前辈的优良传统，汲取我们自身好的经验，使之发挥更大更重要的作用。我们希望《店务通讯》适应出版业改革发展和三联书店成长进步的新形势，担负起对全店工作的指导作用，把上级的指示精神、店领导班子的意图、店里的规划和工作打算，及时传递给全体员工，动员大家认准目标共同奋斗。希望《店务通讯》办成沟通情况的园地和信息交流的平台，起到上下左右加强沟通、增进了解的作用，在沟通中增进互信，在交流中达成共识；希望《店务通讯》弘扬钻研业务、总结经验、研究问题之风，对各项工作的创新、发展起推进作用；希望《店务通讯》在我店企业文化建设中发挥促进作用，把一颗颗心团结凝聚起来，推进文化三联、和谐三联、活力三联目标的实现；希望《店务通讯》办成员工展示才艺的舞台和倾诉心灵的窗口，反映同仁多彩的文化生活和丰富的精神世界。要特别注意反映来自员工的声音、建议和资讯，体现以人为本的办店观念和同仁间的人文关怀，起到聚拢人心鼓舞士气的作用。

《店务通讯》选用原生活书店《店务通讯》的刊头，但这决不单纯是形式的模仿，而是要立志得到前辈的真传，在他们的旗帜下前进。只要我们坚定不移地继承三联书店的优良传统，又能在新形势下奋力开拓躬身前行，就一定能立于不败之地；只要同仁们都能关心呵护《店务通讯》，刊物就一定能愈益增色不负众望。

“Nobody”，三联的脚步“无人阻挡”，三联的明天一定会更加美好。

所谓柔性化管理，就是人性化管理，我们把它落到一件件实事上。比如某一天突降大雪，员工上班路上交通有极大困难，我们就紧急通知除必要的值班者外，大家可以在家处理工作；有的女职工怀孕后需要保胎，店领导知道后就准予其在家休息；有的员工结婚，我们店领导也参与“凑份子”钱，让当事人感到温暖；所有员工过生日，都会由工会送上“生日蛋糕卡”。店里的图书储运库房设在丰台，离店较远，员工工作辛苦、劳累、收入低，我们对这部门员工给予更多的关心，及时增加工资，过春节前预发部分奖金。天气严寒时，送去御寒的棉衣、棉鞋。

柔性化管理还表现为领导和普通员工之间的心灵交流与关

心。三联书店恢复独立建制后，从沈昌文、董秀玉开始，店领导都不端架子，能真心做到和员工平等相处。总经理办公室，所有员工都可以推门而进。中午吃饭在饭堂，一些员工端着饭碗就来商量工作，提意见、提建议。我们提倡店领导班子和员工交朋友。在三联书店，除周刊、韬奋书店个别员工我不认识，店本部所有人，包括保安、清洁工，我都能叫上名字。他们遇到烦恼，也会找我倾诉。一次，几位年轻员工找我“谈心”，诉说工作中的困难和心态。我真心关爱、耐心倾听、细心开导，交谈中对他们说过这样一番话：“你们要勇于克服困难，超越自我，积极面对行业竞争、环境变化，‘从今以后更艰难，努力从头再试’，歌词中这样说；‘艰难困苦，玉汝于成’，古书上这么讲。惟有困难才能成就人生。所谓成功就是克服一个又一个困难的过程，三联是这么一步一步走过来的，也将这样一步一步走下去。大家要有信心、决心和勇气，未来的胜利属于我们，更属于三联的年轻人。你们要有良好的精神状态。这几年持续发展，发展步伐加快，有些同志反映有一些‘职业疲劳’，有一种疲倦感，这就如同‘审美疲劳’，再美的东西过眼太多，也会有些乏味，出现不经意的疲惫、散漫和迷茫。这需要我们适时进行调整，有目的地建树良好的心理状态。要深刻认识自己工作的幸运和价值，‘累并快乐着’。大家从事着散发书香和推动社会进步的事业，只会出书出刊，只会这样一本又一本的劳作，如果不想换职业，那就调整自己的心态。就如同咱们改变不了环境，但可以改变对待环境的态度。人们每天都要吃饭，一次又一次的重复，没人说我吃饭疲劳，我不吃了；换换花样，依然吃得津津有味。自我职业选择，明确的价值取向，坚定的长远目标，是始终保持昂扬向上状态的精神源泉。”

可以说，我在三联最大的收获，是收获了员工对我的信任，经历了相互不了解、相互了解、相互信赖的过程。我离开三联时，和员工“洒泪而别”，每想起这一幕便心有所动。我何幸哉！

创新是不竭的动力源泉

在对主持三联书店几年来的工作进行回顾时，我曾总结出以下六条经验：

一、坚持正确导向、服务大局是不断进步稳定发展的保证。三联书店在书刊出版方面连续多年没有发生政治导向问题，没有给大局添乱，这不是靠运气，而是我们增加了政治意识，提高了政治把关的自觉性。推出有主旋律特点又有三联特色的图书，不仅承担了社会责任，扩大了品牌影响，而且赢得了很好的经济效益。

二、坚持用改革发展统领全局，一心一意谋发展，树立正确的指导思想。近年来我们加大改革力度，建立新的机制，调整内部组织机构和产品结构，释放了出版生产力，实践证明，改革是我们前进发展的重要推力，我们要坚定不移地推动改革，推进事业发展。

三、坚持做强做开，走特色发展之路，是符合实际的明智选择。在许多出版单位谋求做大规模、数量的时候，我们选择的是做强做开，首先努力做强，即在质量、品位、特色上下功夫，坚持“有所为有所不为”，不追求大，不强调规模或量的扩张，而是强调和追求竞争力与质的提升，同时注意适当扩大规模，为做强提供量的支持。

四、坚持事业性与商业性的统一，才能不断促进企业的发展壮大。邹韬奋先生提出的“事业性与商业性的统一”，是坚持社会效益和经济效益统一的最早版本。我们坚持事业性，就是时刻不忘出版的文化本位，出好书，出有价值的书，同时为了立足和生存要搞好经营多多赚钱，注重经济效益提升。

五、坚持在继承传统的基础上创新，永葆不断发展的青春活力。三联书店的传统我们要坚定不移地予以继承，同时需要适应时代变化不断创新。守本重要，创新更重要；固本不易，创新更难。只有不断解放思想、更新观念，才能持续拓展出一片新天地。为此，我们要积极支持而不是扼杀员工的创造性。宽容的心态、宽松的环境是创新取得成功的重要保证。

六、班子队伍团结、局面稳定是事业发展的根本前提。我们坚持不折腾，不翻历史旧账，把心统一到三联事业发展上，为事业发展凝心聚力。

其中第五条“通过创新永葆不断发展的青春活力”是最重要的经验之一。五年多的实践，使我们深刻认识到，只有创新才能不断进步，创新是三联事业不竭的动力源泉。从历史上看，三联历来有勇于创新、敢于创新的传统。抗战期间，生活书店结合新情况，创办了三件新事，即创办流动供应、创设服务部和读者顾问部，有创意地经营文化出版业。改革开放新时期《读书》杂志的创刊就是一次时代性的创新,吹响了思想解放的号角。独立建制之后,三联"新锐一流"的出版标准,本身就包括着创新内容。我们新一届领导班子对员工的第一个要求,就是——解放思想,更新观念。领导班子、中层干部要带头解放思想,要敢于做以前没有做过的事情。这就是大胆创新。从哪些方面去创?

一是出版内容创新。内容创新是出版的本质要求。出版是以内容体现其价值的行业,自有书籍以来,人类所有的文明成果几乎都是依靠出版传承后世、泽被万代,出版史就是创新史;内容创新是文化创造力迸发的必要准备。党的十八大报告指出:"让一切文化创造源泉充分涌流",这就需要出版行业,尤其是三联这样的品牌出版单位,要做好内容生产的相应准备,为文化创造力的迸发准备好容器,准备好出口;内容创新是社会发展的必然要求。多出精品力作,杜绝平庸之作,唯一的路径就是不断创新,通过内容创新,满足读者日益提高的文化品位和日益增长的精神需求。诗人苏曼殊有诗云:"试看古来名作者,定随时代遣新词。陈言满纸中可用?即便成篇亦可嗤。"三联书店要按时代的要求去开拓创新,努力从发展趋势中寻找带有鲜明时代性的选题。具有鲜明时代性的选题,才有重大价值,才会受到读者欢迎,也才体现出版社推动社会进步的价值。

二是出版机制创新。近年来,我国出版业在出版体制改革上成就突出,成功地进行了出版社由事业单位向企业单位转变这项艰巨而宏大的工程,很多出版单位面向市场,焕发了生机和活力。

三联书店在这场深刻变革中，更应该站在时代潮头，激流勇进，直视自身缺陷，通过深化改革、体制机制创新，实现更大发展。机制创新途径有三，一是强化原有出版品牌，充分发挥传统优势，争取主管部门的政策倾斜和大力扶持。二是深挖潜力，改革限制出版生产力发挥的旧有机制，通过建设分社制等多种形式，提高人员积极性，促进企业发展。三是联合强势品牌，整合现有资源，通过纵向联系上下游出版资源和横向联系出版单位，通过跨地区、跨海内外的战略合作，打造出版全产业链，纵深发展，实现更好的社会效益和经济效益。

三是出版营销创新。三联书店过去“酒香不怕巷子深”，认为只要牌子响亮、内容过硬，营销可以少做或者不做，但是今非昔比，随着市场化的进程加快，不仅要讲出版营销，而且要讲营销创新。从以下方面着手开创营销新局面：以品牌营销为核心，内容营销为支撑，作者营销为外延，网络营销为重要手段，同时加强网络营销和店面营销的力度，营造全员营销、全面营销的积极环境。

以上创新讲的是单方面的，实际上在新形势下，出版社有一个转型的问题，即是从传统的的事业型转为现代企业型。转型有自转型和被转型两种区别。一种情况是我自己转型、自己积极转变；一种被转型，你不转型最后你被人家转，形势要求你转。新闻出版总署领导说：你不转型也可以，你不改制也可以，但你不转制你就享受不到政策的待遇。转型的实质是什么？其实质就是破旧创新。换言之，转型就是创新，转型就是往新的地方转。观念的创新是转型的基本前提，一个出版社也好，一个集团也好，思想观念没有创新，转型是不可能的，是很痛苦的。三联书店也是这样。我们的体会是，机制的创新和体制的创新是整个转型的推进力量，生产方式的创新是转型成功的重要标志。三联书店围绕转型做了大量创新性、尝试性探索。我们结合集团转制的要求，从三联实际出发，较早地“冻结”了事业单位管理办法，做到“新人新办法，老人老办法”。较早地“封存”事业工资体系，尝试用企业的激励方式。首先从三联生活周刊进行“试点”，所有人除了基薪之外，一律以浮动奖金作为贡献大小的标志。记者主要靠写稿挣钱，稿又为若干等级，按质论价。写稿多挣钱多，写好稿多挣钱更多，因此也就拉开了收入差距。每年发年终奖，朱伟都列出一张清单，一边是人名，一边是写稿数量、等级，一边是奖金数额，清清楚楚，明明白白，没有人提出异议，没有人当场“发难”。我多次目睹这个场面，内心为这种公开、公正、透明“点赞”。这就是周刊稿多质优的激励机制。我们把这种激励机制引入到图书发行部门，很快见到成效。店里按发行回款比例，给发行部砍出一块“报酬”。这块“报酬”由发行部支配，包括每个人的基薪、奖金、出差费用，到年底按每人负责片区的回款贡献确定收入，一下子拉开了距离。有的员工年收入三十多万元，有的十多万元。员工要改变收入低的状况，就得努力做贡献，这就形成了你追我赶抓发行抓回款的局面，突破了三联图书实现经济效益的瓶颈。我们和沪港三联共同投资成立“三联国际时空公司”，从港三联引进管理人员，也引进了香港公司的激励方式，使这个新成立的机构充满活力。在转型中，我们还重视新媒体新技术的作用，鼓励三联生活周刊投资成立新媒体公司，探索新媒体管理开发的经验，形成了新的经济增长点。

企业在发展中，创新是全方位的。如体制机制创新、选题创新、营销创新、品牌创新。创新也是分层级的，有战略性的创新，也有战术性的创新。以人力资源管理为例，怎样建立好激励机制，我们就进行过比较细致的探索。因为实践使我们认识到：钱不能激励所有员工；不能始终用同样的办法去激励同一个人；不能用同样的办法激励所有的人。针对这一点，我和唐思东、潘健前后两任人力资源部主任深入研讨，拿出具有多重针对性的激励方案，力争调动每一个员工的积极性。目标是选择合适的人，放到合适的工作岗位，提供合适的工作条件，采取合适的激励办法，最大价值地开发人的潜能，创造应有的效益。

在其他方面的创新，本书以上章节多有涉及，在此说一下三联书店在中华文化"走出去"方面的创新。三联书店独立建制之后，在引进西方学术著作方面，有很大贡献，如《第三次浪潮》《沉思录》都是我们第一个引进的。但在输出方面比较困难，"走出去"有一定难度。过去一说"走出去"我们都"面有难色"。集团给我们下达的三年输出版权指标是 30 种，完成起来很吃力。但高度重视之后，就取得了前所未有的版权输出成果。输出《文心》《音符上的奥地利》《雪域求法记》《思考与回忆》《战略高度》《像自由一样美丽》《美术史十议》《民主四讲》《苦命天子》《中国史前考古学史研究》等数十种图书版权，一下子完成了集团下达的两年任务指标。其原因，一是提高了对中华文化“走出去”的认识，二是在“走出去”中加大创新力度。

文化“走出去”是党中央制定的由国家推行的国家战略。其政治意义在于演变反演变、渗透反渗透，其文化意义在于推进中外文化交流，增加文化交流的主体性、主动性，掌握文化交流的主动权，其社会意义在于扩大中华民族文化在域外的影响，树立中华民族的自信心和自豪感。其国际意义在于增强中外文化交流的对等性、信息的对称性，有利于交流的平等、民族地位、国家地位的平等。综合起来讲，文化“走出去”既有重大现实意义，又有深远历史意义，我们应站在“战略高度”来认识这一问题。我们出版社是文化“走出去”的载体和具体实施的个体，肩负着这方面的使命和责任。既然文化“走出去”是必须的，那么“赶着走”不如“推着走”，“推着走”不如“自个走”，自觉地去抓好落实。

创新是文化“走出去”的必然要求。因为只有创新，海外、国外的读者才能更好地接受我们的出版物，走出去才会顺畅，对接才会比较容易成功。

三联书店从哪几方面去创新呢？主要是从“软化”“优化”“强化”“美化”四个方面去努力。

一、意识形态的软化。我们国家是社会主义国家，我们的意识形态是有中国特色社会主义的意识形态，这和西方国家有很大的不同。唱响“共产党好，社会主义好，祖国好”的主旋律，即用先进的理论武装人、用正确的舆论引导人是必须坚持的，但是对外输出的读物，就不能用这么硬的调子。这不是弱化，而是要“软化”。如同把硬水过滤成软水，把广告做成软广告，把我们的价值观，把“三个好”体现在具体事务中，让人容易接受。否则，人家会认为你是在说教，是灌输，是用你的价值观取代人家的价值观，就会有一种抵触情绪。要“软化”，就有一个粗粮细作的功夫，改变表述形态的功夫。

二、传统文化的“优化”。中国传统文化博大精深，这是“走出去”的基本内涵，但在内容选择上要注意“优化”。所谓优化，就是要突出精神性、文化性，中医藏药，推拿按摩，饮茶炒菜，固然受欢迎，当然也很重要，但重要的还是应突出我们的精神、学术、理念，这种走出去才是长期的，有深层意义的，对人的精神世界构成影响的。再就是精神性东西里面，要选择优秀的东西，来一个去伪存真，把好的东西介绍给人家。如宣扬和谐、仁爱，而不能去宣传官场潜规则和厚黑学；宣传科学，而不是介绍算命打卦装神弄鬼。再就是内容上的新颖，而不能总是在《十三经》《四库全书》、四部古典文学名著等方面做文章。

三、中国特色的强化。只有传统的，才是民族的；只有民族的，才是世界的。在创新过程中，我们特别突出中国特色、中国独有。特色就是品格，特色就是生命。在输出的内容上，一定有中国特色，形式最好也要有中国元素中国气派，不能抹煞个性去和国际接轨。

四、装帧形式的美化。装帧设计要考虑国外读者的审美要求，吸引他们的眼球，做到简洁、美观，符合审美国际化趋势，这就要改变我们以前的设计观念和思维定势。还要改变装帧设计过度和印制繁杂的做法，“过度”不利于环保，容易引起国外读者的反感，也不符合形式为内容服务的原则，有碍制作上的转换。三联版图书的装帧设计有自己风格，在走出去方面也有自己的个性。

实践证明，有意识地进行创新，才能有效地促进“走出去”，使走出去走得更好、更远。我们增进“走出去”的自觉性，有意识地在制定选题规划时就考虑哪些选题可以“走出去”，积极探索适合“走出去”的新路径。

一是在合作出版形式方面创新，借与国外出版社战略合作，推出走出去“板块”。我们与澳大利亚 LP 出版公司合作，出版了 LP 国际指南。这个产品是“引进来”的，已出版欧洲、美国、日本等 56 个品种，印了近 90 万册。在合作过程中，我们开始考虑“走出去”的问题，经过反复协商，我们和 LP 公司合作开发中国国内指南，这个国内指南可以“一鱼两吃”，一是满足国内读者自助游的需要；二是经过翻译，可以供国外浏览、了解中国使用，让“国内游”部分“走出去”，扩大中国的影响，促进中国旅行产业的发展。

二是注重内容的创新，给传统典籍注入新的内容。比如我们推出《老子十八讲》，在法兰克福书展上受到外国读者好评，国外有的出版单位提出购买版权。这是因为，老子《道德经》内容是老的，不新鲜，外国人大都知道，但我们请王蒙来进行新的解读，融入了作家的人生体会和现代观念，这就使传统典籍有了新意。

三是讲求出版形式的创新，满足国外读者的阅读需要，实现无障碍对接。比如三联出版的《福建土楼》，我们在出版时就预计到这本书会引起国外出版界的兴趣，但仅出版中文版，国外出版界也许不太方便了解书的内容。故我们在做中文版的同时，专为参加法兰克福书展量身定做了英文版，将英文版带到会上展示。这样做效果很好，有出版社向我们表达了购买版权的意向。

我在三联书店工作期间，在员工支持下，进行了一系列创新，有的创新成功了，有的不怎么成功，回顾不断创新的过程，有以下三点体会：

第一，创新就是改革，改革就是创新，改革创新密不可分。改革是出版创新的强大动力。要激发员工创新的积极性，就必须进行改革，通过改革建立激励人们创新的机制。我主持三联书店工作后，进行了加大改革力度的尝试。打破原有的编辑组织结构，撤销了生活、读书、新知三个编辑室，成立学术、文化、大众、旅行四个出版中心，通过调整组织结构和选题结构，明确图书产品线，改变管理模式，转换机制，加大对人才队伍的培养力度。这些举措在三联书店是前所未有的，具有震动性的。改革提供了创新的力量源泉，按现在的说法，就是提供了“新动能”。创新也是改革，尤其是体制机制方面的创新，本身就是一场变革，因为涉及利益调整，其难度可想而知。新生事物容易受到摧残扼杀而夭折，这是其中一个重要原因。因此，改革不易，创新也不易。支持改革，就要支持创新；为改革点赞，也要为创新点赞；宽容改革的失误，也要宽容创新的失误。

第二，创新要既有胆，又有识，即所谓有胆有识。创新首先要有胆略，要敢于做前人没有做过的事情，做第一个吃“螃蟹”的人，唯上唯书，不可能创新；左顾右盼，不可能创新；斤斤计较，不可能创新；树叶掉下来怕砸脑袋的人，不可能创新。创新，要创出新境界、新天地，必然进入为人不知的新领域。没有胆略，就会百般踟蹰，不可能“临门一脚”。创新是有胆略者的事业，是敢闯、冒险者的天地。任何创新都提供了一种可能，不会提供既定结果，这就有了冒险的成分。我的体会是，难度越大，机会越多，成就越辉煌。我对一项改革创新的估量是，只要有七成把握我就干，甚至再低一些，我也干。因为别人望而生畏止步不前时，你才有独占鳌头的可能。如果有百分之百成功把握，“满街俱是赏花人”，那还轮到我们吗！许多好机会都是在人们犹豫、盘算中丢失掉了。有胆还要有识。识是对事物的认识，表现在对事物发展趋势的判断等方面，所谓“见微知著”，甚至能上升到规律的认识，这是创新成功的根本保证。胆在气质，识在才学，二者缺一不可。我的优点是敢闯敢干，缺点是才学疏浅。在三联有些改革创新未能成功，主要是后者使然。

第三，创新既要一蹴而就，又要久久为功。对单项创新来说，必须一步到位；对系列创新工程来说又要长期坚持、久久为功。因为一项改革、一项创新只是一个链条，环环相扣才纵深发展。一项改革、一项创新再成功，如果不能坚持，或因领导人更换不能为继，那也只是出一时风头，最终将前功尽弃，给党和人民的事业造成损失。因此，“一张蓝图画到底”是必须坚持的！

把三联热心公益的传统发扬光大

在三联书店，有这样一幕使我心生感动，久久不能忘怀。我还把它写成诗篇，刊登在《店务通讯》上和员工分享。这首诗是《献给向灾区捐款的保洁员》：

下班的铃声响了，
店里捐款的人流刚刚走散。
她们悄悄地来了，
心怯怯的，声音低低的：
“我们也来捐款，
钱不多，
只是表达一点点心愿。”
这是几个从农村来的打工妹，
保洁公司派来我店的保洁员。
她们牵挂着地震灾区的群众，
心系着远在西南的汶川。

她们捐的款确实不多，
五个人，五张十元的人民币，
每个人才捐了十元。
但就是这带着体温的钱，
让我的心感受到了强烈的震撼。
她们从农村到北京打工，
每月几百元收入，
惦着向家里邮寄，
还筹措自己的柴米油盐。
没钱买漂亮的时装，
更与高档化妆品无缘。
租住在出租房里，
时时把花销计算。
有谁会说她们捐的少呢，
十元钱蕴含着无边大爱，
对灾区人民的情意重过泰山！
单位的花名册上没她们的名字，
她们是店里的“编外”人员。
我叫不出她们的姓名，
也不知她们的家庭和籍贯。
每天到店里打水扫地，
来也悄然，去也悄然，

说实话，
我甚至分不清她们的容颜。
但是在今天，
谁不认为她们就是我们中的一员？
当灾难降临时，
中华儿女手拉着手肩并着肩！

我将这首小诗献给可敬的保洁员，
为她们的爱心和质朴的情感。
她们没有向人炫耀的财产，
却有金子般闪亮的心田；
她们没有被人称美的地位，
却有承担社会责任的庄严。
她们的心怯怯的，
却让我们感到汗颜；
她们的声音低低的，
却让我们的心弦震颤。
我更加坚信——
即使天崩地裂，海枯石烂，
我们也能重建家园，
拥有无比灿烂的明天。

2008年“5·12”汶川地震发生后，店里即组织员工给灾区人民捐款，捐款点设在四楼，来捐款的人排成了长队，还有一些退休的员工特意赶来，或让子女送来，体现了“一方有难，八方支援”的民族亲情和热心公益的三联传统。店里“清洁员捐款”这一幕就发生在这个大环境中。灾情就是命令。《三联生活周刊》记者袁越在没有接到采访通知的情况下，于5月13日早上率先赶赴现场。周刊前后有23名记者到灾区采访，出了四期专刊。店里赶制与地震有关的图书《我的地震经历》和《熊猫影像日记》，捐赠受灾地区。汶川大地震一周年时店里召开座谈会，又组织捐赠一批钱物。

三联书店历来有热心社会公益的传统。在和恢复三联书店后首任总经理沈昌文交流中，他给我讲过许多事例。抗战开始后，《生活》周刊和生活书店都发动过为前方将士募捐活动，不仅号召全国民众捐款捐物，自己还带头认捐，在全国产生过重要影响。在国难当头、民众遭受灾难时，三联书店员工都慷慨解囊，把国家和人民利益放在首位。三联书店还利用自身工作便利，为传播文化和普及教育服务，许多青年都是在三联办的自学培训机构中获得成长进步的。据蓝真回忆：1947年10月，生活书店在香港设立“持恒函授学校”。这所新型的函授学校对学员仅收少许费用，是公益性质的为自学青年提供帮助的教育服务机构。我看到过老出版家吴道弘写的回忆文章，《生活》周刊在订阅的同时还有过赠阅的活动，让更多的人得到阅读便利和文化影响。

1986年1月三联书店恢复独立建制之后，热心公益的传统得到发扬光大，店里用多种形式投入公益事业。有的捐资助学、有的定点扶贫，还有的在云南捐建“爱心水窖”。我接任总经理之后，继续热心公益事业。除每年组织向地震灾区、洪涝灾区捐赠财物，更多的是利用自身优势和特点，从事文化公益事业。我们结合品牌拓展，营建了“书香巷”。“书香巷”位于三联书店业务楼东侧，原是一个封死的胡同。我们将其打开，上封顶棚，两侧置放书架，陈列图书、期刊供读者阅读。巷口是两扇典雅的木质大门，门上方悬挂黄苗子题写的“书香巷”隶书横匾，呈现古色古香的读书氛围，既方便了附近居民就近出行，又给他们读书提供便利。景山街道办事处负责人称赞三联为社区居民办了一件大好事。书店还开办了读者俱乐部、设立了韬奋图书馆，全部免费向读者开放，给社区民众提供休闲、娱乐、阅读的场所。由店里员工捐赠30万元图书，我们在韬奋家乡余江县建立一批“韬奋书屋”。在余江县城乡建立一批“韬奋书屋”是余江县韬奋研究所所长邹华义倡议的。我在中国版协内部通讯上得知这一消息后，即与邹华义先生联系，表示三联书店愿意做这件事，请他协助落实。很快，第一个“韬奋书屋”就在余江县实验中学设立。我去实地考察并出席捐赠仪式，在很短时间内在不同地方建立七个“韬奋书屋”。除了捐书，店领导还带头捐款，购买了韬奋书屋所需的桌椅等设施。全店员工捐款15.8万元复建韬奋祖屋，作为村民学习科学技术文化的场所。在新闻出版总署、中国出版集团和韬奋基金会历次组织的捐赠图书活动中，三联都因图书量多质优受到好评，多次受到表彰。积极参加署里组织的“百社千校”捐书助学活动，被评为优秀单位。三联书店关心全民阅读，和湖南永兴县共建全民阅读示范县，使之成为全国开展全民阅读的典型。和北京郊区北小营镇前礼务村开展“一助一”活动，共建文化新农村，捐赠图书丰富充实“益民书屋”。从2011年5月开始出版援疆活动。和新疆最艰苦的偏远县塔什库尔干塔吉克自治县建立了帮扶对子，捐助县新华书店一批三联版图书，销售收入归其所有，以解决资金困难。分批组织县新华书店员工到北京学习交流，三联书店承担全部费用。和新疆科技出版社建立业务交流关系，在版权、业务学习方面提供便利，接待该社维吾尔族员工到我店美编室任职和学习交流，尊重民族风俗妥善安排食宿。

在我任上，三联书店公益事业做得最突出的一件事，是在云南彝良地震灾区捐建一所希望小学，把地震震毁的云落小学进行了高质量复建。此事由我带队前去落实，此行留下了详细的文字记载。

2012年9月7日11时19分，云南省昭通市彝良县、贵州省毕节市威宁彝族回族自治县交界处，发生5.7级地震，震源深度14公里，震中距离彝良县城约15公里，距昭通市约30公里。虽然地震级数不算高，但由于彝良周边地质地貌复杂，加之同级别余震接踵而至，导致受灾情况严重，人民生命财产蒙受重大损失。

中央电视台新闻报道中有这样悲惨一幕：角奎镇云落小学校舍在地震瞬间轰然坍塌，7名正在吃午饭的一年级学生被掩埋，代课教师朱银全和村民把他们扒了出来，结果是两个轻伤、两个重伤，三个被夺去花季般的生命。在悲伤的同时，三联人也在想着为彝良灾区的人民做点什么。此时正好有一笔30万元的善款准备捐出去，于是店领导班子很快作出决定：捐建云落小学，使失去校舍的孩子们早日在宽敞明亮和安全整洁的教室中复课。云落小学最早建于1957年，随后经过三次修缮，最后一次是2006年，是用黄土夯墙的；校舍不坚固，是导致伤亡的重要原因。我们决心建一所足够坚固的学校，让孩子们在这里安心地读书，快乐地成长。

我就是带着这一重要使命赶赴彝良的。同时肩负的任务是带领《三联生活周刊》采访小分队去震区采访。四川汶川和青海玉树地震，周刊记者都曾深入震中采访和报道，这次也不例外，我们必须到震中探查真情、实地采访。我和周刊社会部主笔李菁、记者葛维樱、摄影记者关海彤、新媒体部编辑康晰，在最短的时间内整装出发。从9月10日中午12时定下此事，到下午15时50分飞机起飞，中间只有3个小时多一点时间。

11日天刚蒙蒙亮，我们一行五人就奔赴昆明机场，拟搭乘9时50分去昭通的航班赶往灾区。先是播报晚点，候至中午，却得到因暴雨取消航班的消息。情急之下，我们花2300元租了一辆“猎豹”直赴昭通，路上时而大雨如注，时而大雾笼罩，到傍晚才抵达昭通，经过整整一天的劳顿，我们终于到了震区的边缘。

昭通市新华书店经理蒋洪斌热情地接待了我们并给予有力

的支持，派最好的司机最好的车送我们去彝良灾区。12 日上午 11 时我们抵达彝良县城，踏着泥泞去抗震救灾指挥部领了“车辆特别通行证”和“采访证”后，即向这次地震震中、受灾最严重的洛泽河镇进发。虽然我们已有思想准备，但还是为眼前的惨相而震惊。沿途众多房屋倒塌，道路严重损毁，一些被巨石砸毁的汽车扭曲变形。一辆摩托车被砸得只剩后轮，旁边散落着一双鞋子，让人目不忍睹。而最危险的还是通往洛泽河镇的道路。地震后通往镇里唯一的路被塌方和落石掩埋，我们去时虽然已经开通，但沿途山上落石不断，随时有坍塌的危险。除了有“特别通行证”的车辆外，其他车辆禁止通行。为了保证安全，每隔 100 米就有一人察看险情。我们的车走走停停，前面靠铲土机开道。警察告诉我们，为了防止被砸伤，开车须快速通行。但我们想快也快不了，不时停下来等前面的挖掘机、推土机开通道路。说实话，每当车停时，我心里都捏一把汗，赶忙招呼几个记者站在离山坡远一点的洛泽河旁，而在悬崖下等候，也只有听天由命了。谢天谢地，我们终于在下午 2 时到达震中——洛泽河镇。

洛泽河镇是此次地震受损最重，也是目前最危险的小镇，小镇街道长 200 米左右，所有房屋沿街道而建，一边背靠高达 500 米左右、近 90 度角的悬崖，一边背对流水湍急的洛泽河，而对岸同样是高达 500 米、直立的山崖，地理环境极为险恶。这次地震最大的毁坏力就是来自山上的落石，很多房屋、车辆是被滚下来的石头砸坏，行人被砸死、砸伤。我们到达时，天又下起了雨，不时有滚石落下。街道上的房屋因是水泥钢筋结构，大部分都在，但因地震破坏了构造而不得不废弃。地震已过去几天，小镇很平静，一些不愿撤离的人们仍在这里生活。一户居民房子被砸坏，前天大雨，泥石流还涌进了屋里。问女主人为什么还不走？她说要留下来为抢修水电线路的工人做饭，为救灾尽一份微力。不远处，两名中年妇女在挥铲做一大锅米饭，桌上摆着还算丰盛的菜肴，免费为过往行人提供饮食。这里到处是感人的救灾事迹：一位私营业主在地震后开自家挖掘机去修路，被落石砸伤；一名女教师为抢救学校财产摔成重伤；一些来灾区救援的人们开着装满月饼、矿泉水、方便面的汽车，到镇上卸下物资就走，来去匆匆，也不知姓甚名谁……我们一边走访，一边被深深地感动着。大家分头去采访、拍照，搜集写文章的素材，很快两个多小时过去了，雨越下越大，天色也暗了下来。我和李菁正在镇中心小学了解受灾情况，突然接到司机华师傅打来的电话，说救灾指挥部紧急通知有余震，很快就要"封路"，再不走就出不去了。我急忙把大家召集起来，刚要出发，不远的路又被塌方封死了，耐心等待中，我们在一辆被砸坏的汽车前合影，作为此次到震区采访的见证。

回程还算顺利，当我们终于到达安全地带时，全车的人都松了一口气，车上的气氛也活跃起来。我说：今晚大家喝点酒，压压惊。"我儿子才刚两个月呢！"关海彤说。葛维樱说："我还没结婚呢！"我说："我儿子还没找对象，我还没孙子呢！"我们这一行五人，海彤和李菁有了儿子，年轻的女记者葛维樱、康晰尚未结婚，自然没有孩子，我则是还没有孙子，“五子登科酒”就成了我们这晚饮酒的名目。实际上我是想犒劳大家，这次同周刊记者同行，深感他们工作的不易。特别是社会部的女记者，哪里有灾害、有险情就奔向哪里，其中艰辛却鲜为人知。

晚上，在彝良县新华书店罗经理引荐下，我们见到了县教育局周、黄两位副局长，“一拍即合”，双方达成了捐建云落小学的意向，并商定了相关细节。在餐桌上，我们喝了当地产的苞谷酒，为了捐建事宜的落实，也为了我们“五子登科”的洛泽河镇一行。

9月13日上午，“角奎镇云落小学捐建仪式”在县示范小学举行，我代表三联书店和县教育局周光富副局长在捐建协议上签字。协议明确写明，三联书店出资30万元重建被地震震毁的云落希望小学，彝良教育局确保校舍建设质量和进度，于2013年2月竣工并投入使用。在简朴简短的捐赠仪式上，角奎镇中心小学校长潘华君代表云落小学师生向三联书店致谢，表示早日建好学校用好学校，不负捐赠者愿望。后来由于余震和地质条件复杂等原因，云落小学的重建在2013年下半年竣工。县里邀请我参加新学校开学仪式，我因在国外不能前往，派副总经理张作珍参加。作珍带回新学校升旗仪式、学生们在课堂上课、在操场玩游戏等照片，我一张张细看，心里的感慨油然而生：社会公益事业获益者看是对方，其实是捐赠者自己，在为社会、为他人做善事的同时，自己的思想也会得到净化，境界也会得到提升。捐赠者的财物并没失去，而是生化出更多人共享的幸福。

建言将“倡导全民阅读”写入政府工作报告

2014年1月17日下午，我参加了李克强总理在国务院第一会议室召开的座谈会。座谈会的主题是征求教科文卫和基层群众对政府工作报告的意见和建议。在这次座谈会上，我“将倡导全民阅读写入政府工作报告”的建议受到总理重视和采纳。从此开始，“倡导全民阅读”连续四次写入政府工作报告，并在2017年政府工作报告中强化为“大力推动全民阅读”，受到了各级政府的高度重视和强力推动，而我自己也和全民阅读结下了不解之缘。2015年2月9日我被总理聘为国务院参事之后，连续数年把“倡导全民阅读”作为建言献策的主要课题，结合工作和行业实际，围绕发挥政府在推进全民阅读中的作用这一主线，在推进实体书店建设、促进全民阅读立法、加强少数民族地区阅读工作等方面提出建议，多次得到领导批示并转有关部门组织调研和实施。今后我仍将“大力推动全民阅读”作为调研和建言献策的主题，持之以恒地为之付出努力。

几年时间过去了，当年参加总理座谈会的情景仍有清晰的记忆。

记得2014年1月8日下午3时左右，我正在北京国际展览中心参加北京图书订货会的一个活动，接到一个用座机打来的电话，对方是国务院办公厅三处的一位工作人员。在确定我是樊希安之后，问我最近在不在北京？我答："在"。对方说："好，那请你这一段时间不要离京，有一个重要会议请你参加，有关方面会具体通知。"放下电话，我一时想不到会是什么会议，但猜想和出版有关，因为我时任三联书店总经理。好在第二天就接到国家新闻出版广电总局有关部门的通知，说是请我代表出版界去参加总理召开的征求对《政府工作报告》意见和建议的座谈会。具体时间待定，让我先就发言的内容做个准备，限定发言时间10分钟。

能够代表出版界参加李克强总理召开的座谈会，这是难得的机会，也有几分荣耀。但向总理说什么呢？什么是行业最关心的呢？怎么才能取得"朝野共识"，在某一方面受到关注和重视？我一时摸不着头脑，陷入苦思冥想之中。我向曾经参加过总理座谈会的中国教育出版集团总经理李朋义请教。李朋义曾任过中国出版集团党组书记，当过我们的领导，我俩关系也很密切，说话不见外。李总说："这是好事啊，具体说什么，还得结合我们行业实际。"又说："我是参加温家宝总理座谈会，你是参加李克强总理座谈会，每个领导风格不一样，认准了，放开讲就是了。只是要把控时间，把重点讲出来。"我征求中国出版集团有关部门和兄弟出版单位意见，大家提了许多好的建议，有提出"从国家层面支持协调全面深化新闻出版体制改革"的，有提出"支持具备条件的出版企业股改上市”的，有提出“进行国有新闻出版企业特殊管理股制度试点”的，也有提出“加大扶持实体书店力度”的，也有提出“加大对优秀出版物‘走出去’项目资金支持”的，也有提出“深入开展‘扫黄打非’，进一步强化互联网和文化市场”的。这些意见和建议都很好，但在一次会上不可能讲这么多，也不可能没有重点地加以罗列。因为这时候国务院办公厅又通知每人发言时间限定8分钟。我和新闻出版广电总局有关主管部门联系，他们说：你先拿出个意见，到时再来沟通吧。我向一个在国家机关工作的领导同志讨教，她说：一是不讲理论和大道理，讲具体建议，越具体越好；二是不能面面俱到，最多讲一两个问题；三是言简意赅，不要啰嗦。什么问题最好？一涉及全面，二具体实在，三能够引起领导重视，需要领导进行强调的。这位领导的话可谓“指点迷津”，对我抓住要领甚有帮助。

综合各方面意见，我把座谈会发言的光圈集中到“倡导全民阅读”上。认为这一问题既关乎全局又很具体，既具有行业特点，又关系社会共识，容易引起领导重视。具体理由有这么几点：一是党的十八大以来党中央更加重视全民阅读工作，这一精神应在政府工作报告中有所体现；二是在未来竞争中，在国家未来发展中，国民素质高低起关键作用，而倡导读书可以提高国民素质；三是政府在促进全民阅读中负有责任，可以起到重要推手作用；四是从社会现实看，“读书无用论”又有抬头，“倡导全民阅读”具有针对性；五是倡导全民阅读，可以促进出版发行行业发展。读书人多了，需求多了，出版社、新华书店、出版部门、发行部门，都会在不断满足读者需求的同时，提高多出精品发好精品的水平。说坦白一点，读书的人多了，我们出版社、书店的日子就会好过些，社会效益和经济效益也会更好些。在三联书店工作，我对此体会尤深。

国家新闻出版广电总局领导对我参加这次座谈会很重视。1月13日下午，党组书记蒋建国委托邬书林副局长带领几个部门的领导和我进行交流。邬书林副局长是我的老领导，也是老朋友。他说：建国同志对你参加这次座谈会很重视，希望你不负众望，把我们行业的声音带上去。接着让出版、期刊、财务等几个部门讲各自想法，我记得有张福海、艾利民、蒋茂凝等，让这些部门的同志给我提供一些基本数据和相关材料。在听了我的想法之后，邬书林副局长大声说："建议把'倡导全民阅读'写进政府工作报告，好！争取了多年，上届政府工作报告都没能写进去，你樊希安能让'全民阅读'写进政府工作报告，就是大功一件！"邬书林是全国政协委员，多年来力倡全民阅读，是促进全民阅读立法提案的发起人，对推进全民阅读不遗余力。他这一席话，给我增加了压力，同时我也得到了极大支持，树立了信心。在和邬书林副局长握手告别时，他紧紧的一握，给我传递了务必成功的能量。

1月15日下午3时，我按新闻出版广电总局有关部门要求，去复兴门外局机要部门看《政府工作报告》(征求意见稿)。在那里，我遇到了著名电影演员李雪健，才知道我们新闻出版广电系统参加这次总理座谈会的共有两位代表。我代表出版界，李雪健代表影视界。李雪健是我崇敬的演员，他演的焦裕禄等给我留下深刻印象。他为人朴实、实在，谦虚、低调，从来不摆名演员的架子，我俩一见如故，看完文件后就闲聊起来。我问他最近在拍什么电影，演什么角色？雪健说正在演一个驻村的老警察。他说：剧里的两句台词给他印象深刻。这两句台词是：破案率高不是成绩，发案率低才是成绩。这两句话同样给我留下了深刻印象，是啊，这话多有哲理啊，充满了辩证思维，可惜在现实生活中，我们一些领导干部太缺少辩证思维了，以至于做了许多干不到点子上，甚至南辕北辙的事情。我们聊了许久，离开时他还真诚地提醒我：座谈会那天千万别迟到啊！望着他坐车远去，我眼中满满都是敬意。以前听说雪健得过一场大病，现在看他红光满面，精神饱满，发自内心地为这位人民艺术家高兴。

回到办公室，我根据下午看到的文件起草了在座谈会上的发言稿。发言稿全文如下：

总理您好，大家好！

我是三联书店的樊希安，非常高兴作为新闻出版界代表参加这次高层次征求意见座谈会。

我认真阅读了本次政府工作报告征求意见稿，重点看了第（八）项“加快发展教育、卫生、文化等社会事业”中“促进文化改革和发展”这一部分。我认为整个报告有这样几个特点：一是通篇贯穿“务实亲民”的主线，实实在在；二是有新意，有新提法；三是言简意赅，文字精炼；四是文风活泼，没有八股腔调，多用生动活泼的群众语言，如，认真治理“餐桌上的污染”，切实保障“舌尖上的安全”；如，决不让未就业大学生成为“断线的风筝”；如，发挥好政府投资“四两拨千斤”的作用，等等。作为出版工作者，我们对报告的文风很欣赏。

下面我提两点建议：

一、建议对2013年国家文化建设成果反映得再充分一些。

现在《报告》中只有“促进文化事业和文化产业健康发展，深化文化体制改革，激发文化创造活力”31个字，在第6页上占了两行字，看完不解渴、不过瘾。党的十八大以来，党中央、国务院更加重视文化建设，采取各种措施推进文化体制改革，使我们文化企业增强了生机和活力。财政部、国家税务总局在财政税收政策上给予了大力扶持，2013年年末联合发文，明确将宣传文化增值税和营业税优惠政策延续到2017年底，其中免征图书批发、零售环节增值税政策，对新闻出版业是重大利好消息，这份“开年免税大礼包”透露出国家对文化行业的真切关怀。三联书店是新闻出版业推进改革和政府政策扶持的直接受益者，自2010年7月转企改制后，大力进行体制机制创新，有效解放了出版生产力，取得社会效益和经济效益双丰收，一大批好书好刊问世，品牌影响力显著提升。2011年至2013年保持连续高速增长，年营业收入平均增长16.5%，利润平均增长32%。2013年度营业收入达到2.7亿，实现利润6400万元，是转制前2009年利润的4.9倍，实现人均利润22.8万元。三联书店的成长进步是全国文化企业发展的缩影，是文化改革成果的微观体现。发自内心地期望报告更加充分反映我国文化建设方面改革和实践成果。

二、建议深入持久地在全国倡导全民阅读活动。

建议在报告第25页第13行“继续实施文化惠民工程”之后，加上“倡导全民阅读”一句话。这句话只有几个字，却是一个重要导向。读书对于提高全民素质和促进社会文明进步有重要作用。我知道克强总理非常喜欢读书，过去经常到我们韬奋书店浏览、购书，听说总理现在虽然工作繁忙，但仍坚持阅读，这种好习惯、好风气应该在全社会大力弘扬。要推动全民阅读立法。《全民阅读促进条例》已经列入国务院法制办2013年立法计划“三档”，请求予以关注，将全民阅读工作纳入法制化轨道。

1日17日下午，我提前赶到中南海北门，进会议室后按要求在座位等候。参加座谈会的除来自科学、教育、文化、卫生、体育和基层群众的10名代表外，还有各部委主要负责同志、文件起草组的同志们。李克强总理、张高丽副总理、汪洋副总理、刘延东副总理、马凯副总理都参加了座谈会。这么高级别的座谈会我还是第一次参加，以前未见过这么大阵仗，心里难免有些紧张。但克强总理进来后，和我们10名会议代表一一握手、问候，使大家紧张的心情松弛下来。当介绍到我时，克强总理说：三联是我国著名出版品牌，出了不少好书啊。我以前和克强总理没有这么近距离接触过，总理在三联书店成立八十周年店庆时给三联书店写贺信，讲到他过去曾到三联浏览购书，给我们勉励指导，我对此一直铭记在心。现在握着总理的手，感到那样温暖、亲切，身上的紧张感一扫而光。

座谈会由李克强总理主持。他简单说了开场白，讲了开座谈会意图，希望大家少讲成绩，少讲客气话、客套话，多提意见和建议。他说："座谈会时间有限，但你们要敞开心扉讲自己的看法、建议，包括对政府的批评。""你们有的是行业尖端人才，有的是基层群众，但都是社会重要的组成力量。我们非常希望在起草报告的过程中，能够听到来自社会、民众真实的声音，使报告更符合人民的心愿、体现人民的意志，使政府切实改进工作中的缺点，更好为人民办事。"

我排在第6名发言。我前面有代表教育界的北师大校长董奇、代表文学界的冯骥才、代表科技界的袁隆平、代表体育界的羽毛球健将林丹、代表影视界的李雪健。冯骥才重点讲民族文化遗产保护，袁隆平汇报了水稻科研情况以及需要支持的项目，林丹简单说了几句。李雪健从电影《泰囧》说起，讲到影视的作用，希望引起更多重视和支持。我发言时没有照稿念，因为进会议室时，通知每人只有 6 分钟发言时间。好在我已将讲稿背了下来，虽没照稿，但内容没拉下，只是将重点做了调整，把“倡导全民阅读”说得更加到位和具体。我说：总理，我的建议只有六个字，叫“倡导全民阅读”，建议写进政府工作报告。具体位置在第 25 页 13 行“继续实施文化惠民工程”之后，就六个字，占不了您报告多大地方。说着，我还用手比画了一下。总理和大家都笑了。我接着又说：我知道克强总理很喜欢读书，也到我们书店购过书，这种爱读书的好习惯应该在全社会推广开来形成风气。也许我和李雪健的发言较为幽默、生动，引起了总理关注，在我俩发言之后，总理插话：刚才雪健和老樊讲的重视国家影视业发展、倡导全民阅读，虽然都很具体，但都事关大事，不是小事，应该受到重视。听到这里，我心里想，把“倡导全民阅读”写进政府工作报告，也许有戏了。各位代表发言结束后，总理说：“你们的意见言简意赅，我们会借鉴大家的意见，一方面在《政府工作报告》中加大笔墨；另一方面也在政府工作中加大实施措施。”

座谈会结束时，我看到坐在我背后的新闻出版广电总局局长蔡赴朝，过去和他握手。蔡局长紧紧拉着我的手说：老樊，讲得好啊。他旁边是国家卫生和计划生育委员会主任李斌，李斌是我在吉林工作时就认识的老朋友，李主任也高兴地祝贺我发言成功。这时，工作人员招呼我们和总理合影，我站在李克强总理身后正中间位置，照完相我从台阶上跳下来，正好总理和袁隆平握完手,笑着说:只要你搞出好项目,需要多少资金都支持!我上前和总理握手,总理说:三联书店是品牌出版单位,要组织多出精品,为推进全民阅读做出更多贡献。这些要求和鼓励,成为鼓舞三联书店前行的动力,也是催生我更多投身全民阅读的精神力量。

2014年3月5日上午,我在电视机前收看李克强总理在人民大会堂做政府工作报告的实况播放,当总理讲到"倡导全民阅读"时,我的心情着实有一些激动。"倡导全民阅读"终于写进政府工作报告了,出版工作者和广大读者的愿望实现了。我当即以《"倡导全民阅读"写进政府工作报告鼓舞人心》为题,写了一篇心得,表达当时内心的感受。文章写道:

> 当看到"倡导全民阅读"写进政府工作报告时,我心里很激动、很兴奋。今年1月17日总理主持召开教科文卫人士和基层群众代表座谈会,听取对政府工作报告的意见和建议,我有幸作为新闻出版界代表与会。在会议发言中,我建议总理在报告中加上"倡导全民阅读"。这句话虽然只有几个字,却体现了党和政府对提高全民文化素质的高度重视,是一个重要导向。一方面感到报告"接地气",接纳了多方面的意见,是个非常好的报告,令人感到振奋;另一方面感到,作为出版工作者,应当积极按照政府工作报告的要求,为倡导全民阅读做更多的努力。我们三联书店是著名出版品牌,

在推动全民阅读中有示范作用。我们要弘扬主旋律，多出好书好刊，为全民阅读提供优质精神食粮，还要办好旗下的三联韬奋书店和韬奋图书馆，为全民阅读提供良好的活动场所，利用多种形式助推和引导全民阅读活动，为提高全民素质和促进社会文明进步作出新贡献。

俗话说：心动不如行动。从此之后，三联书店更加注重推进全民阅读方面的工作，我也以更加积极的姿态参加全民阅读推广活动。

2014年4月8日，由三联书店创办的北京首家24小时书店开业，“让一盏灯照亮一座城市”，在以实际行动推进全民阅读方面起到了示范作用。

让一盏灯照亮一座城市

在三联书店工作时，我办了这辈子最正确的一件事，就是开办北京首家夜间不打烊书店——三联韬奋 24 小时书店。

尝试开办 24 小时书店，我几年前就有这个想法。几次到台湾开展出版交流，我都到诚品书店参观，受到一些启发。2014 年初，由北京市新闻出版局协调，三联韬奋书店得到国家 100 万资金扶持。这些钱怎么用，我动开了脑筋。再就是我 1 月 17 日参加了李克强总理召开的教科文卫界给政府工作报告提建议的座谈会，建议总理把“倡导全民阅读”写进政府工作报告。三联书店作为文化央企，应该在推动全民阅读方面起到带头作用。基于以上想法，我下定了开办 24 小时书店的决心。这年春节过后的 2 月 8 日，我提出两个月筹备，4 月 8 日试营业。

书店是在 1996 年开办的三联韬奋图书中心基础上拓展创办的，经营面积 1500 平方米，图书品种 8 万种，和设在二楼的“雕刻时光”咖啡馆联动经营，满足读者 24 小时购书、阅读、餐饮、购物、休闲等各种活动需要。我们在原有基础上装修了店堂，增加了阅读桌凳、阅读灯等设备，为此，店里又付出六十多万元开支。没想到这一新生事物一出现就受到广大民众和新闻媒体的普遍关注,一下子成为“社会文化热点”,许多人都涌到书店参观,加上有三百多家媒体宣传报道,造成了很大社会影响,店堂的营业额很快得到提升。过去一个白天只有 3 万元营业额,而现在一下提升到 6 万元,实现了良好的社会效益和经济效益。这个结果使我“喜出望外”,便把开业以来的情况给李克强总理写信做了汇报。1 月中旬我参加座谈会见到李克强总理时,总理叮嘱三联书店一定要发挥品牌示范作用,多出好书,引领阅读。现在 24 小时书店办得不错,就想到给总理写信汇报一下。没想到李克强总理很快就回了信。总理回信全文如下:

北京三联韬奋书店全体员工:

来信收悉。获知你们于近日创建 24 小时不打烊书店,为读者提供“深夜书房”,这很有创意,是对“全民阅读”的生动践行,喻示在快速变革的时代仍需一种内在的定力和沉静的品格。阅读能使人常思常新。好读书,读好书,既可提升个人能力、眼界及综合素质,也会潜移默化影响一个人的文明素养,使人保持宁静致远的心境,砥砺奋发有为的情怀。

读书不仅事关个人修为,国民的整体阅读水准,也会持久影响到整个社会的道德水平。希望你们把 24 小时不打烊书店打造成为城市的精神地标,让不眠灯光陪护守夜读者潜心前行,引领手不释卷蔚然成风,让更多的人从知识中汲取力量。

李克强

2014 年 4 月 22 日

总理回信是对我们的肯定，更是鼓励和鞭策，也给我们提出了殷切希望。我们进一步树立了信心，更感到肩负的责任，决心努力把书店办成总理期待的“城市的精神地标”。2014 年当年，北京三联韬奋书店全年营业收入同比增长 58%，利润同比增长 111%，共接待读者 28 万余人次，比上年增长 68%。2015 年销售收入 2150 万元，同比增长 4.6%；利润为 310 万元，同比增长 4.38%。2016 年销售收入 2300 万元，同比增长 7%；利润为 330 万元，同比增长 6.45%。三年半时间过去了，三联韬奋 24 小时书店经受住了时间的检验，经营方面处于良性状态，洋溢着生机和活力，这盏照亮城市的明灯将持久地照耀下去。

说实在话，当时开办 24 小时书店，我并没想到有这么好的经济效益，也不以经济效益为目的，完全是着眼社会公益，尽社会责任。只要能够盈亏持平，我们就准备长期办下去。有人问，你们图个啥？我们说就为吸引更多的人来这里读书。有人问，乞丐来了你们也服务？我们说乞丐来了我们照样服务，读者无高低贵贱之分，他今天是乞丐，读书多了就有可能不再是乞丐，我们决不能因身份而歧视他。更多的人则是关心我们这家 24 小时书店能否坚持下去？现在三年半时间过去了，我们 24 小时书店一天不停地在运转着，经营业绩比我们预想的要好许多，白天日均销售4.2万元，夜间日均1.74万元，两者相加日均零售额为5.95万元，是未开办24小时书店前每天零售额的2.1倍，不仅营业额大幅增长，营业利润和员工收入都有较大幅度的提高。我对来书店夜读者情况做过观察分析，一般来说，晚上9点至11点，读者年龄差距很大，从2岁的幼儿到百岁老人都有；从晚上11点到晚上12点，主要是50岁以下的读者；到凌晨3点，基本是16岁到30岁的年轻人，大多是北京高校的学生或中学生结伴而来，还有平时忙于上班、闲暇时间来夜读的上班族们。此外，也有从外地赶来的读者，带着孩子们来进行夜读体验的读者，还有一些领导干部和特殊群体慕名而来。我国著名作家、百岁老人马识途到北京看女儿，听说三联办了24小时书店，晚上专程到书店参观，还买了几本书法书作为纪念。因为人流多，经济效益就好，增加了晚上的销售，还明显拉动了白天的销售。这也说明我们24小时书店切中了读者和市场的需求，实现了社会效益和经济效益相统一。因为当初开办时带有尝试性质，也没想到会这么成功，更没想到会给个人带来什么荣誉，相反，肩上却有很重的压力。当时确定要办24小时书店时，一些同志劝我爱惜名誉，说你已经功成名就，别把一世英名砸在24小时书店失败上。有的同志开玩笑说我是“退休前猖狂一跳”。有人说我开24小时书店是违反人的生活规律，注定不能成功。正式开业后，也有人怀疑“红旗到底能打多久”，说考验“大约在冬季”，认为北京这边的书店和台湾诚品书店比不了，咱们北方冬天晚上冷，没人愿意上街，谁会去书店？面对这一切我没有动摇，敢于坚持，这从根本上说还是源于文化企业家的社会责任。我们从事的是文化行业，我们的企业是文化企业，我们文化企业家担负着传承文化和服务社会的职能。正因为如此，我们要把服务社会和社会效益放在首位。为企业的生存，我们也要搞好经营，要挣钱，但是我们的主要目的是传承文化、服务社会。这是我们创业的初衷和根本。这方面许多文化界出版界老前辈给我们后人树立了榜样，张元济先生“昌明教育平生愿，故向书林努力来”。邹韬奋先生提出要处理好事业性与商业性的关系，强调出版的“文化本位”，倡导竭诚为读者服务。他们都是我辈学习的榜样。我们开办 24 小时书店不图名，不图利，图的是更多人来读书。我算了一笔账，每晚有 60 人在韬奋书店读书，一年就有近 2 万多人。当夜深人静时，一些年轻人坐在阅读桌前、坐在书丛中的小凳子上读书，看到他们孜孜不倦的样子，就看到了国家和民族的希望。

北京三联韬奋 24 小时书店所以能够获得成功，原因是多方面的，但天时、地利、人和是成功的主要原因。

天时，即是党和国家高度重视文化建设和倡导读书的利好大环境、大气候。我们中华民族有重视读书的优良传统，“耕读传家”历来为人们所称道。“读万卷书，行万里路”被视为事业成功的必备条件。党和国家几代领导人都重视文化建设，力倡读书，毛泽东同志更是手不释卷的典范。党的十八大之后新的中央领导集体更加重视文化建设和倡导读书活动，并带头读书，身体力行。习近平总书记当年到陕西下乡插队时，留给乡亲们的最深印象是爱读书，从北京带去最多的物品是书籍。他说“读书已成了我的一种生活方式”，“现在，我经常能做到的是读书。读书可以让人保持思想活力，让人得到智慧启发，让人滋养浩然正气”。他在接见台湾星云大师时说：“您送我的书我都读完了。”百忙之中坚持读书，不仅是总书记的个人行为，更是一种号召，产生了良好的社会影响。李克强总理爱好读书，喜欢在书丛中流连、购买。他不仅个人喜好读书，还在社会上力倡读书。“倡导全民阅读”首次写入《政府工作报告》，让全民阅读成为国家行动，为全民阅读活动在全社会的深入开展催生了新局面。党的十八大以来，党中央、国务院先后出台多项促进文化建设和全民阅读活动的政策措施。《全民阅读促进条例》已经列入国家立法程序，将以法律法规形式把全民阅读工作扎实推进。国家扶持实体书店的政策和举措连续出台，仅免收图书销售环节增值税这一项，每年就让利 33 亿元。上年国家财政拿出首批中央文化产业发展专项资金 9000 万元，进行扶持实体书店试点，全国 56 家实体书店得到资金支持，今后还将扩大试点范围和支持力度。全国各省市纷纷出台相应政策，不仅使文化建设和读书活动有了经济上的支持，更是在其拉动下营造了开展全民阅读活动的氛围。全国各地的阅读活动丰富多彩，争芳斗艳。中央国家机关主题读书活动，国家知识产权局党校读书活动，国家发改委青年读书论坛，公安部直属机关读书交流会等等，各级机关的读书活动开展起来了。“北京阅读季”“深圳读书月”“书香上海”“书香杭州”等，各地的阅读品牌争相推出，全国三百多个城市有经常性的阅读节、阅读日活动。广泛开展的读书活动催生了人们的阅读热情，拉动了图书销售，实体书店的经营出现转机，正是在这种大气候下三联韬奋 24 小时书店应运而生。

地利，即是三联韬奋 24 小时书店所具有的区位优势和优越的人文地理环境。书店位于美术馆东街 22 号，拥有地处首都北京的有利条件。北京是特大城市，国家政治、经济、文化中心，城市人口众多，据 2013 年底统计，总人口 2114 万人，其中流动人口 802 万人。总人口中受教育的人多，愿意读书的人多，阅读环境好。推动包括实体书店在内的公共文化基础设施建设，是北京发挥全国文化中心示范作用、建设中国特色社会主义先进文化之都的重要内容。我们开办 24 小时书店得到了北京市有关部门的有力支持，时任北京市新闻出版局党组书记、局长冯俊科同志为我们出谋划策。其次，我们所处的具体位置条件优越。一是有得天独厚的文化圈。向西延伸是美术馆、景山公园、故宫、北海公园，向南延伸有北京人民艺术剧场、商务印书馆、王府井步行街，向东是隆福寺文化商圈。这些文化商圈近几年都有较大发展。我们三联书店近几年也以编辑业务楼为依托打造三联文化场，改革重组了韬奋书店、创办了韬奋图书馆、读者俱乐部、书香巷等，和雕刻时光建立了“荣辱与共”的战略合作关系，文化圈的发展逐渐聚拢了更多的人气。二是极为便利的交通条件。我们的店面处于北京城东西南北交叉的交通枢纽位置，104、108、109、111、103 等数十路公交线路交汇于此，地铁 5 号线、6 号线开通后交通更加便利，正在修建中的地铁 8 号线出口就在书店楼下。交通的愈加便利使人流大增，韬奋书店近几年成了人流涌潮的“热码头”。对此我们看在眼里，喜在心里，意识到开办 24 小时书店的时机已经成熟。

人和，说的是人们对读书和倡导阅读形成高度共识。人们对三联韬奋 24 小时书店的高度关注和肯定，源自于人们内心对读书的喜欢和钟爱。前面讲到，24 小时书店把销售功能扩展为兼有图书馆的阅读功能，为愿意到公共场所挑灯阅读的人打造一处“深夜书房”，提供一块“阅读的绿洲”和“精神的静土”，满足人们的阅读心理和阅读需要，与人们的阅读渴求高度契合。打造“深夜书房”大大方便了“书虫”阅读，也给忙于工作的上班族挑选图书提供了更多的机会。一位读者说我们“为读书人燃起一盏灯，一座城市就被点亮了”。央视节目主持人海霞说我们“给年轻人的夜生活增添了文化色彩”。一个“居无定所”的流浪汉在来信中说：“我们这个时代是该好好读书的时候了，读书的确是一剂洗心的良药，它能帮我们洗涤因世俗而被蒙尘的心。除去心灵的尘埃，才让人生有一个明明白白的方向和定位。”在这个多元化的时代，人们对事物的认识很难完全一致，但对“读书”却众口一词地推崇。这种对崇尚读书的极高度共识，给我们开办 24 小时书店增加和集聚了正能量。更多的人则是“用脚投票”，用川流不息的人流支持我们，以到书店伏案夜读支持我们，使我们越办越有信心，越办越有劲头。

由于创办三联韬奋24小时书店，我被评为2014年中国文化产业十大年度人物。在2015年2月1日举办的揭晓典礼上，第一个上台领奖。中宣部副部长孙志军给我颁奖，说三联书店是在文化产业中把社会效益放在第一位的典型。我在发言中说：人生大道留真迹，岁月长空布正声。对出版工作者来说，多出好书，让更多人读书，是我们永远的追求。我将用余生之力，在推动全民阅读、推进书香社会建设方面做更多的工作。这一段话就是我的“誓言”，誓言无声，我会付出更多努力。

在北京三联韬奋24小时书店影响下，全国一批24小时书店应运而生，为了规范和促进这类书店的经营活动，更好地发挥引领和推进全民阅读作用，2014年7月，北京三联韬奋24小时书店联手杭州“橄榄树”24小时书店、深圳书城24小时书吧，共同发起召开全国24小时书店创新发展研讨会，全国11家24小时书店负责人到会，共商发展大计，发表了共同宣言。宣言由我主笔起草，主要内容如下：

一、我们开办24小时书店的宗旨是：创新拓展书店服务职能，打造“深夜书房”，为广大读者读书提供便利，为推进全民阅读、建设书香社会和牢固树立社会主义核心价值观提供正能量。

二、我们坚持把社会效益放在首位，把读者利益放在首位，不断提高服务水平和服务技能，增加吸引力和辐射力，努力把24小时书店建设成城市精神地标和所在区域的文化风景线。

三、我们坚持守法经营，坚持高品位、高格调，为读者找好书，为好书找读者，为读者提供精美食粮，不售格调低下、粗制滥造的书刊，自觉抵制社会上不良风气的侵袭和影响。

四、我们积极进行经营模式创新和书店转型的探索，千方百计满足读者需求，精打细算搞好经营管理，努力提高经济效益，用良好经营成果为24小时书店长期生存提供经济支撑。

五、我们呼吁各级政府对24小时书店和各类实体书店继续予以政策扶持和持续的资金支持，希望社会各方面对24小时书店给予关注和支持，使这一书业新型服务业态得以长期延续。

六、我们建议开办24小时书店要从实际情况出发，不要盲目跟风和“一哄而起”，要做可行性研究，讲究实际效果。开办24小时书店的根本目的是方便读者，促进阅读，利用多种便民服务形式同样可以达到这一效果。

七、我们经过相互友好协商，决定建立24小时书店联盟，定期交流和研讨，取长补短，互相促进，在相互学习的过程中共同成长进步。

八、我们欢迎广大读者参与，乐于倾听广大读者的建议，不断改进服务和经营水平，务必获取两个效益双丰收，为文化繁荣和推动社会文明进步作出应有的贡献。

创办北京三联韬奋24小时书店只是一次对全民阅读的具体践行，我们做的还远远不够，需要做的事情还有很多很多，让我们热心促进读书的人携起手来，为倡导和推进全民阅读做出更多的努力。这里用一首我自己创作的《全民读书歌》和大家共勉：

全民阅读歌

熙攘人群中，何处是家园？
茫茫黑夜里，点亮灯一盏。
读书兴民族，势壮如龙磐。
读书强国家，旧貌换新颜。
读书塑灵魂，美德代代传。
读书长智慧，多读医愚顽。
读书怡性情，其乐不可言。
春读禾苗长，夏读静心田，
秋读气清爽，冬读不惧寒。
晨读伴日出，鸡鸣五更天。
夜读最静好，灯火照无眠。

年少宜趁早，朗朗声远传。

中年苦读书，攻坚不畏难。

华发读书乐，夕阳霞满天。

大家来读书，奋力效先贤。

大家来读书，全民总动员。

大家来读书，书香满人间，

大家来读书，中国梦灿烂。

与湖南永兴共建全民阅读示范县

永兴县位于湖南省东南部，郴州市北陲，是开国大将黄克诚的故乡，辖14镇7乡和1个省级开发区、1个省级产业集中区，总面积1979平方公里，总人口约70万人，是全国循环经济试点单位，湖南省经济十强县，被誉为“中国银都”。2013年以来，永兴县整合资源，在人口经常出入的场所，创造性地建设了五百多家免费休闲读书吧，并以此为平台，开展丰富多彩的阅读活动。2014年，又与三联书店、中国新闻出版研究院联合开展创建全国全民阅读示范县活动，极大地激发了干部群众的学习兴趣，提升了文明素质，改善了治安面貌，丰富了文化生活，拓宽了致富门路。“书香永兴”声名远播，成为永兴县的一张文化名片。

在三联书店和永兴县共建全民阅读示范县活动中，我们支持、参与，帮助做了不少具体工作。人们也许会问，置身北京的三联怎么会和远在湖南的永兴结成“对子”，在推动全民阅读方面携手共进呢？我说说这件事的由来。2014年4月23日，我们创办了三联韬奋24小时书店，受到了李克强总理的高度肯定。总理说要建成一个精神地标，要引领全民阅读蔚然成风，认为办24小时书店对全民阅读是一个创举，给了我们很多的鼓励，在全国造成了很大的影响。时任永兴县委常委、宣传部长曹玉春得到这个消息以后，通过湖南永兴在人民日报新媒体工作的朋友联系我，希望和三联书店携手开展永兴县全民阅读活动。我听到这个消息后非常高兴，很快就和曹部长取得联系，并且在5月下旬和副总编辑翟德芳去进行实地考察。去永兴县考察后为之震撼，全县搞了几百个免费读书吧。每隔500米左右就有个读书吧，让人们随时随地都能读到书。你如果去办事，在排队期间就有公务场所的读书吧。如果去看病，在排队的时候也有读书吧。教师有读书吧，学生也有读书吧，有各种各类的读书吧。可以说，读书吧在永兴县如雨后春笋般涌现出来。

永兴县是经济循环县，被称为“银都”，我总结两条，永兴县在银的生产上“无中生有”，读书吧是“无处不在”。连续几天的考察，临走的时候，我和永兴县委书记袁卫详进行了深入交流。我对他们说，这里要勇于提出建设全民阅读模范县——当时还叫模范县，后来我觉得叫示范县比较好。要创建示范县，要把这里的经验向全国推广，让更多的县域，让更多的人来读书。他们说一是之前没这样想，只是自己想搞一搞，没有想到向全国推广；我说要站在更高的角度看这件事的价值。二是他们说我们这里没有标准；我说我和中国新闻出版研究院的院长是好朋友，我回去找他。回京后，我找了魏玉山院长，他们说愿意参与；后来由魏玉山院长、曹玉春部长共同领衔来做这个课题，他们两家建立合作关系。实际是我们三家确定全民阅读示范县的框架，三家的合作各有侧重，各有分工。永兴县是全民阅读吧的创建主体，他们是读书的实践者、经验的创造者、事业的开拓者。这个活动是永兴县的同志们做出来的，三联书店之所以参加，是想在永兴县的全民阅读活动中，尽一个文化国企的社会责任。我们帮助他们开展这项活动，提升全民阅读的水平，主要还是靠他们实施。其间，我主要做了三件事：一是提出创建全民阅读示范县的目标，推动原有活动升级、上水平；二是协调中国新闻出版研究院、永兴县创立全民阅读示范县标准，这个主要是新闻出版研究院在做；三是总结前一段活动经验，提出更高要求，召开一次全县"全民阅读示范县启动仪式"，推进该活动向纵深发展。魏玉山则是研究标准，以永兴为例来解剖一个麻雀，由此制定一个全民阅读示范县的标准。通过验收以后，向全国推广。

为了推动"全民阅读示范县"的创建工作，我于繁忙工作中抽出时间，在很短时间内三到永兴县，和县领导、县委宣传部的同志一起调研、制定活动计划、讨论规划和相关标准。每次去都行程排得满满。这是某一天的行程安排：上午走访民办中学书吧、小学附近书吧、检察院书吧、安陵书院，中午在古樟树农家乐用餐，尔后继续考察青少年书吧、人民医院书吧、板梁村农家书屋。在永兴县、三联书店、中国新闻出版研究院的共同努力下，创建全民阅读示范县工作初见成果。2014 年 10 月 4 日，人民日报以《书香永兴》为题，在头版报道了永兴县开展全民阅读的盛况。文中写道：

去年开始，五百多家类似免费读书吧，悄然走进永兴人的生活。

读书吧的布局颇有讲究。在县城，公众读书吧伴人流而设，基本覆盖每个社区；县直单位乡镇的读书吧，则往往设在人流量最大的办事大厅；在学校，读书吧与原来的图书室“打通”，搬到最为方便的区域；在农村，读书吧依托已有的农家书屋资源，放到村里最打眼的地方。

凤凰岭路公众读书吧，坐落在旧城区的闹市，是闹中取静的小门店。4间屋子不过80平方米，团团围坐的孩子们几乎把屋子占满。“这些都是下午放完学的孩子们，要是在暑假，人更多呢！”书吧管理员黄艳芬告诉记者，在刚刚过去的这个暑假，凤凰岭读书吧每月的人流量，超过3600人次。

各单位认领了自己的“责任田”——公众读书吧由县财政出资，县直单位、学校、乡镇读书吧则各自负责，县里统一进行考核。走访永兴各类读书吧，因地制宜是最大特色：大的接近200平方米，小的不过30平方米，就连办事大厅旁，也“见缝插针”地设了图书角，供办事群众在等候时翻阅。

如何让图书“对味”、有趣？关键是摸准读者“胃口”。在教师新村读书吧，管理员雷云玲在新购书单上一项项画钩。

这份即将添置新书的菜单雷云玲把重点放在少儿读物和文艺作品上,“孩子们来看得多,这些书更受他们欢迎”。

筹书的办法,管理者想了不少:政府买一点、图书室搬一点、干部群众捐一点、出版社引一点。只是,如何让读者的感觉始终“保鲜”,终究是管理中的难题。永兴的办法是保障经费、群众点单:每年,读书吧都要根据读者反馈,安排经费进行书籍更新;一段时间后,还要让读书吧中不同类别的书流动起来。

管长远的还是机制。永兴县委宣传部工会主席雷小峰告诉记者,如今,永兴的免费读书吧有的由专职管理员管理,有的则由单位人员兼职管理;今后,准备探索建立县读书协会,让那些真正懂书、爱书的人,管好、用好读书吧。

“有了书吧,就如同一把薪火,可以燎原……”读书吧的读者留言本,透出期待与感激。全民阅读如何在基层落地?永兴人正在给出他们的答案。

接下来的重点是确立创建“全民阅读示范县”标准。标准说白了,就是一个产品的规格,确定了标准和规格,就可以此衡量是否达标,避免随意性和降低质量。因此,“标准”在我们生活中特别重要,全民阅读亦是如此。确定“全民阅读示范县”的标准颇费周折,因为有关管理部门没组织搞过这项活动,标准是个空白。我找到新闻出版广电总局副局长吴尚之汇报永兴县开展全民阅读工作情况，提出“创建全民阅读示范县”标准问题。尚之同志也感到这是一个新课题，提出可否和目前开展的“书香家庭”“书香城市”结合起来，让我找新闻出版研究院探讨。研究院有积极性，但很忙，又存在经费问题，一时提不上日程。2014 年 7 月，我先让永兴县拿出一个《永兴县创建全民阅读示范县评估标准体系研究方案（初稿）》，看了之后，觉得有几分像，但还欠火候，更为重要的是，让永兴县拿出一个正在创建的“全民阅读示范县标准”，不等于是大姑娘说自个漂亮，运动员自个裁判自己吗！这不成。由三联书店来起草研讨、制定，这也不行，我们是做出版的，不是搞新闻出版研究的，“不专业”，别人不会认可。还得找新闻出版研究院，找院长魏玉山落实。县里这一头，主要是请他们落实好有关经费。经过协调，并带领永兴县委宣传部曹部长等人到出版研究院具体研讨，把这件事终于落实下来。由研究院刘拥军牵头，制定标准的相关调研工作很快开展起来。经过积极认真的研讨，拿出了阶段性的成果，为下一步指标体系的确立提供了坚实的基础。此时我已由三联书店调至中国出版集团工作，请示谭跃总裁同意后，以中国出版集团的名义继续参与永兴创建全民阅读示范县活动。

2015 年 4 月 21 日，由中国出版集团公司、中国新闻出版研究院，湖南郴州市委宣传部，湖南郴州市永兴县委、县政府共同主办的“书香郴州 · 永兴县全民阅读节”暨永兴县创建全国全民阅读示范县启动仪式，在永兴县人民公园隆重举办。永兴县社区、学校、机关、企业、农村代表共同宣读全民阅读倡议书，千人共诵国学经典将启动仪式推向了高潮。随后，围绕“全民悦读·书香永兴”的活动主题，学校、机关、社区、农村、企业等领域将开展逛书海、诵读国学、书香集体和先进个人评选等具有自身特色的阅读狂欢活动。这一活动将延续至当年 10 月。

在这次活动仪式上，中国出版集团公司、中国新闻出版研究院与永兴县签署了共创全国全民阅读示范县的合作协议。中国出版集团公司将与中国新闻出版研究院一道，从各自专业领域出发，为永兴县的免费阅读书吧建设提供支持，并制定出全国全民阅读示范县评估标准体系，进而将典型经验向全国推广，为倡导全民阅读，建设学习型社会，提高国民素质尽一份出版企业的社会责任和文化责任。

中国出版集团公司所属人民文学出版社、商务印书馆、中华书局、中国大百科全书出版社、中国美术出版总社、人民音乐出版社、三联书店、中国民主法制出版社、现代教育出版社、现代出版社等 10 家出版单位向永兴县 10 家免费公众读书吧捐赠了 20 万码洋的精品图书；集团公司还组织所属 23 家出版单位提供了五千余种精品图书，在活动现场展销，并以 7 折优惠价让利读者，很多图书都被热情的读者抢购一空，集团公司随后又及时组织补货，用实际行动支持引领全民阅读。

中国版协常务副理事长、国家新闻出版广电总局原副局长邬书林，国家新闻出版广电总局进口管理司司长蒋茂凝、出版管理司副巡视员袁越伦，中宣部出版局副调研员王为衡，湖南省委宣传部巡视员魏委，湖南省新闻出版广电局局长朱建纲，湖南郴州市委宣传部长张希慧等领导出席启动仪式，并为“书香郴州·永兴县全民阅读节”揭幕。

作为主办方之一，我代表中国出版集团在会上作了简短发言。我在发言中说：

今天我们在“世界读书日”前夕汇聚于此，在有“中国银都”之美誉的湖南永兴县举办2015年“阅读嘉年华·创建全国全民阅读示范县”启动仪式。首先，我代表主办单位之一中国出版集团向出席今天仪式的各位领导、嘉宾、出版界同仁、读者朋友的到来表示热烈的欢迎！特别向中宣部、国家新闻出版广电总局，中国版协，湖南省委、省政府，郴州市委、市政府等单位对本次活动的指导和支持表示崇高的谢意！

全民阅读源自4月23日“世界读书日”，自2006年开展以来，活动在全国各地蓬勃发展，影响日益扩大。2012年11月，党的十八大报告历史性地写入“开展全民阅读活动”；习近平总书记将读书视为“一种生活方式”，屡屡强调读书的重要，说“读书可以让人保持思想活力，让人得到智慧启发，让人滋养浩然之气”；李克强总理连续两年把全民阅读写入《政府工作报告》。领导垂范、政府主导、全民参与，全民阅读活动已成为我国构建公共文化服务体系的一项重要部署，对培育和践行社会主义核心价值观，提高国民思想道德素质和科学文化素质，建设社会主义文化强国，增强国家文化软实力，实现中华民族伟大复兴中国梦具有重要意义。

在中国出版集团公司的一楼大厅，镌刻着中国现代出版业创始人张元济先生的一句名言：数百年旧家无非积德，第一件好事还是读书。爱读书、读好书、善读书，才能够拓宽视野、增长见识、开阔胸襟。希望中国出版集团的参与能够有力支持永兴县文化事业的发展，为读者提供又多又好的精神食粮，为营造书香社会、推动全民阅读做出应有的贡献！

这一活动在当年10月结束后，经济日报以《推动全民阅读建设文化强县——湖南永兴县创建“全民阅读示范县”的调查》为题，对永兴县的创建工作进行了全面报道，总结出“健全机构、完善机制，着眼长远、顶层设计，因地制宜、创新平台，丰富活动、打造品牌”四个方面的经验，在全国宣传推广。此后，全县创建活动进一步按已确定的标准全面推开，取得了更丰富的成果。

有人问我，永兴远在湖南，与自身业务无干，你们为什么这么做？作为一个出版人，我们本来是出书的，我们是在书斋里，我们只要把书编好了，出好了，推出精品就可以了。我们为什么愿意做这项工作，我觉得全民阅读这项工作，越来越受到党和国家领导人的高度重视，作为出版工作者来说，不仅仅是出书，还要关注阅读端的人读没读书，读什么样的书。如果不关心阅读端，只做一个生产者，不关心我的产品有没有人使用，起没起到效果，我认为这是一个不合格的出版人。出书、读书是一个链条，我们应当向基层延伸，向读者延伸。在现实中我们也确实感到，现在的读书人在减少，据统计我们现在的读书量每年人均4.47册，而以色列每年人均21册。我出国时看到一个现象，尽管人家科学技术很发达，但每个人都在看书、看报，而我们很多人都在看手机。面对读书人减少的情况，我们也想尽到我们文化国企的责任。我们要建设的小康社会，不仅是物质丰富的，而且是个文明社会，是由一群文明公民支撑的社会。前段时间我看一个报道，说咱们的游客到了泰国以后，把人家卫生间给弄脏了，人家很不高兴，就专门给中国人造了个卫生间，意思是你愿意怎么脏就怎么脏吧。看了这个报道我受到很大刺激，我认为我们现在全面建设的小康社会，应该是个书香社会，应该是个学习型的社会。

我们不是图一时热闹，也不是因一时兴起，而是通过和永兴县、新闻出版研究院合作，把这个全民阅读示范县扎扎实实建设好，让它在全国起到引领作用。

在永兴，有一个“盐窾”的名胜，我曾到此参观。据说“盐窾”曾是个能流出盐的小洞，每天有盐流出。住在附近寺庙的一个和尚把洞扒大，想出更多的盐，结果再也没有盐流出来。这个故事告诫人们不可贪心。贪财贪物不可，但贪读书是应该鼓励的，读书越多，好处越多，社会文明进步，个人素质提高，当乐而为之。

信任、尊重、理解与宽容

说起我在三联书店的工作经历，不能不说到三联书店在全国很有影响力的《三联生活周刊》。2015 年 1 月是周刊创办 20 周年，为纪念周刊创办 20 周年准备出一本纪念集。那时我已经离开三联到中国出版集团工作。朱伟邀我写篇文章，阎琦又多次催稿。出于种种考虑，起初确实不怎么想写，不是没什么可说，只是不知说什么好。阎琦不依，说您任三联书店总经理五年半，又兼生活周刊总编辑，不写，历史无法接续，再就是您任职期间是迄今周刊发展的最高点，周刊为三联事业做出了贡献，难道在如何管理周刊方面就没有一些感悟？话已至此，不好推脱，但说什么呢？阎琦说，说什么都行。当时匆忙写了一篇文章交差。之后不久，又参加过三联书店举办的朱伟在三联生活周刊工作 20 周年座谈会，实际是朱伟退休前的"交班"会。许多和朱伟熟悉的老同志都来了。大家回顾了刊物的成长历程，对朱伟为周刊付出的心血和周刊取得的显著业绩做了充分肯定。我在到外地出差前匆忙参加了这个座谈会，也匆忙地做了一个发言。因为当时还在中国出版集团担负领导职务，时间有限，匆忙中没能对管理三联生活周刊的这一段经历进行详细回顾。现在有了空闲，比较详尽地叙述一下那一段和周刊的“亲密接触”就有了可能。

为了写这一章，我把《三联生活周刊》20 年纪念文集认真读了一遍，对周刊创办的艰难历程和同志们付出的艰辛有了更多的了解。

《三联生活周刊》的创办自有根基，所谓“其来有自”，向前追溯，可以上溯到 20 世纪 20 年代。《生活》周刊 1925 年 10 月 11 日在上海创办，1926 年起由邹韬奋任主编，发行量曾达到 15 万份，是极有影响的刊物。当年，邹韬奋在发刊词中说：“本刊的态度是好像每星期乘读者在星期日上午的闲暇，代邀几位好友聚拢来谈谈，没有拘束，避免呆板，力求轻松生动简练雅洁而饶有趣味。”

1995 年，时逢邹韬奋先生诞辰 100 周年。生活·读书·新知三联书店继承《生活》的传统，于 1 月 14 日恢复出版了《三联生活周刊》。时任三联书店总经理的董秀玉在这一期的“编辑手记”中说：“今天，我们处于世纪之交的大时代中，这是我们的幸运。如何从老百姓最最平凡的生活故事中，折照出这个时代，反映出人们普遍关注的社会新课题，提供人们崭新的生活理念和生活资讯，当是我们最需努力的关键。”

而在此之前，据我所知，三联书店恢复后第一任总经理沈昌文，也为创办《三联生活周刊》付出了心力。是他提出了这一动议，并开始设计有关方案。继任总经理董秀玉把创办周刊变成现实。据曾任三联书店副总经理、副总编辑，又长期分管周刊工作的潘振平回忆：

> 1992年底，生活·读书·新知三联书店组成了新的社务委员会，董秀玉出任总经理，沈昌文、林言椒任副总经理，杨进和我是助理。三联新班子的一项重要工作就是创办杂志，以此带动三联的发展。董和沈都有在《读书》杂志工作的经历（沈从三联总经理的职位退下后，还留任《读书》主编），对办刊物有极大的兴趣，也富有经验。但是，要创办一份周刊，当时三联一无充裕的资金，二无合适的人才，所以只能采取“编辑自主，经营外联”的基本策略，依靠社会资金，组成合资的文化公司负责经营活动，并通过招聘社会人才组成编辑部。这项工作，在管理、沟通、磨合等方面的难度可想而知。

董秀玉总经理面临困难不退却，认真策划和积极支持周刊的发展，付出了许多心血，对周刊的发展功不可没。

我2005年8月到三联书店工作时，《三联生活周刊》已成长、发育成熟，开始走向良性发展阶段，但也面临着许多问题。以张伟民为代总经理的领导班子对周刊的管理模式进行了积极探索。对此，张伟民在《回顾三联生活周刊的管理》一文中有详细论述：

> 2005年以前，三联书店对《三联生活周刊》的管理大体

经历了两个阶段：1995 年至 2000 年，是与国康公司的合作期，先是合组的文化公司负责经营，周刊负责编辑出版；后来改由朱伟统一负责编辑出版和经营。2001 年至 2004 年是与 TOM 公司合作的过渡期，开始由三联和 TOM 公司合组管委会，下设立管理小组，由合作双方代表和《三联生活周刊》《爱乐》《竞争力》主编组成，统一负责期刊日常经营。后来，这一管理架构被三联书店新领导人中止，代之以合资公司（筹）和管理中心，对上述三刊加上《读书》杂志统一管理，集中办公，实行人事、财务、设计、印刷、发行和广告“五统一”。

第一阶段的主要问题，是经营与出版的脱节。合作方管经营，要介入出版；主编管出版受制于经营，尤其在财务支出方面，因而摩擦不断。后来，朱伟统一管理出版和经营，情况有所好转。2001 年决定改周刊，双方意见分歧，由发生纷争，到终止合作、对簿公堂，印证了这一管理方式的失败。第二阶段除合作带来的经营与出版继续脱节外，还有两个突出问题：一是管理层次过多，关系不顺畅，效能低下。TOM 公司提前介入经营，派代表控制财务，《三联生活周刊》等四刊受此制约，有的支出甚至要到香港去批，往复十几天，职工发工资都受影响。二是后来的所谓“五统一”，脱离实际，统得过死。无视各刊物的不同特点和实际情况，搭建人事、财务、设计、制作、发行五个平台，统一管理和运营，使各刊物失去自主权和积极性。

2005年，三联书店主要领导人调整后，我在听取各期刊主编意见、总结以往期刊管理经验教训的基础上，形成期刊管理方式的新思路和原则，主要是：权责明晰，编（辑）经（营）统一，分级管理，主编负责，制定目标，双效考核，激（励）约（束）并重，奖优罚劣。按照这一原则，明确三联书店作为期刊的主办单位，对《三联生活周刊》的出版、经营进行监督管理；《三联生活周刊》履行期刊出版、经营职责，享有编辑出版和经营管理自主权。三联书店只管期刊主编一人，副主编由主编提名、店里批准聘任，其余人员统由主编聘任。实行主编负责制，由主编统一管理期刊的出版、经营和其他各项工作。实行“双效”（社会效益和经济效益）业绩考核管理办法，进行目标管理。建立激励与约束管理机制，依据考核结果予以奖罚。

这一管理方式经三联书店领导层研究决定后，于2005年初开始在《三联生活周刊》等四个期刊正式实行。此后，期刊的管理进入一个新的时期。此前长期困扰周刊的问题，如出版与经营的脱节和矛盾，责权不清、管理层级过多，高度集中、统得太死、缺乏自主权等，得以彻底解决。三联书店为周刊的出版、经营和发展搭建了广阔的舞台，主编和员工的积极性、创造性得到有效的激发，在主编负责制的管理框架下，朱伟和他统领的精英团队，可以充分发挥他们的聪明才智，导演一部部有声有色的精彩活剧。这一管理预期很快就得到验证。新的管理方式实行一年，取得立竿见影的效果，期刊顺利实现改刊扩版，发行量突破瓶颈大幅增加，销售收入增幅达60%以上。周刊内容质量也有很大提高，纪念抗日战争与反法西斯战争胜利60周年系列报道等一批封面故事，都产生很大影响，受到广泛好评。从此，《三联生活周刊》的出版和经营结束了动荡和徘徊，走上稳定、持续、快速发展之路。

2009年1月，我任三联书店总经理、党委书记，兼任《三联生活周刊》总编辑，如何继续管理好期刊在我脑海中占有重要位置。一方面，按照国家新闻出版法规的规定，三联书店对《三联生活周刊》的出版、经营工作行使监督管理的职能，负有重大责任；另一方面，期刊已在三联书店的经营中有举足轻重的作用，对三联书店来说，期刊只能办好，不能办坏，探索行之有效的管理方式，使之获得突出社会效益和经济效益，既有利三联书店一主两翼（一主是图书出版，两翼是期刊经营和韬奋书店的经营）战略的实施，也有利期刊自身的成长进步。

在新的条件下，如何对《三联生活周刊》实施管理，我大体采取了"萧规曹随"，又大胆创新拓展的思路。一是坚定不移地实施上届领导班子确认的管理模式，进一步贯彻"主编责任制"，把主编负责制落实到实处，充分调动管理团队的积极性。二是对期刊的广告经营做了认真研究，审慎对待一些同志关于“自营”广告的建议，经过分析，认为朱伟提出的“广告外包”的决策是正确的，予以坚定不移地支持。在广告问题上，一些同志总认为“肥水不流外人田”，这种想法不能说不对。但我认为，广告经营须有专门人才，有一支过硬的广告经营队伍，我们不具备这个条件。如果自营，还要牵扯了我们编辑团队许多精力。我们一些同志办刊是内行，但经营广告却是外行。而且广告经营还存在许多风险，我们不应被裹挟其中。基于这种认识，我们顶住了“诱惑”，对期刊的广告实行“外包”经营。和我们合作的唯思堂广告公司信守合约，取得了每年15%的收入增长，使期刊广告经营成为期刊乃至三联书店的重要经济支柱。三是加大激励机制，对做出突出贡献的经营团队加大奖励力度，真正实现多劳多得。每年年终奖励都要“到位”，期刊领导层高于店领导的薪酬收入。四是加大了期刊和店内其他各项工作的互动。鼓励期刊利用已有资源出版图书，扩大店内选题资源。同时也加大本版图书和店内重大活动在期刊的宣传力度，利用期刊的资源扩大三联书店的影响力。对此，朱伟给予积极配合和大力支持。

关于期刊管理，以上都是大政方针，具体实施由分管店领导潘振平去办。我和振平是到三联书店才认识的。振平曾长期在东北插队，既有上海人的精明，又有东北人的豪爽，学养丰富，为人谦和，老成持重，长期分管期刊工作，从“周刊”一创刊就参与其中，和朱伟合作长达20年之久。他为期刊的创办发展做出了重要贡献，但从来都是推功揽过，不计较个人得失。他的为人和贡献赢得了包括朱伟在内的所有期刊人的尊敬。对此，朱伟有一段评价："我与潘振平在《三联生活周刊》合作了19年，作为我的领导，他所扮演的角色，似乎一直是作为我的保障——无论遇到什么事情，他都扮演绝对支持我的角色，即使对我的判断提出异议，也是婉转温和的。他会倾听各种人对我的意见，但也会像海绵一样，将这些意见都吸收起来，绝不影响我往前跑。他其实比我小一岁，我俩都曾在黑龙江下乡，只不过我在兵团，他在农场。他真就是我身后的那一堵墙。"

潘振平对期刊很有感情，对期刊的认识也很有见地。他认为：

> 期刊的成功，在我看来主要得益于四个方面：第一，定位准确，十余年来坚持办刊宗旨，坚持文化品位，坚持知识分子观察、思考社会问题的角度和立场，2000年以后更加明确了新闻性的报道方向，关注社会热点，所以具有鲜明的特色。第二，有一个好的机制，从1999年开始，特别是2000年改版以后，建立了编辑经营一体化的机制，有效克服了期刊内部各部门的内耗。2003年开始严格的目标责任管理，每年初确定收入和支出的预算，经店务会批准后，在此范围内，责任人享有人事和财务等方面的全权。员工的收入和奖励，均以业绩和贡献为标准，多劳多得，少劳少得，人员不断流动，吐

故纳新。第三，有一个好的编辑经营团队，特别是有一个好的主编，富有强烈的市场竞争意识和创新意识，能不断根据市场变化改进编辑和经营工作，同时严格稿件的质量把关，坚决不发人情稿、关系稿，在刊物的质量问题上不讲情面，引领刊物形成了自己的风格。第四，有一支好的队伍，有了好的机制和好的管理者，就能带出好的队伍。周刊员工思维敏锐，素质高，能力强，生气勃勃，充满活力。

确实，正如潘振平所言，有一支好的编辑团队，特别是有一个好的主编是期刊成功的主要原因。朱伟确实是一个好的主编，而且带出了一个好的经营团队，用“功莫大焉”来形容朱伟的贡献一点也不过分。1993 年 3 月 8 日，新闻出版署批复了生活·读书·新知三联书店的报告，同意创办《三联生活周刊》：“希望按照社会主义精神文明建设的要求办好刊物，使刊物为培育改革开放事业所需人才做出贡献。”创刊伊始，特别是在 1996 年周刊稳定地以半月刊方式出版之前，主持者多有变动。起先是朱正琳、梁晓燕策划的《生活》半月刊，继之以钱钢、陶泰宗组织的“大腕级”编辑团队。中间又有徐友渔、吕祥主事的过渡期，以及朱学勤的短暂加盟。到了 1994 年下半年，则是杨浪、杨连新主持的创刊号出版，翌年又以月刊形式出版了 4 期。

其间几起几落，有人员变动，资金投入变动等多种原因。1995 年 8 月，新任执行主编朱伟临变受命，从此开始了他长达 20

年的周刊出版生涯。朱伟曾是《人民文学》的著名编辑，经他手发表了不少有影响的作品，并扶掖了一批后来成为文学名家的新人。在来《三联生活周刊》之前，他曾创办过《东方纪事》和《爱乐》杂志。朱伟有上海人的精明头脑，深厚的文化底蕴和很强的应变能力。经过前述两刊的历练，他在 1995 年 8 月接手《三联生活周刊》后不久，很快就完成了由一名文学编辑向期刊管理者的转型。朱伟在管理上确有思路、确有办法、确有高招，对期刊的贡献，有刊物在，有事实在，有许多人的评价在，我不再重复叙述。只是在这里谈一谈和朱伟工作方面的合作和管理上的一些体会。

回顾这一段管理周刊的经历，如果说有一点经验的话，就是我们这一任领导班子真正把"主编负责制"落实到了实处，给主编朱伟最大的权利、最大的信任。俗话说，疑人不用，用人不疑。用一个人、用好一个人，就要予以信任。用好一个主编，充分发挥他的作用，就要给予充分信任。信任是落实主编责任制的前提，而政治信任是对一个刊物主编的最大信任、最重要信任。朱伟不是共产党员，但据我观察他长期以来的表现，认为他是拥护中国共产党的，和党一条心，为人有是非观，有正义感，处事注重大局，办事有底线，而且积累了丰富办刊经验，对刊物如何从自身角度宣传贯彻党的方针路线，对刊物的社会效益和经济效益如何结合，有一套思路和办法，政治上完全可以信赖。这样说，不等于说我作为店主要领导、作为期刊的总编辑在政治把关上不负责任、放任自流。我在这一点上是非常清醒的。我清醒地认识到，《三联生活周刊》是思想文化类刊物，是有很强的意识形态属性，宣传导向正确与否，事关刊物的命运和前途。如果在导向上出了问题，不仅会给党和人民事业造成损失，也会给刊物带来灭顶之灾，进而给三联书店在社会上造成不良影响。事关大局，事关生存、发展，我岂能在政治把关上不慎之又慎！对此我有原则，也是坚持原则的，我所讲的原则就是生活周刊的宗旨和文章必须有利于国家、有利于党、有利于社会、有利于人民。天下没有绝对的自由，世上也没有没有底线的事物。女人抹唇膏，要先划一个唇线，在唇线划定的范围内“涂抹唇色”，如果超出唇线范围，就要破坏脸部的大局；反之，范围之内尽可以摇曳多姿。我希望周刊继承韬奋先生关注大众、关注现实的办刊立场，多反映大众的喜怒哀乐和现实生活的风云变幻，少一些风花雪月和琴棋书画。我希望周刊继续自己讲道理、讲故事，且有深入分析独到见解的风格，有血有肉，不去图解政治口号，而是用情用理去推动世道人心的变化。我希望周刊把社会效益放在第一位，按我们周刊老前辈邹韬奋先生所要求的处理好事业性和商业性的关系，看重、强调事业性，不断培基固本，在面向市场、在争取市场效益的同时“不为浮云遮望眼”，不做市场和金钱的奴隶。我希望周刊秉承三联书店“竭诚为读者服务”的宗旨，处理好党性、人民性和知识分子属性三者之间的关系，一切为了人民，一切为着大众，避免贵族化倾向。我希望周刊继承邹韬奋先生的办刊传统和近代以来的新闻进步传统，遵守办刊规律，尊重事实，敢讲真话，坚持风格和特色。所有这些认识，我都是在和周刊管理层的交流和互动中渗透的、逐渐达成共识的。我很少去周刊，但我们有许多种形式的交流。在和他们相处时，我们是朋友，我不是“耳提面命”的领导，我只是把我的思考告诉他们，也不是什么“谆谆教导”。周刊的管理层很尊重我，很尊重店领导班子，尽量按上述的希望去做，我们信任他们。信任也是一种压力，绝对的信任产生绝对的压力，朱伟没有辜负领导班子的信任。在我任周刊总编辑期间，刊物没有发生过政治导向问题，而且主动配合“国家行动”，在黄岩岛、钓鱼岛的宣传报道方面做出了贡献，受到了中央有关部门的肯定。

除了政治上信任，我们给予朱伟经济上的充分信任。店里只管原则、只管导向，只定社会效益指标和经济效益指标，其余一切由朱伟和他领导的管理层说了算，给他较大的经营管理自主权。对于管理层人员的搭配和选拔，店领导班子尊重朱伟的意见，先后提拔李鸿谷、李菁、李伟进期刊领导班子，加强了领导层力量，也使期刊发展后继有人。刊物的印数、定价他们自己说了算；刊物员工工资、奖金核定，他们说了算；刊物广告的经营完全由他们去做，店里不予干预，等等。所有这些，都给朱伟足够的空间。

所谓尊重，就是尊重朱伟在办刊方面的思路，让他按照自己的办刊思路，去充分发挥他的想象空间，去不断开辟新的境界。朱伟是办刊人才，人才难得。从本质上说，朱伟是知识分子从事办刊工作的一个代表，尊重知识分子是我们党长期坚持的政策，也是我们办好周刊的现实需要。朱伟在办刊方面有许多奇思妙想，具有开拓创新意识。他来周刊时，就有以文化批评的方式讨论社会新闻热点的建议。到了周刊之后，他很快完成了从文化人到媒体人、从文人到文化商人的成功转型，他在办刊方面重视对周刊整体设计，如定位调整、面貌变化、内容创新等；在设计的框架内，具体操作每期刊物时，特别注重创意策划，把握做什么、怎么做两个基本点。2005年，在朱伟主持下周刊再次改版扩容，调整周刊定位，使之由传统新闻性周刊转变为综合性周刊。他认为“一本刊物如果要发展，就一定要突破甚至颠覆原有的格局”，而综合性周刊的定位，确实在内容涉及方面打开了更广阔的空间。他认为：“刊物与人总是要有更新的，不更新，人和刊都会老。”这就是勇于改革创新，努力与时俱进，不断创新刊物的面貌和内容。遵循这条思路，他在报道内容、报道方式上都在不断拓展。我担任总编辑时，他在办刊方面也有许多变革，我们尊重他的办刊思路。在内容方面，除了重大题材，立项、操作、写什么均由主编决定，朱伟可以根据自己的思路去实施重点选题报道、重大题材的系列报道，店里不予干预。期刊有两点至今让我们引以自豪：一是期刊报道的所有内容几乎全由周刊记者采写，哪怕事情发生在“天涯海角”，周刊也要发自己记者写出的东西。一是在国内重大灾害面前，如四川汶川地震、青海玉树地震、云南彝良地震，我们周刊的记者几乎都是头一拨赶到现场采访。这些都是按照朱伟的办刊思路产生的结果。

所谓理解，就是理解朱伟为完成任务、承担责任而付出的艰辛和遇到的困难。人无完人，朱伟身上也有缺点，压力过大的时候，朱伟也有把握不住的发泄。周刊这个管理团队总体是团结的，对朱伟也是信服的。但一些人也有非议，比如说朱伟脾气暴躁、主观任性，由于他催稿、用稿过于严苛，有些人戏称他为“逼稿暴君”“审稿魔头”。因为他经常毫不留情地“枪毙”不合格的稿件，一些记者见到他就紧张，也有人对他不满。我就亲眼见到有的记者发泄不满，借年终联欢会把酒泼到朱伟脸上。听到这些反映，我和朱伟交流过，了解了他的“苦处”。比如到了集中发稿这一天，稿子等着上版和下厂印刷，有的记者不仅不交稿，还把手机关了，整个人“消失了”。遇到这种情况，能把人急疯、气疯。这么一说，我深深理解了他的难处，知道他是为工作得罪了人。除了劝说他注意工作方法之外，还帮他做一些“疏解”工作。继续在管理上为他“撑腰”“打气”，因为主编是刊物的中心，维护好这个中心的权威，对于刊物立场、风格、气质，以及团队形成和稳定至关重要。

理解还表现在对人员的管理上。因为周刊是品牌期刊，受到许多人关注，一些有志于媒体专业的人想到周刊工作，朱伟的态度是，进来可以，先进来实习，如果合适就“留下”，不合适就“走人”，因为周刊不能养闲人。对此我们予以理解。确有一些适合的留了下来，一些人被淘汰了，离开了；长期坚持，使周刊有了一支能打硬仗的骨干队伍。

所谓宽容，就是周刊在内容上或经营方面出现个别问题之后，店里予以妥善处理，尽可能予以包容。俗话说，金无足赤，人无完人。周刊在成长发展中，难免会出现意想不到的问题。特别是像朱伟这样勇于开拓的人，周刊这样勇于涉猎社会敏感问题的刊物，有时会因内容报道不当或把关不严受到上级批评。在我任上，周刊就有几期刊物发生上述问题。对此，我们不护短，不迁就，严肃批评，果断处理。同时，也坚持实事求是的原则，是什么问题就是什么问题，不上纲，不上线，努力做到妥善处理。再就是三联书店店领导主动承担责任，对上级做出深刻的自我批评，接受批评教育和处理，尽量保护朱伟和刊物编辑团队的积极性。

在五年半的时间里，我和朱伟合作得很愉快，两人从工作关系发展成为朋友关系。他退下来之后，我们有时候还喝个“小酒”，做一些交流。朱伟和他的团队没有辜负我们这一届领导班子的信任，在我任总经理任上，把周刊的事业做到最高值，获得了两个效益的双丰收。周刊被评为建国六十周年最有影响力期刊，获中国出版政府奖优秀期刊奖等多项殊荣，期刊国内数字阅读影响力排名第一，提升了社会美誉度。经济效益也大幅提升，营业收入、利润显著增长，成为三联书店的重要支柱，为三联书店的发展做出了突出贡献。同时为周刊的持续发展培养了人才队伍，形成了以朱伟为首的优秀管理团队。李鸿谷、舒可文、苗炜、李菁、李伟、阎琦、吴琪等，兢兢业业，分兵把口，各司其职，襄之助之，共同创造了期刊的新辉煌。其中李鸿谷进步最快，现已从朱伟手中接过“接力棒”，把周刊的事业推向一个新的发展阶段。在这里，我还要向周刊的其他员工致敬。周刊就好比是一架机器，它的运转离不开每一个岗位、每一颗螺丝钉。就拿发行来说，我所熟悉的范于林老师，那样一个精瘦的人，那样一个年届花甲的人，肩上竟压着那么沉重的担子，负着那么大的责任，迸发着那么大的能量，不仅负责着周刊的发行，还要紧盯着《读书》的订数。我们的新媒体建设也不甘落后，钦峥已成为集团确定的新媒体建设人才。其他部门和人员我不一一列举，大家都圆满完成自己的任务，保持着周刊这架机器的高效运转，同时也在成长着、进步着，不少人加入了人才队伍，为周刊的后续发展贡献着能量。

兼任周刊总编辑那些年，周刊每年的年夜饭我都要参加，不管路途遥远，不管雪大路滑，都要赶过去。我喜欢听朱伟报年终数据，“稻花香里说丰年”；我喜欢看店里分管周刊的副总潘振平和一些人大杯喝酒，那种“不醉不归”的劲头；我更喜欢透过房间的玻璃，看周刊的员工在深夜点燃礼花，让漆黑的夜空缤纷灿烂。离开三联领导岗位，不再兼任周刊总编，自然不会再赶去吃年夜饭，但“梦里依稀花千树”，遥祝周刊明天更灿烂。

2007《读书》"换帅"风波

打开尘封十年的一捆资料，拂去档案袋上的灰尘，心里一时许多感慨。

十多年前的夏天，我在三联书店任副总经理、副总编辑，虽然不是"一把手"，但是因为主管《读书》杂志，亲自参与了"换帅"事件，对这场风波的来龙去脉比较清楚。今天回望在三联书店的工作，有必要对这件事予以回顾。一方面，作为参与者，我愿意就此实事求是地加以叙述，为读者提供"一段信史"；另一方面，这也是我在三联期间的一项工作，所处理的一件重要事情。这件事情的妥善处理，对《读书》杂志的发展有推进作用。再就是梳理一下有关过程，讲清个中真实情况，给读者提供整体信息，也使有关当事各方客观了解事实真相，或许可以促进相互间的理解和谅解。

讲这件事情要从《读书》杂志的创办说起。

1979 年 4 月，出版界的老领导老前辈陈翰伯、陈原、范用、冯亦代、倪子明等，谋划、筹备、创办了《读书》这本在中国知识界产生重大影响的杂志。"我们差不多每个月在陈原那里开一次会，由陈原主持，陈翰伯有时会来参加，我们漫谈思想界有何动态，如何组稿等，算是小的编委会。”时任出版局研究室负责人倪子明回忆，“稿件最终是我和范用确定的，我们将定稿送给陈原看，重要的事情向陈翰伯请示。”因为实际工作由陈原和陈翰伯主持，为此，大家还戏称他们为CC派。《读书》到底要办成一本什么样的刊物，是学习性刊物还是一般杂志？要面向什么样的读者群？这也是编委会那时经常讨论的问题。大家最初的设想，是办一份把读书人、写书人、出书人串联起来，围绕书进行报道和讨论的刊物。即“对读书人，有助于书的选择、吟味和使用；对写书人，有助于思路开拓；对出书人，有助于工作质量的改进”。《读书》第一期上的“编者的话”，可以说是大家之前讨论的种种问题的最终解答。“编者的话”里申明：“我们这个刊物是以书为主题的思想评论刊物。它将为实现四个现代化、为提高全民族的文化水平而服务。我们这个刊物以马列主义毛泽东思想为自己的指导思想，坚决贯彻‘百花齐放，百家争鸣’的方针，敢于打破条条框框，敢于接触多数读者所感所思的问题。我们主张改进文风，反对穿靴戴帽，反对空话，反对八股腔调，提倡实事求是，言之有物。”“以书为中心的思想评论刊物”，是《读书》为自己作出的一份响亮的“出生宣言”。有人担心，思想理论的严肃刊物发行量少怎么办？陈原、范用都表示，再少也要坚持住宗旨，要坚信好书好刊就一定会有读者。第一任主编陈原还从业务层面对《读书》提出了几条具体要求：1. 以书为中心，讨论文化思想问题；2. 不把杂志往高处拉，要从专门研究的角度退到传播知识的角度；3. 改进文风，文章要短，以五千字为限；4. 提倡文责自负，以保证作者说心里话；5. 有争论而有价值的书，可同时发表不同观点，以增加争鸣气氛。当时编辑部同仁据此确定了以下编辑方针：1. 解放思想，旗帜鲜明，不含糊，不吞吐；2. 平等待人，只有批评，不用武器，反对穿靴戴帽；3. 提供知识，而不发表专业性专论，追求新颖、鲜明、生动、活泼；4. 改进文风，不说空话、废话、套话，不说八股腔调、帮腔帮调。在上述编辑思想指导下，《读书》创刊号上发表了《读书无禁区》的重头文章，不仅表达了改革开放之初人们冲破藩篱、渴望读书的时代心声，也开辟了一条追求知识、追求进步、追求真理的光明道路。《读书》创办以来在风雨中前行，集聚了一大批作者、读者，逐步把杂志打造成一个读书人的精神家园。《读书》是一个为知识界服务的刊物，同时也是一个读书界共用的交流思想、知识和文化的平台，它形成了独特的个性、鲜明的文风，留下了许多脍炙人口的名篇，受到知识界、文化界的喜爱和赞誉，已成为我国期刊界的一大品牌，在学界、知识界和广大读者中有重要影响力。

《读书》杂志能获得如此长足进步，和出版界老前辈的关心、各界支持和广大读者分不开，作为主管主办单位的三联书店格外看重这本杂志，对它的培育、成长高度重视，投入了大量精力。三联的几代领导人，范用的作用自不必说，沈昌文、董秀玉、张伟民等都对《读书》杂志的发展倾注了大量心血，对它的发展模式、管理模式进行了积极探索。虽说杂志从一创刊起就明确定位，突出特色和个性，但如何与时俱进，获得良好的社会效益和经济效益，把这一品牌擦得更亮，这是历代领导人共同关心和研讨的问题。其间的探索也从无中断过，在保持稳定、特色的同时不断推向前进，这是一个永远研议的话题。

我2005年8月到三联书店工作时，主持全面工作的党委书记张伟民给我介绍了《读书》杂志的有关情况，因为前不久杂志内容出了一点毛病，受到上级批评，需要加强管理和内容把关。伟民同志对我说："你是从吉林省新闻出版局副局长任上来的，长期从事出版管理，这方面有经验，你就分管《读书》杂志吧！"就这样，我刚到三联书店，就成了分管《读书》杂志的店领导。伟民同志告诉我：对《读书》杂志要严格把关，加强指导，决不能在内容上再出问题了。还说，《读书》杂志很敏感，各方很关注，发表看法、处理问题要慎重。根据组织的分工和伟民同志的交代，我便认真履行起了分管《读书》杂志的责任。说实在的，当时的心态是如履薄冰，战战兢兢。一方面我新来乍到，两眼一抹黑，不熟悉情况；另一方面《读书》杂志是我仰慕的期刊，我的水平有限，分管这样一个杂志让我忐忑不安。但我是一个认真的人，既然组织上把这个任务交给我，我就不能退却，情况不熟悉慢慢适应，水平低就努力提高，虚心向办刊的同志们学习。那时《读书》执行主编是汪晖、黄平，他们两人是1996年由时任三联书店总经理董秀玉聘任的。听说董总是为了提高刊物的学术性和文化品位，特意聘请两位学者来担任执行主编的。据说当时有调他们两人到三联工作的想法，后来因为情况变故此事搁浅，但请他们担任《读书》执行主编却一直延续下来。董总退休之后，虽然换了总经理，但汪晖、黄平继续担任执行主编没有变。等到我分管《读书》杂志，汪晖、黄平仍是《读书》执行主编。编辑部主任是李学军，编辑有吴彬、贾宝兰、叶彤、孟辉，编务是李学平。那时就是这些人员，这样一个架构。

当时我代表店里对《读书》杂志进行发稿前的终审。这是最后一道关口，我审得很仔细。那时我刚到北京，家属也没过来，就一个人住在办公室，审稿有足够的时间，且由于我长期从事出版管理，对有关规定也较熟悉，每月终审《读书》杂志发稿稿件就成了我认真对待的一件事。事关重大，不可稍有疏忽，我在心里暗自提醒自己。

就这样过了半年，我发现杂志存在体制不顺、磨合困难、责任不清的状况，一些深层问题得不到解决。这些问题具体有：

（一）落实上级指示精神不到位。那时中宣部、新闻出版总署、中国出版集团经常有刊物管理和有关内容把关方面的精神传达，按规定应由刊物主编去参会并加以落实，但他们都找不到汪晖、黄平，每次都通知我参加，但我回来之后又找不到他俩传达。找编辑部的同志又隔着主编，很不方便。这样，上级的指示精神就落实不到位，甚至根本就没法传达下去。

（二）形不成必要的沟通机制。汪晖、黄平分别在清华大学和社会科学院担任中层领导职务，记得汪晖当时是清华大学人文学院负责人，黄平是社会科学院美国研究所所长（两人的职务我已记不准了，如有出入请谅解）。两人工作繁忙，又经常出国访问，我几乎见不到他们。在我分管《读书》的近两年时间内，我只见过汪晖一次，黄平两次。记得我分管不久，经李学军联系，我和汪晖、黄平在三联书店南侧的淮扬食府吃过一次饭，两人还来晚了。见见面，说一些话算是认识，来去匆匆，也没有留下深刻印象。还有一次是我约黄平，约了几次后在朝阳门内大街北侧新华书店新开的书吧见面。我们喝着茶，我把近期上级关于办刊的指示精神作了传达。绝大多数时间我们见不着面，我甚至没有他们的联系方式。有了联系方式，打电话他们也不接。我和两位主编的联系只是靠李学军中间"传话"。因为缺少沟通机制，上级的指示精神，三联书店的意见得不到贯彻、落实，两位主编的办刊思路、一些想法我们也不得而知，真可谓"隔空对话"，其难也哉。

（三）管理和办刊脱节。三联书店是《读书》杂志主办单位，但现在却只能负管理之责，对如何办刊没法过问。期刊终审是三联的，出了问题三联负责，但对刊物的具体办刊却难以介入。因为当时《读书》实行主编负责制，李学军和编辑们都按主编意见编稿发稿（汪晖、黄平每人一期地轮换负责），向主编负责。一次我终审后认为一篇稿件不宜刊登提出撤稿，找李学军，学军说她要向汪晖请示一下，听听汪晖意见。当时我心里很不是滋味，但也无可奈何。

（四）管理业务和管理人脱节。汪晖、黄平负责期刊编辑工作，但由于他们的编制不在三联书店，无权对编辑实施行政管理，就是有权也忙得顾不过来。店里应该管理，这是履行职责，也是对编辑们成长进步负责，但店里人事部门又不了解编辑们的业务表现，难以管到实处。在这样情况下，形成了人员管理的“放任自流”，办刊人员的待遇等问题也没有较好解决。

（五）办刊和经营管理脱节。三联书店2002年加入中国出版集团，按公司化运营。集团给三联书店下达有经济任务指标，即使上级不下指标，三联作为企业也要加强经营管理、努力提高企业经济效益。一般说，一个刊物的经营要由主编负责，主编要承担两个效益指标，但《读书》杂志的两个主编是外聘的，怎好向他们提出经营任务和效益指标？即使提了，他们也落实不了。两位主编只负责办刊，经营一概不问，甚至印数的下降或上升都不在他们的考虑范围之内。在这种情况下，刊物的经营实际处于“没人过问”的状态，员工的收入也因此受到影响。

以上问题的直接后果是：三联书店对刊物管理不到位，责、权、利不统一，内容把关存在隐患，刊物发展方向不明，经济任务指标难以落实。实事求是地说，这对刊物的长期发展是不利的。

分管《读书》杂志半年之后，我将发现的上述问题向店主要负责人张伟民做了汇报，并表示了忧虑。伟民同志对这种情况是了解的，他表示同意我的看法，但又说：三联情况比较复杂，《读书》在知识界和读者中很敏感，还是尽量保持稳定，加强沟通吧。

按照伟民同志的意见，我在工作中尽量加强沟通，协调各方面关系，既要确保内容不出问题，又要保持队伍稳定，其间甘苦自知。

2007年春天，《读书》“换帅”的想法正式提出来。这里有三个原因，一是中国出版集团面临整体转制的新形势，对各单位的管理和要求更加严格；二是新闻出版总署为了加强对刊物的管理，一再重申期刊主编必须由单位内部现职人员担任的规定，如有违背者限期进行整改；三是汪晖、黄平的工作更加繁忙，有时还较长时间出国访问，他们对办刊确实有点顾不过来，已流露出“去意”。

坦率地说，刊物“换帅”是我提出来的，我是“始作俑”者。有人把“换帅”归结为三联领导前后任之间关系所致，是后者对前者做法的否定，这样的说法没有根据。

我所以将《读书》的问题提出来，完全是从管理刊物的角度、从刊物长期发展的角度提出问题。这个问题在2006年下半年就提出来了，一方面为了稳定，一方面也是没有考虑好合适接替人选，就被“搁置”下来。到了2007年春天的新形势下，这个问题的解决不能再拖延，便提上了店领导班子的议事日程。因为伟民同志1998年10月就调入三联书店工作，对情况熟悉，问题也看得准，他对“换帅”的提议予以支持。我俩意见高度一致，并就此向中国出版集团有关领导做了汇报，得到了领导的支持和认可。

《读书》“换帅”并不涉及我对两位主编的看法，说白了，并不是因为我对两位主编有看法才提出“换帅”的。在为数不多的接触中，我对汪晖、黄平印象良好，两人学养丰富，温文尔雅，对办好《读书》尽心尽责，付出许多心血。他们又都是学界有影响的学者、专家，受许多人推崇。我也读过他俩写的著作，确有独到见解。我从心里尊敬他们，有时也为没有更多的交流、达成心灵默契而遗憾。

《读书》"换帅"提上议程之后，因为要开店务会研究，要处理好有关事项，要物色接续人选，消息是难以保密的，我们也没打算保密。我们分别征求了店里老前辈、老领导范用、倪子明、王仿子、仲秋元、沈昌文、董秀玉、林言椒等人的意见，他们一致表示同意。我们还在刊物内部人员中征求了意见，多数人同意调整，也有人表示汪晖、黄平把刊物办得很好，和大家处得有些感情，不同意"换帅"。

在这种情况下，店领导班子反复研究，为审慎起见，暂不提出具体的运作方案。刊物内部有人将此消息"透露"给汪晖、黄平。6 月 16 日，内部有编辑在博客上暗示《读书》更换主编。所有这些，使汪晖、黄平产生了一些误解，为我们接下来的工作造成了困难。我受伟民委托，几次找汪晖、黄平研究此事，但都因他们工作忙难以成行。

2007 年 6 月 25 日，店领导让人事部门负责人潘建、唐思东征求黄华、舒炜、夏丽英、郑勇等中层骨干的意见，他们从各自的角度提出了很好的建议。有的同志还提出："有人把事情捅到外面去，应该处理，要借这个事儿提醒大家，写博客可以，但不能把工作上有关的事写上去。"在征求各方意见之后，店里基本形成接替人选的方案，但还想征求一下汪晖、黄平意见再定。

由于迟迟不能和汪晖、黄平见面，我和伟民同志 2007 年 6 月 2 日拟定的《谈话提纲》也迟迟派不上用场。正在思量如何推进之际，发生了这样一件事：有人在网上发布消息，称将于 6 月 30 日在上海国安宾馆举办《读书》十年（1996——2005）文选座谈会。会期一天，参加人有汪晖等全国各地学者二十余人，名单上有《读书》杂志两名编辑，还邀请了多家媒体参会。对这样一个和三联书店有重要关系的会，三联书店领导竟没一人知情！我分管《读书》，也没有人给我说过这件事。会议主办单位虽是上海大学当代文化研究中心，而非《读书》杂志，但出《读书》十年文选却不让三联书店领导知道，这有些说不过去。店里有同志把网上会议通知下载复印交给我和伟民，我们对此有一些想法，这就促成了调整刊物主编进度的加快。事实上，媒体上已在炒作《读书》"换帅"这件事，正在形成"山雨欲来"之势。

最早登出《读书》杂志"换帅"消息的是《新京报》。《新京报》记者张弘在孟晖博客上获得《读书》酝酿"换帅"的消息后，对有关各方面做了采访，在《新京报》文化新闻头条做了报道。报道全文如下：

今日，《读书》杂志编辑孟晖博客写文章暗示《读书》即将换前主编。三联书店副总经理樊希安接受本报记者采访回应，由于《读书》订户量下滑严重，他们正酝酿调整。《读书》前主编沈昌文证实曾被征求意见，他赞同更换主编。《读书》

两主编汪晖、黄平表示本人未听到换帅消息。

当事人

汪晖、黄平不知要换帅

《读书》杂志编辑孟晖 6 月 16 日在博客中暗示《读书》将更换主编，她在回答博客访客提问时写道："马上会听到让你意外的消息的"，"我想，我非常幸运的事情之一，就是能够在汪晖和黄平的手下工作"。记者就此联系了孟晖，她回绝了采访。

记者即向《读书》杂志主编黄平、汪晖求证，黄平称刚从上海回来，不知道有什么消息，也没有看到孟晖的博客。汪晖也表示不知此事，"我目前还在主编《读书》，不知道有人员调整"。

管理层

樊希安：正在想办法调整

《读书》杂志上级主管领导，三联书店副总经理樊希安没有正面回答主编调整问题，但他称《读书》确实遇到了困难，今年的订户量下滑严重，引起了管理层的注意，正在想办法调整，"我们正在酝酿，目前确实没有定论"。

前任们

沈昌文：我赞同更换主编

三联书店前总经理、《读书》前主编沈昌文肯定了消息的真实性，"我听到过传闻，说《读书》要换主编。三联书店的领导前不久来征求过我的意见，我同意更换主编”。

而沈昌文的接任者，三联书店前总经理董秀玉表示，“是汪晖、黄平自己想辞职了，他们出‘《读书》精选’丛书的意思，就是对这十多年《读书》的总结。但是，由谁接手主编正在讨论之中”。

三联书店前总经理，《读书》创办人之一的范用表示不知情，但支持更换主编的做法，“我不知道《读书》有人员变动，但是我希望《读书》能调整得更容易读懂。现在的《读书》，我只有少数文章能读懂，希望《读书》调整以后，学术性不要太强，姿态放低一些”。范用曾发表过一篇文章，表达对《读书》不好读的看法。

范用还推举了自己心中的主编人选：“如果要调整主编人选，吴彬就可以，她编《读书》有几十年了，李学军也行。”

紧接着，其他一些媒体也跟进做了报道。

作为回应，汪晖 6 月 26 日接受北京青年报记者刘净植的专访，对话文章发了整整一个版。限于篇幅，我在这里只显示一下这篇文章中的标题。

大标题：汪晖谈《读书》 坚守思想空间

小标题：

▲ 如果所有最重大最深刻的问题我们都不能去触及，这

叫什么人文精神？那不是把《读书》变成消费品吗？

▲ 对《读书》风格的争论提出了一个尖锐问题：反思性的文化到底还有多少存在的空间和余地？

▲ 十一年来，《读书》的印数大概在九万到十二万之间起伏，今年也并没有所谓的“订户量下滑严重”。

▲ 我们需对自己十一年做过什么有个总结，也希望能够缓和地完成过渡。

▲ 坚守这个空间，无论是我们继续做，还是别人来做，我希望中国有这样的空间在。

在这洋洋洒洒的几千字的专访中，汪晖“隔空对话”，回应了三联书店“换帅”的做法（这些看法双方私下没有交流），而更多的则是谈他对“读书”风格、理念以及主持《读书》十一年来对办刊的看法。前者只是在我们三联书店内部引起反应，而后者就引起广大读者的关注，围绕《读书》现有风格在网上引起众多争论，从此“换帅”风波在网上蔓延，形成互联网上的一个“事件”，而新闻媒体的推波助澜，也把《读书》“换帅”这件本来不大的事推到了“风口浪尖”。三联书店在这种状况下“箭在弦上，不得不发”，在中国出版集团和上级有关部门支持下下定决心，加快《读书》“换帅”进度，以尽快平息这场风波。

在联系不上汪晖的情况下，我们积极和黄平沟通。我通过短信和电话的方式，把店领导班子调整《读书》主编的初步想法告诉黄平，并通过他转告汪晖，征求他们对调整主编人选方面的意见。其间，我和黄平做了多次沟通。后来我们终于联系上汪晖，并邀请他于7月3日上午到店里讨论《读书》改组问题，向汪晖表达了改组的意愿，并征询他的意见。

7月9日晚上，三联书店领导班子就《读书》杂志主编调整召开专题会议，听取了各方面的意见，尤其是汪晖、黄平意见的汇报，分析各种利弊，最终确定了调整时间、接任人选、相关跟进工作一揽子调整方案。这个方案的要点：(1)尽快调整；(2)副总经理、副总编辑潘振平接任《读书》主编，吴彬任执行主编，贾宝兰任执行副主编。张伟民同志责成我就上述内容和汪晖、黄平沟通，并亲笔起草了沟通《要点》，内容如下：

汪/黄先生：

一、昨天晚上三联班子认真研究了你们两位包括黄先生短信传来的意见，结果是原定意见不变。今天我们将在内部宣布这一决定，对于双方未能在过渡时间问题上达成一致深感遗憾，再次请你们对我们的决定予以理解。

二、我们原来商定，两位先生离开，以你们提出不再任《读书》执行主编的方式为好，请问你们是否能明确表达这一意愿？如果不能，三联只好回避这一提法。

三、希望我们双方都能从维护《读书》和三联利益的大局出发，客观、冷静地处理此事，不要把我们内部协商的问题包括分歧公之于众，引起媒体的争论和炒作，那只会给双方带来更大的负面影响。同时也希望我们共同面对可能出现的情况，通过双方的积极努力，把震动降低到最小程度。

而在此前后，黄平托李学军给张伟民带来一封信，伟民同志在店领导班子成员中做了传阅。黄平信全文如下：

三联书店张伟民书记并三联社委会各位领导：

你们好！

《读书》编辑部下一步怎么安排，我没有任何权利干预出版社领导班子集体决定，只是希望再次明确提出一点意见供你和社委会参考：无论什么安排，都要以开好十七大这个大局为重，建议十七大后再出台新方案。

我在今天下午曾经发给你们一封信（因为没有老张的手机号码，故发到了老樊的手机上让他转）："老樊并转老张：强烈建议三联领导不论何种关于《读书》人事改组方案一定等到十七大以后再出台。《读书》内外关注者众，难保媒体及网络不炒作，甚至恶意'上纲'。为确保十七大以前不出差错，特请慎之又慎。黄平"

晚上我又发了一封短信："不论三联领导班子怎样决定，我无权干涉，只是时机把握上务请以大局为重，确保十七大前不出岔子。黄平又及。"

为表示郑重，我再次把我的上述意见写出，供你们权衡，希望引起你们的高度重视。

中国社会科学院美国研究所　　黄　平

2007年7月9日

7月10日早8点05分，我和黄平通了电话，黄平讲了三点意见：一是"保留""十七大"之后再动的意见；二是不再担任《读书》执行主编"不能由我提出"；三是对第三点没有异议。我和黄平通话后即和汪晖联系，结果对方电话不接、发短信也未回。鉴于这种情况，我于下午2时07分，把沟通《要点》用短信方式全部发给汪晖。后经过有关人员从中联系，我们和汪晖约定当天下午到其所在的清华大学人文学院办公室进行沟通。

此事即使过去了十多年，我对当时沟通的场面仍记忆犹新。在媒体高度关注、网上已在炒作的情势下，我们不能不慎重。我和张伟民两人一同前往，在人文学院的一个小会议室见到了汪晖。双方会面的气氛还算良好。落座之后，伟民讲了有关情况，然后由我具体沟通。我一句话都没多说，只是照起草好的意见念了一遍。内容如下：

一、关于不再外聘主编。

两位学者兼《读书》执行主编已有11个年头了，在你们辛勤操持下，《读书》这十多年得到了较大发展。在今天所以要改变这种主编外聘方式，主要有以下几个原因：

1. 三联书店转制为企业的要求。

目前，随着全国文化体制改革的深入发展，三联书店即将由事业单位转制为企业，生存和发展方式都发生了变化，必须在坚持社会效益的前提下注重经济效益，努力做大做强。主管单位每年都跟班子全体成员签订双效业绩考核责任书，图书、期刊利润都要在上一年基础上有所递增。面对激烈的竞争，单位的经营压力越来越大，需要刊物主编在办好刊物、增加社会影响的同时，承担起重要的经济责任。

2. 强化经营的需要。

《读书》杂志近几年，尤其是这一两年来销售量出现下滑，2006 年利润下降了 28 万元，今年 1—5 月，实际销售册数下降了 52668 册，平均每月下降 1 万册以上，比去年同期下降 12.56%；净收入减少 186879 元，比去年同期下降 13.48%，这在经营上是个严重的信号，已引起店领导班子的高度关注。因而要改变目前的这种状况，靠现在的体制会遇到一些困难。

3. 着眼于《读书》长远发展和队伍建设的考虑。

除了加强刊物的经营管理，不再采取外聘主编的方式，也有利于刊物的长远发展和队伍的培养、更新。此外，这样做也符合新闻出版总署关于“期刊主编应由主办单位内的现职在编人员担任”的有关规定。

二、关于《读书》主编的酝酿人选。

谁来接任主编，经初步酝酿由潘振平担任。潘振平在店内分管周刊，有办刊经验，在学界也有影响力。执行主编，《读书》杂志编辑部的吴彬是比较合适的人选。吴彬很早就进入《读书》担任编辑，一是资格老，经验丰富；二是在思想文化界有一定影响，人望较高，有比较丰富的作者资源。

三、关于对两位执行主编履任期间的评价。

两位学者兼《读书》执行主编 11 个年头了，当时三联决定聘用两位学者的做法是正确的。两位学者为《读书》的发展呕心沥血，做出很大成绩，《读书》也取得了很大的发展，学术品位提高，社会影响扩大，这是有目共睹的事实。对两位执行主编的辛劳和贡献，以及为刊物发展做出的不懈努力，我们非常感谢。两位执行主编和编辑以及店内的同志合作十分愉快，也建立起了深厚的感情，我们希望两位学者能够一如既往地支持《读书》，为它的发展壮大做出贡献。我们也一定会继续尊重你们，注意采纳两位的意见和建议。

汪晖话不多，但明确表示了自己有一些想法。不久，在《南风窗》刊登的“《读书》事件四人谈”，汪晖讲述了这次见面的情况：“7 月 10 日，他们再次表示要见面商谈，主要内容仍然是重申：根据改制的要求，第一，主编不再聘兼职；第二，中国出版集团领导看了《新京报》报道后十分重视，要求从快解决，也不留过渡期，以免舆论的蔓延。”“我对他们说：无论对于编辑内部外部还是社会舆论都无法让人信服，它生成的动荡会伤害《读书》杂志。在这三个背景下我们不可能同意三联书店领导提出的由我们主动提出辞呈的建议。”在这一过渡期的问题上他和黄平意见一致。这一问题成了双方意见不一致的焦点。此外，还有一时难以消除的误解。当时情况是沟通过程完成了，但沟通效果不好。离开清华大学，我和伟民心情都很沉闷：也只能这样了，有些误解待日后慢慢消除吧。回到店里之后，就调整方案公布后引起的社会影响，我们也进行了预估，提出慎重对待、谨言慎行的原则。此时网上的议论日渐增多，本来这只是正常的人事调整，不意间却成了关于《读书》风格、办刊倾向等等的争论，这是我们意想不到的。我和伟民同志一致意见是：我们只是为了加强经营管理而调整，而不介入杂志风格、倾向和社会思潮方面的争论。实话说，当时我也听到一些对《读书》杂志内容的反映，包括有人认为，汪晖、黄平主事后《读书》离大众化越来越远，离学术化越来越近了。有人认为《读书》现在择稿用稿有“小圈子”倾向，太偏于某种社会思潮了，云云。比如作者魏英杰就曾在《中国青年报》上撰文，认为：“以《读书》杂志当前的编辑方针，读者反映以及市场情况，确实有些危机。简单说汪晖时代的《读书》杂志，文字晦涩难懂，思想上过于‘左倾’，致使许多读者不满，乃至出现订户数量严重下滑现象。对此，汪晖等人必须有所反思，或者主动让贤。”而这些都不是三联书店“换帅”的理由。谁当刊物主编都会有自己的风格，不能求全责备，更不能乱扣“帽子”。当然，兼听则明，为了把《读书》杂志办得更好，我们应该听取不同方面意见，尽量避免上述议论讲到的这种情况。

为了慎重起见，三联书店在对外宣布《读书》杂志主编调整方案之后，专门起草了面对记者采访的意见，供领导班子各位成员遵循。我因分管《读书》杂志，接受记者采访较多，对所有采访都“照本宣科”。现在我还保留着答记者问的“这个材料”。具体内容如下：

三联书店负责人接受采访，就《读书》杂志有关问题答记者问

记者：最近有媒体和网站在议论更换《读书》杂志主编问题，三联书店对此有何考虑？

三联书店负责人：大家知道，《读书》杂志自 1996 年起，聘请社科院学者汪晖、黄平先生兼任执行主编，负责刊物的编辑工作，一直延续至今。前几年，由于两位学者的研究、教学工作十分繁忙，他们曾经表示在适当的时候辞去执行主编的愿望，但三联方面一直没有提到日程上操作。目前，三联书店面临中国出版集团整体转制的新形势，集团对各出版单位的管理和要求都更加严格。《读书》是中国出版集团主管、三联书店主办的一份重要期刊，应当符合出版总署关于期刊主编须由主办单位现职人员担任的规定，避免刊物编辑工作与其他工作特别是经营工作脱节。为此，一段时间以来，我们就优化《读书》杂志管理方式问题，广泛听取各方面的意见，进行了深入的调研。

记者：三联书店打算如何调整《读书》杂志的管理方式，今后谁来主持杂志的工作？

三联书店负责人：这是当前读者和一些媒体关心的问题。首先，我要说明，提出研究这一问题，完全是基于优化管理方式的考虑，以便适应中国出版集团和三联书店转制的需要，全面加强《读书》杂志的内部建设，改善经营管理，规划和促进《读书》的长远发展。最近，我们就此与汪晖、黄平先生多次进行磋商。汪晖、黄平先生对此表示理解，也表达了他们的意见。

基于上述情况，经三联书店领导班子研究决定，汪晖、黄平先生不再担任《读书》杂志执行主编；由三联书店一位副总经理、副总编辑任《读书》杂志主编，两位《读书》杂志资深编辑任执行主编、执行副主编。

记者：《读书》更换主编后，对刊物今后的发展有何设想？

三联书店负责人：具体方案恐怕要由主编和执行主编、副主编提出。我只能说点原则的意见。首先，《读书》是一本以书为中心的思想文化评论杂志，这一办刊宗旨和定位不能变。其次，《读书》要一以贯之地坚持解放思想、勇于探索、独立思考、兼容并包的办刊理念和品格，成为广大知识分子和读者讨论研究问题的园地。第三，《读书》既要“固本”也要“求变”。所谓“固本”，是指要坚持《读书》之所以为《读书》的那些本质的东西，发扬光大《读书》创办28年来各个时期形成的优良传统；所谓“求变”，是指要与时俱进，伴随时代的变化而调整自己的内容和形式。一个刊物，只有创新求变，才能保持旺盛的生命力。

《读书》是一份在知识界有巨大影响并被广泛关注的杂志。长期以来，思想界、文化界、学术界等各界读者以及媒体，一直热情地关心、支持《读书》。三联书店和《读书》杂志十分感谢大家。我们一定以不懈的努力，争取把《读书》办得更好，不辜负大家的期望。

记者：您能否谈谈对汪晖、黄平两位学者主持《读书》杂志编辑工作的评价？

三联书店负责人：概括地说，他们的工作做得很好，富有成效。在两位学者主持下，《读书》坚持了既定的办刊宗旨，杂志的论题与社会现实联系得更加紧密，讨论的深度和广度有了新的拓展，发展了一批新的作者和读者，进一步扩大了《读书》在国内外的影响，等等。当然，他们的工作也不是完美无缺的，正如汪晖先生所说，他从没觉得《读书》是理想的或完美的。我们也注意到一些读者对《读书》的意见。汪晖、黄平先生主持《读书》杂志编辑工作取得的成绩和发生的变化，是一个有目共睹的实事。11年来，两位学者有各自繁重的本职工作，在百忙中不辞辛苦，为《读书》的编辑工作及刊物的成长和发展，倾注了大量心血，做出宝贵贡献。借此机会，我代表三联书店向他们表示衷心的感谢和深深的敬意。

作为主管三联书店全面工作的张伟民和分管《读书》杂志的我，在这场风波中都承受了巨大的压力，但我们受到了来自各方面的支持。组织上对我们给予信任，对我们加强管理的举措给予充分肯定，店里绝大部分员工是我们的坚强后盾。许多老领导、老同志，学界同仁，读者朋友，都用不同的方式给予帮助。最让我们感动的是83岁的三联老前辈范用先生，他在中华读书报上看到"《读书》换帅——汪晖、黄平交担潘振平、吴彬"的消息后，即写了一封信给我们，明确地表示支持。信件全文内容如下：

家明、振平、吴彬同志：

今天从《中华读书报》上获悉，《读书》杂志"换帅"，汪晖、黄平交担潘振平、吴彬，实现了我这一愿望。我相信关心《读书》的读者，一定都很高兴。

我曾经在《读书》三百期一文中要求《读书》办得适合像我这样的读者，"不是为了做学问，只是业余喜欢看点杂志"。我期待《读书》换帅后做到这一点。（此文收在三联出版的我的《泥土、脚印》那本小书里）

建议在《读书》编后记中重申我们办《读书》的宗旨。

敬礼！

范　用

七.十一

据《人物周刊》杂志2017年第18期报道，范用在7月13日接受记者采访时，又进一步明确表示了支持《读书》"换帅"的态度。该报记者高任飞写道：

7月13日，这位《读书》杂志的创始人兼首位总经理，高兴地坐在位于北京二环路边上的公寓里，头发全白，一身精瘦，戴着那个招牌似的巨大眼镜，声若洪钟："现在的杂志编得不好，我不大喜欢看。前两天换人了，把主编都换掉了。新换的这几个人（潘振平、吴彬）都编了十来年了，就由他们主编，不要请那些学者了。"

2005年，范用就曾在随笔集《泥土、脚印》中纪念《读书》300期一文中提到"希望《读书》办成适合像我这样的读者，不是为了做学问，只是业余喜欢看点书的人"。在范用看来，从1979年到2007年，在《读书》经历了范用/陈原，沈昌文，汪辉/黄平三个阶段的过程中，"内容越来越拔高了，文章又长又深，我看不懂，也都不大想看了。听说发行量也掉下来了，以前一直是稳定在10万份的。现在（新上任的主编）不是请的外面人，就是三联自己的人，特别是吴彬，她已经编了几十年了。希望《读书》能回到以前的样子。”

三联书店原任总经理并曾长期主编过《读书》的沈昌文先生，对我们的调整给予明确支持，由此网络有人称他为此次《读书》编辑部改组的“幕后黑手”。尽管遭受“诬陷”，但他对我们调整《读书》给予支持的态度依然旗帜鲜明。他也公允地为汪晖、黄平说句公道话，他们“是从三联外面邀请的主编，一用11年，如果说因为《读书》不好看了，所以不用人家了，那为什么一直拖到现在才说这个事儿？不能把所有的问题都归到他们身上。”沈老的态度是公允的。

这些来自各方面的支持，给了我们强大的精神力量。面对巨大压力，我和伟民同志坚守党性原则，遵守组织纪律，尽量多做工作，处理好各种矛盾。我俩商定并严守一个原则：无论别人说什么，无论网上议论什么，我们都不会与其争论，哪怕对我们个人进行多么严重的攻击，我们也决不上网“反击”。只有这样，风波才能逐渐平息，否则只能火上浇油，出现越来越不利的局面。为此，我和伟民同志在承受压力的同时，内心也承受着“委屈”。因为有人就在媒体上不点名指责我俩是官僚体制向三联书店派来的“纯粹的官僚”“对文化领域、学术工作和思想讨论既不了解，也没有尊重”“毫无领悟能力”等等。此外，还有“莫须有”的罗织。对此，我们完全按照既定原则行事，不为外界干扰。有下面一件事为证：7 月 27 日，《南都周刊》刊登了对汪晖的访谈，题目是《愤怒的汪晖　争议的十年》。在这篇专访中，汪晖对我对刊物的终审表达了不满。我看了这篇采访，内心确实有一些想法，但我没有采取诉诸媒体进行澄清的方式，而是向店领导和中国出版集团领导写了一封信，并附上我在终审时撤下的一些稿件，请领导审定，在内部“以正视听”。这封信内容如下：

张总并请转中国出版集团领导：

不久前，《南都周刊》刊登对汪晖的访谈，题目为《汪晖的愤怒》。汪晖在接受采访中，涉及我店对《读书》的管理，话语中对我店的终审表示不满，且多为不实之辞。称“汪季贤时期在发稿问题上限制较多，我们有矛盾；现任领导的风格也大致如此，但我们之间并无直接冲突，主要是在稿件上出现分歧，在撤稿上，他们都是直接向编辑部发指示。”

我 2005 年 8 月调入三联书店，分管《读书》编辑部，负责每期稿件的终审。现呈上 2006 年 12 月份以来在终审中撤下的四篇稿件和修改过的一篇稿件(撤前班子成员之间沟通过)，请领导过目，使你们了解撤稿的大致情况、内容，以正视听。

请指示

樊希安

2007 年 8 月 3 日

时间过得真快，现在《读书》“换帅”风波已过去十多年了。实践证明，在当时的情况下，“换帅”是正确的，既贯彻了上级部门的规定和要求，又做到刊物编辑经营相统一，使办刊人员责、权、利相结合；既坚持社会效益第一位，又能苦心搞好经营，实现两个效益双丰收，还有利于刊物人才队伍的培养，为杂志的平稳发展开辟了新的道路。在回顾这场风波时认真反思，我们在此事的处理上也有欠缺之处，比如和汪晖、黄平两位主编沟通很不充分很不到位，尽管当时有一些情况，但我们还是应该和他们充分沟通，给予更多的尊重和理解。他们毕竟主编了 11 年《读书》，对刊物有感情，多听听他们的意见，多沟通，把话说在前面，事情就会好办得多、简单得多。再就是我们内部工作做得也不够细致，刊内一些人员思想工作没有认真去做，使一些人有对立情绪，把店里正酝酿的事情捅到网上去，引起一些猜测，造成了诸多误解。如果我们工作做得好，做得细致，就不至于出现这些不该发生的故事。事后细细想来，我们在工作方面确有欠缺的地方。作为分管《读书》的店领导，我具体负责处理这件事，却没有尽到责任，应该做自我批评。“十年一别扬州梦”，《读书》“换帅”风波早已烟消云散。岁月静好，认真地回忆一下过去这段经历，或许会得到更多的理解和宽容。

憾无平地起高楼

回顾我在三联书店九年多，特别是任总经理之后的工作，应该说任内制定的计划、确定的项目基本全都完成，有的还是“计划外”实现。但我不能说“回顾三联无憾事”，因为我未从根本上解决三联书店办公场所拥挤的问题，在任内盖楼的梦想未能实现。2017年6月的一天，我应邀到金城出版社参观，看到一个出版社竟拥有1万多平方米的新办公大楼，四层专设有健身场所，中午有年轻编辑在跑步机上健身，心里顿生“羡慕嫉妒恨”，恨自己未能改变三联的办公条件，为三联的长期发展多做一些贡献。

三联书店编辑业务综合办公楼是前任总经理沈昌文经手审批，在董秀玉任上盖起来的。总计7500平方米，归三联书店、中国版协、北京新华字模厂（后划归中国印刷总公司）共有，后两家各1000平方米，再去除楼下办书店的2000平方米，再去掉附属面积，真正用于三联书店办公的只有3000平方米左右。刚恢复独立建制时，人员少，办公条件尚可。后来事业规模发展，人员增加，办公场所明显拥挤。《三联生活周刊》本来已回归楼里办公，却因施展不开，只好在东三环外霄云里租房办公；店里有的几个部门挤在一个缺少光亮、通风不好的“黑屋子”里；许多档案、资料无处存放，只能堆放在地下二层阴暗潮湿的房间里，有一些已经损坏，有一些在清理时造成重要书稿档案流失。有一些在市场上发现后，又被我们竞拍买了回来。一起办公的中国版协，几次提出要“地下室”，说那里有他们的面积。我领他们到地下室转一转，大家也只能“望之兴叹”。在这种情况下，设法改变三联员工办公条件，就引起了店领导班子的重视。

我任三联书店总经理之后，沈老（昌文）告诉我，当年盖楼时打的八层楼的地基，将来在三联书店条件允许时，可以在四层基础上续盖至八层。这是个好主意。我对此极有兴趣，我的父亲在农村就是泥木工程师，天天给人家盖房架屋，我耳濡目染深受影响；我当兵后，所在的部队是基建工程兵，建楼盖房是看家行当。我虽然在机关不在基层一线，但长年深入基层，司空见惯，没有把盖一座楼房看成是多么困难的事，况且是接半截子楼，我对此是蛮有信心的。

我把行政部程进宝、史印建叫到办公室商议此事，史印建说：“樊总，往上接楼好是好，盖起来也没问题，但我们这座楼的房产证还没办下来。”“那赶快去办呀！”我说。“已经办了好多年了，现在也没音讯，当时建房的大部分资料都丢失了。”史印建调到三联书店就参与这栋楼的创建，或者说是为了盖这栋楼才调到三联书店的。当年主管盖楼的店领导都已退休，只剩下经手此事的史印建一人。我问程进宝，程说是这么个情况。因为换了几任领导班子，这件事就放下了，也没人催问。我们所在的东城区房管局、土地局也都换了几茬人，现在都没人接这个茬了。我隐忍住内心的不满，没有再多说什么。

前任盖楼留下了可以续楼的地基，但十五六年过去，却没有办下房产证，房屋权属不明。况且此楼由三联、版协、字模厂共有，这有建楼时共建协议、上级裁定作为证明。在房屋权属不明的情况下，怎么续盖？为谁续盖？而且资料严重缺失，有关部门也不会批准。更为重要的是，且不说接楼，就是现有楼房的权益都得不到保障。问题真的很严重。我当时不是考虑续盖，而是要设法抓紧把原有楼房的房产证办下来，保全三联的房产权益。此时中国出版集团正谋划上市，也对厘清房屋权属提出了明确要求。这样，办房产证就成了当务之急，成了务必拿下的硬任务。

我随即召开店务会，把办业务办公楼房产证提上了议事日程，并成立了工作小组。我任组长，组员有史印建、程进宝、白杨、潘健等。我深知这是一块“硬骨头”，啃起来困难重重。一是时间已过十多年，时过境迁，许多地方人和事没有“接茬”；二是资料缺失，缺乏许多基础条件；三是在东城区有关部门我们没有太硬的关系；四是楼房为三家单位共有，在去申请办证之前，三家必须协调一致；五是相关办事人员缺乏积极性。还有人背后议论：办房产证都拖了十几年，你老樊逞什么能！

我先从调动店内有关人员积极性做起。通过谈心，我了解到史印建积极性不高。楼是他参与盖起来的，但由于种种原因，店里有一些议论，他原行政部负责人的职务也没了。说起办房产证的事，他唉声叹气，说什么也不愿再做这件事了。

一次三联员工在南戴河休假，晚上借着喝了几杯酒，我把史印建叫到海边，进一步动员他出面去办房产证，说：印建，你把这件事办成就是大功一件，就是三联的功臣。并做出几点承诺：(一)店里全力支持，如因办事需要，要人出人，要力出力，要钱出钱，要物出物，件件落实，我做他的坚强后盾；(二)如需店领导出面，我亲自参加有关活动；(三)从即日起，他专门办房产证，不承担店里其他工作任务；(四)房产证办成之后予以奖励并恢复行政职务。

就这样史印建应允下来。他在前面跑，我在后面支撑，将近用了两年时间，使尽一切办法，想尽一切招数，闯了多少关口，受了多少委屈，做了多少次沟通。终于，主管此事的东城区陈局长松口了。他说：老樊，你们这事有难度，严格说许多地方存在瑕疵，我就是看你对国家财产的态度，没有人像你像个人办房产证一样为公家的事这样下功夫。终于，这件事有了圆满结局。当看到盖着大红印章的三联综合业务楼房产证，我有一种喜极而泣的感觉。我们喝酒庆祝，我、史印建、程进宝都喝高了，胜利之果来之不易啊。

我们三联书店不仅办下了房产证，而且借办证协调之际，通过同中国印刷总公司协商，把原属字模厂的面积为 1000 平米的北配楼转让给三联。这一方面扫除多头办证的障碍，另一方面也扩大了三联书店的资产。因为协调解决时还没有办房产证，房价压得较低。1000平方米才2700万元，平均每平方米2.7万元。最后在拍板敲定时，对方看我们真诚、热情，又抹去30万元，以每平方米2.67万元成交。现在，美术馆东街这个地方每平方米已达11万元，仅这一项，我们就为三联书店增加了价值8000万元的资产。在协商解决这一问题过程中，总经理助理、财务部主任刘高源也协助我做了不少工作。拿到房产证之后，店里兑现了对史印建的承诺，大会表彰，颁发奖金，任命职务，他工作的积极性更高了。

接下来该考虑实施接楼了，却遇到了新情况。在三联书店综合业务楼的正北侧，有一栋早年建的新华字模厂的家属楼。家属楼住了五十多户。要往上接楼就要挡人家采光，必须事先协商，问了几户，都是狮子大开口，要价甚高。就连我们在一楼开个读者俱乐部，是原锅炉房改的，也有住户闹到店里来，几次找我吵闹，一次说着说着就要动手打人。结果只得赔偿一笔款了事。挡光解决不了，那就搞拆迁，但拆迁费又涨得离谱，实在承担不了。再就是考虑收购、赎买，但房价又奇高，店里承受不了。据说新世纪初，前任老总也动过心思。每户50万元补偿费即可，全楼不过补偿3000万元，而此时3个亿也挡不住。壮志难酬，望房兴叹，只有另谋他图。

在三联编辑综合业务楼东边是一大片民居。据说当时建楼时，规划部门曾让三联书店连片开发，结果未能成事。我当总经理时，曾有开发商找到我们，想和三联联手开发这个地方，我们进行了几轮磋商，当地住户也有积极性。但事过境迁，有关部门已不认“让三联连带开发”的账，住户拆迁费要价也太高。最终合作开发这件事也泡了汤。

正郁闷间，获悉中国出版集团开发马连道原新华书店总店地块，要盖集团综合业务楼，让各下属单位报名共建。三联书店按要求，共报三层楼 4500 平方米左右面积，首批打款 2900 万元。店里当时的计划是，把现在在美术馆综合业务楼的部门和人员全部搬过去，将现有楼房进行装修，扩大楼下实体书店的面积，楼上将三联生活周刊搬入，如租金合适，三联生活周刊不搬入也可，租出去收取租金，解决周刊在外租房部分费用。结果是集团综合业务楼建设进展迟缓，这一设想也成了空想。

我和有关部门和相关人员也研究过、反复琢磨过在昌平“平西府三十亩土地上建房”的问题。我刚调到三联不久，就知道平西府这块土地，还随当时主要领导去考察过，结果因多种原因搁置。等我上任，这件事又重新提出了出来。其中情况比较复杂，容我细细道来。

1994 年 10 月 26 日，三联书店同北京市北郊农场平西府村签订了“土地使用协议书”。平西府村将位于村西、水塘南面，原仓储院，共 30 亩土地提供给三联书店使用，使用费用 142.5 万元(47500 元/亩)。使用年限 50 年，期满后双方协商可延续 20 年。

三联书店从签订协议后，陆续将上述款项支付给了平西府村，至 1996 年 5 月支付完毕；其中 1994 年 11 月支付 10 万；1995 年 10 月支付 50 万；1996 年 3 月支付 50 万元；1996 年 5 月支付

35 万元。

上述款项由三部分构成：一是使用了蔡志忠先生存放在三联的版税，支付了 60 万元；二是使用台湾东华书局存放在三联的部分资金，三是使用了台湾“汉声”出版机构存在三联的部分资金；所有款项均未动用三联自身的资金。

签订了“土地使用协议书”后，原意是三联书店自己开发使用，但由于对如何使用这块土地意见不统一，就一直没有开发。后来考虑长期搁置不妥，就建议台湾东华书局、台湾“汉声”及蔡志忠先生共同开发。资金由三家出，开发后三联可以部分受益。但此议因外商无法取得土地使用权而没有办成，三联自身又没有力量自行开发，该宗地块一直搁置至我任总经理之时。

2002 年，由于三联书店主要负责人更换，蔡志忠先生要求退出，三联书店退还给蔡志忠先生原来给付的 60 万元。因此这块土地就有了三联书店的相关权益（实际上三联书店的投入是在这个时候开始的）。这里也说一下土地证的情况：1994 年 11 月，昌平人民政府颁发了该土地的《集体土地建设用地使用证》，2001 年 4 月，更换为中华人民共和国《集体土地使用证》，其中“用途”一项由“仓库用地”改为“办公用地”。这时候，虽我店未出一分钱，但这块土地的相关证件署名的所有者为三联书店。

2009 年 10 月 19 日上午，我带领班子成员和部分职工代表到平西府实地查看那 30 亩土地。现状很不好，原有的两排平房、大门、水房，一棵大槐树、铁丝网都已荡然无存，变成了一个垃圾场，垃圾场的高度平均有2米左右。在我们看地的20多分钟内，就有8辆车来此倾倒建筑垃圾。据说光清理这些垃圾，就需要十多万元。

10月19日下午，也就是看完地的当天下午，店里就召开店务会，第一次专题研究了平西府30亩地相关问题。会议听取了有关情况介绍，就如何处理这一问题进行了研究讨论并做出几项决定。

1. 这块土地不能再长期搁置，从现在起着手解决这一问题；

2. 成立由杨进、程进宝、史印建3人组成的工作小组，负责办理相关具体事宜；

3. 尽快与当地村政府约谈，告知对方我们要开发这块土地，不能再当成垃圾场了。同时，就相关问题与当地村政府正面接触；

4. 尽快与台湾东华书局和台湾“汉声”在北京的办事处联系，带他们去看地，听取他们的意见；

5. 根据以上工作结果，研究下一步解决方案。

根据2009年10月19日店务会关于解决平西府30亩地的有关决定，10月20日上午，工作小组一行三人与平西府村委会主任、书记在平西府村村委会办公楼，就有关土地的事情进行了沟通。主要谈到三点：

1. 目前该块土地开发的可能性。

对方讲：你们先把手续搞齐了再说吧；（他们认为目前手续

仍不齐全）

2. 如果要开发，村里有什么想法。

对方讲：不好开发啊，连路都没有，怎么开发啊！以前的那个价肯定是不行啊，还得坐下来谈一下。（他认为当初的地价不合理）

3. 如果我们不能使用这块地了，村里有什么想法啊？

对方讲：可以啊，我们欢迎你们退回来。（他相当感兴趣的是把地退回给他们）

下午一上班，工作小组就上午沟通情况向我做了汇报。我让他们抓紧到昌平土地局和规划局了解一下平西府村周围的土地价格和长远规划，以利于下一步和平西府村进行协商。

10月21日上午程进宝、史印建前往昌平土地局和规划局，22日史印建再次到土地局探寻该块土地价格情况，就平西府村的土地性质进行咨询。对方答复只要土地性质不是建设用地，那就是生产用地属农田，如何使用不归我们管，可以和村子商量。该土地证上的“办公用地”和“仓储用地”，就属于集体用地这种情况。

了解到这一情况，我们研究确定了下一步的工作重点：

1. 向另外两家通报情况，主要是把我们了解到的情况向他们通报一下。

2. 征求一下原任总经理董秀玉（这块地是董经手购买的）意见，具体落实由史印建执行。

10 月 22 日上午，我接到了史印建反馈的另外两家的意见，董总表示她能代表另外两家，对土地的处理意见是与三联共进退。中午我和在家的领导班子成员开会研究昌平平西府土地的解决办法，赞成董总提出的三家共进退的方案，也通过电话向不在家的班子成员通报了情况，他们也同意这么办。下午我让程进宝、史印建去了解一下该块土地的价值，做到心中有底。

10 月 26 日我在出差的路上先后两次给程进宝发去短信，指示工作小组可以约平西府村的领导见面，探一探他们的底线。

11 月 2 日程进宝一行和平西府的汪书记见面，双方就土地的有关想法进行了沟通。

程进宝转达我方提出的四点想法：

1. 有开发商有开发意向，听一听汪书记的意见；

2. 能不能与平西府村一道开发；

3. 能不能和汪书记联合起来一道开发；

4. 如这块地村里收回，你们打算用什么价回收？

汪书记对第一个问题的回答是：这块地目前不可能开发，因为当地政府已有规划了；二、三两个问题一概回绝，表示不可能与我们合作开发；第四个问题是表示同意回收，但不可能高价收回，只能按原价退给你们钱，可以考虑给点利息。

程进宝次日向我做了汇报，我提出：待和汉声、东华商议后再议。经董秀玉跟台湾东华书局和台湾“汉声”取得联系，两家同意退款加息方案。

2009年12月1日下午，三联书店召开店务会，第三次专题研究平西府30亩地相关问题，听取行政部和村委会接触的情况报告。会议讨论后决定：不放弃谈判，行政部和平西府村继续联系，先向对方说明根据上级机关意见，应该按照贷款利息计算金额。若对方不同意，就按五年期存款计算利息后的具体数额，报集团同意后再和对方商议。当时，我们请北京银行按存款利息计算的结果五年利息是124万元。相当于8.88万元/亩；如按贷款利率，则可能更高。

12月17日店里派人与对方进行了第四次会谈。我们提出按同期贷款利息结算我们支付购地款的方案。村委会答复可以考虑，但首先得向镇政府报告，并请镇政府结算中心按两种利率测算一下，有结果后再通知你们。结果是泥牛入海再无消息。

我所以如此细谈这件事，就是这件事的处置也浸注了我们大量心血。这块土地曾经承载着三联人的梦想，当初董秀玉总经理购买这块土地后，已经做过规划设计，据说图上还有小桥流水。结果长期闲置，成了堆放垃圾、猪拱鸡刨的场所，很让人痛心。到我这一任有心开发，却又因多种原因没得进展，后知道这块土地是集体所有制性质，对方转让使用权，只有50年使用权限，等我们策划启动时，时间已过去15年。再就是昌平区重新规划，这块地在规划范围内不能再作他用。这块土地目前情况如何不得而知。我在任上盖楼的梦想未能实现，岂不遗憾！

不合规范的述职报告

在大量文字中，我都谈关于工作的思考、安排，较少涉及个人表现，也许这是一个欠缺。在三联任总经理五年半，我较少对自己的表现进行个人总结和回顾，只是在每年述职时，对一年的表现大体梳理一下。好在我在按要求代表领导班子述职后，都有一个个人述职。这些述职相对个性化，比较真实地反映了自己的现实表现和心境。我在这里选取几个片段，像蒙太奇镜头一样展示给读者，以期对我在三联书店这个阶段的工作和个人表现有全面的了解。

镜头一：说说 2009

按照集团公司的要求，店领导班子成员每年都要述职，都要接受店中层干部的"测评"。刚才，我代表店领导班子做了述职，下面进行我个人的述职。我想打破通常的德、能、勤、绩、廉几个板块的叙述模式，而是结合自己的思想实际，披露一些真实想法，跟大家交交心。

一、面临的难题

毫无疑问，我的前任给我奠定了良好的基础，但由于客观情况的变化，我上任伊始面临五大难题。

一是受金融危机影响，周刊广告投放量下降，期刊销售量下降，广告商叫苦不迭，我们主要的经济支柱——《三联生活周刊》能否持续稳定增长存在不确定因素，着实让我捏一把汗。

二是库存图书积压严重，2009 年 3 月年终盘点达到 1.41 亿，这种状况至今也没好转，导致店本部效益低下，且挤占大量资金。

三是集团下达的三年利润指标大幅度增加，在前三年平均 1000 万元的基础上增加到年均 1500 万元，增加 50%，而我店创收能力却在下降，广东教研室英语教材到期，一年少收入 100 多万元；韬奋图书中心应交的房租过去还有，我上任后开始“颗粒无收”。完成全年任务困难很大。

四是韬奋图书中心亏损严重，达到 2200 多万元，成了一个难以破解的“课题”。

五是店里管理松散，人心涣散，要想聚拢人心有很大难度。由于片面接受教训，店领导层不敢大胆管理，“队伍散了，不好带了”。面对这些，我自己也有畏难情绪。

二、我作出的选择

面对这样的难题，我刚刚上任时，可以有几种选择：一是回避矛盾，得过且过，混到退休为止；二是虚张声势，不图实效，干几年找集团领导换个单位一走了之；三是勇于负责，敢于担当，谋求进取，不负众望。我再三掂量，最终选择了后一种态度。之所以这样选择，一是怕辜负组织上的信任，二是怕耽误三联发展将来落个“骂名”，更怕辜负三联同仁们的期望。因为我上任之时，集团领导跟我说，三联绝大多数中层干部拥护我，大家支持我把三联搞好。这种信任是我前进的动力，我只能义无反顾地选择做一届“负责任的政府”，而这种选择逼迫我努力从几个方面去做。

（一）有高度的责任心。可以说，我把全副精力都投到了工作上，放弃了节假日休息，放弃了个人写作的爱好，放弃了在家里应负的责任。每天从早上睁眼，一直到晚上闭灯睡觉，全部精力都用在工作上，不敢有丝毫懈怠。

（二）勤奋努力，以勤补拙。我的天分有限，经验也不多，但牢记勤能补拙的道理。每天基本是最早上班，最晚下班，节假日大部分时间在单位加班。张伟民同志退休之后，班子分工没有调整，我一个人干两个人的工作。别的不说，所有文字材料，包括讲话、报告、文件、请示，都出自我一个人之手，一年达到五六十件，而这些我都是用业余时间完成的，还坚持利用业余时间终审《读书》校样。我当一把手一年，没请过一天假，也没休过一天假。两个春节，我都是大年三十到长春，初五回来去单位，因为怕单位出事，不放心。

（三）公道正派，为人和善。为了能把大家的积极性都调动起来，我做事尽量公道正派，以单位利益为重，不分亲疏远近，注意与人为善。有时为了管理，不得不拉下脸，但事后不记仇、不计较。我知道，处事公道正派，大多数人才会拥护你。虽说同事之间也有磕磕碰碰，但都是为了工作，过去了我也没记挂在心里。

（四）行事谨慎，严格要求自己。当上一把手不容易，有一块平台不容易，干好不容易，但干不好和放纵自己很容易。所谓谨慎，就是不胡来，不乱来，遇事多思量。所谓严格要求，就是不争名夺利，我上任以来没接受过一次采访，没争取过一次个人荣誉；就是不挥霍国有资产，能节约尽量节约。我去年很想去台湾参加书展，集团也已批准，但为了节支，最后取消了。还有我平常能坐公交，就不打车。去外面开会，手头的几张白纸也带回来当复印纸。每天我下班后在四楼走一圈，关灯、检查完水龙头再走。当然这些都是不值得一提的小事。

我对工作这么上心，这么努力，是不是就一心为了三联，一点都没有私心？不是的，我也有私心，就是通过搞好三联、发展三联来实现个人的价值。但我不会为了个人来损害三联的利益，或者借三联的平台去展示自己达到个人目的。我会把个人和三联捆绑在一起，像一个捆绑式火箭，三联好了，我落个领导好的名声，三联差了，我落个骂名。为了不落骂名，争取个好名声，我才会倍加努力。这就是我朴实的个人价值观、荣辱观。

三、着力去抓的几个方面工作（略）

四、几点体会

一是“有多大胸怀，干多大事业”，胸襟比什么都重要。一个人能包容才能干大事业，我不敢说我心胸很宽，但愿意做扩胸运动。包容，就是包容和自己不一致甚至反对过自己的人。我到店里快五年了，并不是所有人都接纳我、拥护我。这是因为，一方面是对一些问题的看法、对发展的看法不一致，另一方面是一些同志并不了解我，三是我本身也有缺点和不足，并非完美无缺、无懈可击。看法不一致不要紧，我们可以在“发展”的目标下一致起来。二是工作靠大家，靠调动每个人的积极性。一个人再能干，浑身是铁也打不出几个钉，三联要发展，得靠团队的力量。什么时候我闲了，大家都忙了，我们的事业就成功了。三是团结协调、步调一致是我们胜利的法宝。团结出成果，团结促发展，团结出干部。由于种种原因，过去三联有不团结现象，有公开闹矛盾的，有面和心不和的，现在进入新的发展阶段，我们要采取一切办法促团结，不能表面团结，实际上闹矛盾，不能表面一心，实际上各揣心腹事。团结是大团结，不能搞小圈子，排除异己。在三联，班子成员要带头促进团结，班子团结了，下面不可能不团结，即使不团结，也成不了气候。四是努力创造一个良好的事业发展环境和个人发展环境。一个人身上有好的品质，也有不好的品质，在良好的环境中，好的品质才能发扬出来，反之亦然。就像人的身上有健康细胞，也有癌细胞，大环境好，对癌细胞是个控制，大环境不好，癌细胞就会扩散。因此我们要努力形成优良的工作环境和人际环境，要创造有利于人身心健康的氛围。我喜欢促进发展的人，也接受能力不强但愿意发展的人，容忍不干活不添乱的人，但不允许有既不干活又阻碍发展和破坏团结的人。以上四个方面的体会，也是我的努力方向。

五、需要班子成员和中层干部哪些方面的支持

一是支持改革和创新，允许探索和“试错”。新问题层出不穷，必须有新的解决办法。大家要创新，更要支持别人创新。我个人认为，三联原有的“新锐”好传统有所减弱。一些人身上存在因循守旧、不思进取、盲目排外、妄自尊大的不良风气，这些风气不破除，三联就不能前进。

二是提高执行力。决定、决议经过充分论证又经过大家同意，就必须执行。我认为我们中层的执行力不够强。有的不执行；有的有选择地执行；有的口头执行，实际不执行，使我们的各项决定没得到全面落实。要求开的会、报的材料、制定的工作计划，在规定时间内就没有全部按时完成过。上传下达方面也有一定问题，传达上面的精神“跑冒滴漏”，造成上下信息不对称。希望中层干部要切实负起责任，强化执行力。

三是提高效率。现在转企了，我们面对急剧变化的市场，但我们效率不高，很多工作进展缓慢，如办理房产证、处理库存图书等。我是急性子，不喜欢拖拉松散。有的事情研究了很长时间，迟迟不落实，这样不行。从领导班子到中层和员工都要提高效率。

四是务求实效。事事处处抓落实，精力不要浪费在开会、下发文件上，二是要真抓实干，有扎扎实实的成果。我对夸夸其谈十分反感，空谈误国，空谈误店，请大家牢牢记取。

五是加强监督。主要是对我这个“一把手”的监督。欢迎大家通过各种形式监督，这样对单位有利，对我个人也有利，避免我

犯大的错误。

最后，我还想再说一句心里话：三联是大有希望的。这不是“忽悠”，而是来自事实分析。三联有这么好的品牌，这么好的一支队伍，这么好的发展基础，只要我们选准方向，勇于开拓，只要我们拧成一股绳，不搞“窝里斗”，只要我们以人为本，创造良好环境，调动每个人的积极性，三联的发展真的“无可阻挡”。前几天曾诚发生日购书券，使我想起我快过生日了，55 岁的生日。也就是说，我离退休还有五年时间。如果三联的职工信任我，我愿把我五年的全部心血投到三联的发展上。“老骥伏枥，志在千里”，我不敢有千里之想，但让三联发展三五里的愿望还是有的。让我们共同努力，把三联的事业推向前进。

镜头二：说说 2010

按照规范性要求，述职要在德、能、勤、绩、廉五个方面全面展开，但我个人认为，在强调实事求是和创新的今天，是不是可以做一些简化处理。比如“德”，主要是道德方面的表现，我是否具有政治品德、社会公德、职业道德，血管里是否流着道德的血液，是要由员工们来评价的，我不好自评。再如“能”，主要指能力，我是否具备担任一店之长的能力，也不好自评。我如果说自己很有能力，这很不谦虚，也不实事求是；我如果说自己不具备一店之长的领导能力，我就不能在这个岗位上干下去。说自己很差，也是对自己的贬低，对组织上的贬低，因为组织上对我培养几十年，我不应该如此无能。有鉴于此，我今天的述职主要从勤、绩、廉三个方面展开，请大家批评。

勤，最广义最简单的层次就是出勤、考勤。出勤虽然是基本要求，但要全勤也较难。因为人们有职业疲劳，有懈怠和倦勤的时候，像一些朝代的一些皇帝，竟然懒得上朝，让别人代理朝政。自查我自己，出勤还是积极的，去年一年下来，我没缺过一天勤，也没因为私事请过一天假。在全店，我基本上是早上第一个到，晚上最后一个走，做到了早来晚走。而且我多年来没休过假，周六、周日的大部分时间也是在单位度过的，笨鸟先飞，笨鸟多飞，我只能如此。

勤，还指勤奋刻苦。正常出勤是基本水准，勤奋努力工作是更高要求，因为有的人虽然正常出勤，但出工不出力的现象总是有的，当和尚不撞钟的事情也是有的。自查我自己，我觉得我还是勤奋工作的。无论是八小时以内，还是八小时以外，我把我的全副精力全部用到三联的事业上。只要睁开两眼，我的注意力就会集中到工作上，因为自己的水平、自己的资历，要挑三联这副担子不容易，我只有努力努力再努力，刻苦刻苦再刻苦，才能勉强地挑起这副担子。

勤，还要讲成效，只管耕耘不问收获是不行的，无效的空转是浪费生命也是浪费资源，表面忙忙碌碌，实际上不作功，不作为，实在没什么意思。我自认为自己的勤奋工作还是讲成效、有实效的，这一点请大家品评，我不多讲。

绩，主要是业绩。这是衡量一个领导一个员工是否称职最为重要的衡量尺度。严格地说，我个人没什么业绩，我是企业负责人，个人的业绩和企业的业绩捆绑在一起。企业取得的业绩是全体员工的功劳，其中也有我的一份汗水、一份辛劳和一些创意，我不敢贪天下之功为己有，只能说在去年做成的“蛋糕”里，有我的一份努力。拣重点说，主要有几个方面：

一是我提出并着力促成召开北京、上海、香港三地三联首次高层年会，并亲自起草了《弘扬三联品牌坚守文化使命的共同宣言》等文件，在大家共同努力下，取得了这次会议的圆满成功。

二是我提出并具体指导实施了宁夏选题创新研讨会，头一次组织全体编辑外出研讨交流开阔视野，促成了和宁夏黄河出版集团的密切合作，扩大了三联品牌的影响力。

三是我在组织反复研讨的基础上，在集团支持下，选择了韬奋书店的改革路径，拍板给予2000万元现金的支持，承受着出租二楼给“雕刻时光”的压力，在领导班子的共同努力下，经过刘高源、翟德芳两任经理的前后努力，使韬奋书店成功改制，为最终解决亏损创造了条件。

四是我在年初提出来店本部务必实现扭亏为盈的奋斗目标，组织深入开展增收节支活动，经过全店员工共同努力，我们不仅实现了这一目标，全店利润还突破2000万元大关。

五是我注意开发重点选题和新的选题，提出来组织实施《三联经典文库》这一重大工程，并按照新闻出版总署对国家出版基金资助项目的要求，精心组织全面推进这一工程的进展。我还策划了《经济体制改革二十讲》《鲁迅箴言》等重点选题。

六是我具体分管图书的营销发行工作，加大了营销工作的力度，市场部一年搞了45场营销活动，发行部采取各种措施加大回款力度，发货、回款均达到我店历史最好水平。

七是我具体指导人力资源部顺利完成了转企改制任务，实现了社保对接，还按照现代企业的要求建立了以岗定薪、以绩效确定报酬的现代企业工资体系，首开年底给员工加发双薪的先例。

八是我具体指导了《读书》编辑部的刊物出版工作，并坚持终审每一期稿件，确保政治导向正确、质量稳步提升和经营工作的强化。

廉，就是清廉、廉洁。我们出版单位虽然不像有的单位那样有腐败的沃土，但也具有腐败的条件，如果不严以律己，不慎独、不廉洁的行为也是可能发生的，我自己对此保持高度的警惕。腐败是以不廉洁为开端的，是一步一步滑入泥潭的。一个贪官，一种不廉洁行为，不仅败坏党的形象，也败坏个人形象，葬送个人前途。我对自己的基本要求是，保持清正廉洁，不给党抹黑，不给个人添污点，不给别人留把柄。一是严把收入关。我们领导班子的收入，包括基薪、绩效奖金都是集团每年考核后确定的，我们严格执行核定的数额，除此之外，不多拿一分一厘。大家过年过节都有的节日补贴，我们在核算年度收入时，也要把班子成员发的扣除出去。二是严把公务消费关，按照规定，领导班子成员享有一定的职务待遇，这方面我们严格按照标准，也本着尽量节省的原则，除了有明文规定外，不多占一草一木。三是严格执行企业负责人廉洁从业的有关规定，在业务往来中不以权谋私，不损公肥私，不收钱财和礼金。至于烟、酒等我是收过一些的。“当了一把手，不缺烟茶酒”，一些外面的同志来访，带来这些东西，也有单位内部同志回家带来一些特产，我收下了。羊毛花在羊身上，我收下这些东西，也没有据为己有，也都在公务活动中消费掉了。茶是收了，全放在办公室招待客人用；酒是收了，也招待客人喝掉了。当然，还是不收为好，我今后会注意。

以上分勤、绩、廉做了述职，下面说说我存在的问题。

一是站在战略高度，想大事、考虑问题不够长远，没有从具体事务中解脱出来，虽然忙忙碌碌，但没有实现更好的预期效果。

二是对一些同志包括中层干部关心不够，要求多，关心少，对一些有这样那样想法的同志，没有做深入细致的思想工作，也缺少应有的换位思考。

三是害怕得罪人，内心有顾虑，在内部管理上严格要求不够。对一些不正之风、不良行为看不惯，也想抓管理，有时气得咬牙跺脚，但转回身一想，算了吧，许多时候高高举起，轻轻放下，挥起的是大棒，落下的是鸡毛掸子。三联书店内部管理不严、不精细，和我有很大关系。

四是对出版业新事物、新业态研究不多，特别是新媒体新技术的研发利用，对传统出版业的转型缺少深入了解和谋划，也有畏难情绪。

五是重大事项方面和日常工作方面的创新不够。意识到创新对企业十分重要，也做了一些努力，但是没有把创新意识变为更多同志的实际行动，三联书店的创新需要付出更大努力。

镜头三：说说2011

2011年是三联书店各项事业又跨上一个新台阶的一年，在这一年里，我和全店同仁共同拼搏，经受了形势变化和工作任务艰巨的考验，有奋斗的快乐，有丰收的喜悦，也有纠结和烦恼，存在着不足和遗憾。我愿意坦诚地和大家交流，接受同志们的监督。

一是德。我认为，一个领导干部的道德主要看三个方面：政治品德、职业道德和处事道德。所谓政治品德，就是有坚定正确的政治方向，遵守国家法律法规和政治纪律，这一点我没有问题。这几年，我们没有给党和国家大局添乱，积极地配合大局出版书刊，受到各方面的充分肯定。所谓职业道德，就是是否爱岗敬业，是否有高度的使命感和责任感。现在有一些领导干部只爱岗不敬业，爱岗爱的是岗上有权有好处，死死把着不放，但是对工作却敷衍了事，拿事业当儿戏。我不是这种人，而是努力做到既爱岗又敬业，也有责任感和使命感，希望通过和三联同仁的努力，在任时把三联的事业推向前进，给后人留下点什么，而不是让三联耽误在自己手里。水平高低是能力问题，对工作是否尽职尽责是态度问题。我认为我的态度是端正积极的。是否如此，请大家评判。领导干部的处事道德，主要看处事公不公，办事公不公。公生明，公平才有威信，而公平又主要体现在用人和利益分配上。在这两方面我力求公平公正，“一碗水端平”。但有时可能手有点抖，腿有点颤，端得不那么平，还撒了那么点水。从本意上讲，我是想端平的，但绝对端平，让人人满意，我也办不到。比如用人，我的着眼点就是看你有没有能力胜任这个岗位，能不能在这个岗位上促进三联事业的发展。有能力，又能促进三联书店发展，我就用，不论亲疏远近。这样就会端得比较平，用的人就能得到领导班子的支持和员工的拥护。

二是能。人的能力是在实践中不断提高的，我亦是如此。2011 年我的一些能力有所提高和得到较好发挥。组织协调能力、业务能力等都有长进，自我肯定较多的是创新能力。比如我提出并促成了社店战略联盟，在青岛召开了三联书店和山东、河南、江苏、黑龙江、青岛四省一市战略合作联席会，今年将发展到七省一市，在无锡召开第二次战略合作联席会，这对扩大三联品牌影响力和三联图书销售起到了积极的促进作用。比如我提出打造“三联文化场”的概念并从建立三联读者俱乐部、开通书香巷、筹建韬奋图书馆开办“文化沙龙”做起，开始实施“三联文化场”的建设。比如我在年内提出把三联做强做开的思路，以人参和萝卜作比喻，倡导三联按“人参”模式做开去，体量虽不庞大但内涵丰富且根须伸展、影响深广。

三是勤。勤包括两个方面，一是出勤，二是勤奋。我天分不高，只能以勤补拙、笨鸟先飞。早来晚走，加班加点是常事，周六周日多在单位思考研究问题、写作有关工作的文字材料，年假多年未休，放弃了集团安排的外出学习休息和中国版协安排的黄山疗养，一门心思用在工作上。我要求自己本日工作本日毕，本周工作本周毕，本月工作本月毕。每月工作有总结有布置，每季工作有总结有布置，半年工作有总结有布置，全年工作有总结有安排，这些都是我个人在做，做得很辛苦很累，但也乐在其中。谁让你是领导呢，当领导挣得多，待遇高，又荣耀，你不操劳谁操劳，你不吃苦谁吃苦？当我看到三联事业发展了，品牌更响亮了，员工收入提高了，我心里就充满了快乐。

四是绩。就是成绩、政绩。我个人没有什么单独的成绩、政绩可夸赞，三联 2011 年的成果确实很辉煌，各项事业都上了新台阶，利润较上年增长 57%，达到 3300 万元，而这个成果是三联同仁共同创造的，我是三联的一分子，成果中也包括着我的努力。又因为我是主要负责人，故我的努力会多一些。我只是从努力比较多、自己比较满意的几个方面做一下简述。年度内我倾注心血比较多的是三联的品牌建设。我始终认为三联品牌是我们的核心竞争力，是我们的“金饭碗”，离开或者砸了这个品牌，不仅不可能发展，而且连存活都困难。因此，我们必须“咬定品牌不放松”，把维护和建设品牌作为第一要务。建设和维护品牌最重要的是多出好书好刊，好书好刊是品牌立得住的根本，同时要调动一切因素扩大品牌的影响力。在着力建设“大三联”的同时，我们在各地建立图书零售店，打造“文化场”和在台湾建立特约经销店等举措，都是围绕这一目的，并取得了可喜成绩。不仅扩大了三联的知名度，而且促进了三联版图书的销售。年度内我最满意的事是三联书店（上海）有限公司的成立和运作。作为桥头堡、试验田、两个效益增长点，我们在集团的统一指导下，下手早、行动快、决策果断，从上海世纪出版集团格致出版社引进两名副总编辑，分别担任上海公司总经理和副总经理。三联上海公司在集团组织的“回家”庆典中，表现抢眼，被作为样板参观，第一个人员到位，第一个进驻办公场所，第一个开展业务，它在三联未来的战略布局中将起到重要作用。2011 年我最高兴的事是，在刘高源同志协助下，以不到 2.5 万元一平米的价格拿下中印公司原字模厂出租给北京银行办公楼的 1080 平方米房产。从知道信息到双方协商、召开职代会通过、经集团公司批准，到最后签订协议，一共只用了 40 天时间。当年 12 月 13 日签订协议并约定首批款项支付时间，我松了一口气，一连高兴了好几天。机会难得啊，因为对方年终结算利润需要这笔房款填补，我们通过多方努力，采取多种措施，紧紧抓住了这次稍纵即逝的良机，终于把它拿下了！不仅增加了房产，而且有利于办下整个综合业务楼的房产证，还能出租房产取得收益，真是一举数得啊。年度内我最开心的事是三联书店被评为全国新闻出版系统先进集体。这一奖项五年一评，每次评 100 家，我数了一下，在这 100 家单位中只有 25 家出版单位上榜，可以说相当不易。而我们能够获此殊荣，说明社会各界和读者对三联书店的领导班子和全体员工近几年来的不懈努力认可。我们有理由欣喜高兴，也更有信心去迎接挑战、发展事业。

五是廉。廉洁从政、廉洁为官，是党和人民对领导者的要求。坦率地讲，在三联这样的文化单位，不廉洁的机会不多，但是一个领导人如果要求不严，贪腐的机会总是有的。在这个方面，我能够严格要求自己，除了领导干部应有的觉悟外，我认为违规违纪贪占不廉不值当。我比较注重自己的羽毛，爱惜自己的名誉，不希望别人在背后指指戳戳。在经济收入方面，我和领导班子成员年收入多少，都是集团公司核定的，除此之外，不多拿一分钱，公务消费也严格执行财务制度和有关规定。我没有以权谋私，在进人和提拔中层干部方面，没得过任何人任何好处，人家也没给我什么好处。你合标准、够条件，岗位又有需求，我就进、就提。我不要你报什么恩，三联也不是我个人的，只要你支持我的工作，支持我发展三联事业就成了。我没有以权谋色，在权色交易已习以为常的今天，能够做到这一条，也得有一点坚守。因为组织上不允许，又受到人们鄙视，也换不来真心和爱情。我没有挥霍国有资产，大把花三联的钱，因为我知道一本一本卖书卖刊挣钱不易。去年去巴西参加书展，来回五十多个小时，我也没有坐公务舱，而团里有 8 个人坐公务舱。不怕大家笑话我，我到现在也不知头等舱、公务舱为何物。

在一年的工作中，也存在一些缺点和不足，主要有：

一是思考不精细、计划不周详，自己提出的一些工作任务没有在年度内完成。如提出成立三联（重庆）分公司，欲和重庆出版集团合作开拓西南市场，因为种种原因此事搁浅，至今没有进展。我提出由《读书》杂志和中国书刊发行业协会共同举办“最有价值的图书”评选活动，已列入年度工作要点，也没有如期完成。

二是工作作风不够细致，对员工的思想动态掌握得不够及时，也缺少深入有效的思想工作。特别是和编辑部门的同仁们接触较少，关心不够。对辅助岗位员工的利益诉求虽有关注和解决，但仍然不能满足他们的要求。

三是工作方法有时简单生硬。我是军人出身，又在东北工作多年，性格直率、粗放，在发展任务繁重、工作压力大的情况下，更喜欢说话直来直去、简洁明快，不喜欢转弯抹角、藏着掖着，因此说起话来柔韧度不够，容易伤人。过分强调自己是好心，是为了工作，有时较少考虑对方的内心感受和心理承受能力，也缺少换位思考，因此有时达不到甚至产生相反的效果。

四是仍有怕得罪人的心理。明知道我们是现代企业，不是同仁组织，也不是社会团体，必须有严格的纪律和严密的管理，一把手是否敢抓敢管对树立良好的风气十分重要，但有时还是“话到嘴边留半句”“打一巴掌揉三揉”，对一些人和事迁就、照顾，未能严格按规章制度办事。

2011年我也获得了一些荣誉，荣获中央直属机关“五一”劳动奖章，被中国出版集团公司评为优秀党务干部。我把组织上给予的荣誉视为鼓励和鞭策。在新的一年里，我将发扬成绩、检讨失误、纠正缺点，更加斗志昂扬地和全体同仁一道把三联各项事业推向前进，努力取得更显著的业绩。伏枥老骥，壮志犹存，请大家看我的行动。

尾声：惜别三联感言（2014）

店内各位同仁：

刚才集团公司人力资源部周伟主任宣布了集团公司调整三联书店领导班子的决定，以及一些同志任免职的决定。我由于工作需要，离开现任岗位到中国出版传媒股份有限公司任职。屈指算来，我到三联书店工作已经九年半了，从2009年1月任总经理、党委书记，也有五年半时间了。这些年来，我们共同奋斗，三联书店的面貌确实发生了很大变化。咱们努力多出书出好书，《邓小平时代》《王世襄集》《重启改革议程》《目送》《巨流河》《百年佛缘》《三联经典文库》等一批好书受到读者欢迎，图书发货由1个亿跃升到3个亿，码洋占有率由0.24%提升到0.41%，排位第70名，动销品种由808种上升到1944种，排位第95名，而以前我们两项指标都排在百名开外。咱们的《三联生活周刊》《读书》杂志都得到了很好发展。《三联生活周刊》具有重要影响力，数字阅读影响力在全国五项指标排名第一；《读书》杂志承继传统，稳定发展，订户逆势上涨。咱们的三联韬奋24小时书店受到了总理的肯定和读者的欢迎，在推进全民阅读方面起到了很好的示范作用，运营三个月，两个效益双丰收。咱们通过举办三联八十周年店庆活动，成立三联韬奋图书馆，恢复设立生活书店，京沪港三联携手打造“大三联”，和重要省市新华书店建立合作关系，从事形式多样的社会公益活动，放大了三联的品牌效益，提高了三联在社会公众中的知名度。咱们注重经营工作，狠抓书刊营销，真正实现了书刊并举，取得了很好的经营业绩。2013 年营业收入达到 2.7 亿元，利润达到 6400 万元，经营水平连年被集团评为 A 级，走在集团前列，经济实力显著增强。在企业提高效益的同时，大幅提高员工收入，2013 年周刊员工人均收入 19.4 万元，店本部员工人均收入 14.6 万元，在集团中处于上游水平，使员工幸福、有尊严地生活有了经济保障。咱们的人才队伍也得到了成长壮大，一些同志充实到店领导班子和中层骨干队伍中。咱们店还获得中央直属机关文明单位、百佳图书出版单位、出版政府奖、新闻出版系统先进集体等荣誉。所有这一切，都是在集团总裁班子、集团党组指导下，全店员工、全体中层干部、店领导班子成员共同努力的结果，是大家心血的凝聚。我在主持三联工作的这段时间里，得到大家的关心、厚爱和支持，值此机会我向大家表示由衷的谢意！

人非草木，孰能无情。在这九年里，我和大家结下了深厚的情谊。也许是巧合，我们三联书店门前如鲁迅先生所言，有两棵树，都是古树，一棵是枣树，另一棵还是枣树。独木不成景，正是有两棵树的相互守望，才成为一道靓丽的风景。我虽然离开了三联，我依然会守望三联，守望三联同仁，像一棵枣树对另一棵枣树的守望和依恋。我衷心祝愿三联书店在新班子带领下去创造新的辉煌。最后我用一首诗《离别三联感赋》，来结束我的发言。

毕竟九载共暑寒，
说不挂牵也挂牵。
门前古树记甘苦，
楼内灯火照无眠。
脚下已将路铺就，
头上仍有峰可攀。
百千感怀汇一语，
好书岁岁报丰年。

图书在版编目(CIP)数据

美术馆东街22号:三联书店改革发展亲历记:2005—2014/樊希安著.—上海:上海三联书店,2018.8
ISBN 978-7-5426-6406-8

Ⅰ.①美… Ⅱ.①樊… Ⅲ.①三联书店-史料-2005—2014 Ⅳ.①G239.22

中国版本图书馆CIP数据核字(2018)第161791号

美术馆东街22号:三联书店改革发展亲历记(2005—2014)

著　　者/樊希安

责任编辑/黄　韬
装帧设计/豫　苏
监　　制/姚　军
责任校对/张大伟

出版发行/上海三联书店
(201199)中国上海市都市路4855号2座10楼
邮购电话/021-22895557
印　　刷/常熟市人民印刷有限公司

版　　次/2018年8月第1版
印　　次/2018年8月第1次印刷
开　　本/890×1240　1/32
字　　数/360千字
印　　张/19.25
书　　号/ISBN 978-7-5426-6406-8/G·1499
定　　价/68.00元

敬启读者,如发现本书有印装质量问题,请与印刷厂联系 0512-52601369